SAMMLUNG GUTTENTAG

256

Personenbeförderungsgesetz

vom 21. 3. 1961

Handkommentar

von

Dr. Richard Sigl

Oberregierungsrat in Bayreuth

BERLIN 1962

WALTER DE GRUYTER & CO.

vormals G. J. Göschen'sche Verlagshandlung — J. Guttentag, Verlagsbuchhandlung
Georg Reimer — Karl J. Trübner — Veit & Comp.

Archiv-Nr. 21 1 256/61
Satz und Druck: Walter de Gruyter & Co., Berlin W 30

Vorwort

Das nunmehr durch ein neues Gesetz abgelöste Personenbeförderungsgesetz von 1934 bezog noch die Pferdedroschken in seine Regelung ein. Von ihnen ist im Personenbeförderungsgesetz von 1961 keine Rede mehr, dafür von Omnibusbahnhöfen, die man im Gesetz von 1934 vergeblich sucht. Die Technik des Verkehrs ist in ständigem Fluß, ihre Fixierung in einem Gesetz daher umso eher geglückt, je mehr es rechtliche Formen auch für die herankommende Entwicklung bereit und offen hält. Wieweit das neue Gesetz diesem Ziel nahekommt, werden die nächsten Jahre erweisen. Das vorliegende Buch will den Praktikern in Behörden und Verbänden, auch den Verkehrtreibenden selbst, Einführungen zu den Hauptkapiteln und Erläuterungen zu den einzelnen Bestimmungen an die Hand geben, die nicht das Geleise von 1934, sondern eine in die Zukunft weisende Verkehrsplanung zur Richtschnur haben.

Um die Handhabung des Buches zu erleichtern, sind bei den jeweiligen Bestimmungen die nach Landesrecht zuständigen Behörden angegeben. Zu dem gleichen Zweck erschien es geboten, die BO-Strab und die BO-Kraft in ihrer jetzt geltenden Fassung im Anhang abzudrucken. Die Rücksichtnahme auf die Praxis schloß aber keineswegs einen Blick über die Grenzpfähle der Bundesrepublik aus; vielmehr wurde dem ausländischen und zwischenstaatlichen Recht der ihm gebührende Raum gegönnt.

Mein Dank gilt Herrn Regierungsrat Wolfgang Krug vom Bundesministerium für Verkehr und allen Behörden, Gerichten und Verbänden, die mein Unternehmen durch bereitwillige Auskünfte unterstützten, besonders aber meinen langjährigen Mitarbeitern im Verkehrsreferat der Regierung von Oberfranken, deren Mannschaftsarbeit den Grundstock für das Buch geliefert hat.

Bayreuth, im Juni 1961 — Der Verfasser

Inhaltsverzeichnis

Abkürzungen

a.A.	=	anderer Ansicht
A.A.	=	Drucksache 2450 des Deutschen Bundestags, 3. Wahlperiode: Schriftlicher Bericht des Ausschusses für Verkehr, Post- und Fernmeldewesen über den von der Bundesregierung eingebrachten Entwurf eines Personenbeförderungsgesetzes (Drucksache 255); B. Antrag des Ausschusses
a.a.O.	=	am angegebenen Ort
A.B.	=	Amtliche Begründung zum Entwurf eines Personenbeförderungsgesetzes, Deutscher Bundestag, 3. Wahlperiode, Drucksache 255
Anm.	=	Anmerkung
AO	=	Anordnung
BBauG	=	Bundesbaugesetz vom 23. 6. 1960 (BGBl. I S. 341)
BefStG	=	Beförderungssteuergesetz vom 30. 6. 1955 (BGBl. I S. 398)
BFH	=	Bundesfinanzhof
BGH	=	Bundesgerichtshof
BGB	=	Bürgerliches Gesetzbuch
BGBl.	=	Bundesgesetzblatt Teil I bzw. II
BMV	=	Bundesminister für Verkehr
BOKraft	=	Verordnung über den Betrieb von Kraftfahrunternehmen im Personenverkehr vom 13. 2. 1939 (RGBl. I S. 231) in der Fassung vom 7. 7. 1960 (BGBl. I S. 554)
BVFG	=	Gesetz über die Angelegenheiten der Vertriebenen und Flüchtlinge vom 19. 5. 1953 (BGBl. I S. 201)
BOStrab	=	Verordnung über den Bau und Betrieb der Straßenbahnen vom 13. 11. 1937 (RGBl. I S. 1247) in der Fassung vom 14. 8. 1953 (BGBl. I S. 974)
BrückB	=	Drucksache 2450 des Deutschen Bundestags, 3. Wahlperiode: Schriftlicher Bericht des Ausschusses für Verkehr, Post- und Fernmeldewesen über den von der Bundesregierung eingebrachten Entwurf eines Personenbeförderungsgesetzes (Drucksache 255); A. Bericht des Abgeordneten Brück
BVerfG	=	Bundesverfassungsgericht
BVerwG	=	Bundesverwaltungsgericht
DÖV	=	Die öffentliche Verwaltung
DVBl.	=	Deutsches Verwaltungsblatt
DVO	=	Durchführungsverordnung
DVO 1935	=	Verordnung zur Durchführung des Gesetzes über die Beförderung von Personen zu Lande vom 26. 3. 1935 (RGBl. S. S. 473) in der Fassung des Gesetzes über das Inkrafttreten von Vorschriften des Gesetzes über die Beförderung von Personen zu Lande vom 16. 1. 1952 (BGBl. I S. 21)
Erl.	=	Erläuterung
FStrG	=	Bundesfernstraßengesetz vom 6. 8. 1953 (BGBl. I S. 903)
G 1934	=	PBefG 1934 (s. d.)

Abkürzungen

Gesetz 1952	=	Gesetz über das Inkrafttreten von Vorschriften des Gesetzes über die Beförderung von Personen zu Lande vom 16. 1. 1952 (BGBl. I S. 21)
GewO	=	Gewerbeordnung für das Deutsche Reich vom 21. 6. 1869 i.d.F. der Bekanntmachung vom 26. 7. 1900 (RGBl. S. 871) mit zahlreichen Änderungen, zuletzt durch das Vierte Bundesgesetz zur Änderung der Gewerbeordnung vom 5. 2. 1960 (BGBl. I S. 61)
GG	=	Grundgesetz für die Bundesrepublik Deutschland
GüKG	=	Güterkraftverkehrsgesetz vom 17. 10. 1952 (BGBl. I S. 697)
i.d.F.	=	in der Fassung
NJW	=	Neue Juristische Wochenschrift
ÖGelVG	=	Österreichisches Bundesgesetz vom 2. 4. 1952 über die nichtlinienmäßige Beförderung von Personen zu Lande und über einige Änderungen der Gewerbeordnung (Gelegenheitsverkehrsgesetz) — BGBl. Nr. 85 —
ÖGewO	=	Österreichische Gewerbeordnung vom 20. 12. 1859 — RGBl. Nr. 227
ÖGewRN	=	Österreichische Gewerberechtsnovelle vom 16. 7. 1952 — BGBl.. Nr. 179 —
ÖGüBG	=	Österreichisches Bundesgesetz vom 27. 3. 1952 über die gewerbsmäßige Beförderung von Gütern mit Kraftfahrzeugen (Güterbeförderungsgesetz) — BGBl. Nr. 63 —
ÖKflG	=	Österreichisches Bundesgesetz vom 2. 4. 1952 betreffend die linienmäßige Beförderung von Personen zu Lande mit Kraftfahrzeugen (Kraftfahrliniengesetz 1952) — BGBl. Nr. 84 —
OVG	=	Oberverwaltungsgericht
OLG	=	Oberlandesgericht
PBefG 1934	=	Gesetz über die Beförderung von Personen zu Lande vom 4. 12. 1934 (RGBl. I S. 1217) i.d.F. vom 6. 12. 1937 (RGBl. I S. 1319), vom 16. 1. 1952 (BGBl. I S. 21) und vom 12. 9. 1955 (BGBl. I S. 573)
PV	=	Der Personenverkehr (mit Beilage: Der Reiseverkehr), Organ für das private Personenverkehrsgewerbe im Bundesgebiet
RdErl.	=	Runderlaß
RFH	=	Reichsfinanzhof
RGBl.	=	Reichsgesetzblatt Teil I
RGSt	=	Entscheidungen des Reichsgerichts in Strafsachen, Band und Seite
RGZ	=	Entscheidungen des Reichsgerichts in Zivilsachen, Band und Seite
RNr.	=	Randnummer
RHG	=	Reichshaftpflichtgesetz vom 7. 6. 1871 (RGBl. S. 207)
RVkBl.	=	Reichsverkehrsblatt
RVM	=	Reichsverkehrsminister
RVO	=	Reichsversicherungsordnung
SHG	=	Gesetz über die Haftpflicht der Eisenbahnen und Straßenbahnen vom 29. 4. 1940 (RGBl. I S. 691)
StGB	=	Strafgesetzbuch
StVG	=	Straßenverkehrsgesetz vom 19. 12. 1952 (BGBl. I S. 837)
StVO	=	Straßenverkehrsordnung vom 13. 11. 1937 (RGBl. I S. 1179) i. d. Fassung der Bekanntmachung vom 29. 3. 1956 (BGBl. I S. 271,

		327), zuletzt geändert durch VO zur Änderung von Vorschriften des Straßenverkehrsrechts vom 7. 7. 1960 (BGBl. I S. 485)
StVZO	=	Straßenverkehrs-Zulassungs-Ordnung vom 13. 11. 1937 (RGBl. I S. 1215) i. d. Fassung der Bekanntmachung vom 29. 3. 1956 (BGBl. I S. 271, 510), zuletzt geändert durch VO zur Änderung von Vorschriften des Straßenverkehrsrechts vom 7. 7. 1960 (BGBl. I S. 485)
UStG	=	Umsatzsteuergesetz
UWG	=	Gesetz gegen den unlauteren Wettbewerb vom 7. 6. 1909 (RGBl. I S. 499)
VGH	=	Verwaltungsgerichtshof
VInt	=	Verordnung über internationalen Kraftfahrzeugverkehr vom 12. 11. 1934 (RGBl. I S. 1137) i.d.F. vom 18. 4. 1940 (GBl. S. 662)
VkBl.	=	Verkehrsblatt; Amtsblatt des Bundesministers für Verkehr der Bundesrepublik Deutschland
VRspr.	=	Verwaltungsrechtsprechung in Deutschland, herausgeg. von Ziegler
VwGO	=	Verwaltungsgerichtsordnung vom 21. 1. 1960 (BGBl. I S. 17)
WiGBl.	=	Gesetzblatt der Verwaltung für Wirtschaft des Vereinigten Wirtschaftsgebiets

Literatur

Baumbach-Duden, Handelsgesetzbuch, 13. Aufl., München 1959

Eyermann-Fröhler, Verwaltungsgerichtsordnung, München 1960

Finger, Eisenbahngesetze, 3. Aufl., München 1952

Gaul, Beförderungssteuer, Frankfurt 1961

Haustein, Die Freiheit im internationalen Verkehr, Darmstadt 1954

Knaup-Ingenstau, Bundesbaugesetz, Düsseldorf 1961

Krebs, Verkehrsrecht und Verkehrswirtschaft, Berlin 1960

Marschall, Bundesfernstraßengesetz, Köln 1954

Müller, Straßenverkehrsrecht, 21. Aufl., Berlin 1959

Oppelt, Das Personenbeförderungsrecht, 5. Aufl., Bielefeld 1958

Palandt, Bürgerliches Gesetzbuch, 12. Aufl., München 1954

Rotberg, Gesetz über Ordnungswidrigkeiten, Berlin 1952

Schwiedland, Die Gewerbeordnung und die gewerberechtlichen Nebengesetze, 2. Aufl., Wien 1953

Sieg-Leifermann, Gewerbeordnung, München 1960

Sigl, Einführung in das Wirtschaftsverwaltungsrecht, Berlin 1956

Weber-Haustein, Rechtsgrundlagen des deutschen und des zwischenstaatlichen Verkehrs, Darmstadt 1956

Einleitung

Die Zahlen der Quadratkilometer und der Menschen bezeichnen uns die zwei Haupteigenschaften eines Staates. Ihre Nennung ist das einfachste Mittel, um eine Vorstellung von seiner Größe und seiner Macht zu geben. Das Staatsgebiet ist nicht ein Besitz des Staates, sondern ein Teil seiner selbst. Eine Verletzung von Staatsgebiet entspricht, wie Hugo Preuß, der Vater der Weimarer Reichsverfassung, einmal gesagt hat, gewissermaßen einer Körperverletzung, nicht einem Eigentumsdelikt.

Aus dem Ringen um Raum sehen wir in der politischen Geschichte immer größere politische Räume hervorgehen. Die größten Reiche der Gegenwart sind verhältnismäßig jung, während die kleinsten uns wie seltsame Versteinerungen aus einer vergangenen Zeit anmuten. Was vor uns liegt, ist das Raumstreben über den Bereich unseres Planeten hinaus.

„Die Verkehrsgeschichte ist die Vorgeschichte des politischen Wachstums" (Friedrich Ratzel). Jede Kolonie ist ein Produkt des Verkehrs. Straßenbau gehörte daher, seit es Staaten gibt, zum Ruhm der Staatengründer und Staatenerhalter. Stets war das Interesse des Staates und das Interesse des Verkehrs an den Verkehrswegen das gleiche. Der Verkehr bahnt die Wege; der Staat baut sie aus.

Der Raum geht auch in die Seele des Volkes über. Ein Grieche mußte mit Aristoteles den Staat für den besten halten, dessen Bürger sich täglich auf dem Markte zur Besprechung der öffentlichen Angelegenheiten treffen konnten. Von dem Bürger der Vereinigten Staaten von Amerika dagegen forderte Emerson, daß in seiner politischen Auffassung etwas von der Weite des Raumes zwischen den Weltmeeren und dem Polar- und Wendekreis sei. Mit dem Raume wächst der Wille, der ihn zusammenhält, wachsen auch die technischen Mittel, die notwendig sind, um den Willen zu diesem Werke fähig zu machen.

Schon aus dem alten Babylonien, Ägypten und China sind Nachrichten über den staatlichen Straßenbau und den staatlichen Botendienst auf diesen Straßen überliefert. Eine staatliche Kurierpost bestand in China seit vorchristlicher Zeit und wurde mehrfach reorganisiert. Die Poststationen sorgten für den Pferdewechsel nicht nur der Kuriere, sondern bald auch privilegierter Amts- und Privatpersonen.

Die ersten Formen einer geschäftsmäßigen Personenbeförderung waren also Veranstaltungen der öffentlichen Hand. Die Stationswärter waren verpflichtete Bürger, die für ihre Leistungen steuerbefreit waren.

Der Kaiser Augustus übernahm das aus dem Orient nach dem Westen vordringende Vorbild auf das römische Reich. Er faßte die vorhandenen Beförderungsmittel im „cursus publicus" zu einer Art Verkehrsanstalt für Nachrichten- und Personenbeförderung zusammen. Seine Nachfolger bauten zusammen mit dem Straßennetz auch den cursus publicus aus.

Im fränkischen Reich reisten die königlichen Kuriere postmäßig, d. h. mit Pferdewechsel an bestimmten Stellen. Karl der Große besetzte im Jahre 805 die Hauptstrecken seines Reiches mit Pferdewechselstellen.

Im alten Deutschen Reich wurden die zunächst bestehenden Fronpflichten zur Gestellung von Pferden mit der Zeit durch die sicher und linienmäßig funktionierenden Botenanstalten der Reichsstädte, der Mönchsorden und einzelner großer Kaufmannshäuser überholt. Außer den Ständen und größeren Behörden, wie dem Reichskammergericht und Reichshofrat, bekamen mit der Zeit alle größeren Körperschaften ihre eigenen Botenanstalten.

Die erste ununterbrochene Postverbindung wurde um 1500 von Franz von Taxis für den Verkehr zwischen dem Hof Maximilians I. in Wien und dem seines Sohnes Philipp in Brüssel eingerichtet. 1516 wurde durch den späteren Kaiser Karl V. ein Vertrag mit Franz von Taxis abgeschlossen und dieser zum Hauptpostmeister der Niederländischen Post ernannt. Von da an entwickelten sich die Taxisschen Posten zu einer allgemeinen Verkehrseinrichtung. 1595 wurde Leonhard von Taxis zum Generaloberpostmeister im Deutschen Reich ernannt, eine allgemeine Postordnung festgesetzt und das Postwesen im Reich zum kaiserlichen Regal erklärt. Einzelne große Landesfürsten widersetzten sich dem kaiserlichen Postregal und bauten eigene Landesposten aus, so Hessen und Brandenburg-Preußen. Seit dem 18. Jahrhundert konnte man sich für alle Reisen in Deutschland der Postkutsche bedienen.

Erst der Krieg von 1866 brachte das Ende der Thurn- und Taxisschen Postverwaltung. Inzwischen hatte um 1830 ein neues Zeitalter des Verkehrs, bewirkt durch die Dampfmaschine, begonnen. Die Eisenbahn verlagerte einen großen Teil des Personen- und Güterverkehrs von der Straße auf die Schienen. Die Eisenbahnen blieben zunächst der Privatinitiative überlassen, doch setzten sich innerhalb eines halben Jahrhunderts die Staatsbahnen durch, so daß man seit 1880 von einem bundesstaatlichen Monopol sprechen konnte.

Von der Jahrhundertwende an trat dann der Verbrennungsmotor seinen Siegeszug in allen Verkehrszweigen an. Während aber bisher jedes neue Verkehrsmittel sich ohne Schwierigkeit den ihm angemessenen Verkehrsweg gebahnt hatte, sah sich der Kraftwagen auf Straßen verwiesen, die zum Teil noch die Trasse des Mittelalters benützten und in ihrem Ausbauzustand auf die Postkutsche eingestellt waren. Anders als jedes andere Verkehrsmittel ist die Leistungsfähigkeit des Kraftwagens völlig von der wechselnden Beschaffenheit der Fahrbahn und ihrer Belegung durch sonstige Verkehrsteilnehmer abhängig. Andererseits ist der Kraftwagen der Eisenbahn durch die engmaschigste Flächenausnützung und durch die Möglichkeit des Verkehrs von Haus zu Haus überlegen. Die schwierigste Aufgabe der Verkehrspolitik ist seit etwa 1930 in fast allen Kulturstaaten die Abstimmung von Eisenbahn- und Straßenverkehr. Die Zunahme des Kraftverkehrs hat das Eisenbahnmonopol immer mehr ausgehöhlt. Die Wettbewerbslage hat sich ständig zum Nachteil der an Sozialtarife gebundenen Eisenbahn verschlechtert. Dabei beeinflußt der ständig zunehmende Eigenverkehr für Personen und Güter die Lage der Eisenbahn noch ungünstiger als der gewerbliche Kraftverkehr.

Der Gesetzgeber konnte an diesen Erscheinungen auf die Dauer nicht achtlos vorübergehen. Dabei wiederholte sich die auch anderwärts zu beobachtende Entwicklung, daß Rechtsnormen, die ursprünglich ganz andere Ziele verfolgten, mit der Zeit wirtschaftspolitische Wirkungen auslösten. Der Ursprung des neuen Personenbeförderungsrechts war nicht verkehrswirtschaftlicher, sondern verkehrspolizeilicher Natur. Der Reichskanzler legte im Jahre 1917 dem Bundesrat den Entwurf eines Gesetzes zur Änderung des Kraftfahrzeuggesetzes vor, durch das eine besondere Genehmigungspflicht für die Einrichtung von Kraftfahrlinien eingeführt werden sollte. Nach der damaligen Rechtslage unterlagen die Kraftfahrlinien der Ordnung durch die Ortspolizeibehörden (§ 37 GewO); diesen sollten sie durch den Entwurf entzogen werden, um Entscheidungen zu erreichen, die den überörtlichen Verkehrsbedürfnissen gerecht wurden.

Am 24. 2. 1919 wurde dann die erste Kraftfahrlinienverordnung erlassen (RGBl. S. 97). Sie bestimmte, daß die Beförderung von Personen und Sachen über die Grenzen des Gemeindebezirks hinaus gegen Entgelt nur mit staatlicher Genehmigung zulässig ist. Die Genehmigung durfte nur erteilt werden, wenn nach der Persönlichkeit des Unternehmers und nach der Beschaffenheit des Betriebes Gewähr für die Sicherheit und für die Leistungsfähigkeit gegeben war und das Unternehmen den öffentlichen Interessen des Verkehrs nicht zuwiderlief. Der Omnibusverkehr innerhalb eines Gemeindebezirks unterlag weiterhin den Bestimmungen der Gewerbeordnung.

Nachfolger des Kraftfahrliniengesetzes wurde die Überlandverkehrsordnung vom 6. 10. 1931 (Dritte Verordnung des Reichspräsidenten zur Sicherung von Wirtschaft und Finanzen und zur Bekämpfung politischer Ausschreitungen, Fünfter Teil Kap. V, RGBl. I S. 558), deren Schwerpunkt schon auf verkehrswirtschaftlichem Gebiet lag. Sie machte erstmals neben dem Linienverkehr auch den unregelmäßigen Güterverkehr über größere Entfernungen genehmigungspflichtig. Andererseits befreite die Überlandverkehrsordnung den Verkehr mit Personenwagen vom Genehmigungszwang.

Erst Ende des Jahres 1934 gabelte sich das Verkehrswirtschaftsrecht in das Recht der Personenbeförderung und das der Güterbeförderung. Während der Güterverkehr durch das Gesetz über den Güterfernverkehr mit Kraftfahrzeugen vom 16. 6. 1935 geregelt wurde, trat für den Personenverkehr das PBefG 1934 in Kraft.

Die Gabelung beruhte auf dem strukturellen Unterschied zwischen Güterverkehr und Personenverkehr. Im Güterverkehr bestimmt das tatsächliche Verkehrsbedürfnis die betriebliche Leistung. Der Linienverkehr bei der Personenbeförderung dagegen ist grundsätzlich auf das potentielle Verkehrsbedürfnis ausgerichtet. Die betriebliche Leistung wird hier nicht auf Grund eines abgeschlossenen Beförderungsvertrages erbracht, sondern in der Absicht, Gelegenheit zum Abschluß von Beförderungsverträgen zu geben. Das betriebliche Leistungsangebot beruht auf Schätzungen. Auf dieses Leistungsangebot muß sich der Unternehmer des Linienverkehrs auf einen längeren Zeitraum festlegen. Das PBefG 1934 knüpfte, wie schon sein Vorfahre aus dem Jahre 1919, die Erteilung der Genehmigung nicht nur an subjektive Voraussetzungen (Zuverlässigkeit, Leistungsfähigkeit), sondern auch an objektive (Verkehrsbedürfnis). Diese Grundbestimmung des § 9 PBefG 1934 sah sich nach dem Ende des zweiten Weltkrieges einer verwaltungsgerichtlichen Rechtsprechung gegenüber, die den Art. 12 GG zur justiziellen Beseitigung gewisser Einschränkungen der Wirtschaftsfreiheit zu verwenden ansetzte. Art. 12 Abs. 1 GG bestimmt: „Alle Deutschen haben das Recht, Arbeitsplatz und Ausbildungsstätte frei zu wählen. Die Berufsausübung kann durch Gesetz geregelt werden." Es ist also die Berufswahl in Satz 1 der Berufsausübung in Satz 2 gegenübergestellt. Man erkannte bald, daß der Gewerbebeginn nicht zur Berufswahl gezählt werden kann. Denn einen Beruf, z.B. den des Omnibusfahrers, wählen sich viele, ohne zunächst voraussagen zu können, ob sie es einmal zu einem eigenen Geschäft bringen werden. Darum zählte man den Gewerbebeginn zur Berufsausübung im Sinne des Grundgesetzes.

Das Wort Berufsausübung hat also seit Inkrafttreten des Grundgesetzes zwei verschiedene Bedeutungen: nämlich einmal die ursprüngliche Bedeutung, nach welcher Berufsausübung alles ist, was nach der Berufswahl kommt und was für selbständige und unselbständige Berufsangehörige gleichermaßen gilt. Wenn z.B. das Ladenschlußgesetz den Warenverkauf während der Ladenschluß-Zeiten verbietet, so gilt dieses Verbot sowohl für selbständige wie für unselbständige in Ladengeschäften Berufstätige. Das ist die herkömmliche Bedeutung des Wortes Berufsausübung. Die neue Bedeutung des Wortes dagegen, wie sie sich in der Rechtsprechung zu Art. 12 GG entwickelt hat, umfaßt mit den Beginn eines selbständigen Gewerbebetriebes, so daß also die Freiheit der Berufsausübung die Gewerbefreiheit mit umfaßt.

Dies hat zur Folge, daß nach Art. 12 Abs. 1 Satz 2 GG die Berufsausübung und damit der Beginn eines selbständigen Gewerbes durch Gesetz geregelt, also auch die Zulassung zum Gewerbebeginn durch Gesetz eingeschränkt werden kann. Nun bestimmt aber Art. 19 GG: „Soweit nach diesem Grundgesetz ein Grundrecht durch Gesetz oder auf Grund eines Gesetzes eingeschränkt werden kann, muß das Gesetz allgemein und nicht nur für den Einzelfall gelten." Und weiter in Abs. 2: „In keinem Fall darf ein Grundrecht in seinem Wesensgehalt angetastet werden."

Das Bundesverwaltungsgericht hat wiederholt die Ansicht ausgesprochen, daß der Wesensgehalt des Grundrechts der freien Berufsausübung vor allem dann angetastet sei, wenn eine vollständige Berufssperre besteht. Ferner ist das Bundesverwaltungsgericht der Ansicht, daß das Grundrecht der freien Berufsausübung in seinem Wesensgehalt angetastet werde durch ein Gesetz, das behördliche Ausnahmen von einer grundsätzlichen Berufssperre zulasse, diese Ausnahmen aber in das freie Ermessen der Behörde stelle. Nach § 12 DVO 1935 hatte der Bewerber um eine Personenverkehrsgenehmigung, selbst wenn er alle gesetzlichen Voraussetzungen erfüllte, keinen Rechtsanspruch auf die Genehmigung; ihre Erteilung war vielmehr in das freie Ermessen der Genehmigungsbehörde gestellt. § 12 DVO 1935 wurde vom Bundesverwaltungsgericht, wie vor ihm von der einhelligen Rechtsprechung der Oberverwaltungsgerichte, für grundgesetzwidrig erklärt mit der Folge, daß der Bewerber, der die gesetzlichen Voraussetzungen erfüllte, auch einen Rechtsanspruch auf Erteilung der Genehmigung hatte.

Neben den absoluten Sperrgesetzen und den Sperrgesetzen mit ermessensfreien Ausnahmen griff das Bundesverwaltungsgericht noch eine dritte Gruppe von Vorschriften auf, die seiner Ansicht nach das Grundrecht der freien Berufsausübung in seinem Wesensgehalt antasteten: Macht nämlich ein Gesetz die Erteilung einer Gewerbegenehmigung von einer Voraussetzung abhängig, auf die der Bewerber keinerlei Einfluß hat, so wirkt das ihm gegenüber praktisch als Sperre. Dies ist der Fall, wenn die Erteilung der Genehmigung von dem Vorliegen eines „volkswirtschaftlichen Bedürfnisses", eines „öffentlichen Interesses" oder einer ähnlichen objektiven Voraussetzung abhängig ist. Solche objektive Voraussetzungen stellen nur dann keinen Eingriff in das Grundrecht der freien Berufsausübung dar, wenn durch das Gewerbe öffentliche Interessen berührt werden.

§ 9 PBefG 1934 lautete in der ursprünglichen Fassung: „Die Genehmigung darf nur erteilt werden, wenn der Antragsteller zuverlässig ist, die Sicherheit und Leistungsfähigkeit des Betriebes gewährleistet ist und das Unternehmen den Interessen des öffentlichen Verkehrs nicht zuwiderläuft." Und Abs. 2: „Die Genehmigung ist zu versagen, wenn kein Bedürfnis vorliegt."

Im Hinblick auf die in zahlreichen verwaltungsgerichtlichen Urteilen zum Ausdruck kommenden Bedenken gab der Bundestag mit Änderungsgesetz vom 12.9. 1955 (BGBl. I S. 573) dem Absatz 2 folgende Fassung: „Die Genehmigung darf bei allen in § 2 genannten Verkehrsarten nicht erteilt werden, wenn der Verkehr mit den vorhandenen Verkehrsmitteln befriedigend bedient werden kann."

Die neue Fassung hielt also sowohl im Abs. 1 die Rücksichtnahme auf die Interessen des öffentlichen Verkehrs wie im Abs. 2 auf die Feststellung, ob der Verkehr mit den vorhandenen Verkehrsmitteln befriedigend bedient werden konnte, aufrecht. Da es sich bei der Neufassung nunmehr um nachkonstitutionelles Recht handelte, konnte nur das Bundesverfassungsgericht über die Verfassungsmäßigkeit der Bestimmung entscheiden. Mehrere Verwaltungsgerichte unterbreiteten ihm die Frage, ob im Verkehr mit Kraftdroschken und Mietwagen die genannten objektiven Zulassungsvoraussetzungen mit Art. 12 GG vereinbar seien.

Das Bundesverfassungsgericht hat mit Beschluß vom 8. 6. 1960 (1 BvL 53/55) entschieden, daß § 9 Abs. 2 PBefG 1934 sowohl auf Kraftdroschken wie auf Mietwagen nicht angewendet werden dürfe; die objektive Voraussetzung des Abs. 1 dagegen sei auf Droschken, nicht allerdings auf Mietwagen anzuwenden. Die Leitsätze des Beschlusses lauten:

„1. Die Frage, ob zum Schutz eines überragend wichtigen Gemeinschaftsgutes objektive berufliche Zulassungsvoraussetzungen notwendig sind, ist für die verschiedenen Arten der Personenbeförderung gesondert zu prüfen; sie kann nicht unter Berufung auf die „Einheit des Verkehrs" für alle Verkehrsarten einheitlich beantwortet werden.

2. Die Bedürfnisprüfung nach § 9 Abs. 2 PBefG bei der Zulassung zum Gelegenheitsverkehr mit Mietwagen und Droschken ist mit Art. 12 Abs. 1 GG nicht vereinbar.

3. Die Vorschrift in § 9 Abs. 1 PBefG, wonach die Genehmigung nur erteilt werden darf, wenn das Unternehmen den Interessen des öffentlichen Verkehrs nicht zuwiderläuft, ist für den Gelegenheitsverkehr mit Mietwagen mit Art. 12 Abs. 1 GG nicht vereinbar; für den Gelegenheitsverkehr mit Droschken verstößt sie bei verfassungskonformer Auslegung nicht gegen das GG."

Der Beschluß gab dem Bundestag den letzten Anstoß, sich energisch dem Entwurf eines neuen Personenbeförderungsgesetzes zuzuwenden, der von der Bundesregierung bereits am 21. 9. 1954 als Drucksache 831 dem 2. Bundestag, dann am 8. 3. 1958 in veränderter Form als Drucksache 255 dem 3. Bundestag eingebracht worden war. In der Gestalt der Drucksache 255 wurde er dem Bundestagsausschuß für Verkehr, Post- und Fernmeldewesen überwiesen, der ihn mit einem ausführlichen Bericht des Abgeordneten Brück („Brück-Bericht") am 26. 1. 1961 dem Bundestag vorlegte.

Dabei wurde mit Recht davon ausgegangen, daß dem Beschluß des Bundesverfassungsgerichts vom 8. 6. 1960 über den Kraftdroschken- und Mietwagenverkehr hinaus Bedeutung zukommt auch für die übrigen Verkehrsarten der gewerblichen Personenbeförderung und zwar mit dem Ergebnis, daß objektive Zulassungsvoraussetzungen nur noch für den Straßenbahn-, Obus- und Linienverkehr mit Kraftfahrzeugen anzuerkennen sind, nicht mehr dagegen für den Gelegenheitsverkehr mit Omnibussen. Der Bundestag hat in seiner 142. Sitzung am 8. 2. 1961 den Entwurf in der mit dem Brück-Bericht vorgelegten Form angenommen.

Das Gesetz wurde mit dem Verkündungstag 21. 3. 1961 im Bundesgesetzblatt I vom 27. 3. 1961 (S. 241) veröffentlicht. Es trat am 1. Tage des auf die Verkündung folgenden dritten Kalendermonats, also am 1. 6. 1961, in Kraft.

Das Gesetz faßt eine große Anzahl früher erlassener gesetzlicher Bestimmungen zusammen. An die Stelle eines weitgehend aufgesplitterten, unübersichtlich gewordenen und überholten Rechts ist eine einheitliche Regelung getreten.

Einleitung

Die Formen des Personenverkehrs auf der Straße hatten sich seit dem Jahre 1934 vervielfältigt und kompliziert; es ist daher kein Vorwurf, wenn man feststellt, daß das neue Gesetz dieser Entwicklung seiner Materie in alle Verästelungen hinein nachgegangen ist. Nicht die Vollständigkeit trifft ein Vorwurf, höchstens die an einigen Stellen festzustellende mangelhafte Elastizität. So hatte z.B. die DVO 1935 als Landkraftposten nur Kraftfahrzeuge bis zu einer Tonne Nutzlast angetroffen. Nachdem die Bundespost schwerere Typen angeschafft hatte, wurde die Definition durch AO des RVM vom 20. 8. 1942 auf 1,5 Tonnen und dann nochmals durch AO des BMV vom 18. 10. 1952 auf 1,75 Tonnen erhöht. Dieses rein zufällige Ergebnis wurde nun in § 5 zu einer gesetzlichen Definition der Landkraftposten verwendet und damit einer Anpassung an notwendigerweise auch künftig hin wechselnde Gegebenheiten entzogen.

Die Kritik an Einzelheiten kann indes die Befriedigung über das Gelingen des Gesetzgebungswerkes nicht mindern. Der Kraftomnibusverkehr der Bundespost und der Bundesbahn unterliegen künftig der gleichen Genehmigungspflicht wie das Privatgewerbe. Als Zentralbegriff des Gesetzes muß der der **öffentlichen Verkehrsinteressen** (§ 13 Abs. 2 Nr. 2) angesehen werden. Er mag abschließend noch von einer allgemeineren Seite her betrachtet werden:

Der gewerbliche Verkehr ist ein Teil der Wirtschaft, die Verkehrspolitik ein Teil der Wirtschaftspolitik, das öffentliche Verkehrsinteresse ein Ausschnitt aus dem wirtschaftlich Richtigen. Was das jeweils wirtschaftlich Richtige ist, dafür gibt es weder Rezept noch Faustregel.

Wo der Gesetzgeber die Behörden anweisen will, in einer Angelegenheit das wirtschaftlich Richtige zu tun oder zu fordern, also nach der Idee der Wirtschaft zu verfahren, tut er dies meist in der Weise, daß er den Behörden zu prüfen aufgibt, ob ein volkswirtschaftliches Bedürfnis oder ein volkswirtschaftliches Interesse vorliege. Das Wort Interesse ist in diesem Zusammenhang nur eine Verfeinerung des Wortes Bedürfnis, das ein Gefühl des Mangels ausdrückt, das gestillt werden soll. Das erste Problem, das bei Beurteilung eines Bedürfnisses zu lösen ist, ist daher die Frage, auf wessen Mangelgefühl es ankommt. Während der Geltung der Lizenzierungsgesetze nach dem zweiten Weltkrieg hat sich eine Berufsorganisation einmal gegen die Aufstellung eines Warenautomaten in einem Krankenhaus ausgesprochen, weil der Automat zwar in höchstem Maße einem Bedürfnis der Kranken entspreche, nicht aber einem Bedürfnis des Einzelhandels, und nur darauf komme es an. Diese Organisation hatte das Gesetz völlig mißverstanden. Wer eine Leistung anzubieten hat, dem ist jeder, der die gleiche Leistung anzubieten hat, ein Nebenbuhler. Nebenbuhler sind nie erwünscht. Wer dagegen die Leistung sucht, dem kann die Auswahl niemals groß genug sein.

Wenn der Träger des Bedürfnisses gefunden ist, richtet sich die zweite Frage auf die Stärke des Bedürfnisses. Um sich die Stufenleiter der Sättigungsgrade vor Augen zu führen, denke man an die verschiedenen Arbeitsschlußzeiten in einem Industriegebiet und daran, daß jeder Arbeiter so schnell wie möglich nach Hause kommen möchte. Hier muß sich entweder der Gesetzgeber oder die Verwaltung darüber Gedanken machen, wie stark das Verkehrsinteresse der um 17 Uhr 15 die Fabrik verlassenden Arbeiter sein muß, daß man sie nicht bis zum Omnibus um 17 Uhr 30 warten lassen kann oder daß man die um 17 Uhr schließenden Arbeiter bis 17 Uhr 15 warten lassen muß.

Die dritte Frage bei der Bedürfnisprüfung richtet sich darauf, ob jedes Bedürfnis zu berücksichtigen ist, oder nur ein wohlverstandenes. Ersterer Ansicht sind offenbar die Omnibusunternehmer, die ihre Anträge auf Neueinrichtung einer Linie mit seitenlangen Unterschriftslisten ihrer künftigen Fahrgäste zu belegen pflegen. Ob aber die Wünsche der Fahrgäste allein ausschlaggebend sind, wird bezweifeln, wer sich vor Augen hält, daß eine Verkehrsbedienung gar nicht so dicht sein kann, daß sie der Einzelne sich nicht noch dichter wünschte, wenn ihm vier Minuten vor Arbeitsbeginn der Omnibus vor der Nase davon fährt und der nächste „erst" fünf Minuten später geht.

Man wird also wohl nicht umhin können, die Frage nach dem wirklichen oder dem wohlverstandenen Interesse zugunsten des letzteren zu entscheiden. Den Ausdruck „wohlverstandenes Verkehrsinteresse" hat der Gesetzgeber zwar bisher vermieden. Um so deutlicher kommt dieser Charakter aber in der Rechtsprechung zahlreicher Oberverwaltungsgerichte zum Ausdruck, indem sie die Frage, ob im Einzelfall ein Verkehrsinteresse gegeben ist, oft auf Grund neuer Feststellungen und eigener Überlegungen ganz anders entscheiden als die Verwaltungsbehörden, die sich vorher in zwei Instanzen mit dem Fall befaßt haben.

Wir dürfen dort, wo ein Gesetz von einem volkswirtschaftlichen Bedürfnis oder öffentlichen Interesse spricht, nie einzelne Bedürfnisse und einzelne Interessen sehen, wir müssen sie vielmehr immer als Teile einer Symbiose, einer Lebensgemeinschaft, beurteilen. Das wirtschaftlich Richtige ist kein Begriff, den man definieren kann, es ist eine Idee, die man immer nur annähernd und nie völlig erreicht. Wir sind nie sicher, ob nicht einem anderen die Annäherung noch weiter gelingt als uns. Das ist auch der Grund, warum das wirtschaftlich Richtige nicht von einem Gericht entschieden werden kann. Denn die gerichtliche Entscheidung muß immer den Charakter des endgültig Abgeschlossenen, der für alle Zeiten gültigen Beurteilung eines abgeschlossenen Sachverhaltes tragen.

Das Bundesverwaltungsgericht hatte hierfür das richtige Gefühl, als es in seinem Urteil vom 10. 3. 1954 (I C 5. 53) aussprach, daß es über das Vorliegen eines Verkehrsinteresses für eine neue Verkehrsbedienung nicht anders entscheiden könne als die Verwaltungsbehörden, die sich vorher damit befaßt hatten.

Das Bundesverwaltungsgericht hat dies allerdings in der Weise zum Ausdruck gebracht, daß die Beurteilung der Frage, ob einem Verkehrsinteresse Genüge geleistet sei, im „Ermessen" der Verwaltung liege. Dadurch erleichterte es den Vertretern der Gegenseite (z.B. Urteil des Bayer. VGH vom 28. 5. 1951 DVBl. 1952 S. 178) den Einwand, entweder sei ein Verkehrsinteresse gegeben oder es sei keines gegeben. Darüber könnten zwar zwei verschiedene Menschen zu zwei verschiedenen Urteilen kommen; das sei aber ebenso bei vielen anderen weit gefaßten Begriffen („unbestimmten Rechtsbegriffen") der Fall, z.B. bei der „Zuverlässigkeit" des Antragstellers. Die Genehmigungsbehörde habe aber doch keine Handlungsfreiheit, ob sie, wenn das Verkehrsinteresse (und die übrigen Voraussetzungen) gegeben sei, die Genehmigung erteilen oder etwa gleichwohl versagen wolle. Nur bei einer solchen Handlungsfreiheit, wie sie z.B. von den „Kann-Bestimmungen" eingeräumt werde, könne von einem Ermessen die Rede sein, das der Nachprüfung durch die Gerichte entzogen ist.

Die Ansichten des Bundesverwaltungsgerichts und die der Oberverwaltungsgerichte, die dem Bayer. VGH folgten, wurden von Nibler („Das öffentliche Verkehrsinteresse und die Verwaltungsrechtsprechung" in den Bayer. Verwaltungsblättern 1955 S. 33) unter reichhaltiger Anführung von Literatur und Rechtsprechung einander gegenübergestellt. Das Bundesverwaltungsgericht erkennt den Kern eines Urteils über das Verkehrsinteresse als einer verkehrspolitischen Entscheidung, die jedesmal ein Stück Planung für die Zukunft enthält. „Die Verkehrsbehörden haben", so führte es in seinem Urteil vom 30. 10. 1959 (VII C 19/59 — DVBl. 1960 S. 169) im gleichen Sinne aus, „im Interesse des öffentlichen Verkehrs auf die Wahrung der allgemeinen Verkehrsordnung im Sinne wirtschafts- und verkehrspolitischer Planung und Gestaltung Bedacht zu nehmen. Hierbei können vor allem bei der zweckmäßigen Aufteilung des Verkehrs zwischen den öffentlichen und privaten Verkehrsträgern Gesichtspunkte der Verkehrsgestaltung obwalten, die wegen ihrer verkehrspolitischen und verkehrswirtschaftlichen, auf die Gesamtgestaltung des Verkehrs gerichteten Art oft mehrere Lösungen zulassen, von denen die Behörde nach ihrem Ermessen die beste auswählen kann."

Über Schattierungen innerhalb der beiden Ansichten vgl. die oben zitierte Abhandlung von Nibler sowie Bachof in seiner Besprechung des Urteils des Bayer. VGH vom 23. 8. 1954 (Bayer. Verwaltungsblätter 1955 S. 25).

Zuzugeben ist dem Bayer. VGH, daß eine Verwaltungsbehörde nach ihrem Ermessen nur dort handeln kann, wo sie so, aber ebensogut auch anders entscheiden kann. Beim Auffinden des wirtschaftlich Richtigen dagegen kann es nicht zwei entgegengesetzte und gleich richtige Ergebnisse geben. Es kann aber ein Ergebnis jederzeit durch ein noch besseres überholt werden (vgl. auch Sigl a.a.O. S. 27). In dieser Gefahr steht jede Verwaltungsentscheidung; das gehört zu ihrer Natur. Ein Gerichtsurteil aber sollte sich gar nicht in diese Gefahr begeben. Das Bundesverwaltungsgericht hat daher mit Recht an seiner Rechtsprechung bis in die jüngste Zeit festgehalten (Urteil vom 1. 4. 1960, DVBl. 1960 S. 600). Die zwei entgegenstehenden Sätze des Bundesverfassungsgerichts in seinem Urteil vom 8. 6. 1960 enthalten nur ein Votum, keine Argumente gegen diese Rechtsprechung.

Personenbeförderungsgesetz (PBefG)

Vom 21. März 1961

Inhaltsübersicht

Der Bundestag hat mit Zustimmung des Bundesrates das folgende Gesetz beschlossen:

I. Allgemeine Vorschriften

§ 1
Sachlicher Geltungsbereich

(1) Den Vorschriften dieses Gesetzes unterliegt die entgeltliche oder geschäftsmäßige Beförderung von Personen mit Straßenbahnen, mit Oberleitungsomnibussen (Obussen) und mit Kraftfahrzeugen. Als Entgelt sind auch wirtschaftliche Vorteile anzusehen, die mittelbar für die Wirtschaftlichkeit einer auf diese Weise geförderten Erwerbstätigkeit erstrebt werden.

(2) Diesem Gesetz unterliegen nicht

1. Beförderungen mit Personenkraftwagen (§ 4), wenn das Gesamtentgelt die Betriebskosten der Fahrt nicht übersteigt und Fahrer und Mitfahrer weder durch öffentliche Vermittlung noch durch Werbung zusammengeführt worden sind,
2. Beförderungen mit Landkraftposten der Deutschen Bundespost (§ 5).

§ 2
Genehmigungspflicht

(1) Wer im Sinne des § 1 Abs. 1

1. mit Straßenbahnen,
2. mit Obussen,
3. mit Kraftfahrzeugen im Linienverkehr (§§ 42 und 43) oder
4. mit Kraftfahrzeugen im Gelegenheitsverkehr (§ 46)

Personen befördert, muß im Besitz einer Genehmigung sein. Er ist Unternehmer im Sinne dieses Gesetzes.

(2) Der Genehmigung bedarf ferner jede Erweiterung oder wesentliche Änderung des Unternehmens, die Übertragung der aus der Genehmigung erwachsenden Rechte und Pflichten sowie die Übertragung des Betriebs auf einen anderen.

(3) Der Genehmigung bedarf der Arbeitgeber nicht für die Beförderung der Arbeitnehmer zwischen Arbeitsstätten desselben Betriebes zu betrieblichen Zwecken.

(4) Einer Genehmigung bedarf es nicht zum vorübergehenden Einsatz von Kraftfahrzeugen bei Notständen und Betriebsstörungen im Verkehr, insbesondere im Schienen-, Bergbahn- oder Obusverkehr. Wenn die Störungen länger als 72 Stunden dauern, haben die Unternehmer der von der Störung betroffenen Betriebe der Genehmigungsbehörde (§ 11) Art, Umfang und voraussichtliche Dauer eines solchen vorübergehenden Einsatzes von Kraftfahrzeugen unverzüglich mitzuteilen.

§ 3

Unternehmer

(1) Die Genehmigung wird dem Unternehmer für einen bestimmten Verkehr (§ 9) und für seine Person (natürliche oder juristische Person) erteilt.

(2) Der Unternehmer oder derjenige, auf den der Betrieb übertragen ist (§ 2 Abs. 2), muß den Verkehr im eigenen Namen, unter eigener Verantwortung und für eigene Rechnung betreiben. Die von der Landesregierung bestimmte Behörde kann in Einzelfällen Ausnahmen zulassen.

§ 4

Straßenbahnen, Obusse, Kraftfahrzeuge

(1) Straßenbahnen sind Schienenbahnen, die

1. den Verkehrsraum öffentlicher Straßen benutzen und sich mit ihren baulichen und betrieblichen Einrichtungen sowie in ihrer Betriebsweise der Eigenart des Straßenverkehrs anpassen oder
2. einen besonderen Bahnkörper haben und in der Betriebsweise den unter Nummer 1 bezeichneten Bahnen gleichen oder ähneln.

und ausschließlich oder überwiegend der Beförderung von Personen im Orts- oder Nachbarschaftsbereich dienen.

(2) Als Straßenbahnen gelten auch Bahnen, die als Hoch- und Untergrundbahnen, Schwebebahnen oder ähnliche Bahnen besonderer Bauart angelegt sind oder angelegt werden, ausschließlich oder überwiegend der Beförderung von Personen im Orts- oder Nachbarschaftsbereich dienen und nicht Bergbahnen oder Seilbahnen sind.

(3) Obusse im Sinne dieses Gesetzes sind elektrisch angetriebene, nicht an Schienen gebundene Straßenfahrzeuge, die ihre Antriebsenergie einer Fahrleitung entnehmen.

(4) Kraftfahrzeuge im Sinne dieses Gesetzes sind Straßenfahrzeuge, die durch eigene Maschinenkraft bewegt werden, ohne an Schienen oder eine Fahrleitung gebunden zu sein, und zwar sind

1. Personenkraftwagen: Kraftfahrzeuge, die nach ihrer Bauart und Ausstattung zur Beförderung von nicht mehr als neun Personen (einschließlich Führer) geeignet und bestimmt sind,
2. Kraftomnibusse: Kraftfahrzeuge, die nach ihrer Bauart und Ausstattung zur Beförderung von mehr als neun Personen (einschließlich Führer) geeignet und bestimmt sind,

3. Lastkraftwagen: Kraftfahrzeuge, die nach ihrer Bauart und Einrichtung zur Beförderung von Gütern bestimmt sind.

(5) Anhänger, die von den in Absatz 1 bis 4 genannten Fahrzeugen zur Personenbeförderung mitgeführt werden, sind den sie bewegenden Fahrzeugen gleichgestellt.

§ 5

Landkraftposten

Landkraftposten sind Kraftwagenverbindungen der Deutschen Bundespost, die mit posteigenen Kraftfahrzeugen von nicht mehr als 1,75 Tonnen Nutzlast betrieben werden, die der Postsachenbeförderung über Land dienen und zusätzlich für die Beförderung von nicht mehr als fünf Personen (einschließlich Führer) bestimmt sind.

§ 6

Umgehungsverbot

Die Verpflichtungen des Unternehmers nach diesem Gesetz werden durch rechtsgeschäftliche oder firmenrechtliche Gestaltungen oder Scheintatbestände, die zur Umgehung der Bestimmungen des Gesetzes geeignet sind, nicht berührt.

§ 7

Beförderung von Personen auf Lastkraftwagen und auf Anhängern hinter Lastkraftwagen und Zugmaschinen

(1) Zu einer Personenbeförderung, die nach diesem Gesetz genehmigungspflichtig ist, dürfen Lastkraftwagen sowie Anhänger jeder Art hinter Lastkraftwagen oder hinter Zugmaschinen nicht verwendet werden. Als Lastkraftwagen im Sinne dieser Bestimmung gelten auch Kraftfahrzeuge, die zur gleichzeitigen oder wahlweisen Beförderung von Personen und Gütern als Kombinationskraftwagen nach der Straßenverkehrs-Zulassungs-Ordnung zugelassen sind, wenn sie weniger als vier feste Sitzplätze haben und ihr zulässiges Gesamtgewicht 2 Tonnen übersteigt.

(2) Die Genehmigungsbehörde kann in Einzelfällen Ausnahmen zulassen.

§ 8

Ausgleich der Verkehrsinteressen

Mit dem Ziel bester Förderung des Verkehrs haben der Bundesminister für Verkehr und die Landesregierungen darauf hinzuwirken, daß die Interessen der verschiedenen Verkehrsträger im Personenverkehr ausgeglichen und ihre Leistungen und ihre Entgelte aufeinander abgestimmt werden. Eine freiwillige Zusammenarbeit der Verkehrsträger ist zu fördern.

II. Genehmigung

§ 9

Umfang der Genehmigung

(1) Die Genehmigung wird erteilt

1. bei einem Verkehr mit Straßenbahnen für den Bau, den Betrieb und die Linienführung,
2. bei einem Verkehr mit Obussen für den Bau, den Betrieb und die Linienführung,

3. bei einem Linienverkehr mit Kraftfahrzeugen für die Einrichtung und den Betrieb der Linie sowie für die Zahl, die Art und das Fassungsvermögen (Sitz- und Stehplätze) der auf ihr einzusetzenden Kraftfahrzeuge und Anhänger,
4. bei einem Gelegenheitsverkehr mit Kraftfahrzeugen für die Ausübung und die Form des Gelegenheitsverkehrs sowie für die Art und das Fassungsvermögen (Sitzplätze) der einzelnen Kraftfahrzeuge unter Angabe ihrer amtlichen Kennzeichen.

Für jedes einzelne Kraftfahrzeug wird die Genehmigung entweder nach Nummer 3 oder Nummer 4 erteilt.

(2) Bei Erweiterungen oder wesentlichen Änderungen (§ 2 Abs. 2) eines Unternehmens der in Absatz 1 genannten Verkehrsarten ist die Genehmigung für die Erweiterungen oder wesentlichen Änderungen zusätzlich erforderlich. Bei einem Austausch von Kraftfahrzeugen gleichen oder annähernd gleichen Fassungsvermögens soll die Genehmigung ohne nochmaliges Anhörverfahren erteilt werden.

(3) In begründeten Fällen können für den Linienverkehr desselben Unternehmers nach Absatz 1 Nr. 3 genehmigte Fahrzeuge auch für den Gelegenheitsverkehr nach Absatz 1 Nr. 4 genehmigt werden, sofern dadurch die ordnungsmäßige Durchführung des Linienverkehrs nicht beeinträchtigt wird.

§ 10
Entscheidung in Zweifelsfällen

Entstehen Zweifel darüber, ob eine Personenbeförderung den Vorschriften dieses Gesetzes unterliegt oder welcher Verkehrsart oder Verkehrsform ein Verkehr zugehört oder wer Unternehmer im Sinne des § 3 Abs. 1 und 2 ist, so entscheidet die für den Sitz des Unternehmens zuständige, von der Landesregierung bestimmte Behörde. Die Entscheidung ist zu begründen, mit einer Rechtsmittelbelehrung zu versehen und den Betroffenen zuzustellen.

§ 11
Genehmigungsbehörden

(1) Die Genehmigung erteilt die von der Landesregierung bestimmte Behörde.

(2) Zuständig ist

1. bei einem Straßenbahn-, Obus- oder einem Linienverkehr mit Kraftfahrzeugen die Genehmigungsbehörde, in deren Bezirk der Verkehr ausschließlich betrieben werden soll,
2. bei einem Gelegenheitsverkehr mit Kraftfahrzeugen die Genehmigungsbehörde, in deren Bezirk der Unternehmer seinen Sitz oder seine Niederlassung im Sinne des Handelsrechts hat,
3. bei einem Gelegenheitsverkehr der Deutschen Bundespost oder der Deutschen Bundesbahn die Genehmigungsbehörde, in deren Bezirk sich der Sitz der betriebsleitenden Einsatzstelle befindet.

(3) Soll ein Straßenbahn-, Obusverkehr oder ein Linienverkehr mit Kraftfahrzeugen in den Bezirken mehrerer Genehmigungsbehörden desselben Landes betrieben werden, so ist die Genehmigungsbehörde zuständig, in deren Bezirk die Linie ihren Ausgangspunkt hat. Bestehen Zweifel über die Zuständigkeit, so wird die zuständige Genehmigungsbehörde von der von der Landesregierung bestimmten

Behörde benannt. Die zuständige Genehmigungsbehörde trifft ihre Entscheidung im Einvernehmen mit den an der Linienführung beteiligten Genehmigungsbehörden. Kommt ein Einvernehmen nicht zustande, so entscheidet die von der Landesregierung bestimmte Behörde.

(4) Soll ein Straßenbahn-, Obusverkehr oder Linienverkehr mit Kraftfahrzeugen in mehreren Ländern betrieben werden, so ist Absatz 3 Satz 1 und 3 entsprechend anzuwenden. Bestehen zwischen den beteiligten Ländern Zweifel über die Zuständigkeit und kommt eine Einigung der obersten Landesverkehrsbehörden darüber nicht zustande, so entscheidet auf Antrag einer beteiligten obersten Landesverkehrsbehörde der Bundesminister für Verkehr. Das gleiche gilt, wenn über die Entscheidung eines Genehmigungsantrages zwischen den Genehmigungsbehörden der beteiligten Länder ein Einvernehmen nicht hergestellt und auch ein Einvernehmen zwischen den obersten Landesverkehrsbehörden darüber nicht erzielt werden kann.

§ 12
Antragstellung

(1) Der Antrag auf Erteilung der Genehmigung soll enthalten

1. in allen Fällen
   a) Namen sowie Wohn- und Betriebssitz des Antragstellers, bei natürlichen Personen außerdem Geburtstag und Geburtsort,
   b) Angaben darüber, ob der Antragsteller bereits eine Genehmigung für eine Verkehrsart besitzt oder besessen hat;
2. bei einem Straßenbahn- oder Obusverkehr
   a) eine Übersichtskarte, in der die beantragte Strecke mit Haltestellen und alle in dem Verkehrsgebiet bereits vorhandenen Schienenbahnen, Obuslinien, Kraftfahrzeuglinien und Schiffahrtslinien, letztere soweit sie dem Berufsverkehr dienen, eingezeichnet sind,
   b) Beförderungsentgelte und Fahrplan,
   c) auf Verlangen der Genehmigungsbehörde einen Bauplan mit Kostenanschlag sowie Beschreibung der Anlage, Angaben über die höchste und tiefste Lage des Fahrdrahts, Längs- und Querschnitte sowie Pläne für notwendige Änderungen an öffentlichen Straßen, Beschreibung der Fahrzeuge einschließlich der Schaltpläne und der Betriebsweise;
3. bei einem Linienverkehr mit Kraftfahrzeugen
   a) eine Übersichtskarte in der unter Nummer 2 Buchstabe a beschriebenen Form,
   b) die Länge der Linie, bei Unterwegsbedienung auch der Teilstrecken, in Kilometern,
   c) Angaben über die Zahl, die Art und das Fassungsvermögen (Sitz- und Stehplätze) der zu verwendenden Fahrzeuge,
   d) Beförderungsentgelte und Fahrplan;
4. bei einem Gelegenheitsverkehr mit Kraftfahrzeugen
   a) Verkehrsform des Gelegenheitsverkehrs (§ 46),
   b) Angaben über die Zahl, die Art und das Fassungsvermögen (Sitzplätze) der zu verwendenden Fahrzeuge.

(2) Dem Antrag sind Unterlagen beizufügen, die ein Urteil über die Zuverlässigkeit des Antragstellers und die Sicherheit und Leistungsfähigkeit des Betriebs ermöglichen.

(3) Die Genehmigungsbehörde kann weitere Angaben und Unterlagen, insbesondere Vorlage eines polizeilichen Führungszeugnisses, verlangen. Sie hat bei einem Antrag auf Erteilung der Genehmigung von Linien- oder Gelegenheitsverkehr mit Kraftfahrzeugen das Kraftfahrt-Bundesamt um Auskunft über den Antragsteller zu ersuchen.

§ 13

Voraussetzung der Genehmigung

(1) Die Genehmigung darf nur erteilt werden, wenn

1. die Sicherheit und die Leistungsfähigkeit des Betriebs gewährleistet sind und
2. keine Tatsachen vorliegen, die die Unzuverlässigkeit des Antragstellers als Unternehmer dartun.

(2) Beim Straßenbahn-, Obusverkehr und Linienverkehr mit Kraftfahrzeugen ist die Genehmigung zu versagen, wenn

1. der Verkehr auf Straßen durchgeführt werden soll, die sich aus Gründen der Verkehrssicherheit oder wegen ihres Bauzustandes hierfür nicht eignen, oder
2. durch den beantragten Verkehr die öffentlichen Verkehrsinteressen beeinträchtigt werden, insbesondere
   a) der Verkehr mit den vorhandenen Verkehrsmitteln befriedigend bedient werden kann,
   b) der beantragte Verkehr ohne eine wesentliche Verbesserung der Verkehrsbedienung Verkehrsaufgaben übernehmen soll, die vorhandene Unternehmer oder Eisenbahnen bereits wahrnehmen,
   c) die für die Bedienung dieses Verkehrs vorhandenen Unternehmer oder Eisenbahnen die notwendige Ausgestaltung des Verkehrs innerhalb einer von der Genehmigungsbehörde festzusetzenden angemessenen Frist selbst durchzuführen bereit sind. Im Schienenparallelverkehr und im Schienenersatzverkehr, der nicht Orts- oder Nachbarortslinienverkehr ist, ist das Schienenunternehmen bevorrechtigt, die notwendige Ausgestaltung des Verkehrs durchzuführen. Schienenparallelverkehr ist der Linienverkehr mit Kraftfahrzeugen (§§ 42ff.) auf den in der Verkehrsrichtung der Schiene verlaufenden Straßen, wobei im wesentlichen die zu bedienenden Orte Bahnstationen sind oder bei dem das Verkehrsaufkommen der zu bedienenden Orte überwiegend im engeren Einzugsgebiet der Schienenverbindung liegt; unter denselben Voraussetzungen ist ein solcher Linienverkehr Schienenersatzverkehr, wenn der Personenverkehr auf der Schienenverbindung stillgelegt wird. Nachbarortslinienverkehr ist der Verkehr zwischen Nachbarorten oder Teilen von ihnen, wenn diese wirtschaftlich und verkehrsmäßig so miteinander verbunden sind, daß der Verkehr nach der Tarifgestaltung und nach gegenwärtiger oder in naher Zukunft zu erwartender Häufigkeit einem Ortslinienverkehr vergleichbar ist. Die Verbindung mehrerer Nachbarortslinien fällt nicht unter den Begriff „Nachbarortslinienverkehr".

(3) Beim Verkehr mit Kraftdroschken ist die Genehmigung zu versagen, wenn die öffentlichen Verkehrsinteressen dadurch beeinträchtigt werden, daß das örtliche

Droschkengewerbe durch die Ausübung des beantragten Verkehrs in seiner Existenz bedroht wird.

(4) Ist ein Verkehr von einem Unternehmer jahrelang in einer dem öffentlichen Verkehrsinteresse entsprechenden Weise betrieben worden, so ist dieser Umstand angemessen zu berücksichtigen; das gilt auch im Falle des Absatzes 2 Nr. 2 und des Absatzes 3. Wenn sich die Verbindung von Personen- und Postsachenbeförderung im öffentlichen Interesse bewährt hat, ist auch dies zugunsten des Linienverkehrs der Deutschen Bundespost zu berücksichtigen.

(5) Bei der Deutschen Bundespost, der Deutschen Bundesbahn und juristischen Personen des öffentlichen Rechts gelten die Genehmigungsvoraussetzungen nach Absatz 1 als gegeben.

(6) Bei der Genehmigung der Übertragung von Genehmigungen und bei der Genehmigung von Betriebsübertragungen (§ 2 Abs. 2) sind die Absätze 2 und 3 nicht anzuwenden.

§ 14
Anhörverfahren

(1) Vor der Entscheidung über den Antrag auf Erteilung der Genehmigung sind zu hören

1. bei Straßenbahn- oder Obusverkehr
   a) die Träger der Straßenbaulast (Wegeunterhaltungspflichtige),
   b) die beteiligten Gemeinden, bei kreisangehörigen Gemeinden auch die Landkreise oder die Kreisverwaltungsbehörden,
   c) diejenigen, die im Verkehrsgebiet des beantragten Unternehmens bereits Schienenbahnen des Personenverkehrs, Obusverkehr, Kraftfahrlinien oder dem Berufsverkehr dienende Schiffahrtslinien betreiben; soweit die Deutsche Bundespost oder die Deutsche Bundesbahn solchen Verkehr betreiben, sind die Oberpostdirektion oder die Bundesbahndirektion zu hören, in deren Bezirk das beantragte Unternehmen betrieben werden soll,
   d) die nach Landesrecht zuständigen Planungsbehörden,
   e) gutachtlich die beteiligten Industrie- und Handelskammern, die zuständigen Fachgewerkschaften und die Fachverbände der Verkehrtreibenden;
2. bei Linienverkehr mit Kraftfahrzeugen
   a) diejenigen, die im Verkehrsgebiet des beantragten Unternehmens bereits Schienenbahnen des Personenverkehrs, Obusverkehr, Kraftfahrlinien oder dem Berufsverkehr dienende Schiffahrtslinien betreiben,
   b) die Oberpostdirektionen und die Bundesbahndirektionen, in deren Bezirk das beantragte Unternehmen betrieben werden soll,
   c) die beteiligten Landkreise und kreisfreien Städte und, wenn an der Eignung der benutzten Straßen Zweifel nach § 13 Abs. 2 Nr. 1 bestehen, auch die Träger der Straßenbaulast (Wegeunterhaltungspflichtige),
   d) gutachtlich die beteiligten Industrie- und Handelskammern, die zuständigen Fachgewerkschaften und die Fachverbände der Verkehrtreibenden;
3. bei Linienverkehr mit Kraftfahrzeugen innerhalb der Grenzen einer Gemeinde
   a) die in Nummer 1 Buchstaben a bis c genannten Stellen,

b) gutachtlich die Industrie- und Handelskammer, die zuständigen Fachgewerkschaften und die Fachverbände der Verkehrtreibenden;

4. bei Gelegenheitsverkehr mit Kraftomnibussen nach den §§ 48 und 49 gutachtlich die für den Betriebssitz des Unternehmers zuständige Oberpostdirektion und Bundesbahndirektion, die für den Betriebssitz des Unternehmers zuständige Gemeindebehörde, die Industrie- und Handelskammer, die zuständigen Fachgewerkschaften und die Fachverbände der Verkehrtreibenden, bei Gelegenheitsverkehr mit Kraftomnibussen nach § 48 auch der Landes-Fremdenverkehrsverband;

5. bei Gelegenheitsverkehr mit Personenkraftwagen nach den §§ 47, 48 und 49 Abs. 4 gutachtlich die für den Betriebssitz des Unternehmers zuständige Gemeindebehörde, die Industrie- und Handelskammer, die zuständigen Fachgewerkschaften und die Fachverbände der Verkehrtreibenden.

(2) Die Genehmigungsbehörde kann außer den in Absatz 1 genannten Stellen weitere Stellen gutachtlich hören.

(3) Die Genehmigungsbehörde kann von der Durchführung des Anhörverfahrens absehen, wenn sie aus eigener Kenntnis der Sachlage dem Antrag nicht entsprechen will.

(4) Der Anhörung der in Absatz 1 genannten Stellen bedarf es nicht, wenn durch denselben Unternehmer an Stelle eines bestehenden Straßenbahnverkehrs ein Obusverkehr eingerichtet werden soll.

(5) Die unter Absatz 1 genannten Stellen können sich binnen zwei Wochen, nachdem sie von dem Antrag in Kenntnis gesetzt worden sind, schriftlich gegenüber der Genehmigungsbehörde äußern. Einwendungen können zur Beschleunigung des Genehmigungsverfahrens mit dem Antragsteller und allen oder einzelnen Beteiligten mündlich erörtert werden.

§ 15

Erteilung und Versagung der Genehmigung

(1) Die Entscheidung über den Antrag ist zu begründen, mit einer Rechtsmittelbelehrung zu versehen und dem Antragsteller zuzustellen. In der Begründung sind auch die Einwendungen, soweit sie nicht zurückgenommen sind, zu würdigen. Die Entscheidung ist auch den nach § 14 Abs. 1 unter Nr. 1 Buchstaben a bis d, unter Nr. 2 Buchstaben a und b und unter Nr. 3 Buchstabe a genannten Stellen zuzustellen, soweit diese Stellen Einwendungen erhoben und nicht zurückgenommen haben.

(2) Die Erteilung einer vorläufigen oder widerruflichen Genehmigung ist unzulässig.

(3) Die Genehmigungsbehörde hat die Genehmigung dem zuständigen Versicherungsamt wegen der Anmeldung des Betriebs zur Berufsgenossenschaft mitzuteilen. Die Anzeigepflicht des Unternehmers nach § 653 der Reichsversicherungsordnung bleibt unberührt.

(4) Ist die Genehmigung wegen mangelnder Sicherheit oder Leistungsfähigkeit des Betriebs oder wegen Unzuverlässigkeit des Antragstellers (§ 13 Abs. 1) versagt worden, so hat die Genehmigungsbehörde dem Kraftfahrt-Bundesamt die Versagung unter Angabe der Gründe mit Namen sowie Wohn- und Betriebssitz des Antragstellers mitzuteilen.

§ 16

Bedingungen, Auflagen und zeitliche Beschränkung der Genehmigung

(1) Die Genehmigung (§ 9) kann unter Bedingungen und Auflagen erteilt werden, die sich im Rahmen dieses Gesetzes und der zu seiner Durchführung erlassenen Vorschriften halten müssen.

(2) Die Genehmigung wird dem Unternehmer auf bestimmte Zeit erteilt (§§ 38, 44, 50).

§ 17

Genehmigungsurkunde

(1) Die Genehmigung wird, wenn die Entscheidung nach § 15 unanfechtbar geworden ist, durch Aushändigung der Genehmigungsurkunde erteilt.

(2) Die Genehmigungsurkunde muß enthalten

1. einen Hinweis auf dieses Gesetz,
2. den Namen sowie Wohn- und Betriebssitz des Unternehmers,
3. die Bezeichnung der Verkehrsart, für die die Genehmigung erteilt wird, im Gelegenheitsverkehr auch der Verkehrsform des Gelegenheitsverkehrs (§§ 47 bis 49),
4. die Dauer der Genehmigung,
5. die Bedingungen und Auflagen,
6. die Bezeichnung der Aufsichtsbehörde,
7. bei einem Straßenbahn- oder Obusverkehr die Streckenführung und im Falle des § 28 Abs. 4 einen Hinweis auf den Vorbehalt,
8. bei Linienverkehr mit Kraftfahrzeugen die Linienführung, die Zahl, die Art und das Fassungsvermögen (Sitz- und Stehplätze) der genehmigten Kraftfahrzeuge und Anhänger,
9. bei Gelegenheitsverkehr mit Kraftfahrzeugen die einzelnen Kraftfahrzeuge unter Angabe ihrer amtlichen Kennzeichen.

(3) Im Falle eines Austausches von Kraftfahrzeugen nach § 9 Abs. 2 Satz 2 hat der Unternehmer die Genehmigungsurkunde der Genehmigungsbehörde zur Ergänzung vorzulegen. Das gleiche gilt, wenn ein Unternehmer ein Kraftfahrzeug des Gelegenheitsverkehrs nicht mehr verwendet.

(4) Die Genehmigungsurkunde für Straßenbahnen, für Obusverkehr, der für die Öffentlichkeit wesentliche Inhalt der Genehmigung für den Linienverkehr mit Kraftfahrzeugen und deren Änderungen sind auf Kosten des Unternehmers im amtlichen Verkündungsblatt der Genehmigungsbehörde bekanntzumachen.

(5) Die erteilte Genehmigung kann nur durch die Genehmigungsurkunde oder eine amtliche Ausfertigung nachgewiesen werden.

(6) Im Gelegenheitsverkehr mit Kraftfahrzeugen ist die Genehmigungsurkunde oder eine gekürzte Ausfertigung auf der Fahrt mitzuführen und zuständigen Personen auf Verlangen zur Prüfung auszuhändigen.

(7) Hat eine Genehmigungsurkunde oder eine einstweilige Erlaubnis (§ 20) ihre Gültigkeit verloren, so ist sie unverzüglich einzuziehen oder, falls dies nicht möglich ist, auf Kosten des Unternehmers für kraftlos zu erklären.

(8) Von den Vorschriften des Absatzes 2 Nr. 9 kann die Genehmigungsbehörde für die Deutsche Bundespost und die Deutsche Bundesbahn sowie für bewährte Betriebe mit ausreichendem Fahrzeugbestand Ausnahmen zulassen.

§ 18

Aushändigung der Genehmigungsurkunde an juristische Personen

Einer Aktiengesellschaft, einer Kommanditgesellschaft auf Aktien, einer Gesellschaft mit beschränkter Haftung oder einer Genossenschaft darf die Genehmigungsurkunde erst ausgehändigt werden, wenn die Eintragung in das Register nachgewiesen ist.

§ 19

Tod des Unternehmers

(1) Nach dem Tode des Unternehmers kann der Erbe den Betrieb vorläufig weiterführen oder diese Befugnis auf einen Dritten übertragen; das gleiche gilt für den Testamentsvollstrecker, Nachlaßpfleger oder Nachlaßverwalter während einer Testamentsvollstreckung, Nachlaßpflegeschaft oder Nachlaßverwaltung.

(2) Die Befugnis erlischt, wenn nicht der Erbe oder der Dritte binnen drei Monaten nach Ablauf der für die Ausschlagung der Erbschaft vorgesehenen Frist oder die in Absatz 1 zweiter Halbsatz genannten Personen binnen drei Monaten nach der Annahme ihres Amtes oder ihrer Bestellung die Genehmigung beantragt haben; ein in der Person des Erben wirksam gewordener Fristablauf wirkt auch gegen den Nachlaßverwalter. Bei der Prüfung des Genehmigungsantrages ist § 13 Abs. 2 und 3 nicht anzuwenden. Wird dem Antrag stattgegeben, so ist als Zeitpunkt des Ablaufs der Genehmigung der Tag zu bestimmen, an dem die Genehmigung des Rechtsvorgängers abgelaufen sein würde.

(3) Bei Unternehmern mit Betriebspflicht nach § 21 hat die Genehmigungsbehörde dafür zu sorgen, daß der Betrieb keine Unterbrechung erfährt. Wird der Betrieb von den in Absatz 1 genannten Personen nicht vorläufig weitergeführt, so kann die Genehmigungsbehörde für die Übergangszeit zur Aufrechterhaltung des Betriebs eine einstweilige Erlaubnis nach § 20 an einen anderen erteilen.

§ 20

Einstweilige Erlaubnis

(1) Duldet die Einrichtung, Erweiterung oder wesentliche Änderung eines Linienverkehrs mit Kraftfahrzeugen keinen Aufschub, so kann die von der Landesregierung bestimmte Behörde, in deren Gebiet der Verkehr betrieben werden soll, eine jederzeit widerrufliche einstweilige Erlaubnis erteilen, wenn dies im öffentlichen Verkehrsinteresse geboten ist und die Voraussetzungen des § 13 Abs. 1 gegeben sind.

(2) Die einstweilige Erlaubnis erlischt nach sechs Monaten, soweit sie nicht vorher widerrufen wird. Sie begründet keinen Anspruch auf Erteilung einer Genehmigung.

(3) Über die einstweilige Erlaubnis ist für jedes verwendete Fahrzeug eine Bescheinigung zu erteilen. Die Bescheinigung hat zu enthalten

1. den Hinweis auf diese Vorschrift mit einem Zusatz, daß aus der einstweiligen Erlaubnis ein Anspruch auf die Erteilung einer Genehmigung nicht hergeleitet werden kann,
2. Begründung der Dringlichkeit der Einrichtung des Verkehrs im Sinne des Absatzes 1,
3. Name sowie Wohn- und Betriebssitz des Unternehmers,
4. die Bezeichnung der Fahrzeuge und ihrer amtlichen Kennzeichen,
5. die Dauer der einstweiligen Erlaubnis,

6. die Bezeichnung der Punkte, zwischen denen der Verkehr betrieben werden soll, gegebenenfalls auch der Wegstrecke,
7. Beförderungsentgelte und Fahrplan,
8. Bedingungen und Auflagen.

Die Bescheinigung ist auf der Fahrt mitzuführen und zuständigen Personen auf Verlangen zur Prüfung auszuhändigen.

(4) Die Voraussetzungen für die Erteilung einer einstweiligen Erlaubnis gelten im Falle des § 19 Abs. 3 Satz 2 als gegeben.

§ 21
Betriebspflicht

(1) Der Unternehmer ist verpflichtet, den Betrieb ordnungsmäßig einzurichten und während der Dauer der Genehmigung nach den Bedürfnissen des Verkehrs und dem Stande der Technik ordnungsmäßig aufrechtzuerhalten.

(2) Die Genehmigungsbehörde kann dem Unternehmer für die Aufnahme des Betriebs eine Frist setzen.

§ 22
Beförderungspflicht

Der Unternehmer ist zur Beförderung verpflichtet, wenn

1. den geltenden Beförderungsbedingungen und den behördlichen Anordnungen entsprochen wird,
2. die Beförderung mit den regelmäßigen Beförderungsmitteln möglich ist und
3. die Beförderung nicht durch Umstände verhindert wird, die der Unternehmer nicht abwenden konnte und deren Auswirkung er auch nicht abzuhelfen vermochte.

§ 23
Haftung, Versicherungsnachweis

(1) Der Unternehmer kann die ihm den beförderten Personen gegenüber obliegende Haftung für Personenschäden nicht ausschließen. Die Haftung für Sachschäden darf gegenüber jeder beförderten Person nur insoweit ausgeschlossen werden, als der Schaden 1000 Deutsche Mark übersteigt.

(2) Die Genehmigungsbehörde kann von dem Unternehmer jederzeit den Nachweis der Versicherung verlangen.

§ 24
Einstellung des Betriebs

(1) Die Genehmigungsbehörde kann den Unternehmer auf seinen Antrag von der Verpflichtung zur Aufrechterhaltung des Betriebs vorübergehend oder dauernd, und zwar für den Betrieb im ganzen oder für einen Teil, entbinden, wenn ihm die Weiterführung des Betriebs nicht mehr zugemutet werden kann oder die öffentlichen Verkehrsinteressen dies nicht mehr erfordern. Bis zur Entscheidung über den Antrag hat der Unternehmer den Betrieb weiterzuführen.

(2) Wird der Unternehmer von der Verpflichtung zur Aufrechterhaltung des Betriebs im ganzen dauernd entbunden, so erlischt damit die Genehmigung.

§ 25

Rücknahme der Genehmigung

(1) Die Genehmigungsbehörde hat die Genehmigung zurückzunehmen, wenn nicht mehr alle Voraussetzungen des § 13 Abs. 1 vorliegen. Die erforderliche Zuverlässigkeit des Unternehmers (§ 13 Abs. 1 Nr. 2) ist insbesondere nicht mehr gegeben, wenn in seinem Verkehrsunternehmen trotz schriftlicher Mahnung

1. die im Interesse der öffentlichen Sicherheit erlassenen Vorschriften nicht befolgt werden oder
2. den Verpflichtungen zuwidergehandelt wird, die dem Unternehmer nach diesem Gesetz oder auf Grund dieses Gesetzes erlassenen Rechtsvorschriften obliegen.

(2) Die Genehmigungsbehörde kann die Genehmigung zurücknehmen, wenn

1. die Genehmigung auf Grund unrichtiger Angaben erteilt worden ist, die der Unternehmer oder sein Beauftragter wissentlich oder grob fahrlässig gemacht hat,
2. gegen die Bedingungen oder Auflagen der Genehmigung verstoßen wird oder
3. der Unternehmer die ihm gesetzlich obliegenden arbeitsrechtlichen, sozialrechtlichen oder die sich aus seinem Unternehmen ergebenden steuerrechtlichen Verpflichtungen wiederholt nicht erfüllt hat.

(3) Auf Verlangen der Genehmigungsbehörde hat der Unternehmer den Nachweis der Erfüllung der in Absatz 2 Nr. 3 erwähnten Verpflichtungen zu führen; die Finanzbehörden dürfen den Genehmigungsbehörden Mitteilung über die wiederholte Nichterfüllung der steuerrechtlichen Verpflichtungen oder die Ableistung des Offenbarungseides nach § 325 der Reichsabgabenordnung machen.

(4) Die Rücknahme der Genehmigung wird durch schriftlichen Bescheid ausgesprochen, der zu begründen, mit Rechtsmittelbelehrung zu versehen und dem Unternehmer zuzustellen ist. Die Rücknahme der Genehmigung ist bei den in § 17 Abs. 4 genannten Verkehrsarten nach endgültiger Entscheidung hierüber auf Kosten des Unternehmers im amtlichen Verkündungsblatt der Genehmigungsbehörde zu veröffentlichen.

(5) Die Rücknahme der Genehmigung für den Linien- und Gelegenheitsverkehr mit Kraftfahrzeugen hat die Genehmigungsbehörde dem Kraftfahrt-Bundesamt unter Angabe der Gründe mit Namen sowie Wohn- und Betriebssitz des Unternehmers mitzuteilen.

(6) Absatz 1 bis 5 sind auf die Rücknahme der Genehmigung für die Betriebsübertragung entsprechend anzuwenden.

§ 26

Erlöschen der Genehmigung

(1) Die Genehmigungsbehörde kann die Genehmigung für eine Straßenbahn oder für einen Obusverkehr für erloschen erklären, wenn der Betrieb nicht innerhalb der in der Genehmigung bestimmten Frist eröffnet wird.

(2) Im Linienverkehr mit Kraftfahrzeugen erlischt die Genehmigung, wenn der Unternehmer die nach § 21 Abs. 2 von der Genehmigungsbehörde gestellte Frist nicht einhält.

(3) Im Verkehr mit Kraftdroschken erlischt die Genehmigung, wenn der Unternehmer seinen Betriebssitz in eine andere Gemeinde verlegt.

(4) § 24 Abs. 2 bleibt unberührt.

§ 27

Zwangsmaßnahmen

Das Verwaltungszwangsverfahren bestimmt sich nach den landesrechtlichen Vorschriften.

A. Straßenbahnen

§ 28

Planfeststellung

(1) Neue Straßenbahnen dürfen nur gebaut und bestehende nur geändert werden, wenn der Plan für ihre Betriebsanlagen vorher festgestellt ist.

(2) Bei Änderungen oder Erweiterungen von unwesentlicher Bedeutung kann eine Planfeststellung unterbleiben. Fälle von unwesentlicher Bedeutung liegen insbesondere vor, wenn Rechte anderer nicht beeinflußt werden, oder wenn der Kreis der Beteiligten bekannt ist oder ohne ein förmliches Auslegungsverfahren ermittelt werden kann und mit den Beteiligten entsprechende Vereinbarungen getroffen werden. Die Entscheidung hierüber trifft die Genehmigungsbehörde.

(3) Sind Straßenbahnanlagen in Bebauungsplänen nach § 9 des Bundesbaugesetzes vom 23. Juni 1960 (Bundesgesetzbl. I S. 341) ausgewiesen, so ersetzen diese die Planfeststellung nach Absatz 1. Sofern eine Ergänzung nötig ist, ist die Planfeststellung insoweit zusätzlich durchzuführen.

(4) Ist nach den Absätzen 1 bis 3 eine Planfeststellung notwendig, so darf eine Genehmigung nach § 9 nur vorbehaltlich der Planfeststellung oder vorbehaltlich der nach Absatz 2 zu treffenden Vereinbarungen erteilt werden. Das Planfeststellungsverfahren kann gleichzeitig mit dem Genehmigungsverfahren durchgeführt werden.

§ 29

Inhalt der Planfeststellung

(1) Die Planfeststellung ersetzt alle nach anderen Rechtsvorschriften notwendigen öffentlich-rechtlichen Genehmigungen, Verleihungen, Erlaubnisse und Zustimmungen. Durch sie werden alle öffentlich-rechtlichen Beziehungen zwischen dem Unternehmer und den durch den Plan Betroffenen rechtsgestaltend geregelt. Unberührt bleibt die Zuständigkeit der für die Baugenehmigung zuständigen Behörden, soweit es sich nicht um Betriebsanlagen (§ 28 Abs. 1) handelt.

(2) Im Planfeststellungsbeschluß sind dem Unternehmer die Errichtung und Unterhaltung der Anlagen aufzuerlegen, die für das öffentliche Wohl oder zur Sicherung der Benutzung der benachbarten Grundstücke gegen Gefahren oder Nachteile notwendig sind.

(3) Werden Anlagen zur Sicherung der baulichen oder betrieblichen Einrichtungen der Straßenbahn infolge Änderungen der benachbarten Grundstücke, von denen Gefährdungen dieser Einrichtungen ausgehen, nachträglich notwendig, so kann der Unternehmer durch Beschluß der Planfeststellungsbehörde zu ihrer Errichtung und Unterhaltung verpflichtet werden; die hiernach entstehenden Kosten haben jedoch die Eigentümer der benachbarten Grundstücke zu tragen, es sei denn, daß die Änderungen durch natürliche Ereignisse oder höhere Gewalt verursacht worden sind.

(4) Ist der Plan rechtskräftig festgestellt, so sind Beseitigungs- und Änderungsansprüche gegenüber festgestellten Anlagen ausgeschlossen.

(5) Wird der Plan nicht innerhalb von fünf Jahren nach Rechtskraft durchgeführt, so tritt er außer Kraft, wenn er nicht von der Planfeststellungsbehörde im Benehmen mit der von der Landesregierung bestimmten Behörde auf weitere fünf Jahre verlängert wird. Bei Verlängerung können die vom Plan betroffenen Grundstückseigentümer verlangen, daß der Unternehmer ihre Grundstücke und Rechte insoweit erwirbt, als nach § 31 die Enteignung zulässig ist. Kommt keine Einigung zustande, so können sie die Durchführung des Enteignungsverfahrens bei der Enteignungsbehörde beantragen. Im übrigen gilt § 31.

(6) In den Fällen des § 28 Abs. 3 gelten die §§ 40 und 41 des Bundesbaugesetzes. Absatz 5 ist nicht anzuwenden.

§ 30

Planfeststellungsverfahren

(1) Die Genehmigungsbehörde stellt den Plan fest.

(2) Die Pläne sind der von der Landesregierung bestimmten Behörde zur Stellungnahme zuzuleiten. Diese führt die Stellungnahmen aller beteiligten Behörden des Bundes, der Länder, der Gemeinden und der übrigen Beteiligten herbei und leitet sie nach Abschluß des Anhörungsverfahrens der Planfeststellungsbehörde zu.

(3) Die Pläne mit Beilagen sind in den Gemeinden, durch deren Bereich die Straßenbahn führen soll, zwei Wochen zur Einsicht auszulegen. Zeit und Ort der Auslegung sind ortsüblich bekanntzumachen, um jedermann, dessen Belange durch den Bau der Straßenbahn berührt werden, Gelegenheit zur Äußerung zu geben.

(4) Einwendungen gegen den Plan sind bei der nach Absatz 2 Satz 1 bestimmten Behörde oder bei der von dieser bezeichneten Stelle spätestens innerhalb von zwei Wochen nach Beendigung der Auslegung schriftlich oder zur Niederschrift zu erheben.

(5) Nach Ablauf der Frist des Absatzes 4 sind die Einwendungen gegen den Plan von der nach Absatz 2 Satz 1 bestimmten Behörde mit allen Beteiligten zu erörtern. Kommt eine Einigung nicht zustande, so wird über die Einwendungen in der Planfeststellung entschieden.

(6) Werden öffentliche Interessen berührt, für die die Zuständigkeit von Bundesbehörden oder von Behörden, die im Auftrag des Bundes tätig werden, gegeben ist, und kommt eine Verständigung zwischen der Planfeststellungsbehörde und den genannten Behörden nicht zustande, so hat die Planfeststellungsbehörde im Benehmen mit dem Bundesminister für Verkehr zu entscheiden.

(7) Kommt eine Verständigung über Einwendungen von Unternehmern nichtbundeseigener Eisenbahnen oder Bergbahnen nicht zustande, so ist die Entscheidung der von der Landesregierung bestimmten Behörde einzuholen und der Planfeststellung zugrunde zu legen.

(8) Die Feststellung des Planes und die Entscheidungen über die Einwendungen sind zu begründen und den durch den Plan Betroffenen und den sonst am Verfahren Beteiligten mit Rechtsmittelbelehrung zuzustellen.

§ 31

Enteignung

(1) Zur Errichtung der Straßenbahnanlagen eines Unternehmens ist die Enteignung zulässig, soweit sie zur Durchführung eines nach den §§ 28 bis 30 festge-

stellten Bauvorhabens notwendig ist. Einer weiteren Feststellung der Zulässigkeit der Enteignung bedarf es nicht.

(2) Der nach den §§ 28 bis 30 festgestellte Plan ist dem Enteignungsverfahren zugrunde zu legen und für die Enteignungsbehörde bindend.

(3) Im übrigen gelten die Enteignungsvorschriften der Länder.

§ 32
Benutzung öffentlicher Straßen

(1) Soll von der Straßenbahn eine öffentliche Straße benutzt werden, so hat der Unternehmer die Zustimmung des Trägers der Straßenbaulast (Wegeunterhaltungspflichtigen) beizubringen.

(2) Absatz 1 gilt sinngemäß auch für höhengleiche Kreuzungen von öffentlichen Straßen mit Straßenbahnen.

(3) Wird eine Straße, die von einer Straßenbahn benutzt wird, erweitert oder verlegt, so kann der Träger der Straßenbaulast (Wegeunterhaltungspflichtiger) von dem Unternehmer einen entsprechenden Beitrag zu den Kosten der Erweiterung oder Verlegung der Straße verlangen. Dabei ist angemessen zu berücksichtigen, ob und inwieweit die Erweiterung oder Verlegung der Straße durch die Straßenbahn, den sonstigen Straßenverkehr oder andere Gründe veranlaßt ist. Bestehende Verträge zwischen dem Unternehmer und dem Träger der Straßenbaulast (Wegeunterhaltungspflichtigen) bleiben unberührt.

(4) Auf Verlangen des Trägers der Straßenbaulast hat der Unternehmer bei Ablauf der Genehmigung die Straßenbahnanlagen zu beseitigen und den benutzten Teil der Straße wieder ordnungsgemäß herzustellen. Für die Erfüllung dieser Verpflichtungen kann die Genehmigungsbehörde die Stellung einer Sicherheit verlangen.

(5) Vereinbarungen über die Höhe des Entgelts für die Benutzung einer Straße bedürfen der Zustimmung der Genehmigungsbehörde. Absatz 3 Satz 3 ist entsprechend anzuwenden.

(6) Auf Vereinbarungen des Unternehmers mit dem Träger der Straßenbaulast über die Benutzung öffentlicher Straßen ist im Planfeststellungsbeschluß hinzuweisen.

§ 33
Entscheidung bei fehlender Einigung

Kommt in den Fällen des § 32 Abs. 1 bis 3 keine Einigung zustande, so entscheiden die von der Landesregierung bestimmten Behörden.

§ 34
Vorarbeiten

(1) Die Genehmigungsbehörde kann dem Antragsteller die zur Planung erforderlichen Vorarbeiten gestatten, wenn im Wege einer vorläufigen Prüfung festgestellt ist, daß die Voraussetzungen für die Erteilung der Genehmigung gemäß § 13 vorliegen. Die Dauer der Erlaubnis beträgt höchstens zwei Jahre. Bei der Durchführung der Vorarbeiten sind die Interessen Dritter möglichst zu schonen. Das Betreten von Wohnungen kann nicht verlangt werden. Der Eigentümer und der Nutzungsberechtigte sind vor Betreten von Gebäuden oder Grundstücken oder vor Beseitigung von Hindernissen zu benachrichtigen. Die Benachrichtigung unterbleibt, wenn sie undurchführbar ist. Die Gestattung der Vorarbeiten gibt keinen Anspruch auf die Erteilung der Genehmigung nach § 9.

(2) Wird dem Unternehmer das Betreten von Gebäuden oder Grundstücken oder die Beseitigung von Hindernissen verwehrt, so entscheidet die Genehmigungsbehörde mit Wirkung für und gegen die Beteiligten über die Zulässigkeit der beabsichtigten Handlung.

(3) Für einen durch die Vorarbeiten verursachten Schaden ist vom Antragsteller Entschädigung zu leisten. Über die Höhe der Entschädigung entscheiden im Streitfalle die ordentlichen Gerichte.

§ 35

Duldung technischer Einrichtungen

Die Eigentümer von Grundstücken und Baulichkeiten aller Art sind verpflichtet, das Anbringen oder Errichten von Haltevorrichtungen für elektrische Leitungen, von Signalen und Haltestellenzeichen zu dulden. Für Schäden, die dem Betroffenen durch Maßnahmen nach Satz 1 oder durch das Entfernen der in Satz 1 bezeichneten Gegenstände entstehen, ist ihm vom Unternehmer eine Entschädigung in Geld zu leisten. Über die Verpflichtung zur Duldung der Anbringung oder Errichtung ist bei Einrichtung neuer Unternehmen im Planfeststellungsverfahren zu entscheiden; im übrigen entscheidet die Genehmigungsbehörde. Über die Höhe der Entschädigung entscheiden im Streitfalle die ordentlichen Gerichte.

§ 36

Bau- und Unterhaltungspflicht

Der Unternehmer ist verpflichtet, auf Grund der Genehmigung innerhalb einer von der Genehmigungsbehörde festzusetzenden Frist die Straßenbahn zu bauen und während der Dauer der Genehmigung nach den Bedürfnissen des Verkehrs und dem Stand der Technik ordnungsgemäß zu unterhalten. Auf Verlangen der Genehmigungsbehörde ist Sicherheit zu stellen. Werden die Verpflichtungen nach Satz 1 nicht erfüllt, so kann die Genehmigungsbehörde die gestellte Sicherheit oder einen Teil derselben als verfallen erklären.

§ 37

Abnahme und Eröffnung des Betriebs

Die Genehmigungsbehörde erteilt im Benehmen mit der für die technische Aufsicht zuständigen Behörde die Zustimmung zur Eröffnung des Betriebs auf Grund einer Abnahme der Straßenbahn und ihrer Einrichtungen.

§ 38

Dauer der Genehmigung

Die Dauer der Genehmigung ist so ausreichend zu bemessen, daß der Unternehmer das Anlagekapital tilgen kann. Bei Erneuerung der Genehmigung soll die Dauer in der Regel auf fünfundzwanzig Jahre festgesetzt werden, wenn die bisherige Verkehrsart beibehalten werden soll. Die Vereinbarungen (§ 32) und die Entscheidungen (§ 33) über die Benutzung öffentlicher Straßen sind hinsichtlich ihrer Dauer mit der Genehmigungsdauer in Einklang zu bringen.

§ 39

Beförderungsentgelte, Beförderungsbedingungen

(1) Beförderungsentgelte und deren Änderung bedürfen der Zustimmung der Genehmigungsbehörde. Mit der Zustimmung sind die Beförderungsentgelte allgemein verbindlich.

(2) Die Genehmigungsbehörde hat die Beförderungsentgelte insbesondere daraufhin zu prüfen, ob sie unter Berücksichtigung der wirtschaftlichen Lage des Unternehmers, einer ausreichenden Verzinsung und Tilgung des Anlagekapitals und der notwendigen technischen Entwicklung angemessen sind und mit den öffentlichen Verkehrsinteressen und dem Gemeinwohl in Einklang stehen.

(3) Die nach Absatz 1 festgestellten Beförderungsentgelte dürfen nicht über- oder unterschritten werden; sie sind gleichmäßig anzuwenden. Ermäßigungen, die nicht unter gleichen Bedingungen jedermann zugute kommen, sind verboten und nichtig.

(4) Die Zustimmung zu den Beförderungsentgelten kann von der Genehmigungsbehörde nach Anhörung des Unternehmers widerrufen werden, wenn die für die Bildung der Beförderungsentgelte maßgebenden Umstände sich wesentlich geändert haben; in diesem Falle kann die Genehmigungsbehörde nach Anhörung des Unternehmers die Beförderungsentgelte anderweitig festsetzen.

(5) Eine Erhöhung der Beförderungsentgelte tritt frühestens am siebenten Tage nach der Veröffentlichung in Kraft.

(6) Die Beförderungsbedingungen sind vor ihrer Einführung der Genehmigungsbehörde zur Zustimmung vorzulegen, soweit sie von den Allgemeinen Beförderungsbedingungen (§ 58 Abs. 1 Nr. 4) für das Unternehmen im Einzelfalle abweichen (Besondere Beförderungsbedingungen). Das gleiche gilt für Änderungen der Besonderen Beförderungsbedingungen. Die Genehmigungsbehörde kann eine Änderung der Beförderungsbedingungen verlangen, wenn die für ihre Festsetzung maßgebenden Umstände sich wesentlich geändert haben oder sich für die bessere Ausgestaltung des Verkehrs in einem Gebiet neue Gesichtspunkte ergeben, denen durch eine Änderung der Besonderen Beförderungsbedingungen Rechnung getragen werden kann.

(7) Die Beförderungsentgelte und die Besonderen Beförderungsbedingungen sind vom Unternehmer vor ihrer Einführung ortsüblich bekanntzumachen; die Bekanntmachung ist in den zum Aufenthalt der Fahrgäste bestimmten Räumen auszuhängen.

§ 40

Fahrpläne

(1) Der Fahrplan muß die Führung der Linie, ihren Ausgangs- und Endpunkt sowie die Haltestellen und Fahrzeiten enthalten.

(2) Fahrpläne und deren Änderungen bedürfen der Zustimmung der Genehmigungsbehörde. Werden durch Fahrplanänderungen die Interessen anderer Verkehrsunternehmen berührt, so sind diese vor der Zustimmung zu hören; § 9 Abs. 2 Satz 1 bleibt unberührt. Bei geringfügigen Fahrplanänderungen kann die Genehmigungsbehörde auf ausdrückliche Zustimmung zu der ihr anzuzeigenden Änderung verzichten. In diesem Falle gilt die Zustimmung als erteilt, wenn die Genehmigungsbehörde nicht innerhalb einer von ihr allgemein zu bestimmenden Frist widerspricht.

(3) Die Genehmigungsbehörde kann Änderungen des Fahrplans verlangen, wenn die maßgebenden Umstände sich wesentlich geändert haben oder sich für die bessere Ausgestaltung des Verkehrs in einem Gebiet neue Gesichtspunkte ergeben, denen durch eine Änderung des Fahrplans Rechnung getragen werden kann.

(4) Fahrpläne und Fahrplanänderungen sind vom Unternehmer ortsüblich bekanntzumachen. Ferner sind die gültigen Fahrpläne in den zum Aufenthalt der Fahrgäste bestimmten Räumen anzubringen. An den Haltestellen sind mindestens die Abfahrtzeiten anzuzeigen.

B. Verkehr mit Obussen

§ 41

(1) Die Vorschriften der §§ 28 bis 31 und der §§ 34 bis 37 sind auf die Errichtung von Bau- und Betriebsanlagen für den Obusverkehr entsprechend anzuwenden.

(2) Zur Errichtung von Bau- und Betriebsanlagen auf öffentlichen Straßen bedarf der Unternehmer der Zustimmung des Trägers der Straßenbaulast; § 32 Abs. 1, 2, 4 und 6 sowie § 33 sind entsprechend anzuwenden.

(3) Im übrigen sind auf den Obusverkehr die Vorschriften der §§ 38 bis 40 entsprechend anzuwenden. Die Dauer der Genehmigung (§ 38) soll in der Regel fünfundzwanzig Jahre betragen. Ist jedoch bei Umstellung eines Straßenbahnverkehrs auf Obusverkehr (§ 14 Abs. 4) die für die Straßenbahn geltende, noch nicht abgelaufene Genehmigungsdauer länger als dieser Zeitraum, so kann die Genehmigung für den Obusverkehr bis zu der für die Straßenbahn geltenden Genehmigungsdauer erstreckt werden.

C. Linienverkehr mit Kraftfahrzeugen

§ 42

Begriffsbestimmung Linienverkehr

Linienverkehr ist eine zwischen bestimmten Ausgangs- und Endpunkten eingerichtete regelmäßige Verkehrsverbindung, auf der Fahrgäste an bestimmten Haltestellen ein- und aussteigen können. Er setzt nicht voraus, daß ein Fahrplan mit bestimmten Abfahrts- und Ankunftszeiten besteht oder Zwischenhaltestellen eingerichtet sind.

§ 43

Sonderformen des Linienverkehrs

(1) Eine Sonderform des Linienverkehrs ist der Verkehr, der unter Ausschluß anderer Fahrgäste der regelmäßigen Beförderung

1. von Berufstätigen zwischen Wohnung und Arbeitsstelle (Berufsverkehr),
2. von Schülern zwischen Wohnung und Lehranstalt (Schülerfahrten),
3. von Personen zum Besuch von Märkten (Marktfahrten),
4. von Theaterbesuchern

dient.

(2) Eine Sonderform des Linienverkehrs ist auch der Ferienziel-Reiseverkehr. Ferienziel-Reisen sind Reisen zu Erholungsaufenthalten, die der Unternehmer mit Kraftomnibussen oder Personenkraftwagen nach einem von ihm aufgestellten Plan zu einem Gesamtentgelt für Beförderung und Unterkunft mit oder ohne Verpflegung anbietet und ausführt. Eine Unterwegsbedienung ist unzulässig; jedoch kann die Genehmigungsbehörde für benachbarte Orte oder für Einzelfälle Ausnahmen gestatten. Die Fahrgäste sind zu einem für alle Teilnehmer gleichen Reiseziel zu bringen und an den Ausgangspunkt der Reise zurückzubefördern. Auf der Rückfahrt dürfen nur Reisende befördert werden, die der Unternehmer zum Reiseziel gebracht hat. Die Genehmigung darf nur solchen Unternehmern erteilt werden, die auf dem Gebiet des Reiseverkehrs über ausreichende Erfahrungen verfügen.

§ 44

Dauer der Genehmigung

Die Geltungsdauer der Genehmigung ist unter Berücksichtigung der öffentlichen Verkehrsinteressen zu bemessen. Im Höchstfalle beträgt sie acht Jahre.

§ 45

Sonstige Vorschriften

(1) Auf den Linienverkehr mit Kraftfahrzeugen ist § 35, soweit diese Vorschrift sich auf das Anbringen oder Errichten von Haltestellenzeichen bezieht, entsprechend anzuwenden; über die Verpflichtung zur Duldung entscheidet die Genehmigungsbehörde ohne Planfeststellungsverfahren.

(2) Die Beförderungsentgelte und Beförderungsbedingungen der Deutschen Bundesbahn sind vom Bundesminister für Verkehr zu genehmigen, die Beförderungsbedingungen der Deutschen Bundespost sind nach § 14 des Postverwaltungsgesetzes festzusetzen. Genehmigung und Festsetzung der Beförderungsentgelte erfolgen im Einvernehmen mit dem Bundesminister für Wirtschaft. Die Beförderungsentgelte und Beförderungsbedingungen der Deutschen Bundesbahn und die Fahrpläne und Fahrplanänderungen der Deutschen Bundespost und der Deutschen Bundesbahn sind in ihren amtlichen Mitteilungsblättern zu veröffentlichen; die Ausgabe der amtlichen Kursbücher ersetzt die Veröffentlichung.

(3) In den Fällen der Absätze 1 und 2 sind die §§ 39 und 40 entsprechend anzuwenden.

(4) Die Genehmigungsbehörde kann bei den Verkehrsformen nach § 43 auf die Einhaltung der Vorschriften über die Betriebspflicht (§ 21), die Beförderungspflicht (§ 22), die Beförderungsentgelte und Beförderungsbedingungen (§ 39) sowie über die Fahrpläne (§ 40) ganz oder teilweise verzichten. Beim Ferienziel-Reiseverkehr sind die in § 14 Abs. 1 Nr. 4 genannten Stellen gutachtlich zu hören. § 13 Abs. 2 Nr. 2 Buchstabe c ist auf den Ferienziel-Reiseverkehr nicht anzuwenden; § 13 Abs. 2 Nr. 2 Buchstaben a und b gilt nicht zugunsten vorhandener Unternehmer des Ferienziel-Reiseverkehrs. Ferienziel-Reisen können in besonderen Fällen auf Grund von Ausnahmegenehmigungen der von der Landesregierung bestimmten Behörde als Verkehr mit Mietomnibussen oder mit Mietwagen durchgeführt werden, wenn sie durch Gebiete außerhalb des Geltungsbereichs dieses Gesetzes führen, Ausgangs- und Zielort jedoch im Geltungsbereich dieses Gesetzes liegen.

(5) Bei zeitweilig gesteigertem Verkehr kann der Unternehmer, soweit dadurch die Interessen anderer Verkehrsunternehmer nicht berührt werden, weitere ihm für diese Verkehrsart genehmigte Fahrzeuge im Rahmen des bestehenden Fahrplans einsetzen.

(6) Ist eine Genehmigung für den Linienverkehr mit Personenkraftwagen erteilt, so dürfen diese Fahrzeuge nur für den Linienverkehr verwendet werden. § 9 Abs. 3 bleibt unberührt.

D. Gelegenheitsverkehr mit Kraftfahrzeugen

§ 46

Formen des Gelegenheitsverkehrs

(1) Gelegenheitsverkehr ist die Beförderung von Personen mit Kraftfahrzeugen, die nicht Linienverkehr nach den §§ 42 und 43 ist.

(2) Als Formen des Gelegenheitsverkehrs sind nur zulässig

1. Verkehr mit Kraftdroschken (Taxen, § 47),
2. Ausflugsfahrten (§ 48),
3. Verkehr mit Mietomnibussen und mit Mietwagen (§ 49).

(3) In Orten mit mehr als 50000 Einwohnern oder in den von der höheren Verwaltungsbehörde bestimmten Orten unter 50000 Einwohnern darf eine Genehmi-

gung für den Kraftdroschkenverkehr und den Mietwagenverkehr nicht für denselben Personenkraftwagen erteilt werden.

§ 47

Verkehr mit Kraftdroschken (Taxen)

(1) Verkehr mit Kraftdroschken (Taxen) ist die Beförderung von Personen mit Personenkraftwagen, die der Unternehmer auf öffentlichen Straßen oder Plätzen bereitstellt und mit denen er Fahrten zu einem vom Fahrgast bestimmten Ziel ausführt.

(2) Die Genehmigung für den Verkehr mit Kraftdroschken wird zur Ausführung von Fahrten innerhalb einer Gemeinde oder in einem größeren Bezirk erteilt.

(3) Kraftdroschken dürfen auf öffentlichen Straßen oder Plätzen nur in der Gemeinde bereitgestellt werden, in der sich der Betriebssitz des Unternehmers befindet, und nur an den behördlich zugelassenen Stellen. Das Nähere wird durch Droschkenordnungen, die nach Landesrecht erlassen werden, bestimmt; für die Festsetzung von Droschkenordnungen gilt § 51 Abs. 1 Satz 1 und 2 entsprechend. In Ausnahmefällen kann die Genehmigungsbehörde die Bereitstellung auch auf Straßen und Plätzen außerhalb des Betriebssitzes des Unternehmers gestatten.

(4) Die Beförderungspflicht (§ 22) besteht nur für Fahrten innerhalb des Geltungsbereichs der nach § 51 Abs. 1 Satz 1 festgesetzten Beförderungsentgelte.

(5) Die Vermietung von Kraftdroschken an Selbstfahrer ist verboten.

§ 48

Ausflugsfahrten

(1) Ausflugsfahrten sind Fahrten, die der Unternehmer mit Kraftomnibussen oder Personenkraftwagen nach einem bestimmten, von ihm aufgestellten Plan und zu einem für alle Teilnehmer gleichen und gemeinsam verfolgten Ausflugszweck anbietet und ausführt. Ein Wechsel der Fahrgäste (Unterwegsbedienung) ist unzulässig; jedoch kann die Genehmigungsbehörde für benachbarte Orte oder für Einzelfälle Ausnahmen zur Aufnahme von Fahrgästen gestatten. Die Fahrt muß wieder an den Ausgangsort zurückführen. Die Fahrgäste müssen im Besitz eines für die gesamte Fahrt gültigen Fahrscheins sein, der die Beförderungsstrecke und das Beförderungsentgelt ausweist. Bei Ausflugsfahrten, die als Pauschalfahrten ausgeführt werden, genügt im Fahrschein die Angabe des Gesamtentgelts an Stelle des Beförderungsentgelts.

(2) Die Vorschriften der §§ 21 und 22 sind auf Ausflugsfahrten nicht anzuwenden.

(3) Ausflugsfahrten dürfen nicht so ausgeführt werden, daß sie die öffentlichen Verkehrsinteressen beeinträchtigen; dies ist der Fall, wenn durch Ausflugsfahrten einem Schienen-, Obusverkehr oder Linienverkehr mit Kraftfahrzeugen in erheblichem Umfang Fahrgäste entzogen werden.

§ 49

Verkehr mit Mietomnibussen und mit Mietwagen

(1) Verkehr mit Mietomnibussen ist die Beförderung von Personen mit Kraftomnibussen, die nur im ganzen zur Beförderung angemietet werden und mit denen der Unternehmer Fahrten ausführt, deren Zweck, Ziel und Ablauf der Mieter be-

stimmt. Die Teilnehmer müssen ein zusammengehöriger Personenkreis und über Ziel und Ablauf der Fahrt einig sein.

(2) Die Voraussetzungen des Absatzes 1 Satz 1 sind nicht gegeben, wenn Fahrten unter Angabe des Fahrtziels vermittelt werden. Mietomnibusse dürfen nicht durch Bereitstellen auf öffentlichen Straßen oder Plätzen angeboten werden.

(3) Die Vorschriften der §§ 21 und 22 sind nicht anzuwenden.

(4) Auf die Beförderung mit gemieteten Personenkraftwagen (Mietwagen) sind die Vorschriften der Absätze 1 bis 3 entsprechend anzuwenden. Ein Bereitstellen von Mietwagen, durch das ein droschkenähnlicher Verkehr erreicht wird, ist verboten. Die Art der Werbung darf nicht zur Verwechslung mit dem Kraftdroschkenverkehr führen. Bei Leerfahrten dürfen Fahrgäste nicht aufgenommen werden, es sei denn, daß es sich um eine in der Wohnung oder in den Geschäftsräumen des Unternehmers eingegangene Bestellung auf Abholung von Fahrgästen handelt. Den Kraftdroschken vorbehaltene Zeichen und Merkmale dürfen nicht verwendet werden.

§ 50

Dauer der Genehmigung

Die Genehmigung für den Gelegenheitsverkehr ist für die Dauer von höchstens vier Jahren zu erteilen.

§ 51

Beförderungsentgelte, Beförderungsbedingungen

(1) Für den Gelegenheitsverkehr mit Kraftdroschken setzt die Landesregierung Beförderungsentgelte und Beförderungsbedingungen durch Rechtsverordnung fest; sie kann diese Ermächtigung durch Rechtsverordnung auf die Genehmigungsbehörden übertragen. Ist die Genehmigungsbehörde ermächtigt, so hat sie vor der Festsetzung der Beförderungsentgelte der zuständigen Gemeindebehörde, den Fachverbänden des Verkehrsgewerbes und der zuständigen Industrie- und Handelskammer Gelegenheit zur Stellungsnahme zu geben. Die Vorschriften über Beförderungsentgelte und Beförderungsbedingungen sind in jedem Kraftfahrzeug mitzuführen und dem Fahrgast auf Verlangen vorzulegen. § 39 Abs. 3 ist anzuwenden.

(2) Die Landesregierung kann für den Gelegenheitsverkehr mit Kraftomnibussen durch Rechtsverordnung Beförderungsentgelte und Beförderungsbedingungen festsetzen, soweit nicht Rahmenvorschriften für Beförderungsentgelte nach § 58 Abs. 1 Nr. 5 entgegenstehen oder Beförderungsbedingungen nach § 58 Abs. 1 Nr. 4 festgesetzt sind; Absatz 3 bleibt unberührt. Die Landesregierung kann diese Ermächtigung durch Rechtsverordnung auf die Genehmigungsbehörden übertragen. Ist die Genehmigungsbehörde ermächtigt, so hat sie vor der Festsetzung der Beförderungsentgelte den in Absatz 1 genannten Stellen sowie der zuständigen Oberpostdirektion und Bundesbahndirektion Gelegenheit zur Stellungsnahme zu geben.

(3) Im Gelegenheitsverkehr der deutschen Bundespost und der Deutschen Bundesbahn setzen diese die Beförderungsentgelte unter Beachtung der erlassenen Rahmenvorschriften und die Beförderungsbedingungen selbst fest. Auf Verlangen des Bundesministers für Verkehr ist zu der Festsetzung sein Einvernehmen einzuholen; er hat bei Festsetzung der Beförderungsentgelte den Bundesminister für Wirtschaft zu beteiligen.

IV. Auslandsverkehr

§ 52

Grenzüberschreitender Verkehr

(1) Für die Beförderung von Personen im grenzüberschreitenden Verkehr mit Kraftfahrzeugen durch Unternehmer, die ihren Betriebssitz im Inland oder Ausland haben, gelten, soweit nichts anderes bestimmt ist, die Vorschriften dieses Gesetzes und die hierzu erlassenen Rechtsverordnungen.

(2) Die nach diesem Gesetz erforderliche Genehmigung eines grenzüberschreitenden Linienverkehrs erteilt für die deutsche Teilstrecke der Bundesminister für Verkehr im Benehmen mit der von der Landesregierung bestimmten Behörde, für Anträge der Deutschen Bundespost auch im Benehmen mit dem Bundesminister für das Post- und Fernmeldewesen.

(3) Die von der Landesregierung bestimmte Behörde läßt das Anhörverfahren nach § 14 durchführen und leitet das Ergebnis mit ihrer Stellungnahme dem Bundesminister für Verkehr zu. In der Genehmigung ist die zuständige Aufsichtsbehörde zu bestimmen.

(4) Einer Genehmigung für den grenzüberschreitenden Gelegenheitsverkehr von Unternehmern, die ihren Betriebssitz im Ausland haben, bedarf es nicht, soweit entsprechende Übereinkommen mit dem Ausland bestehen. Besteht ein solches Übereinkommen nicht oder soll abweichend von den Bedingungen des Übereinkommens grenzüberschreitender Gelegenheitsverkehr ausgeführt werden, so kann der Bundesminister für Verkehr entsprechenden Anträgen stattgeben.

(5) Im kleinen Grenzverkehr (Zollgrenzbezirk) tritt an die Stelle des Bundesministers für Verkehr die von der Landesregierung bestimmte Behörde.

(6) Die Grenzzollstellen sind berechtigt, Kraftfahrzeuge, die im Ausland oder in den unter ausländischer Verwaltung stehenden Gebieten des Deutschen Reichs nach dem Stand vom 31. Dezember 1937 zugelassen sind, zurückzuweisen, wenn nicht die erforderliche Genehmigung, deren Mitführung vorgeschrieben ist, vorgelegt wird.

§ 53

Transit-(Durchgangs-)Verkehr

(1) Für die Beförderung von Personen im Transit-(Durchgangs-)Verkehr mit Kraftfahrzeugen, der das Gebiet des Geltungsbereichs dieses Gesetzes unter Ausschluß innerdeutschen Zwischenverkehrs berührt, gelten, soweit nichts anderes bestimmt ist, die Vorschriften dieses Gesetzes und die hierzu erlassenen Rechtsverordnungen.

(2) Die Genehmigung erteilt der Bundesminister für Verkehr im Benehmen mit den von den beteiligten Landesregierungen bestimmten Behörden, für Anträge der Deutschen Bundespost auch im Benehmen mit dem Bundesminister für das Post- und Fernmeldewesen.

(3) § 14 ist nicht anzuwenden. In der Genehmigung ist die zuständige Aufsichtsbehörde zu bestimmen.

(4) § 52 Abs. 4 ist auf den Gelegenheitsverkehr vom Ausland durch das Gebiet des Geltungsbereichs dieses Gesetzes entsprechend anzuwenden. § 52 Abs. 6 gilt entsprechend.

V. Aufsicht

§ 54

(1) Der Unternehmer unterliegt hinsichtlich der Erfüllung der Vorschriften dieses Gesetzes sowie der hierzu erlassenen Rechtsverordnungen und der Einhaltung der durch die Genehmigung auferlegten Verpflichtungen (Bedingungen, Auflagen) der Aufsicht der Genehmigungsbehörde. Die von der Landesregierung bestimmte Behörde kann die Genehmigungsbehörde ermächtigen, die Aufsicht über den Linien- und Gelegenheitsverkehr mit Kraftfahrzeugen auf nachgeordnete Behörden zu übertragen. Die technische Aufsicht über Straßenbahnen und Obusunternehmen wird von der von der Landesregierung bestimmten Behörde ausgeübt.

(2) Die Aufsichtsbehörde kann sich über alle ihrer Zuständigkeit unterliegenden Einrichtungen und Maßnahmen des Unternehmers unterrichten. Der Unternehmer hat der Aufsichtsbehörde alle wesentlichen Veränderungen ohne Aufforderung unverzüglich anzuzeigen.

(3) Die Deutsche Bundespost und die Deutsche Bundesbahn sind für die Erfüllung der technischen Vorschriften dieses Gesetzes und der hierzu erlassenen Rechtsverordnungen für ihre Kraftfahrbetriebe selbst verantwortlich.

(4) Die Aufsichtsbehörde kann Unternehmen, die einen Omnibusbahnhof betreiben, anhalten, die Benutzung durch den Linien- und Gelegenheitsverkehr mit Kraftfahrzeugen und den Betrieb so zu regeln, daß der Verkehr ordnungsgemäß abgewickelt und den Pflichten nach § 39 Abs. 7 und § 40 Abs. 4 genügt werden kann.

VI. Rechtsmittelverfahren

§ 55

Vorverfahren bei der Anfechtung von Verwaltungsakten

Bei der Anfechtung von Verwaltungsakten, die von der obersten Landesverkehrsbehörde selbst erlassen worden sind, ist das Vorverfahren der Verwaltungsgerichtsordnung durchzuführen.

§ 56

Verfahren in besonderen Fällen

Werden die Interessen der Deutschen Bundespost oder der Deutschen Bundesbahn in erheblichem Umfang betroffen und kommt vor der Genehmigungsbehörde keine Einigung zustande, so soll auf Antrag der Deutschen Bundespost oder der Deutschen Bundesbahn die Genehmigungsbehörde die Stellungnahme des Bundesministers für Verkehr einholen und bei ihrer Entscheidung verwerten.

VII. Erlaß von Rechtsverordnungen und Allgemeinen Verwaltungsvorschriften

§ 57

Bau- und Betriebsvorschriften

(1) Der Bundesminister für Verkehr erläßt mit Zustimmung des Bundesrates die erforderlichen Rechtsverordnungen

1. über den Bau und Betrieb von Straßenbahnen und Obussen, welche
   a) die Anforderungen an Bau, Einrichtungen und Betriebsweise der Anlagen und Fahrzeuge nach dem jeweiligen Stand der Technik und nach den internationalen Abmachungen einheitlich regeln,

b) die notwendigen Vorschriften zum Schutz der Anlagen und des Betriebs der Straßenbahnen und Obusse gegen Schäden und Störungen enthalten;

2. über den Betrieb von Kraftfahrunternehmen im Personenverkehr, welche
   a) die Anforderungen an den Bau und die Einrichtungen der in diesen Unternehmen verwendeten Kraftfahrzeuge nach dem jeweiligen Stand der Technik und nach den internationalen Abmachungen einheitlich regeln,
   b) die notwendigen Vorschriften über die Sicherheit und Ordnung des Betriebs enthalten.

(2) Soweit es die öffentliche Sicherheit erfordert, können einzelne Vorschriften der nach Absatz 1 Nr. 2 erlassenen Rechtsverordnung auf Beförderungen ausgedehnt werden, die nach § 2 von der Genehmigungspflicht befreit sind oder für die nach § 58 Abs. 1 Nr. 1 Befreiung erteilt wird.

(3) Rechtsverordnungen zur Durchführung der Vorschriften nach Absatz 1 Nr. 1 und 2 bedürfen nicht der Zustimmung des Bundesrates. Der Bundesminister für Verkehr hat vor dem Erlaß der Rechtsverordnungen die von den Landesregierungen bestimmten Behörden zu hören.

§ 58

Sonstige Rechtsverordnungen

(1) Der Bundesminister für Verkehr kann mit Zustimmung des Bundesrates Rechtsverordnungen erlassen,

1. durch die für bestimmte, im Rahmen des Gesamtverkehrs nicht besonders ins Gewicht fallende Beförderungsfälle allgemein Befreiung von den Vorschriften dieses Gesetzes erteilt wird,
2. durch die der Gelegenheitsverkehr zum Zwecke des Krankentransports, insbesondere die Anwendung der §§ 4, 13, 14, 21, 22 und 49 auf diesen Verkehr sowie die Voraussetzungen für die erforderliche Fachkunde und die Bereitstellung ausreichenden und geschulten Personals geregelt werden,
3. durch die der grenzüberschreitende (§ 52) und der Transit-(Durchgangs-) Verkehr (§ 53), soweit dies zur Durchführung internationaler Übereinkommen erforderlich ist, abweichend von den Vorschriften dieses Gesetzes geregelt werden,
4. über einheitliche Allgemeine Beförderungsbedingungen für den Straßenbahn- und Obusverkehr sowie für den Linienverkehr mit Kraftfahrzeugen und, vorbehaltlich des § 51 Abs. 1 Satz 1, für den Gelegenheitsverkehr mit Kraftfahrzeugen, insbesondere für Ausflugsfahrten (§ 48),
5. über Rahmenvorschriften für Beförderungsentgelte im Verkehr mit Kraftomnibussen,
6. über Gebühren für behördliche oder amtlich angeordnete Maßnahmen bei der Genehmigung und Beaufsichtigung der Verkehrsunternehmen.

(2) In den Fällen des Absatzes 1 Nr. 5 und 6 ergehen die Rechtsverordnungen im Einvernehemen mit dem Bundesminister für Wirtschaft.

§ 59

Allgemeine Verwaltungsvorschriften

Die zur Durchführung dieses Gesetzes erforderlichen allgemeinen Verwaltungsvorschriften erläßt der Bundesminister für Verkehr mit Zustimmung des Bundesrates.

VIII. Straf- und Bußgeldvorschriften

§ 60
Straftaten

(1) Wer vorsätzlich oder fahrlässig Personen mit Straßenbahnen, Obussen oder Kraftfahrzeugen ohne die nach diesem Gesetz erforderliche Genehmigung oder einstweilige Erlaubnis befördert, wird mit Geldstrafe oder mit Gefängnis bis zu sechs Monaten bestraft. Neben Gefängnis kann auf Geldstrafe erkannt werden.

(2) Hängt die Entscheidung davon ab, ob eine Beförderung den Vorschriften dieses Gesetzes unterliegt, und ist eine endgültige Entscheidung nach § 10 nicht ergangen, so kann das Verfahren ausgesetzt werden, bis über diese Frage endgültig entschieden ist.

§ 61
Ordnungswidrigkeiten

(1) Ordnungswidrig handelt, wer vorsätzlich oder fahrlässig

1. den Bedingungen oder Auflagen der Genehmigung zuwiderhandelt;
2. einen Verkehr mit Straßenbahnen, Obussen oder einen Kraftfahrlinienverkehr betreibt, ohne daß die nach diesem Gesetz vorgeschriebene Zustimmung zu den Beförderungsentgelten oder Fahrplänen durch die Genehmigungsbehörde erteilt ist;
3. den Vorschriften dieses Gesetzes über
   a) die Mitteilungspflicht bei Betriebsstörungen im Verkehr, die den vorübergehenden Einsatz von Kraftfahrzeugen zur Folge haben (§ 2 Abs. 4 Satz 2),
   b) das Mitführen und Vorzeigen von Urkunden (§ 17 Abs. 6, § 20 Abs. 3 Satz 3),
   c) die Einhaltung der Beförderungsentgelte (§ 39 Abs. 3, § 41 Abs. 3, § 45 Abs. 3 § 51),
   d) die Bekanntmachung der Beförderungsentgelte, der Besonderen Beförderungsbedingungen und der gültigen Fahrpläne (§ 39 Abs. 7, § 40 Abs. 4, § 41 Abs. 3, § 45 Abs. 3, § 51 Abs. 1 Satz 3),
   e) die ausschließliche Verwendung von Kraftfahrzeugen im Linien- oder Kraftdroschkenverkehr (§ 45 Abs. 6, § 47 Abs. 5),
   f) Ferienziel-Reisen oder Ausflugsfahrten (§ 43 Abs. 2, § 48 Abs. 1) oder
   g) den Verkehr mit Mietomnibussen und Mietwagen (§ 49 Abs. 2 Satz 2 und Abs. 4)

   zuwiderhandelt;
4. einer Rechtsvorschrift oder schriftlichen Verfügung zuwiderhandelt, die auf Grund dieses Gesetzes oder auf Grund von Rechtsvorschriften, die auf diesem Gesetz beruhen, erlassen worden ist, soweit die Rechtsvorschrift und die schriftliche Verfügung ausdrücklich auf diese Vorschrift verweisen oder
5. den Vorschriften der Verordnung über den Bau und Betrieb von Straßenbahnen (BOStrab) vom 13. November 1937 (Reichsgesetzbl. I S. 1247) in der Fassung vom 14. August 1953 (Bundesgesetzbl. I S. 974), der Verordnung über den Betrieb von Kraftfahrunternehmen im Personenverkehr (BOKraft) vom 13. Februar 1939 (Reichsgesetzbl. I S. 231) in der Fassung

vom 7. Juli 1960 (Bundesgesetzbl. I S. 553) oder den auf Grund dieser Verordnungen erlassenen schriftlichen Verfügungen, soweit diese ausdrücklich auf diese Vorschriften verweisen, zuwiderhandelt.

(2) Die Ordnungswidrigkeit kann, wenn sie vorsätzlich begangen ist, mit einer Geldbuße bis zu 10000 Deutsche Mark, wenn sie fahrlässig begangen ist, mit einer Geldbuße bis zu 5000 Deutsche Mark geahndet werden.

(3) Verwaltungsbehörde im Sinne des § 73 des Gesetzes über Ordnungswidrigkeiten ist die Genehmigungsbehörde; sie nimmt auch die Befugnisse der obersten Verwaltungsbehörde im Sinne des § 66 Abs. 2 des Gesetzes über Ordnungswidrigkeiten wahr.

IX. Übergangs- und Schlußbestimmungen

§ 62

Frühere Genehmigungen

(1) Die auf Grund des bisherigen Rechts erteilten Genehmigungen für Straßenbahnen, Obusverkehr und Linienverkehr mit Kraftfahrzeugen sowie für den Gelegenheitsverkehr mit Kraftfahrzeugen behalten ihre Gültigkeit bis zum Ablauf der Dauer der Genehmigung; dabei gelten die für den bisherigen Gelegenheitsverkehr mit Ausflugswagen erteilten Genehmigungen als Genehmigungen für Ausflugsfahrten nach § 48 dieses Gesetzes und, soweit sie zur Ausführung von Ferienziel-Reisen berechtigten, als Genehmigungen für Ferienziel-Reisen nach § 43 Abs. 2 dieses Gesetzes. Berufsverkehr (§ 43 Abs. 1 Nr. 1), der nachweisbar am 1. Januar 1961 mit Mietwagen betrieben wurde, gilt bis zum Ablauf der Mietwagengenehmigungen als Verkehr mit Mietomnibussen (§ 49).

(2) Für Linien, die von der Deutschen Bundespost und der Deutschen Bundesbahn bei Inkrafttreten dieses Gesetzes betrieben werden, haben die Genehmigungsbehörden Genehmigungen (Sammelgenehmigungen) mit mindestens fünf- und höchstens achtjähriger Gültigkeit, gerechnet vom Zeitpunkt des Inkrafttretens dieses Gesetzes, auszustellen. Die Deutsche Bundespost und die Deutsche Bundesbahn werden bei Inkrafttreten dieses Gesetzes den zuständigen Genehmigungsbehörden die für die Ausfertigungen dieser Genehmigungen erforderlichen Angaben unaufgefordert mitteilen. Der Durchführung eines besonderen Anhörverfahrens nach § 14 dieses Gesetzes bedarf es in diesen Fällen nicht.

(3) Nach Ablauf der Gültigkeitsdauer der nach Absatz 2 erteilten Genehmigungen gelten für die Fortführung dieser Linien ausschließlich die Bestimmungen dieses Gesetzes.

§ 63

Ruhende Genehmigungen

Die nach dem Runderlaß des Reichsverkehrsministers vom 11. Dezember 1939 — K 2/1.13573 — (Reichsverkehrsblatt Ausgabe B S. 393) für „ruhend" erklärten Genehmigungen für den Linien- und Gelegenheitsverkehr, die

1. inzwischen durch Zeitablauf erloschen sind, aber nach dem Runderlaß des Reichsverkehrsministers vom 15. Januar 1944 — K 11.21069/43 — (Reichsverkehrsblatt Ausgabe B S. 7) ihre rechtliche Gültigkeit bis auf weiteres beibehalten haben,
2. durch Zeitablauf noch nicht erloschen sind, auf Grund deren Berechtigung aber der Betrieb noch nicht wieder aufgenommen ist,

werden mit dem Inkrafttreten dieses Gesetzes ungültig.

§ 64

Andere Gesetze

(1) Durch dieses Gesetz werden die Vorschriften

1. des Straßenverkehrsgesetzes vom 19. Dezember 1952 (Bundesgesetzbl. I S. 837) sowie die auf Grund dieses Gesetzes erlassenen Vorschriften,
2. des Gesetzes betreffend die Verbindlichkeit zum Schadenersatz für die bei dem Betriebe von Eisenbahnen, Bergwerken usw. herbeigeführten Tötungen und Körperverletzungen vom 7. Juni 1871 (Reichsgesetzbl. S. 207) in der Fassung des Gesetzes zur Änderung des Reichshaftpflichtgesetzes vom 15. August 1943 (Reichsgesetzbl. I S. 489),
3. des Gesetzes über die Haftpflicht der Eisenbahnen und Straßenbahnen für Sachschäden vom 29. August 1940 (Reichsgesetzbl. I S. 691),
4. des Gesetzes über die Einführung der Pflichtversicherung für Kraftfahrzeughalter und zur Änderung des Gesetzes über den Verkehr mit Kraftfahrzeugen sowie des Gesetzes über den Versicherungsvertrag vom 7. November 1939 (Reichsgesetzblatt I S. 2223) und
5. des Gesetzes über die Haftpflichtversicherung für ausländische Kraftfahrzeuge und Kraftfahrzeuganhänger vom 24. Juli 1956 (Bundesgesetzbl. I S. 667)

nicht berührt, soweit sich nicht aus § 23 Abs. 1 etwas anderes ergibt.

(2) Die Vorschriften des Gesetzes über Maßnahmen zur Aufrechterhaltung des Betriebs von Bahnunternehmen des öffentlichen Verkehrs vom 7. März 1934 (Reichsgesetzbl. II S. 91) in der Fassung des § 9 Abs. 4 des Allgemeinen Eisenbahngesetzes vom 29. März 1951 (Bundesgesetzbl. I S. 225) sind auf Straßenbahnen und auf Obusunternehmen mit der Maßgabe entsprechend anzuwenden, daß zuständige Aufsichtsbehörde im Sinne des vorgenannten Gesetzes die von der Landesregierung bestimmte Genehmigungsbehörde ist, und daß, wenn eine Straßenbahn oder ein Obusunternehmen das Gebiet mehrerer Länder berührt, die von der Landesregierung bestimmte Genehmigungsbehörde ihre Entscheidung im Einvernehmen mit der von der Landesregierung des mitbeteiligten Landes bestimmten Genehmigungsbehörde trifft.

(3) Für die Begriffe „Obus" (§ 4 Abs. 3), „Personenkraftwagen", „Kraftomnibus" (§ 4 Abs. 4) und „Nachbarortslinienverkehr" (§ 13 Abs. 2 Nr. 2 Buchstabe c) gilt nicht § 2 des Gesetzes zur Wiedererhebung der Beförderungssteuer im Möbelfernverkehr und im Werkfernverkehr und zur Änderung von Beförderungssteuersätzen vom 2. März 1951 (Bundesgesetzbl. I S. 159). Die in § 43 Abs. 1 Nr. 2 bis 4 und Abs. 2 genannten Verkehrsformen sind nicht Linienverkehr im Sinne des Beförderungsteuerrechts.

(4) Der Titel VII der Gewerbeordnung sowie die auf Grund dieses Titels erlassenen Vorschriften gelten auch für Straßenbahnbetriebe.

(5) In § 38 des Bundesbaugesetzes vom 23. Juni 1960 (Bundesgesetzbl. I S. 341) werden die Worte „Gesetzes über die Beförderung von Personen zu Lande in der Fassung vom 6. Dezember 1937 (Reichsgesetzbl. I S. 1319)" ersetzt durch die Worte „Personenbeförderungsgesetzes vom 21. März 1961 (Bundesgesetzbl. I S. 241)".

§ 65

Inkrafttreten, Aufhebung von Rechtsvorschriften

(1) Dieses Gesetz tritt am ersten Tage des auf die Verkündung folgenden dritten Kalendermonats in Kraft.

(2) Am gleichen Tage treten den Bestimmungen dieses Gesetzes widersprechende oder den gleichen Gegenstand regelnde Vorschriften außer Kraft. Hierzu gehören insbesondere

1. das Gesetz über die Beförderung von Personen zu Lande vom 4. Dezember 1934 (Reichsgesetzbl. I S. 1217) in der Fassung des Gesetzes vom 6. Dezember 1937 (Reichsgesetzbl. I S. 1319),
2. das Gesetz über das Inkrafttreten von Vorschriften des Gesetzes über die Beförderung von Personen zu Lande vom 16. Januar 1952 (Bundesgesetzbl. I S. 21),
3. das Gesetz zur Änderung des Gesetzes über die Beförderung von Personen zu Lande vom 12. September 1955 (Bundesgesetzbl. I S. 537),
4. die Verordnung zur Durchführung des Gesetzes über die Beförderung von Personen zu Lande vom 26. März 1935 (Reichsgesetzbl. I S. 473),
5. Artikel 5 Abs. 1 des Gesetzes zur Sicherung des Straßenverkehrs vom 19. Dezember 1952 (Bundesgesetzbl. I S. 832),
6. die „Erste Anordnung zum Gesetz zur Änderung des Gesetzes über die Beförderung von Personen zu Lande" vom 6. Dezember 1937 (Reichsverkehrsblatt Ausgabe B S. 150),
7. die Anordnung über „Geltungsbereich der Genehmigung für den Droschken- und Mietwagenverkehr" vom 17. Mai 1935 (Reichsverkehrsblatt Ausgabe B S. 65),
8. die Anordnung über „Genehmigungen für den Gelegenheitsverkehr" vom 26. Juni 1935 (Reichsverkehrsblatt Ausgabe B S. 87).
9. die Anordnung über „Reisebüros als Unternehmer von Gelegenheitsverkehr" vom 16. November 1935 (Reichsverkehrsblatt Ausgabe B S. 176),
10. die Anordnung über „Bereithalten von Ausflugswagen" vom 16. November 1935 (Reichsverkehrsblatt Ausgabe B S. 183),
11. die Anordnung über „Verwendung von Linienfahrzeugen im Gelegenheitsverkehr" vom 15. Februar 1936 (Reichsverkehrsblatt Ausgabe B S. 33),
12. die Anordnung über Erteilung einer „Einstweiligen Erlaubnis" für den Linien- und Gelegenheitsverkehr vom 27. August 1937 (Reichsverkehrsblatt Ausgabe B S. 92),
13. die Anordnung über „Gelegenheitsverkehr mit Kraftfahrzeugen vom Auslande her" vom 19. Januar 1937 (Reichsverkehrsblatt Ausgabe B S. 8),
14. die Anordnung über „Anzeigen der Deutschen Reichspost und Deutschen Reichsbahn wegen Einrichtung von Linienverkehr" vom 22. April 1941 (Reichsverkehrsblatt Ausgabe B S. 63),
15. die Anordnung über „Übertragung der aus der Genehmigung erwachsenden Rechte und Pflichten des Unternehmers auf einen anderen" vom 5. Januar 1942 (Reichsverkehrsblatt Ausgabe B S. 1),
16. die Anordnung über „Vorschriften über die Beförderung von Personen zu Lande" vom 28. Februar 1942 (Reichsverkehrsblatt Ausgabe B S. 33),
17. die Anordnung über „Vereinfachung des Anhörungsverfahrens nach § 9 DV PBefG" vom 12. Dezember 1942 (Reichsverkehrsblatt Ausgabe B S. 192),
18. die Verordnung PR Nr. 45/52 über Fahrpreise für die Beförderung von Personen mit Straßenbahnen und im Linienverkehr mit Landfahrzeugen vom 16. Juni 1952 (Bundesanzeiger Nr. 118 vom 21. Juni 1952 S. 1).

(3) Als Rechtsverordnungen gelten bis auf weiteres fort, soweit sie diesem Gesetz nicht widersprechen,

1. die Verordnung über den Bau und Betrieb der Straßenbahnen (BOStrab) vom 13. November 1937 (Reichsgesetzbl. I S. 1247) in der Fassung vom 14. August 1953 (Bundesgesetzbl. I S. 974),
2. die Verordnung über die Bestätigung und Prüfung der Betriebsleiter von Straßenbahnbetrieben vom 23. Dezember 1953 (Bundesgesetzbl. I S. 1590),
3. die Signalordnung für Straßenbahnen vom 14. Juni 1958 (Bundesgesetzbl. I S. 397),
4. die Verordnung zur Durchführung der Straßenbahn-Bau- und Betriebsordnung vom 29. März 1956 (Bundesgesetzbl. I S. 250),
5. die Verordnung über den Betrieb von Kraftfahrunternehmen im Personenverkehr (BOKraft) vom 13. Februar 1939 (Reichsgesetzbl. I S. 231) in der Fassung vom 7. Juli 1960 (Bundesgesetzbl. I S. 553),
6. die Vorläufige Gebührenordnung für den Gelegenheitsverkehr vom 27. November 1936 (Reichsgesetzbl. I S. 996),
7. die Verordnung über Einführung einheitlicher Haltestellenzeichen für Straßenbahnen und Kraftfahrlinien vom 19. Juli 1939 (Deutscher Reichsanzeiger und Preußischer Staatsanzeiger Nr. 172 vom 28. Juli 1939).

§ 66

Geltung im Land Berlin

(1) Dieses Gesetz gilt nach Maßgabe des § 13 Abs. 1 des Dritten Überleitungsgesetzes vom 4. Januar 1952 (Bundesgesetzbl. I S. 1) auch im Land Berlin. Rechtsverordnungen, die auf Grund dieses Gesetzes erlassen werden, gelten im Land Berlin nach § 14 des Dritten Überleitungsgesetzes.

(2) An Stelle der Deutschen Bundespost oder einer zuständigen Oberpostdirektion tritt in Berlin die Landespostdirektion Berlin. Die Vorschriften des § 14 Abs. 1 Nr. 1 Buchstabe c, Nr. 2 Buchstabe b, Nr. 4, des § 51 Abs. 2 und des § 56 gelten, soweit sie sich auf die Deutsche Bundesbahn beziehen, nicht in Berlin.

Personenbeförderungsgesetz (PBefG)

Vom 21. März 1961

Kommentar

Vorbemerkung vor § 1

In der arbeitsteiligen Wirtschaft ist jedes Versorgungsproblem zugleich ein Wettbewerbsproblem. Versorgung und Wettbewerb sind zwei Seiten derselben Sache, die eine ihre Innenseite, die andere ihre Außenseite. Bei der arbeitsteiligen Beförderung heißt die Versorgungsseite — also von den zu befördernden Menschen her gesehen — Beförderungsbedarf. Die gleiche Sache ist, von den Beförderern her gesehen, ihre Beförderungsaufgabe.

Den Beförderungsbedarf nennt unser Gesetz meist „Verkehrsinteresse". Es vermeidet die sich hierfür ebenfalls anbietende Bezeichnung „Verkehrsstrom". Die Beförderungsaufgabe nennt es „Verkehrsaufgabe" (so in § 13 Abs. 2 Nr. 2b), manchmal auch schlechthin „Verkehr", wenn es etwa von der „Bedienung des Verkehrs" spricht und damit die Erfüllung einer Beförderungsaufgabe meint (so in § 13 Abs. 2 Nr. 2c).

Die Bezeichnung „Verkehr" wird im Gesetz aber nicht nur auf Beförderungsbedarf und Beförderungs**aufgabe** angewandt, sondern auch auf die von den Beförderern eingesetzten Beförderungs**einrichtungen.** Im letzteren Sinne spricht das Gesetz von dem „beantragten Verkehr" (so in § 13 Abs. 2 Nr. 2b), von den verschiedenen Verkehrsarten usw. Dagegen vermeidet es das sich als Korrelat zum Verkehrsstrom anbietende Wort „Verkehrsnetz".

Der Gesetzgeber ist nicht gezwungen, den Begriffen eines Gesetzes den gleichen Inhalt zu geben, den sie in einem inhaltlich verwandten Gesetz haben (Caesar supra grammaticam). Das ist vor allem im Verhältnis PBefG und Beförderungssteuergesetz vom 30. 6. 1955 (BGBl. I S. 398) zu beachten. Nach diesem Gesetz unterliegt die Beförderung von Personen im Schienenbahnverkehr und im Kraftfahrzeugverkehr der Beförderungssteuer. Umsätze, die beförderungssteuerpflichtig sind, sind dafür umsatzsteuerfrei (§ 4 Ziff. 9 UStG). Dagegen unterliegt das Einkommen aus einem Personenbeförderungsbetrieb der Einkommensteuer. Auf einige begriffliche Unterschiede zwischen PBefG und BefStG weist unser Gesetz in § 64 Abs. 3 selbst hin. Aber auch an mehreren anderen Stellen weichen die Begriffe des PBefG und des BefStG voneinander ab, z. B. in der Definition des Nachbarortslinienverkehrs bei der das BefStG (§ 3 Abs. 2) ausschließlich auf die bestehenden Verhältnisse abstellt, während das PBefG (§ 13 Abs. 2 Nr. 2c) die Planung für die nahe Zukunft mit einbezieht.

Wie weit zur Auslegung der Begriffe des BefStG, die es selbst nicht bestimmt, die Definitionen des PBefG heranzuziehen sind, ist eine Angelegenheit des Steuerrechts und hier nicht zu erörtern.

I. Allgemeine Vorschriften

§ 1

Sachlicher Geltungsbereich

(1) Den Vorschriften dieses Gesetzes unterliegt die entgeltliche oder geschäftsmäßige Beförderung von Personen mit Straßenbahnen, mit Oberleitungsomnibussen (Obussen) und mit Kraftfahrzeugen. Als Entgelt sind auch wirtschaftliche Vorteile anzusehen, die mittelbar für die Wirtschaftlichkeit einer auf diese Weise geförderten Erwerbstätigkeit erstrebt werden.

(2) Diesem Gesetz unterliegen nicht

1. Beförderungen mit Personenkraftwagen (§ 4), wenn das Gesamtentgelt die Betriebskosten der Fahrt nicht übersteigt und Fahrer und Mitfahrer weder durch öffentliche Vermittlung noch durch Werbung zusammengeführt worden sind.

2. Beförderungen mit Landkraftposten der Deutschen Bundespost (§ 5).

Zu Absatz 1:

1. Dem Gesetz unterliegt die Beförderung von Personen. **Beförderung** im Rechtssinne ist die Beförderung eines anderen, des Fahrgastes, durch den Beförderer selbst oder durch das von dem Beförderer beschäftigte Fahrpersonal.

2. Dagegen ist die Vermietung von Kraftfahrzeugen an **Selbstfahrer** oder an Personen, die einen eigenen Fahrer mitbringen, keine Beförderung, sondern eine Sachmiete (vgl. RdErl. des RVM vom 4. 11. 1935 — RVkBl. B S. 174 —).

a) Stellt der Vermieter des Kraftfahrzeuges dem Mieter nicht nur das Fahrzeug, sondern dazu auch einen **Fahrer,** so liegt eine Beförderung im Sinne des Gesetzes vor (vgl. RdErl. des RVM vom 4. 11. 1935 — RVkBl. B S. 174 —). Wird das gleiche Fahrzeug teils mit, teils ohne Fahrer vermietet, so stellt die ganze Fahrt, für die das Fahrzeug vermietet ist, eine Personenbeförderung dar, nicht nur das Teilstück, für das der Fahrer zur Verfügung gestellt wird. Wird dagegen für das Teilstück der Fahrt, für das kein Fahrer zur Verfügung gestellt wird, ein anderes Fahrzeug als das vermietete verwendet, so liegt eine Personenbeförderung nur bezüglich des Teilstückes vor, für das ein Fahrer zur Verfügung gestellt wird (vgl. RdErl. des RVM vom 27. 4. 1936 — RVkBl. B S. 208 —).

b) In verkehrspolizeilicher Beziehung unterliegen allerdings die Fahrzeuge, die an Selbstfahrer vermietet werden, einer verschärften technischen Überwachung gemäß der Verordnung über die Überwachung von gewerbsmäßig an Selbstfahrer zu vermietenden Personenkraftwagen und Krafträdern vom 4. 4. 1955 (BGBl. I S. 186). Der Vermieter hat die Vermietung der Kraftfahrzeug-Zulassungsstelle schriftlich anzuzeigen.

3. Im Gegensatz zum G 1934 ist nach dem geltenden Recht die **Gewerbsmäßigkeit** nicht mehr Tatbestandsmerkmal der Personenbeförderung. Gewerbsmäßig ist eine selbständige und nachhaltige Betätigung, wenn sie in der Absicht der Gewinnerzielung unternommen wird und sich als Beteiligung am allgemeinen Wirtschaftsverkehr darstellt. Eine Tätigkeit, die lediglich Kostenminderung oder Kostenersparnis bezweckt, ist nicht gewerbsmäßig (Urteil des BVG vom 24. 2. 1956 — NJW 1956 S. 1004 —). Eine Gewinnerzielung ist anzunehmen, wenn das Entgelt

die Selbstkosten, also nicht nur die sachlichen und personellen Betriebskosten, übersteigt.

Das geltende Recht verlangt für die Anwendung des Gesetzes auf eine Personenbeförderung, daß sie entgeltlich oder geschäftsmäßig geschieht.

Es ist nicht inkonsequent, daß das neue Gesetz von dem Erfordernis der Gewerbsmäßigkeit absieht. Denn der Verkehr „ist eine Aufgabe, die nicht an bloßen Erwerbschancen orientiert sein darf; sie ist vielmehr nach wesentlich politischen (vor allem wirtschafts- und sozialpolitischen) Grundsätzen zu erfüllen" (so Urteil des Bayer. Verfassungsgerichtshofs vom 23. 12. 1957, Vf. 107, 114, 117 — VII — 56).

4. **Entgelt** ist jede Gegenleistung des Beförderten oder eines Dritten, die der Beförderer mit der Beförderung anstrebt oder tatsächlich erzielt.

a) Es ist nicht nötig, daß ein Gewinn angestrebt oder erzielt wird. Die Gegenleistung des Beförderten braucht die Selbstkosten des Beförderers nicht zu dekken, auch nicht seine Betriebskosten (Ausnahme s. Abs. 2 Nr. 1). Eine Gegenleistung, welche die Selbstkosten oder Betriebskosten nur teilweise deckt, macht die Beförderung nicht zu einer gewerbsmäßigen, wohl aber zu einer entgeltlichen.

b) Wird die Beförderung geschäftsmäßig ausgeführt, so unterliegt sie auch dann dem Gesetz, wenn sie völlig unentgeltlich geschieht.

c) Nach **Satz 2** sind als Entgelt auch wirtschaftliche Vorteile anzusehen, die eine unentgeltliche Beförderung einer anderen Erwerbstätigkeit des Beförderers oder eines Dritten bringen soll. Das ist vor allem der Fall bei der unentgeltlichen Beförderung von Kunden von deren Wohnung, von der Stadtmitte oder vom Bahnhof zum Geschäft oder zur Fabrik des Erwerbstätigen. Ein Erwerbszweck (Kundenwerbung) muß damit nicht verbunden sein; es genügt, daß mit der Beförderung die Erwerbstätigkeit des Geschäfts- oder Fabrikinhabers unterstützt werden soll. Diese Absicht fehlt, wo der Beförderer lediglich einer herkömmlichen Anstandspflicht genügen will, z. B. bei Beförderung langjähriger Geschäftsfreunde vom Bahnhof zum Werk (Einzelentscheidung des RVM vom 9. 8. 1937 — RVkBl. B S. 90 —).

d) Es ist nicht notwendig, daß das Entgelt durch den Beförderten selbst bezahlt wird. Es kann auch von einem Dritten, z. B. dem Arbeitgeber des Beförderten oder des Beförderers, bezahlt werden.

5. Geschäft ist eine zweckbetonte Handlung sachbezogenen Inhalts. **Geschäftsmäßig** i. S. des Gesetzes ist eine auf die Dauer gerichtete, ohne Rücksicht auf persönliche Beziehungen zum Beförderten vorgenommene Beförderung.

a) Abzulehnen ist die Begriffsbestimmung der A.B. zu § 1, wonach geschäftsmäßig jede auf die Dauer gerichtete, in Wiederholungsabsicht vorgenommene Beförderung ist. Diese Begriffsbestimmung würde auch ganz private Beförderungen (z. B. von Familienmitgliedern und persönlichen Freunden) einschließen, dem Wortsinn des Ausdrucks „Geschäft" also genau entgegengesetzt sein.

b) Für die Auslegung des Begriffs Geschäftsmäßigkeit ist die Beweisführung aus dem Gegenteil zu § 2 Abs. 3 von Bedeutung. Der Gesetzgeber hielt es für notwendig, die Beförderung von Arbeitnehmern zwischen Arbeitsstätten desselben Betriebs zu betrieblichen Zwecken durch diese Bestimmung ausdrücklich von der Genehmigungspflicht auszunehmen. Die Beförderung von Arbeitnehmern von der Wohnung zur Arbeitsstätte unterliegt also dem Gesetz, auch wenn sie unentgeltlich geschieht. Ebenso unterliegt dem Gesetz die Beförderung von

Arbeitnehmern anläßlich von Betriebsveranstaltungen (Betriebsausflügen und dgl.) durch betriebseigene Omnibusse.

c) Das unter b) Gesagte ist entsprechend auf öffentliche Verwaltungen anzuwenden. Vom Gesetz befreit ist also die Beförderung von Straßenarbeitern von einer Baustelle zur andern, von Soldaten von der Kaserne zum Schießplatz, von Polizeieinheiten vom Revier zur Einsatzstelle. Dagegen unterliegt dem Gesetz die Beförderung dieser Personen von ihren Wohnungen zu ihren Dienstplätzen sowie anläßlich von Veranstaltungen im Rahmen der Personalfürsorge und Truppenfürsorge.

Befreiungen des Bundesministeriums für Verkehr gemäß § 58 Abs. 1 Nr. 1 dürften hier häufiger vorkommen (vgl. Lange in PV 1957 S. 226).

d) Ist eine Beförderung entgeltlich, so unterliegt sie auch dann dem Gesetz, wenn sie nicht geschäftsmäßig ausgeführt wird.

6. Dem Gesetz unterliegen auch folgende Beförderungen:

a) Eine Personenmehrheit oder juristische Person des öffentlichen oder privaten Rechts befördert entgeltlich oder geschäftsmäßig ausschließlich eigene **Mitglieder.** Das gilt auch für die Krankenfuhren der Allgemeinen Ortskrankenkassen. Das Urteil des OVG Münster vom 6. 8. 1952 (III A 815/52) und der Runderlaß des BMV vom 13. 2. 1953 (StV 5 Nr. 14002 H/53) sind überholt, da sie auf dem nicht mehr anwendbaren Erfordernis der Gewerbsmäßigkeit aufbauten.
Es ist ohne Bedeutung, ob der Zweck der Personenvereinigung oder juristischen Person sich auf die Beförderung ihrer Mitglieder beschränkt oder ob dieser Zweck nur neben einem anderen nebenherläuft.

b) Ein Beförderer schließt einen Vertrag nur mit einem einzigen Auftraggeber und befördert nur die von diesem Auftraggeber zu bestimmenden Personen (Urteil des BVerwG vom 16. 9. 1954 — I C 181. 53 —).

c) Fluggesellschaften und Flughäfen befördern ihr Personal und die Fluggäste im Zubringer- und Abholdienst vom und zum Flughafen.

d) Hotels befördern ihre Gäste vom und zum Bahnhof.

e) Krankenhäuser, Heilstätten und ähnliche Einrichtungen befördern ihr Personal, die Kranken und deren Besucher vom und zum Krankenhaus. Der Bundesminister für Verkehr ist in § 58 Abs. 1 Nr. 2 lediglich zur näheren Regelung dieses Verkehrs ermächtigt, nicht etwa zu seiner Befreiung von der Genehmigungspflicht.

7. Für die Anwendung des Gesetzes ist nicht erforderlich, daß sich der Verkehr auf Straßen abspielt. Genehmigungspflichtig kann auch ein Verkehr abseits der Straße sein (z.B. Beförderung von Aufnahmegruppen bei Filmaufnahmen im Gelände; vgl. Wirbitzky in PV 1958 S. 194).

8. Für die Anwendung des Gesetzes ist nicht erforderlich, daß der Beförderer ihm gehörige Fahrzeuge verwendet; er kann sich auch fremder Fahrzeuge bedienen, die ihm durch Miet- oder Pachtvertrag oder auch unentgeltlich zur Verfügung gestellt werden. Immer aber ist Beförderer derjenige, der die Fahrzeuge dem Fahrgast zur Verfügung stellt (vgl. Anm. 1 zu § 2).

9. Wird die Personenbeförderung zum Zwecke der dauernden Gewinnerzielung betrieben, so ist sie ein Gewerbe und zwar ein stehendes Gewerbe im Sinne der GewO. Wer ein solches Gewerbe anfängt, muß dies gemäß § 14 GewO der nach Landesrecht zuständigen Behörde (meist der Gemeindebehörde) anzeigen. Auch die Verlegung

des Betriebs, die Ausdehnung auf nicht geschäftsübliche Leistungen sowie die Aufgabe des Betriebs sind in diesem Falle anzeigepflichtig. Die zur Entgegennahme der Anzeige zuständige Behörde muß die Anmeldung nach § 14 GewO zurückweisen, wenn eine erforderliche Gewerbegenehmigung, etwa die Genehmigung nach dem PBefG, nicht nachgewiesen wird.

Manchmal melden Gewerbetreibende bei der Anmeldung nach § 14 GewO gleichzeitig verschiedene Gewerbearten an, von denen nur die eine Art einer Genehmigungspflicht unterliegt (z. B. Personenbeförderung mit Pferde- und Kraftdroschken). In diesem Fall ist es nicht zulässig, die Anmeldung der zulassungsfreien Gewerbeart zurückzustellen, bis die Genehmigung für die genehmigungspflichtige Gewerbeart vorliegt.

Zu Absatz 2:

10. Solange die Gewerbsmäßigkeit zum Tatbestand der Personenbeförderung gehörte, stellte eine gelegentliche, wenn auch wiederholte **Mitnahme** von Fremden in privaten Kraftfahrzeugen gegen Erstattung eines Teiles der Betriebskosten keine Personenbeförderung dar (Urteil des BVerwG vom 24. 2. 1956 — I C 245/54 —). Die Freistellung vom Gesetz erstreckte sich aber nicht auf die Fälle, in denen der Fahrer die Reise nicht in erster Linie für eigene Zwecke, sondern in erster Linie für den Mitfahrer ausführte (Urteile des VG Berlin vom 18. 5. 1957 — VG IV A 159/56 — G — und vom 31. 5. 1958 — VG IV A 76/58 — G —; vgl. PV 1958 S. 224, 237).

11. Nachdem das geltende Recht von dem Erfordernis der Gewerbsmäßigkeit absieht, unterliegt auch die Mitnahme von Fahrgästen in einem Kraftfahrzeug, das in erster Linie für den Fahrer selbst unterwegs ist, dem Gesetz, wenn die Beförderung entgeltlich (oben Anm. 4) oder geschäftsmäßig (oben Anm. 5) geschieht. Ausgenommen sind nach Abs. 2 Nr. 1 Beförderungen mit Personenkraftwagen, wenn das Gesamtentgelt die Betriebskosten der Fahrt nicht übersteigt (unten Anm. 12) und Fahrer und Mitfahrer weder durch öffentliche Vermittlung noch durch Werbung zusammengeführt worden sind (unten Anm. 13).

12. Das Gesamtentgelt darf die Betriebskosten der Fahrt nicht übersteigen.

a) **Gesamtentgelt** ist die Summe der von allen an der Fahrt beteiligten Mitfahrern bezahlten Entgelte.

b) Die Betriebswirtschaftslehre unterscheidet Einzelkosten und Gemeinkosten, je nachdem, ob sie den Leistungen im einzelnen direkt zugerechnet werden können oder ob sie nur im allgemeinen und in Form eines Zuschlages zu den Einzelkosten verteilt werden können.

Betriebskosten i. S. des Gesetzes sind die mit dem betreffenden Fahrzeug auf der betreffenden Fahrt bei normalem Fahrtverlauf anfallenden Einzelkosten. Gemeinkosten (z. B. Abschreibung auf Anschaffungskosten, Steuern, allgemeine Versicherungs- und Unterstellkosten, anteilige Reifen- und Ersatzteilkosten) gehören in keinem Fall zu den Betriebskosten. An Einzelkosten kommen in Betracht: Treibstoff- und Schmierstoffkosten, Kosten für einen bezahlten Fahrer und eine auf der betreffenden Fahrt notwendige Unterstellung, desgleichen eine für die betreffende Fahrt besonders abgeschlossene Versicherung. Dabei sind die Besonderheiten des Fahrzeuges (Typ und gefahrene km) und der Fahrt (z. B. höherer Benzinverbrauch bei Steigungen oder Notwendigkeit oftmaligen Schaltens) insofern zu berücksichtigen, als die durch diese Besonderheiten bedingten **tatsächlichen** Kosten maßgebend sind. Dagegen kommt es nicht auf den besonderen, sondern auf einen normalen Fahrtverlauf an. Anläßlich der Fahrt anfallende Reparaturkosten und Reifenkosten gehören also nicht zu den Betriebskosten, mag die Notwendigkeit der Reparatur oder des Reifenwechsels auf einen besonderen Vorfall der Fahrt zurückgehen oder nicht.

Abzulehnen ist die Ansicht des BrückB zu § 1, wonach unter Betriebskosten alle beweglichen Kosten zu verstehen sind und wonach auch die „Abnutzung der Reifen" zu den beweglichen Kosten gehören. Ein Kraftfahrzeug wird einschließlich Reifen, Zündkerzen usw. zu einem Gesamtpreis angeschafft, auf den nach Zeitabschnitten und nicht nach gefahrenen km bemessene Abschreibungen gemacht werden. Es ist kein Grund einzusehen, warum die Reifen anders behandelt werden sollen als die Zündkerzen und die übrigen Teile des Kraftfahrzeuges.

Da die Betriebskosten zwar auf die betreffende Fahrt, jedoch auf einen normalen Fahrtverlauf abzustellen sind, wird es im allgemeinen möglich sein, die Betriebskosten im voraus abzuschätzen. Es können daher keine grundsätzlichen Bedenken dagegen erhoben werden, wenn der Anteil des Mitreisenden schon vor Antritt der Fahrt festgelegt wird; er darf nur die tatsächlichen Betriebskosten bei normalem Fahrtverlauf nicht übersteigen.

Der steuerlich absetzbare Kilometersatz ist jedenfalls nicht maßgebend, weil darin auch Abschreibungen als Werbungskosten anerkannt zu werden pflegen (vgl. Urteil des Verwaltungsgerichts Berlin vom 31. 3. 1958, VG VI A 76. 58 — G —).

13. a) Eine Vermittlung liegt in jedem Falle vor, in dem sich Fahrer und Mitfahrer noch nicht kennen und durch die Tätigkeit eines Dritten bekannt werden. Die Vermittlung ist öffentlich, wenn sie nicht nur einem bestimmten Personenkreis, z.B. den Angehörigen eines Werkes oder einer Behörde, zur Verfügung steht, sondern dem Publikum schlechthin. Die Vermittlung ist auch dann öffentlich, wenn sie in einer geschlossenen Wohnung ausgeübt wird.

Solche Vermittlungen werden gewerbsmäßig durch die Mitfahrerzentralen ausgeübt, die in der Mitfahrer-Union-Deutschlands zusammengeschlossen sind. Sie werden durch das PBefG nicht verboten, wohl aber im Ergebnis ihres Tätigkeitsbereichs beraubt. Sie haben das Gesetz als grundgesetzwidrig vor dem Bundesverfassungsgericht angefochten.

Eine nicht öffentliche Vermittlung, z.B. einer Werkleitung oder eines Betriebsrats zwischen Arbeitskollegen, macht die Beförderung nicht zu einer genehmigungspflichtigen.

b) Werbung liegt vor, wenn der Kraftfahrzeugbesitzer (Fahrer) oder ein Dritter Leute auf die Beförderungsmöglichkeit aufmerksam macht, von denen er noch nicht weiß, ob sie nach seinem Fahrziel befördert werden sollen.

§ 2

Genehmigungspflicht

(1) Wer im Sinne des § 1 Abs. 1

1. mit Straßenbahnen,

2. mit Obussen,

3. mit Kraftfahrzeugen im Linienverkehr (§§ 42 und 43) oder

4. mit Kraftfahrzeugen im Gelegenheitsverkehr (§ 46)

Personen befördert, muß im Besitz einer Genehmigung sein. Er ist Unternehmer im Sinne dieses Gesetzes.

(2) Der Genehmigung bedarf ferner jede Erweiterung oder wesentliche Änderung des Unternehmens, die Übertragung der aus der Genehmigung erwachsenden Rechte und Pflichten sowie die Übertragung des Betriebs auf einen anderen.

(3) Der Genehmigung bedarf der Arbeitgeber nicht für die Beförderung der Arbeitnehmer zwischen Arbeitsstätten desselben Betriebes zu betrieblichen Zwecken.

(4) Einer Genehmigung bedarf es nicht zum vorübergehenden Einsatz von Kraftfahrzeugen bei Notständen und Betriebsstörungen im Verkehr, insbesondere im Schienen-, Bergbahn- oder Obusverkehr. Wenn die Störungen länger als 72 Stunden dauern, haben die Unternehmer der von der Störung betroffenen Betriebe der Genehmigungsbehörde (§ 11) Art, Umfang und voraussichtliche Dauer eines solchen vorübergehenden Einsatzes von Kraftfahrzeugen unverzüglich mitzuteilen.

Zu Absatz 1:

1. Der **Beförderer** muß im Besitz einer Genehmigung sein. Das ist derjenige, der dem Fahrgast die Fahrzeuge zur Verfügung stellt (vgl. Anm. 7 zu § 1).

a) Sowohl ein Einzelkaufmann wie eine Personenmehrheit wie eine juristische Person des privaten oder öffentlichen Rechts können Beförderer sein. Bei einer nicht rechtsfähigen Personenvereinigung (z.B. einem nicht eingetragenen Verein, einer Gesellschaft des Bürgerlichen Rechts, einer Offenen Handelsgesellschaft, einer Kommanditgesellschaft) sind Beförderer die einzelnen Gesellschafter, jedoch mit der Maßgabe, daß von der Geschäftsführung ausgeschlossene Gesellschafter nicht Beförderer sind. Bei einer Kommanditgesellschaft sind nur die Komplementäre Beförderer, nicht die — kraft Gesetzes von der Geschäftsführung ausgeschlossenen — Kommanditisten.

b) Es bedarf der Erlaubnis:

der Einzelkaufmann;

die juristische Person als solche ohne Rücksicht auf etwaigen Personenwechsel innerhalb der juristischen Person;

die einzelnen zur Geschäftsführung berechtigten Mitglieder einer nicht rechtsfähigen Personenmehrheit, insbesondere die zur Geschäftsführung berechtigten Gesellschafter einer Offenen Handelsgesellschaft und die Komplementäre einer Kommanditgesellschaft, und zwar jeder einzeln für sich.

c) Der Erwerb der Mitgliedschaft bei einer Personenbeförderung betreibenden juristischen Person, der Eintritt als Kommanditist bei einer Kommanditgesellschaft oder als nicht geschäftsführungsberechtigter Gesellschafter bei einer Offenen Handelsgesellschaft bedeuten nicht den Beginn einer Beförderungstätigkeit; erst recht nicht eine bloße Kapitalbeteiligung oder die Hingabe eines Darlehens an ein Personenbeförderungsunternehmen.

2. Gewerbezulassungsgesetze nennen als Erlaubnisinhaber meist den Gewerbetreibenden oder den Unternehmer. Jeder Unternehmer ist ein selbständiger Gewerbetreibender, aber nicht jeder selbständige Gewerbetreibende ist ein Unterneh-

mer. Der Unternehmer betreibt ein Gewerbe nicht nur im eigenen Namen, sondern auch auf eigene Rechnung. Der Kommissionär, welcher Waren in der Weise umsetzt, daß Gewinn und Verlust vertraglich einen anderen treffen, ist selbständiger Gewerbetreibender, aber nicht Unternehmer.

Von dem Beförderer, auch wenn er die Beförderung nicht gewerbsmäßig betreibt, wird in Abs. 1 Satz 2 gesagt, daß er „im Sinne des Gesetzes" als Unternehmer gelte. Es wird also hier ein für das PBefG spezifischer Unternehmerbegriff geprägt.

In § 3 Abs. 2 wird dann von **diesem Unternehmer** gesagt, daß er verpflichtet sei, den Verkehr im eigenen Namen, unter eigener Verantwortung und für eigene Rechnung zu betreiben. Bei streng logischer Betrachtung muß man also feststellen, daß das Verkehrtreiben im eigenen Namen, unter eigener Verantwortung und für eigene Rechnung nicht zu den begrifflichen **Voraussetzungen** des Unternehmers gehört, daß vielmehr dem Unternehmer im Sinne des Abs. 1 Satz 2 nur die **Verpflichtung** auferlegt wird, den Verkehr im eigenen Namen, unter eigener Verantwortung und für eigene Rechnung zu betreiben. Andererseits läßt das Gesetz in § 10 ein eigenes Feststellungsverfahren über die Frage zu, wer „Unternehmer i. S. des § 3 Abs. 1 **und 2** ist". Man muß also, unter Zurückstellung logischer Bedenken, doch annehmen, daß das Betreiben im eigenen Namen, unter eigener Verantwortung und für eigene Rechnung ein Begriffsmerkmal des Unternehmers im Sinne des § 3 und folglich, da man dem Gesetz schwerlich zwei verschiedene Unternehmerbegriffe unterstellen darf, auch im Sinne des § 2 ist. Von praktischer Bedeutung ist dies dort, wo an der Beförderung zwei Kräfte beteiligt sind, insbesondere Reisebüros und Omnibusunternehmer (s. unten Anm. 2 zu § 3).

Zu Absatz 2:

3. Die Genehmigung nach Abs. 1 ist eine Genehmigung für einen fortdauernden Zustand. Die Genehmigungen nach Abs. 2 dagegen sind Genehmigungen für einmalige Vorgänge.

4. Abs. 2 unterscheidet 3 Arten von Genehmigungen:

Die Genehmigung für eine Erweiterung oder wesentliche Änderung des Unternehmens;
die Genehmigung für die Übertragung der aus der Genehmigung erwachsenden Rechte und Pflichten;
die Genehmigung für die Übertragung des Betriebs auf einen anderen.

Die Genehmigung für die Übertragung der aus der Genehmigung erwachsenden Rechte und Pflichten wird vom Gesetz auch als „Genehmigung der Übertragung von Genehmigungen" bezeichnet (in § 13 Abs. 6).

5. Bei Erweiterungen oder wesentlichen Änderungen eines Unternehmens ist die Genehmigung für die Erweiterungen oder wesentlichen Änderungen **zusätzlich** zu der Genehmigung für die Personenbeförderung als solche erforderlich (§ 9 Abs. 2 Satz 1).

6. Bei der Genehmigung der Übertragung von Genehmigungen und bei der Genehmigung von Betriebsübertragungen werden nur die subjektiven Genehmigungsvoraussetzungen geprüft, nicht die objektiven (§ 13 Abs. 6).

7. Bei der **Übertragung der aus der Genehmigung erwachsenden Rechte und Pflichten** handelt es sich darum, daß der bisherige Inhaber einer wirksam erteilten und noch wirksamen Genehmigung aus dieser Genehmigung ausscheidet und an seiner Stelle in die aus der Genehmigung erwachsenden Rechte und Pflichten ein

anderer tritt. Der sachliche Inhalt und der Umfang der Genehmigung bleiben aufrecht erhalten; es tritt lediglich ein Wechsel in der Trägerschaft ein. Dieser Wechsel ist schon nach der Natur der Sache genehmigungspflichtig, weil die bisherige Genehmigung an die Person des Inhabers gebunden ist.

Wenn die Bestimmung nicht bestünde, könnten Rechte und Pflichten aus einer Genehmigung nicht übertragen werden; es müßte dann jedesmal eine neue Genehmigung nach Abs. 1 erteilt werden. Der Sinn der Regelung des Abs. 2 ist der, den Rechtsvorgang zu erleichtern, indem sie lediglich den Personenwechsel zum Gegenstand der Genehmigung macht, so daß nicht das ganze Genehmigungsverfahren erneut durchgeführt zu werden braucht.

a) Ist die Dauer der Genehmigung abgelaufen, so können Rechte und Pflichten aus ihr nicht mehr übertragen werden. Wird die Erteilung der Genehmigung gemäß Abs. 2 im Rechtszuge hinausgezögert, so ist der Zeitpunkt maßgebend, in welchem die endgültig entscheidende Behörde oder das endgültig entscheidende Gericht entscheidet. Im Falle einer endgültigen (d. h. in Rechtskraft erwachsenen) Entscheidung des Verwaltungsgerichts z. B. ist eine Genehmigung der Übertragung nicht mehr möglich, wenn im Zeitpunkt der Verkündung des Gerichtsurteils die Dauer der zu übertragenden Genehmigung abgelaufen ist, auch wenn sie es bei Erlaß der erstinstanziellen Entscheidung noch nicht war (so Urteil des Bayer. VGH vom 3. 9. 1958 Nr. 110 IV 57).

b) Der Wille des Übertragenden und des Erwerbers zur Übertragung muß noch in dem Augenblick, in dem die Genehmigung nach Abs. 2 erteilt wird, zweifelsfrei und in allen Punkten übereinstimmend vorhanden sein. Wenn einer der Vertragsteile erklärt, daß er nicht mehr zu der Übertragung stehe, darf die Genehmigung nicht erteilt werden, selbst wenn er sich rechtsgültig zur Übertragung verpflichtet hat.

c) Der Antrag auf Erteilung der Genehmigung nach Abs. 2 muß von beiden Beteiligten, dem Übertragenden und dem Erwerber, gestellt werden. Denn weder kann der Übertragende gegen seinen Willen der mit der Genehmigung verbundenen Rechte entkleidet noch kann der Erwerber gegen seinen Willen mit den aus der Genehmigung erwachsenden Pflichten belastet werden.

Wird ein schriftlicher Vertrag zwischen den Beteiligten über die Übertragung der Rechte und Pflichten aus der Genehmigung vorgelegt, so ersetzt dieser Vertrag nicht den gemeinsamen Antrag der Vertragsteile gegenüber der Genehmigungsbehörde. Dem Vertrag kommt nämlich lediglich die rechtliche Bedeutung zu, daß die Vertragsteile sich gegenseitig verpflichten, dahin mitzuwirken, daß die auf dem Gebiete des öffentlichen Rechts liegende Änderung herbeigeführt wird (so Urteil des Bayer. VGH vom 20. 9. 1951, Nr. 74 IV 50).

Das Vorliegen des schriftlichen Vertrages zwischen den Beteiligten kann für die Genehmigungsbehörde auch nicht aus dem Grund maßgebend sein, weil darin etwa ein Verzicht des Übertragenden auf die Rechte und Pflichten aus der Genehmigung erblickt werden könnte. Denn auf diese Rechte und Pflichten kann nicht durch Rechtsgeschäft „verzichtet" werden.

d) Da der Erwerber die Genehmigung des Übertragenden erwirbt, wird die Laufzeit durch die Übertragung nicht hinausgeschoben. Auf Rücknahme und Erlöschen der Genehmigung sind §§ 25, 26 unmittelbar anwendbar.

Die Dauer der Genehmigung beginnt nicht etwa mit der Genehmigung der Übertragung neu zu laufen (Urteil des Bayer. VGH vom 3. 9. 1958, Nr. 110 IV 57).

e) Es gibt keine Genehmigung der Übertragung **auf Zeit.** Wenn die Vertragsabschließenden vereinbaren, daß die noch auf drei Jahre hinaus gültige Genehmigung nur auf ein Jahr an den Erwerber übertragen werden soll, so kann die Behörde auf diese zeitliche Beschränkung keine Rücksicht nehmen. Sie erteilt vielmehr die Genehmigung zu einer Übertragung mit der ursprünglichen Laufzeit. Nach einem Jahr können dann die Vertragsteile die Übertragung auf den ursprünglichen Inhaber beantragen.

8. Die **Übertragung des Betriebs** auf einen anderen bezweckt eine geringere Änderung des Rechtsstandes als die Übertragung der aus der Genehmigung erwachsenden Rechte und Pflichten. Bei der Übertragung des Betriebs bleibt der bisherige Inhaber der Genehmigung weiterhin Träger der Genehmigung; lediglich der Betrieb wird einem anderen überlassen.

Da der Erwerber nicht Inhaber der ursprünglichen Genehmigung wird, wird er auch nicht Unternehmer i. S. des Abs. 1 Satz 2. Trotzdem muß er laut positiver Bestimmung des § 3 Abs. 2 Satz 1 den Verkehr im eigenen Namen, unter eigener Verantwortung und für eigene Rechnung betreiben.

a) Der Wille des Übertragenden und des Erwerbers zur Übertragung des Betriebs muß noch in dem Augenblick, in dem die Genehmigung nach Abs. 2 erteilt wird, zweifelsfrei und in allen Punkten übereinstimmend vorhanden sein. Wenn einer der Vertragsteile erklärt, daß er nicht mehr zu der Übertragung stehe, darf die Genehmigung nicht erteilt werden, selbst wenn er sich rechtsgültig zur Übertragung verpflichtet hat.

b) Der Antrag auf Erteilung der Genehmigung nach Abs. 2 muß von beiden Beteiligten, dem Übertragenden und dem Erwerber, gestellt werden. Denn weder kann der Übertragende gegen seinen Willen der Verfügungsmacht über den Betrieb entkleidet noch kann der Erwerber gegen seinen Willen mit der Betriebsführung belastet werden.

Wird ein schriftlicher Vertrag zwischen den Beteiligten über die Übertragung des Betriebs vorgelegt, so ersetzt dieser Vertrag nicht den gemeinsamen Antrag der Vertragsteile gegenüber der Genehmigungsbehörde. Dem Vertrag kommt nämlich lediglich die rechtliche Bedeutung zu, daß die Vertragsteile sich gegenseitig verpflichten, dahin mitzuwirken, daß die auf dem Gebiete des öffentlichen Rechts liegende Änderung herbeigeführt wird (so Urteil des Bayer. VGH vom 20. 9. 1951 Nr. 74 IV 50).

c) Da bei der Betriebsübertragung die ursprüngliche Genehmigung nicht übertragen wird, sondern beim Übertragenden verbleibt, sind die Bestimmungen über die Rücknahme der Genehmigung auf die Genehmigung zur Betriebsübertragung nicht unmittelbar anwendbar. Wohl aber sind sie nach der positiven Bestimmung des § 25 Abs. 6 entsprechend anzuwenden.

d) Ein Unternehmer, der seinen Betrieb auf Jahre hinaus auf einen anderen überträgt und nicht zum Ausdruck bringt, daß er von der Genehmigung selbst wieder Gebrauch machen will, kann sich nach Ablauf der Genehmigungszeit nicht auf die Vorrangregel des § 13 Abs. 4 berufen (so Urteil des Bayer. VGH vom 4. 12. 1953, Nr. 54 IV 53).

9. Die Beförderung von Personen (Abs. 1) und die Erweiterung oder wesentliche Änderung des Unternehmens (Abs. 2) sind rein tatsächliche Handlungen. Die Übertragung der aus der Genehmigung erwachsenden Rechte und Pflichten und die Übertragung des Betriebs auf einen anderen dagegen sind Rechtsgeschäfte des Privatrechts.

a) Die Übertragung des Betriebs auf einen anderen ist nicht etwa das schuldrechtliche oder dingliche Rechtsgeschäft, mit dem Fahrzeuge oder Betriebseinrichtungen auf einen anderen übertragen werden. Zwar werden diese Rechtsgeschäfte häufig mit der Betriebsübertragung verbunden sein, keineswegs aber immer. Vielmehr kann ein Genehmigungsinhaber seinen Betrieb auch noch übertragen, nachdem er seine Fahrzeuge verschrottet hat. **Betriebsübertragung** im Sinne des PBefG ist das zweiseitige Rechtsgeschäft, durch das die Vertragsteile vereinbaren, daß die **Beförderungsaufgabe** nicht von dem Genehmigungsinhaber, sondern von einem anderen erfüllt werden soll. Die Vertragsteile haben es in der Hand, ob der Übertragende die Verantwortung für die Beförderungsaufgabe selbst behalten und den anderen als seinen Weisungen unterworfenen Erfüllungsgehilfen beschäftigen will oder ob die Verantwortung für die Beförderungsaufgabe (§ 3 Abs. 2 Satz 1) auf den anderen übergehen soll. Im letzteren Falle bedarf es der Genehmigung nach § 2 Abs. 2.

Das gilt auch für den Fall, daß die Bundesbahn eine ihr kraft Genehmigung obliegende Beförderungsaufgabe von einem „Vertragsunternehmer“ ausüben läßt. Wenn die Bundesbahn dem Unternehmer die Verantwortung für die Beförderungsaufgabe überträgt, bedarf sie dazu der Genehmigung ohne Rücksicht darauf, ob der Vertragsunternehmer die Aufgabe mit Fahrzeugen der Bundesbahn oder mit eigenen Fahrzeugen erfüllt.

b) Über den Tod des Unternehmers und das Weiterführungsrecht des Erben siehe § 19. § 2 Abs. 2 behandelt die Übertragung unter Lebenden. Als Verpflichtungsgeschäft kommen vor allem Käufe, Pacht, Schenkungsversprechen sowie ein Gesellschaftsvertrag mit Pflicht zur Einbringung des Geschäftes durch einen Gesellschafter in Betracht.

Die Möglichkeit, nach den Vorschriften des öffentlichen Rechts das Unternehmen betreiben zu können, bildet einen wesentlichen Bestandteil des Verpflichtungsgeschäfts, dessen Fehlen nach den Vorschriften des bürgerlichen Rechts über die Haftung für Rechtsmängel zu beurteilen ist (RGZ 138, 356; Urteil des KG vom 2. 11. 1936 in JW 1937 S. 460; Baumbach-Duden a.a.O. Einf. I 6 B).

c) Im Gegensatz zum Verpflichtungsgeschäft kennt unser Recht nicht die **Verfügung** über ein Unternehmen als Ganzes (im Gegensatz zu ausländischen Rechtsbereichen, wo z. B. die Übertragung eines ganzen Betriebes durch Eintragung in ein Register möglich ist). Statt dessen ist zur Ausführung einer das Unternehmen als Ganzes betreffenden Verpflichtung über die zu dem Unternehmen gehörenden Sachen, Rechte usw. einzeln zu verfügen, also über bewegliche Sachen nach §§ 929ff. BGB, über Rechte nach §§ 398ff. BGB. Bei Verpachtung ist der Besitz der Sachen, insbesondere der Fahrzeuge, zu übertragen und dem Pächter die Möglichkeit der Ausübung der Rechte zu verschaffen. Dabei bleibt aber bei einem Unternehmen der Personenbeförderung nach der positiven Regelung des alten wie des neuen Gesetzes bei der bloßen Betriebsübertragung die Konzession von der Übertragung ausgeschlossen. Nach dem zugrunde liegenden Verpflichtungsgeschäft ist aber der Übertragende verpflichtet, zur Erlangung der Genehmigung nach § 2 Abs. 2 für den Übernehmer mitzuwirken (vgl. Baumbach-Duden a.a.O. Einf. I 6 C).

d) Die Übertragung der aus der Genehmigung erwachsenden Rechte und Pflichten ist eine dingliche Verfügung des Privatrechts über ein subjektiv-öffentliches Recht.

10. Bei der Übertragung der aus der Genehmigung erwachsenden Rechte und Pflichten wird praktisch die Genehmigung selbst übertragen; daher richtet sich die **Rücknahme** der Genehmigung unmittelbar nach § 25 Abs. 1—5. Auf die Rücknahme der Genehmigung zur Betriebsübertragung dagegen sind diese Bestimmungen nur entsprechend anzuwenden (§ 25 Abs. 6).

Zu Absatz 3:

11. Genehmigungsfrei ist nach Abs. 3 nur die Beförderung von **Arbeitnehmern** durch den Arbeitgeber zwischen Arbeitsstätten desselben Betriebes zu betrieblichen Zwecken. Genehmigungspflichtig ist dagegen die Beförderung durch einen Dritten, auch wenn sie zwischen Arbeitsstätten desselben Betriebes geschieht; genehmigungspflichtig ist ferner die Beförderung von Arbeitnehmern von der Wohnung zur Arbeitsstätte und zurück, mag sie durch den Arbeitgeber oder einen Dritten geschehen. Die im Regierungsentwurf hierfür vorgesehene Befreiung wurde vom Bundestag gestrichen (vgl. A.B. zu § 2).

Zu Absatz 4:

12. Die Regelung des Abs. 4 übernimmt im wesentlichen einen Runderlaß des Direktors der Verwaltung für Verkehr vom 9. 6. 1949 (VkBl. S. 65), abgedruckt bei Oppelt a.a.O. S. 117.

Die A.B. zu § 2 bemerkt, daß z.B. gewerkschaftliche Streiks nicht als Betriebsstörungen anzusehen sind. Dazu ist zu sagen, daß Streiks zwar noch keine Betriebsstörungen sind, erfahrungsgemäß aber sehr leicht zu solchen führen können. Für die Begriffe Notstände und Betriebsstörungen kann es nicht darauf ankommen, wie die Notstände und Betriebsstörungen entstanden sind.

13. Mit den Störungen im Verkehr sind nicht nur solche des Verkehrs zu Lande gemeint, sondern auch Störungen des Luftverkehrs, Schiffahrts- und Fährverkehrs (ebenso A.B. zu § 2).

14. Unberührt durch § 2 Abs. 4 besteht weiter die Meldepflicht des Unternehmers oder Betriebsleiters nach § 6 BOKraft bei Betriebsstörungen von längerer Dauer als 24 Stunden.

§ 3
Unternehmer

(1) Die Genehmigung wird dem Unternehmer für einen bestimmten Verkehr (§ 9) und für seine Person (natürliche oder juristische Person) erteilt.

(2) Der Unternehmer oder derjenige, auf den der Betrieb übertragen worden ist (§ 2 Abs. 2), muß den Verkehr im eigenen Namen, unter eigener Verantwortung und für eigene Rechnung betreiben. Die von der Landesregierung bestimmte Behörde kann in Einzelfällen Ausnahmen zulassen.

Zu Absatz 1:

1. Die Genehmigung gilt für einen bestimmten Verkehr nach näherer Maßgabe des § 9 und für eine bestimmte Person nach näherer Maßgabe der Anmerkung 1b zu § 2.

Zu Absatz 2:

2. Der Genehmigung bedarf, wer Personen befördert, d. h. wer den Fahrgästen Fahrzeuge zur Verfügung stellt. Entgegen einer rechtslogischen Betrachtung muß angenommen werden, daß Absatz 2 das Betreiben des Verkehrs im eigenen Namen, unter eigener Verantwortung und für eigene Rechnung zu den begrifflichen Voraussetzungen eines Unternehmers rechnet (vgl. Anm. 2 zu § 2). Das spielt vor allem eine Rolle für die Beurteilung der Reiseveranstaltungen von **Reisebüros:**

a) Soweit die Reisebüros, wie es ihre eigentliche Aufgabe ist, Reisen nur vermitteln, bedürfen sie keiner Genehmigung nach dem PBefG. Hier ist offensichtlich, daß nicht das Reisebüro dem Fahrgast das Fahrzeug zur Verfügung stellt, sondern der Verkehrsunternehmer. Die Reise ist eine Ausflugsfahrt des Verkehrsunternehmers, nicht ein Verkehr mit Mietomnibussen (§ 49 Abs. 2 Satz 1).

Seit das Gesetz über die Ausübung der Reisevermittlung vom 26. 1. 1937 (RGBl. I S. 31) durch das 4. Gesetz zur Änderung der Gewerbeordnung vom 5. 2. 1960 (BGBl. S. 61) aufgehoben wurde, bestehen für die Ausübung der Reisevermittlung nur noch die allgemeinen gewerberechtlichen Vorschriften, insbesondere die des § 14 über die Anmeldung stehender Gewerbebetriebe und des § 35 über die Untersagung der Gewerbeausübung, wenn der Gewerbetreibende oder sein Geschäftsführer unzuverlässig ist und dadurch für die Allgemeinheit oder die Belegschaft Gefahren für Leben, Gesundheit, Freiheit, Sittlichkeit, Eigentum oder Vermögen erzeugt werden.

Durch § 38 Nr. 7 GewO sind die Landesregierungen ermächtigt, für den Betrieb von Reisebüros und die Vermittlung von Unterkünften durch Rechtsverordnung zu bestimmen, in welcher Weise die Gewerbetreibenden ihre Bücher zu führen, welche Auskünfte sie den für die Überwachung zuständigen Behörden zu erteilen und welcher behördlichen Nachschau sie sich zu unterwerfen haben. Von der Ermächtigung haben die Länder auf Grund einer Musterverordnung in inhaltlich übereinstimmenden Verordnungen Gebrauch gemacht.

Vgl. PV 1960 Heft 9 Beilage „Der Reiseverkehr" S. 33; zur handelsrechtlichen Natur des Buchungsvertrages vgl. Klatt „Zur Vereinbarung mit den Buchungsstellen" in PV 1958 Heft 2 Beilage „Der Reiseverkehr" S. 7; zum wettbewerbsrechtlichen Verhältnis zwischen Reiseveranstalter und Reisebüro Klatt „Reiseveranstalter — Buchungsstellen" in PV 1959 Beilage „Der Reiseverkehr" S. 45.

b) Soweit das Reisebüro dem Fahrgast eigene Fahrzeuge des Reisebüros zur Verfügung stellt, ist es Unternehmer der betreffenden Verkehrsart und bedarf der dafür erforderlichen Genehmigung.

c) Veranstaltet ein Reisebüro im eigenen Namen, unter eigener Verantwortung und für eigene Rechnung Ausflugsfahrten mit Omnibussen, die es von ihrem Besitzer im Wege der Sachmiete, also ohne Fahrer, anmietet, so bedarf es einer Genehmigung zu Ausflugsfahrten nach § 48. Die Genehmigung ist für jedes Fahrzeug, mit dem auf diese Weise Personen befördert werden, erforderlich. Der Vermieter des Fahrzeuges dagegen bedarf keiner Genehmigung, da er keine Personen befördert.

d) Veranstaltet ein Reisebüro im eigenen Namen, unter eigener Verantwortung und für eigene Rechnung Ausflugsfahrten mit Omnibussen, die einschließlich Fahrer von einem Omnibusunternehmer gestellt werden, so bedarf sowohl das Reisebüro wie auch der Verkehrsunternehmer einer Genehmigung zu Ausflugsfahrten nach § 48. Die Genehmigung ist für jedes Fahrzeug, mit dem auf diese Weise Personen befördert werden, erforderlich. Die Fahrten werden im Namen des Reisebüros und des Verkehrsunternehmers ausgeführt. Beide tragen nebeneinander die volle Verantwortung für die Erfüllung der mit dieser Verkehrsart verbundenen Pflichten. Weder das Reisebüro noch der Verkehrsunternehmer kann sich einem Dritten gegenüber darauf berufen, daß die Fahrt nicht auf seine Rechnung gehe. Auf wessen Rechnung die Fahrt im Innenverhältnis zwischen Reisebüro und Verkehrsunternehmer geht, unterliegt der freien privatrechtlichen Vereinbarung zwischen den Vertragsteilen.

e) Wenn der Omnibusunternehmer nur eine Genehmigung zum Verkehr mit Mietomnibussen hat, kann er den Omnibus nur im Wege der Sachmiete dem Reisebüro gemäß oben c) zur Verfügung stellen, nicht dagegen mit Fahrer gemäß oben d).

f) Wird der Fahrer in den Fällen c) d) e) nur für Teile der Fahrt gestellt, so gilt das in Anmerkung 2 zu § 1 Gesagte entsprechend.

g) Was vorstehend von Reisebüros gesagt ist, gilt entsprechend für Reisen veranstaltende Zeitungsverlage, Volkshochschulen u. dgl.

3. Bestehen Zweifel darüber, wer Unternehmer im Sinne des § 3 Abs. 1 und 2 ist, so entscheidet die für den Sitz des Unternehmens zuständige, von der Landesregierung bestimmte Behörde (s. § 10).

4. Für die Zulassung von Ausnahmen sind zuständig:

Baden-Württemberg:
Genehmigungsbehörde (bei Gelegenheitsverkehr mit Pkw die untere Verwaltungsbehörde, im übrigen Regierungspräsidium)

Bayern:
Genehmigungsbehörde

Freie Hansestadt Bremen:
Magistrat der Stadt Bremerhaven (Ortspolizeibehörde) für Kraftdroschken und Mietwagen; im übrigen Senator für Häfen, Schiffahrt und Verkehr

Freie und Hansestadt Hamburg:
Behörde für Wirtschaft und Verkehr

Hessen:
Regierungspräsidenten sowie Landräte und Magistrate im Rahmen der Zuständigkeiten nach § 11

Niedersachsen:
Regierungspräsident/Verwaltungspräsident

Nordrhein-Westfalen:
Genehmigungsbehörde

Rheinland-Pfalz:
Genehmigungsbehörde

Saarland:
Ministerium für Wirtschaft, Verkehr und Landwirtschaft

Schleswig-Holstein:
Kreise und kreisfreie Städte beim Gelegenheitsverkehr mit Pkw, im übrigen Minister für Wirtschaft und Verkehr.

5. Die gewerberechtliche Theorie unterscheidetVerbote mit Erlaubnisvorbehalt und echte Verbote. Das Wesen eines Verbotes mit Erlaubnisvorbehalt besteht darin, daß durch das Verbot nicht etwa eine an und für sich unerwünschte Tätigkeit unterdrückt werden soll; vielmehr will das Verbot nur den Zugang zu der Tätigkeit einer präventiven Kontrolle unterwerfen. Das ist der Charakter der Genehmigungspflicht nach § 2. Durch ein echtes Verbot dagegen soll eine bestimmte Tätigkeit unmöglich gemacht werden, weil sie unerwünscht ist. Allerdings kann auch in den Fällen, für welche das allgemeine Motiv der Verbotsnorm nicht zutrifft, der Verwaltung die Möglichkeit eingeräumt werden, eine **Ausnahmebewilligung** zu erteilen. Daher ist bei einem solchen repressiven Verbot die Ausnahmebewilligung in das Ermessen der Verwaltungsbehörde gestellt. Es besteht auf sie kein rechtlicher Anspruch. Eine solche Ausnahmebewilligung ist die des Abs. 2 Satz 2.

6. Der Wortlaut des Abs. 2 Satz 2 knüpft die Anwendung des Verwaltungsermessens an keine Voraussetzungen (etwa „im Falle eines öffentlichen Interesses"). Nach A. B. zu § 3 soll mit der Ausnahmemöglichkeit den Fällen Rechnung getragen werden, daß Straßenbahn-Konzessionäre den Betrieb großen Betriebsunternehmungen übergeben, was auch bei Obus- und Omnibusunternehmern in Einzelfällen notwendig werden könnte. Anschließend verweist die A. B. zu § 3 bezüglich der Reisebüros auf § 48 Abs. 6 des Entwurfs; diese Entwurfsbestimmung ist nicht Gesetz geworden.

a) Eine Ausnahme nach Absatz 2 Satz 2 ist nur **„in Einzelfällen"** zulässig. Ein Einzelfall ist nicht ein einzelner Beförderungsfall, sondern ein einzelner Unternehmer. Das bedeutet nicht unbedingt, daß eine Ausnahmebewilligung immer nur einem einzelnen Antragsteller erteilt werden könnte. Sie kann auch einer Gruppe namentlich bestimmter Antragsteller erteilt werden. Es genügt aber nicht, daß die Gruppe nur tatbestandsmäßig bezeichnet wird, z. B. in der Weise, daß allen Omnibusunternehmern, die Fahrzeuge mit Fahrern für ein bestimmtes Bauvorhaben stellen, gestattet wird, die Verantwortung für den Betrieb auf den Träger des Bauunternehmens zu übertragen. Eine solche Ausnahmebewilligung im Wege der Allgemeinverfügung, wie sie auf dem Gebiete des Gewerbe**ausübungs**rechts zweckmäßig sein mag (vgl. Sigl, Ladenschlußgesetz, Stuttgart 1960, Anm. 4 zu § 23), kann dort nicht zulässig sein, wo die Erfüllung der Pflichten aus einer höchstpersönlichen Gewerbegenehmigung einem Dritten übertragen werden darf.

b) Es kann nicht Sinn einer Ausnahmeregelung sein, etwas, was der Gesetzgeber nach Ansicht der Verwaltungsbehörde vielleicht falsch geregelt hat, generell abzuändern. Darum kann die Frage, wer im Verhältnis zwischen Reisebüro und Verkehrsunternehmer der Genehmigung nach dem PBefG bedarf, nicht im Wege der Ausnahmebewilligung für ein ganzes Gebiet anders geregelt werden, als sie nach dem Gesetz zu beurteilen ist. Es kann nur jeweils für ein bestimmtes

Verhältnis zwischen einem bestimmten Reisebüro und einem bestimmten Verkehrsunternehmer eine Ausnahme von der Regel des Absatz 2 Satz 1 zugelassen werden, z. B. es kann zugelassen werden, daß ein Reisebüro, obwohl selbst nicht Inhaber einer Genehmigung, Ausflugsfahrten im eigenen Namen und (oder) unter eigener Verantwortung und (oder) für eigene Rechnung ausführt.

c) Die Ausnahme nach Absatz 2 Satz 2 ist ein Verwaltungsakt, dem zwar kein Anhörverfahren vorgeschaltet ist, den aber jeder im Verwaltungsrechtswege anfechten kann, der geltend macht, durch den Verwaltungsakt oder seine Ablehnung oder Unterlassung in seinen Rechten verletzt zu sein (§ 42 VwGO). Da die Verwaltungsbehörde nach ihrem Ermessen zu handeln ermächtigt ist, prüft das Verwaltungsgericht auch nach, ob die Behörde die gesetzlichen Grenzen des Ermessens überschritten oder ob sie von dem Ermessen in einer dem Zweck der Ermächtigung nicht entsprechenden Weise Gebrauch gemacht hat (§ 114 VwGO). Das Gericht kann aber die Ermessensentscheidung nicht durch eine andere Ermessensentscheidung ersetzen (Eyermann-Fröhler a. a. O. Anm. 2b zu § 114 VwGO).

d) Obwohl im Gesetz nicht ausdrücklich ausgesprochen, muß angenommen werden, daß die Ausnahmebewilligung auch unter sachlichen Beschränkungen und unter einer Befristung (§ 16) erteilt werden kann. Das ergibt sich daraus, daß auf die Ausnahmebewilligung kein Rechtsanspruch besteht.

§ 4

Straßenbahnen, Obusse, Kraftfahrzeuge

(1) Straßenbahnen sind Schienenbahnen, die

1. den Verkehrsraum öffentlicher Straßen benutzen und sich mit ihren baulichen und betrieblichen Einrichtungen sowie in ihrer Betriebsweise der Eigenart des Straßenverkehrs anpassen oder

2. einen besonderen Bahnkörper haben und in der Betriebsweise den unter Nummer 1 bezeichneten Bahnen gleichen oder ähneln

und ausschließlich oder überwiegend der Beförderung von Personen im Orts- oder Nachbarschaftsbereich dienen.

(2) Als Straßenbahnen gelten auch Bahnen, die als Hoch- und Untergrundbahnen, Schwebebahnen oder ähnliche Bahnen besonderer Bauart angelegt sind oder angelegt werden, ausschließlich oder überwiegend der Beförderung von Personen im Orts- oder Nachbarschaftsbereich dienen und nicht Bergbahnen oder Seilbahnen sind.

(3) Obusse im Sinne dieses Gesetzes sind elektrisch angetriebene, nicht an Schienen gebundene Straßenfahrzeuge, die ihre Antriebsenergie einer Fahrleitung entnehmen.

(4) Kraftfahrzeuge im Sinne dieses Gesetzes sind Straßenfahrzeuge, die durch eigene Maschinenkraft bewegt werden, ohne an Schienen oder eine Fahrleitung gebunden zu sein, und zwar sind

1. Personenkraftwagen: Kraftfahrzeuge, die nach ihrer Bauart und Ausstattung zur Beförderung von nicht mehr als neun Personen (einschließlich Führer) geeignet und bestimmt sind,

2. Kraftomnibusse: Kraftfahrzeuge, die nach ihrer Bauart und Ausstattung zur Beförderung von mehr als neun Personen (einschließlich Führer) geeignet und bestimmt sind,

3. Lastkraftwagen: Kraftfahrzeuge, die nach ihrer Bauart und Einrichtung zur Beförderung von Gütern bestimmt sind.

(5) Anhänger, die von den in Absatz 1 bis 4 genannten Fahrzeugen zur Personenbeförderung mitgeführt werden, sind den sie bewegenden Fahrzeugen gleichgestellt.

1. Im Gegensatz zum G 1934 (§ 1 Abs. 1) bezieht sich das PBefG als Ganzes nicht mehr auf die Personenbeförderung mit Landfahrzeugen, die durch die Kraft von Tieren bewegt werden, insbesondere nicht mehr auf Pferdedroschken.

Zu Absatz 1:

2. Nach Art. 74 GG unterliegen die Schienenbahnen, die nicht Bundeseisenbahnen sind, mit Ausnahme der Bergbahnen der konkurrierenden Gesetzgebungskompetenz des Bundes. Schienenbahnen sind alle Bahnen, die in fester Spur laufen. Der feste Spurweg braucht nicht notwendig am Erdboden zu verlaufen und auch nicht unbedingt aus einer „Schiene" zu bestehen. Daher sind auch Schwebebahnen und Drahtseilbahnen „Schienenbahnen". Dagegen gehören Obusse nicht zu den Schienenbahnen. Der Begriff Schienenbahnen umfaßt:

a) Bahnen des öffentlichen Verkehrs:
  aa) Haupt- und Nebenbahnen (Bundesbahn und nicht bundeseigene Eisenbahnen);
  bb) nebenbahnähnliche Kleinbahnen;
  cc) Straßenbahnen und straßenbahnähnliche Bahnen (Hoch- und Untergrundbahnen, Schwebebahnen, Zahnradbahnen, Seilbahnen);

b) Bahnen des nicht öffentlichen Verkehrs:
  aa) Privatanschlußbahnen (z. B. Hafenbahnen);
  bb) Grubenbahnen;
  cc) Werkbahnen.

Das PBefG befaßt sich nur mit den unter a) cc) genannten Schienenbahnen und klammert auch von diesen die Bergbahnen (Sessellifte, Schwebebahnen, Zahnradbahnen) und die Seilbahnen aus (Abs. 2).

3. a) Bei der Beurteilung, ob eine Schienenbahn als **Eisenbahn** oder als Straßenbahn anzusehen ist, ist entscheidend, ob die Merkmale der Bau- und Betriebsweise einer Straßenbahn überwiegen oder aber die Merkmale einer Eisenbahn. Nach § 1 Abs. 1 des Allgemeinen Eisenbahngesetzes vom 29. 3. 1951 (BGBl. I S. 225) sind Eisenbahnen im Sinne dieses Gesetzes Schienenbahnen mit Ausnahme der Straßenbahnen und der nach ihrer Bau- und Betriebsweise ähnlichen Bahnen, der Bergbahnen und der sonstigen Bahnen besonderer Bauart. Nach Abs. 2 a. a. O. entscheiden, soweit es sich nicht um bundeseigene Schienenbahnen handelt, die beteiligten obersten Landesverkehrsbehörden, in Zweifelsfällen im Benehmen mit dem Bundesministerium für Verkehr, ob und inwieweit eine Bahn zu den Eisenbahnen im Sinne des Allgemeinen Eisenbahngesetzes zu rechnen ist.

b) Es ist unerheblich, ob eine Straßenbahn innerhalb des Verkehrsraumes einer öffentlichen Straße fährt und somit vom allgemeinen Straßenverkehr nicht getrennt werden kann, oder ob sie außerhalb oder innerhalb dieses Verkehrsraumes auf einem besonderen Bahnkörper fährt. Unerheblich ist auch, ob eine Straßenbahn den besonderen Bahnkörper einer Eisenbahn streckenweise mitbenutzt (A. B. zu § 4).

c) Voraussetzung für den Begriff Straßenbahn ist weiter, daß sie überwiegend der Beförderung von Personen im Orts- oder Nachbarschaftsbereich dient. Zum Nachbarschaftsbereich gehören neben den Nachbarorten auch Siedlungen, Arbeitsstätten u. dgl., auch wenn sie nicht mehr zum Nachbarort gehören. Der Begriff schließt auch solche Orte ein, die nicht unmittelbar mit ihrer Gemeindegemarkung aneinander grenzen, aber in einem weiteren Sinne einander benachbart sind (A. B. zu § 4). Der Begriff ist also weiter als der des Ortsverkehrs im Sinne des Gemeinderechts (vgl. Anm. 3d zu § 8) und des Ortslinienverkehrs und Nachbarortslinienverkehrs i. S. des § 13 Abs. 2 Satz c 4.

Zu Absatz 2:

4. Der Bundestagsausschuß hat die Worte „oder Seilbahnen" aufgenommen, weil es wegen ihrer rein lokalen Bedeutung den Ländern überlassen werden sollte, Vorschriften für sie zu erlassen (BrückB zu § 4). Unter Seilbahnen werden sowobl Standseilbahnen verstanden, bei denen die Fahrzeuge auf den bei sonstigen Schienenbahnen üblichen Schienen mittels eines durch eine Winde angetriebenen Seiles bewegt werden, wie auch Seilschwebebahnen und Sessellifte.

Zu Absatz 3:

5. Da die Verflechtung von Straßenbahn-, Obus- und Kraftomnibusverkehr immer mehr um sich greift, wurde der Verkehr mit Oberleitungsomnibussen (= Obussen) als eigene Verkehrsart in das Gesetz aufgenommen, während sie nach altem Recht als Linienverkehr mit Kraftfahrzeugen behandelt wurden. Nach neuem Recht dagegen ist der Verkehr mit Obussen dem mit Straßenbahnen angenähert worden (§ 41).

a) Das Begriffsmerkmal „Fahrleitung" ist weit auszulegen; es werden auch sog. Gyrobusse erfaßt, die ihre Antriebskraft nicht einer laufenden Fahrleitung entnehmen, sondern von Zeit zu Zeit an einer Energie-Tankstelle Kraft aufnehmen und dann ohne Verbindung mit einer Leitung weiterfahren (A. B. zu § 4).

b) Die Obusse bilden nur im Sinne des PBefG eine eigene Verkehrsart. Dagegen bleiben sie Kraftfahrzeuge im Sinne des § 1 Abs. 2 StVG und des Beförderungssteuerrechts: s. § 64 Abs. 3. Ebenso ergibt sich die Haftung für Personen- und Sachschäden beim Betrieb von Obussen auch weiterhin aus den Vorschriften für den Kraftfahrzeugverkehr: vgl. § 7 StVG — Krebs a. a. O. S. 296.

Zu Absatz 4:

6. Der Entwurf von 1958 übernahm die Definitionen des alten Rechts, setzte aber die Sitzplatzzahl für Personenkraftwagen von 8 auf 7 herab. Der Bundestagsausschuß dagegen sah sich veranlaßt, in Angleichung an die StVZO (§ 15d) in der Fassung vom 6. 12. 1960 (BGBl. I S. 897) und an das internationale Recht die Sitzplatzwahl auf 9 Personen einschließlich Fahrer heraufzusetzen.

Die abweichenden Begriffsbestimmungen des Beförderungssteuerrechts bleiben davon unberührt: § 64 Abs. 3.

§ 5

Landkraftposten

Landkraftposten sind Kraftwagenverbindungen der Deutschen Bundespost, die mit posteigenen Kraftfahrzeugen von nicht mehr als 1,75 Tonnen Nutzlast betrieben werden, die der Postsachenbeförderung über Land dienen und zusätzlich für die Beförderung von nicht mehr als fünf Personen (einschließlich Führer) bestimmt sind.

Nach § 63 der VO zur Änderung und Ergänzung der Postordnung vom 6. 7. 1938 (RGBl. I S. 881) sind Landkraftposten „Kraftfahrzeugverbindungen zur Versorgung der Orte abseits der Eisenbahn mit Post, die von einem Postamt ausgehen (Leitpostamt) und zu ihm zurückkehren. Mit den Landkraftposten können Reisende in beschränkter Zahl befördert werden; über ihre Mitnahme entscheidet der zuständige Postbedienstete."

Diese Definition ist für den Begriff der Landkraftpost weit wichtiger als die des § 5, welche lediglich zusätzliche Merkmale aufstellt, bei deren Vorliegen gemäß § 1 Abs. 2 Nr. 2 eine Befreiung von den Bestimmungen des PBefG eintritt.

§ 6

Umgehungsverbot

Die Verpflichtungen des Unternehmers nach diesem Gesetz werden durch rechtsgeschäftliche oder firmenrechtliche Gestaltungen oder Scheintatbestände, die zur Umgehung der Bestimmungen des Gesetzes geeignet sind, nicht berührt.

1. Die praktische Bedeutung der Vorschrift ist gering. Zur allgemeinen Charakterisierung vgl. Krebs a. a. O. S. 28: „Schon nach dem ersten Weltkrieg, als die Gesetzgebungsmaschine auf immer höheren Touren zu laufen begann, ersetzte Routine vielfach den Geist der Rechtswissenschaft. Diese Zeit war gekennzeichnet durch das Bestreben, in formaljuristisch noch einwandfreier Form nach bewährten Schemen ein Netz engmaschiger Bestimmungen zu flechten, die kein Hindurchschlüpfen gestatten sollten und die oft durch die aus dem Steueranpassungsgesetz entnommene Formel noch gesichert wurden, daß sie nicht durch Mißbrauch von Formen und Gestaltungsmöglichkeiten des bürgerlichen Rechts oder des Handelsrechts umgangen werden dürften. Mit Recht ist diese Generalklausel einmal als eine Beleidigung des Richters bezeichnet worden, dem man nicht zutraue, in freier Würdigung einen Rechtsmißbrauch festzustellen."

2. Ein Zwang zur Anwendung des § 6 besteht nicht, wenn es sich um bloße Ausreden handelt. Wenn z. B. der Beförderer eines vermittelten Fahrgastes nach § 1 Abs. 2 Nr. 1 behauptet, er habe sich mit dem Fahrgast zu einer geschäftlichen Unterredung getroffen und diese habe nur beiläufig auf einer Fahrt von X nach Y stattgefunden, so ist das eine bloße Ausrede, wenn der Fahrgast nach Y zu kommen wünschte. Wenn dagegen die Unterredung wirklich nur zufällig in einem fahrenden Auto stattfand und der Fahrgast gar nicht nach Y wollte, liegt keine genehmigungspflichtige Beförderung vor.

3. Geschäfte, die das Erfordernis einer Konzession umgehen sollen, z. B. die Anstellung des Betriebserwerbers als Kraftfahrer zur Umgehung der Genehmigungs-

pflicht des § 2 Abs. 2, sind auch nach bürgerlichem Recht unwirksam (s. Palandt a. a. O. Anmerkung 4 zu § 134 und die dort zitierte Rechtsprechung).

4. Der Nebensatz „die zur Umgehung der Bestimmungen des Gesetzes geeignet sind" bezieht sich sowohl auf die Gestaltungen wie auf die Scheintatbestände. Das Gesetz spricht zwar nicht ausdrücklich von einer Umgehungsabsicht. In dem Worte „Umgehung" ist aber bereits enthalten, daß der Unternehmer in der **Absicht** handelt, für ihn ungünstige Wirkungen gesetzlicher Bestimmungen, von deren Vorteilen er Gebrauch macht, zu vermeiden.

5. Beispiel für rechtsgeschäftliche Gestaltung: Der Werkführer einer Fabrik mietet einen nach § 49 zugelassenen Mietomnibus an, wobei der Inhalt des Mietvertrags die Möglichkeit zu regelmäßigen Berufsverkehrsfahrten (§ 43 Abs. 1 Nr. 1) eröffnet. Wenn der Vertrag gerade im Hinblick auf diese Möglichkeit geschlossen wurde, dann ändert der Vertrag nichts an der Tatsache, daß der Unternehmer mit der ersten Fahrt, welche die Merkmale des § 43 Abs. 1 Nr. 1 erfüllt, eine Sonderform des Linienverkehrs ausübt und die dafür vorgeschriebene Genehmigung benötigt.

6. Beispiel für firmenrechtliche Gestaltung: Der mehrfach vorbestrafte Unternehmer A gründet als Kommanditist mit einem unbescholtenen Strohmann als Komplementär eine Kommanditgesellschaft, da es bei dieser Gesellschaftsform grundsätzlich nur auf die Zuverlässigkeit des Komplementärs ankommt; in Wirklichkeit sind sich die Gesellschafter darüber einig, daß A den Betrieb leiten soll. Hier ist im Zulassungsverfahren auch die Zuverlässigkeit des A zu prüfen.

7. Beispiel für Scheintatbestand: Wenn der Kraftdroschkenunternehmer B seine Droschken von seiner Wohnung im Dörfchen X aus dirigiert und dort auch die Abrechnung der Fahrer entgegennimmt, dann hat er seinen Betriebssitz in X und kann nicht in der benachbarten Großstadt Y zugelassen werden (§ 47 Abs. 3 Satz 1). Mietet er, um dort zugelassen zu werden, ein Lokal, das er aber in Wirklichkeit nicht für seinen Droschkenbetrieb, sondern für Lagerzwecke verwendet, so liegt keine „Gestaltung", sondern ein Scheintatbestand vor; denn B hat das Lokal gar nicht für Zwecke des Droschkenverkehrs gemietet. Erst recht liegt ein Scheintatbestand vor, wenn B das Lokal in Y überhaupt nicht benutzt, auch keine Miete dafür bezahlt, sondern lediglich den Lokalinhaber veranlaßt, auf Nachfrage hin wahrheitswidrig anzugeben, B habe das Lokal gemietet. Verlegt B die Tätigkeiten, die das Vorliegen eines Betriebssitzes konstituieren, wirklich nach Y, so ist das weder eine unzulässige Gestaltung noch ein Scheintatbestand, sondern die legale Erfüllung des gesetzlichen Tatbestandes.

§ 7

Beförderung von Personen auf Lastkraftwagen und auf Anhängern hinter Lastkraftwagen und Zugmaschinen

(1) Zu einer Personenbeförderung, die nach diesem Gesetz genehmigungspflichtig ist, dürfen Lastkraftwagen sowie Anhänger jeder Art hinter Lastkraftwagen oder hinter Zugmaschinen nicht verwendet werden. Als Lastkraftwagen im Sinne dieser Bestimmung gelten auch Kraftfahrzeuge, die zur gleichzeitigen oder wahlweisen Beförderung von Personen und Gütern als Kombinationskraftwagen nach der Straßenverkehrs-Zulassungs-Ordnung zugelassen

sind, wenn sie weniger als vier feste Sitzplätze haben und ihr zulässiges Gesamtgewicht 2 Tonnen übersteigt.

(2) Die Genehmigungsbehörde kann in Einzelfällen Ausnahmen zulassen.

Zu Absatz 1:

1. Die Vorschrift ist eine Gewerbe**zulassungs**vorschrift; sie verbietet, eine Genehmigung gemäß § 9 Abs. 1 für Lastwagen oder Anhänger hinter Lastwagen oder Zugmaschinen zu erteilen. Als Gewerbe**ausübungs**vorschrift, als die sie dem Wortlaut nach ebenfalls angesehen werden könnte, kommt sie praktisch nicht zum Zuge; denn auf nicht genehmigungspflichtige Personenbeförderungen (z. B. nach § 2 Abs. 4 Satz 1) ist sie nicht anwendbar und in den anderen denkbaren Fällen läßt das Gesetz als Ersatzfahrzeuge nur genehmigte Fahrzeuge zu (z. B. § 9 Abs. 2 Satz 2 und Abs. 3, § 45 Abs. 5).

2. Nach § 23 Abs. 1 Satz 5 StVZO sind Kraftwagen mit einem zulässigen Gesamtgewicht von nicht mehr als 2,8 t als Kombinationskraftwagen zu bezeichnen, wenn sie nach Bauart und Einrichtung geeignet und bestimmt sind, im Innenraum — mit Ausnahme des für die Mitnahme von Reisegepäck bestimmten Raumes — wahlweise oder gleichzeitig der Beförderung von nicht mehr als 8 Fahrgästen und von Gütern zu dienen. Das nach der Bauart vorgesehene Herausnehmen oder Anbringen von Sitzplätzen und das Vorhandensein fest eingebauter Sitze neben dem Fahrersitz berührt die Eigenschaft des Fahrzeuges als Kombinationskraftwagen nicht.

Im Anschluß an diese Grundbestimmungen der StVZO bestimmt Abs. 1 Satz 2 die Grenzen, in denen Kombinationskraftwagen zur Personenbeförderung verwendet werden dürfen.

3. Auch im Rahmen der durch Satz 2 gezogenen Grenzen wird die Verwendung von Kombinationskraftwagen keine große Bedeutung gewinnen können, weil für eine ordnungsgemäße Personenbeförderung in erster Linie solche Bewerber in Frage kommen, die in der betreffenden Verkehrsart Beruf und Lebensaufgabe sehen. Ihnen gegenüber müssen in der Regel solche Bewerber (Geschäftsleute, Handwerker und dgl.) nachstehen, die die Personenbeförderung nur nebenberuflich und berufsfremd ausüben wollen (A. B. zu § 7).

4. Unberührt bleibt die Vorschrift des § 34 StVO, wonach die Beförderung von Personen auf die Ladefläche von Lastkraftwagen grundsätzlich verboten ist, desgl. auf Zugmaschinen ohne geeignete Sitzgelegenheit und auf der Ladefläche von Anhängern hinter Kraftfahrzeugen.

Zu Absatz 2:

5. Neben der Ausnahme in Einzelfällen nach Abs. 2 kommt eine allgemeine Befreiung für bestimmte, im Rahmen des Gesamtverkehrs nicht besonders ins Gewicht fallende Beförderungsfälle durch Rechtsverordnung des BVM in Frage (§ 58 Abs. 1 Nr. 1). Doch können auch für solche Befreiungsfälle Bau- und Betriebsvorschriften erlassen werden (§ 57 Abs. 2 und Abs. 1 Nr. 2).

§ 8

Ausgleich der Verkehrsinteressen

Mit dem Ziel bester Förderung des Verkehrs haben der Bundesminister für Verkehr und die Landesregierungen darauf hinzuwirken, daß die Interessen

der verschiedenen Verkehrsträger im Personenverkehr ausgeglichen und ihre Leistungen und ihre Entgelte aufeinander abgestimmt werden. Eine freiwillige Zusammenarbeit der Verkehrsträger ist zu fördern.

1. Die Bestimmung lehnt sich an § 8 des Allgemeinen Eisenbahngesetzes vom 29. 3. 1951 (BGBl. I S. 225) sowie an § 7 GüKG und an § 33 des Gesetzes über den gewerblichen Binnenschiffahrtsverkehr vom 1. 10. 1953 (BGBl. I S. 1453) an (A. B. zu § 8).

Im Hinblick auf diese Parallelbestimmungen ist § 8 als verbindliche Vorschrift aufzufassen, da die Planung des Straßenpersonenverkehrs auf die Verkehrsplanung nach den genannten Gesetzen Rücksicht zu nehmen hat. Darüber hinaus befiehlt § 8 die Berücksichtigung der übrigen Träger des Personenverkehrs auf der Straße.

2. In Satz 2 wird die Bedeutung der freiwilligen Zusammenarbeit der Verkehrsträger betont. Der Bundestagsausschuß, der diesen Satz einfügte, hat dabei insbesondere daran gedacht, daß die bisher in einzelnen Ländern bestehenden **Koordinierungsausschüsse** sich bewährt haben und daß daher die Einrichtung solcher Ausschüsse auch in den übrigen Bundesländern gefördert werden sollte (BrückB. zu § 8).

Kartellrechtliche Bedenken bestehen gegen die Bestimmung nicht. Nach § 99 des Gesetzes gegen Wettbewerbsbeschränkungen vom 27. 7. 1957 (BGBl. I S. 1081) i. d. F. vom 1. 8. 1959 (BGBl. I S. 565) findet dieses Gesetz grundsätzlich keine Anwendung auf Verträge der Bundespost einschließlich der Landespostdirektion Berlin, der Bundesbahn, anderer Schienenbahnen des öffentlichen Verkehrs und von Unternehmen, die sich mit der Beförderung und der Besorgung der Beförderung von Gütern und Personen befassen. Die grundsätzliche Freistellung erstreckt sich auch auf Beschlüsse und Empfehlungen von Vereinigungen dieser Unternehmen über Verkehrsleistungen und Verkehrsnebenleistungen. Die grundsätzliche Freistellung gilt allerdings nur insoweit, als die auf diesen Verträgen, Beschlüssen und Empfehlungen beruhenden Entgelte oder Bedingungen durch Gesetz oder Rechtsverordnung oder auf Grund eines Gesetzes oder einer Rechtsverordnung festgesetzt oder genehmigt werden. Das gleiche gilt für Verträge und Beschlüsse, die einen vom Kartellgesetz betroffenen Inhalt haben und nach anderen Rechtsvorschriften einer besonderen Genehmigung bedürfen. Danach sind Beschlüsse und Empfehlungen der Koordinierungsausschüsse durch die Genehmigungspflichten des PBefG gedeckt.

3. Das alte Recht kannte eine Art „negative Vorrangstellung" von Bundespost und Bundesbahn, indem es diesen öffentlichen Verkehrsträgern in § 14 Abs. 2 die Ausführung von Gelegenheitsverkehr mit Fahrzeugen, die ausschließlich für diesen Verkehr bestimmt sind, und die Ausführung von Ortsverkehr ohne Zustimmung der Gemeinde vorenthielt. Eine „positive Vorrangstellung" räumte das alte Recht den bestehenden Straßenbahnen mit Dauergenehmigung und „wohl-erworbenen Rechten anderer" ein (§ 43 G 1934). Gleichzeitig baute es einen gewissen Bestandsschutz für bestehende Unternehmen in die Voraussetzungen der Genehmigung ein (§ 11 Abs. 2 Nr. 2 DVO).

Der Regierungsentwurf von 1958 wollte durch eine positive **Vorrangliste** die Auswahl unter mehreren Bewerbern um eine Verkehrsbedienung vereinfachen und schematisieren. Der Beschluß des Bundesverfassungsgerichts vom 8. 6. 1960 — BGBl. I S. 595 — machte jedoch eine solche Vorrangregelung für den Gelegenheitsverkehr unmöglich. Da aber die Vorrangregelungen des Linienverkehrs als Gegengewicht gegen die Vorrangregelungen des Gelegenheitsverkehrs ausgestaltet waren, mußte auch auf erstere verzichtet werden. Der Bundestagsausschuß hat dann lediglich eine Bevorrechtigung des Schienenparallelverkehrs und des Schienenersatzverkehrs gesetzlich festgelegt und als Genehmigungsvoraussetzung in den § 13 eingebaut. Ebenso wurde die Besitzstandsklausel des Abs. 3 des Entwurfs mit Änderungen in den § 13 übernommen. In der Vorrangliste des § 8 des Entwurfs hat eine Fülle praktischer Erfahrungen ihren Niederschlag gefunden. Die Liste kann, da sie nicht Gesetz geworden ist, nicht als bindende Richtlinie angewandt werden; wohl aber kann sie als unverbindliches Material für die Auswahl unter mehreren Bewerbern für eine Verkehrsbedienung noch gute Dienste leisten; darum sei der Wortlaut des § 8 des Entwurfs hier wiedergegeben:

„*(1) Mit dem Ziel bester Förderung des Verkehrs hat der Bundesminister für Verkehr darauf hinzuwirken, daß die Interessen der verschiedenen Verkehrsträger im Personenverkehr ausgeglichen und ihre Leistungen und ihre Entgelte aufeinander abgestimmt werden.*

(2) Zur Sicherung der Ordnung im Personenverkehr und zum Ausgleich der Interessen der Verkehrsträger, die Personenverkehr auf der Straße betreiben, sollen sich die Genehmigungsbehörden bei Entscheidung über Genehmigungsanträge nach ihrem pflichtgemäßen Ermessen und unbeschadet der Vorschriften des § 13 Abs. 2 bis 5 von folgenden Grundsätzen leiten lassen:

1. Im Linienverkehr mit Kraftfahrzeugen (§§ 42ff.), der parallel zur Schiene verläuft, sollen die Schienenunternehmen den Vorrang haben. Schienenparallelverkehr ist der Linienverkehr mit Kraftfahrzeugen auf den nächsten neben der Schiene verlaufenden und für diesen Verkehr geeigneten Straßen, bei dem die Mehrzahl der zu bedienenden Orte Haltepunkte dieser Schienenverbindung sind oder bei dem das Verkehrsaufkommen der zu bedienenden Orte überwiegend im engeren Einzugsgebiet der Schienenverbindung liegt. Unter denselben Voraussetzungen sollen die Schienenunternehmen, wenn der Personenverkehr auf einer Schienenverbindung stillgelegt wird, den Vorrang für einen Schienenersatzverkehr haben.

2. Im Orts- und Nachbarortslinienverkehr mit Kraftfahrzeugen und Obussen sollen die örtlichen kommunalen Verkehrsbetriebe den Vorrang haben. Nachbarortslinienverkehr ist der Verkehr zwischen Nachbarorten oder Teilen von ihnen, wenn diese wirtschaftlich und verkehrsmäßig so miteinander verbunden sind, daß der Verkehr nach der Tarifgestaltung und nach gegenwärtiger oder in naher Zukunft zu erwartender Häufigkeit einem Ortslinienverkehr vergleichbar ist. Die Verbindung mehrerer Nachbarortslinien fällt nicht unter den Begriff ‚Nachbarortslinienverkehr'.

3. Im Schnellinienverkehr mit Kraftfahrzeugen zwischen Nachbarorten, die durch Eisenbahn und Straßenbahn oder durch Eisenbahn und Obusverkehr verbunden sind, sollen die Eisenbahnen und die örtlichen kommunalen Verkehrsbetriebe gleichen Rang haben.

4. Im Gelegenheitsverkehr (§§ 47 bis 50) sollen die privaten Unternehmer den Vorrang haben.

5. Die kommunalen Verkehrsbetriebe sollen Ausflugsfahrten und Verkehr mit Mietomnibussen nur in dem Gebiet betreiben, das in einer Tagesfahrt bedient werden kann.

6. Für die Ausführung von Ferienziel-Reisen (§ 49) teilt die Deutsche Bundesbahn den Vorrang nach Nummer 4 mit den privaten Unternehmern. Die Ausführung von Ferienziel-Reisen ist nicht Aufgabe der kommunalen Verkehrsbetriebe.

7. Die Deutsche Bundespost, die Eisenbahnen sowie die kommunalen Verkehrsbetriebe sollen Verkehr mit Mietautobussen (§ 50) nur mit solchen Kraftomnibussen betreiben, die ihnen hierfür nach § 9 Abs. 1 Nr. 4 und Abs. 3 genehmigt sind.

3. Als kommunale Verkehrsbetriebe im Sinne dieses Absatzes gelten Betriebe, die im Eigentum von Gemeinden oder Gemeindeverbänden stehen, oder an denen diese unmittelbar mit Mehrheit beteiligt sind.

(3) Bei der Erneuerung ablaufender Genehmigungen soll auch berücksichtigt werden, daß die Linie von dem Unternehmer jahrelang in einer das öffentliche Verkehrsbedürfnis befriedigenden Weise betrieben worden ist; beim Linienverkehr der Deutschen Bundespost soll auch der Umstand berücksichtigt werden, daß sich die Verbindung von Personen- und Postsachenbeförderung im öffentlichen Interesse bewährt hat."

4. Damit, daß § 8 in der Gesetz gewordenen Fassung keine Bevorrechtigungen mehr nennt, wird eine Vorrangstellung auf Grund anderer gesetzlicher Bestimmungen nicht ausgeschlossen. In Betracht kommt nicht nur die Bayerische Verfassung, die in Art. 83 Abs. 1 den **„örtlichen Verkehr"** ausdrücklich zur **Selbstverwaltungsaufgabe** der Gemeinde (Aufgabe des eigenen Wirkungskreises) erklärt, sondern auch die übrigen Länderverfassungen, die ganz allgemein die Gemeinden in ihrem Gebiet zu ausschließlichen Trägern der gesamten örtlichen Verwaltung erklären (z. B. Art. 137 Abs. 1 der Hessischen Verfassung). Zwar wird Länderverfassungsrecht durch Bundesgesetzesrecht gebrochen. Das Bundesrecht enthält aber keinen Anhaltspunkt dafür, daß Vorrangstellungen aus anderen als verkehrsrechtlichen Gesichtspunkten ausgeschlossen sein sollen.

a) Im Vollzuge der Länderverfassungen bestimmen die **Gemeindeordnungen,** daß den Gemeinden die Bereitstellung der öffentlichen Verkehrsmittel für die Personenbeförderung obliegt, insbesondere die Einrichtung von Straßenbahnen und Omnibuslinien. Sie können als gemeindliche Eigenbetriebe betrieben werden, d. h. als wirtschaftliche Betriebe der Gemeinde ohne eigene Rechtspersönlichkeit, nach den Vorschriften der Eigenbetriebsverordnung vom 21. 11. 1938 (RGBl. I S. 1650), die in mehreren Bundesländern als Landesrecht weitergilt. Sie können aber auch als Eigengesellschaften in der Form einer eigenen Rechtspersönlichkeit (z. B. einer Aktiengesellschaft) betrieben werden.

b) Die Gemeindeordnung für den Freistaat Bayern vom 25. 1. 1952 (GVBl. S. 19) bestimmt in ihrem Art. 75, daß eine Gemeinde **wirtschaftliche Unternehmen** nur errichten oder erweitern darf, wenn der öffentliche Zweck das Unternehmen erfordert und wenn der Zweck nicht ebenso gut und wirtschaftlich durch einen Privatunternehmer erfüllt werden kann; ferner, daß ein gemeindliches Wirtschaftsunternehmen keine wesentliche Schädigung und keine Aufsaugung selbständiger Privatbetriebe bewirken darf. Der Bayer. Verfassungsgerichtshof hat in seiner Entscheidung vom 23. 12. 1957 (GVBl. S. 13) entschieden, daß örtliche Verkehrsunternehmen der Gemeinden nicht zu den wirtschaftlichen Unternehmen im Sinne des Art. 75 der Gemeindeordnung zu zählen sind. Er hat dabei ausgeführt:

„Die Versorgung mit Wasser, Gas Licht und elektrischer Kraft sowie die Bereitstellung von Verkehrsmitteln dienen der Befriedigung lebensnotwendiger Bedürfnisse der Bevölkerung. Sie stehen in unlösbarem Zusammenhang mit der Erfüllung anderer öffentlicher Aufgaben, insbesondere der Gesundheitspflege, der Wahrung der öffentlichen Ordnung und Sicherheit sowie der örtlichen Planung. Es ist deshalb unerläßlich, daß die Versorgungsbetriebe krisenfest sind und daß sie ihre Leistungen stetig darbieten; die dauernde und ungestörte Versorgung der Bevölkerung muß unbedingt gesichert sein. Weiter muß auch gewährleistet sein, daß die Leistungen zu sozial gerechtfertigten Bedingungen erbracht werden. Die Führung der Versorgungsbetriebe ist daher eine Aufgabe, die nicht an bloßen Erwerbschancen orientiert sein darf; sie ist vielmehr nach wesentlich politischen (vor allem wirtschafts- und sozialpolitischen) Grundsätzen zu erfüllen; darum zählt die Unterhaltung der Versorgungsbetriebe zu den Verwaltungsaufgaben im engeren Sinne, die durch das Moment der Notwendigkeit ausgezeichnet sind (Forsthoff, Verwaltungsrecht, 6. Auflage, S. 340).“

c) Den Gemeinden ist in § 14 Abs. 1 Nr. 1 b und in § 14 Abs. 1 Nr. 3 ein Anhörrecht nicht etwa nur in ihrer Eigenschaft als Inhaber schon bestehender Verkehrsbedienungen eingeräumt, sondern in erster Linie in ihrer Eigenschaft als örtliche Gebietskörperschaften, denen im verfassungsmäßigen Rahmen die Versorgung der Bevölkerung mit örtlichen Verkehrsleistungen obliegt. Das war schon während der Geltung des G 1934 anerkannt (Urteil des Bayer. VGH vom 17. 1. 1952, VGH — Entscheidungen n. F. Bd. 5 S. 11). Die Gemeinden haben im Ortslinienverkehr für die Würdigung ihrer öffentlichen Belange eine gehobene, rechtlich geschützte Stellung (Bayer. VGH a. a. O.).

d) Nach § 2 Abs. 6 DVO 1935 galten Beförderungen innerhalb der Orte als Ortsverkehr. Zum Begriff des **Ortslinienverkehrs,** für den die Gemeinde eine gehobene, rechtlich geschützte Stellung genießt, führte der Bayer. VGH im Urteil vom 17. 1. 1952 (s. oben c) aus: „Um Ortslinienverkehr handelt es sich dann, wenn das Verkehrsunternehmen dazu dient, das Verkehrsbedürfnis der Allgemeinheit (der Öffentlichkeit) auf Beförderung zwischen Siedlungen, Arbeitsstätten, Versammlungsräumen u. ä. Zielen des Verkehrs zu befriedigen. Dagegen liegt kein Ortsverkehr vor, wenn es sich um einen Verkehr handelt, der uneingeschränkt über die angegebenen Zielpunkte hinaus tendiert. Unter diesen Voraussetzungen ist auch der sog. Vorortsverkehr kein Ortslinienverkehr im Sinne des Personenbeförderungsrechts. Allerdings bedarf die Würdigung dieser Frage bei unmittelbar benachbarten Gemeinden, die baulich so zusammenhängen, daß der beiderseitige Ortsverkehr an der Gemeindegrenze zusammentrifft, einer besonderen Würdigung nach den Umständen des Falles.“

Diese Definition des Ortslinienverkehrs ist auch heute noch von Bedeutung, weil § 13 Abs. 2 Satz c 2 den Ortslinienverkehr zwar nennt, aber nicht definiert. Wenn § 13 Abs. 2 Satz c 4 den Nachbarortslinienverkehr definiert und ihn dem Ortslinienverkehr gleichstellt, so gilt diese Gleichstellung nicht ohne weiteres für die gemeinderechtliche Vorrangstellung.

II. Genehmigung

Vorbemerkung vor § 9

Nicht nur bei allen Bestimmungen über Gewerbezulassung, sondern überhaupt bei allen Bestimmungen über behördliche Genehmigungen ist es wichtig, den genehmigungspflichtigen Tatbestand von den Voraussetzungen der Genehmigung zu unterscheiden. Wer entgeltlich oder geschäftsmäßig Personen mit Straßenbahnen, Obussen oder Kraftfahrzeugen befördern will, bedarf dazu einer Genehmigung. Das Merkmal „Beförderung von Personen“ ist aber nicht etwa eine Voraussetzung der Genehmigung, sondern stellt den genehmigungspflichtigen Tatbestand dar. Voraussetzungen der Genehmigung sind, daß der Antragsteller zuverlässig, daß die Leistungsfähigkeit des Betriebes gewährleistet ist usw. Die Voraussetzungen der

Genehmigung werden vom neuen PBefG in vorbildlicher Klarheit in § 13 zusammengefaßt.

Wenn die Genehmigung nach dem PBefG auch auf nichtgewerbliche Beförderungen ausgedehnt wurde, so haftet ihr doch aus ihrer Geschichte noch der Charakter der Gewerbegenehmigung an. Inhaber einer gewerblichen Genehmigung ist der Gewerbetreibende, nicht notwendig der Betriebsinhaber. Es muß sich um einen selbständigen Gewerbetreibenden handeln, nicht um einen Stellvertreter und nicht um einen Gewerbegehilfen.

Zur Funktion des selbständigen Gewerbetreibenden gehört auch die Funktion als Arbeitgeber. Wer Arbeitgeber ist, kann nicht zugleich Arbeitnehmer sein. Steht also ein Bewerber um eine Genehmigung nach dem PBefG in bezug auf den Betrieb in einem Dienstverhältnis (Arbeiter- oder Angestelltenverhältnis), so kann er die Genehmigung, auch wenn er die gesetzlichen Voraussetzungen im übrigen erfüllt, nicht erhalten. Hat der Antragsteller einen Omnibusbetrieb gepachtet (§ 2 Abs. 2) und schließt er, etwa aus Gründen der Existenzsicherung, mit dem Verpächter einen Dienstvertrag (Arbeits- oder Angestelltenvertrag) ab, so hat er sich damit der Stellung als selbständiger Gewerbetreibender begeben und kann keine Genehmigung für den Betrieb der Personenbeförderung erhalten. Das gleiche gilt, wenn der Antragsteller etwa Mitglied einer Gesellschaft ist, welcher der Omnibusbetrieb gehört, und zu der Gesellschaft in ein Dienstverhältnis tritt. In diesen Fällen ist Gewerbetreibender nicht der Pächter bzw. der Gesellschafter, sondern der Verpächter bzw. die Gesellschaft.

Damit ergibt sich auch die Frage, ob überhaupt eine behördliche Erlaubnis **mehreren Personen,** rechtsfähigen und nicht rechtsfähigen Personenvereinigungen sowie juristischen Personen erteilt werden kann. An sich kann ein Gewerbe nicht nur von einer natürlichen Person, sondern auch von einer juristischen Person und einer nicht rechtsfähigen Personenmehrheit betrieben werden. Eine Ausnahme bestand z. B. für Apotheken in Bayern, solange nach dem Bayer. Apothekengesetz vom 16. 6. 1952 eine Apotheke nicht in Form einer Erbengemeinschaft oder einer Aktiengesellschaft betrieben werden konnte. Die übrigen Wirtschaftsunternehmen sind frei, welche Rechtsform sie sich wählen wollen.

Damit ist noch nichts über die Frage gesagt, inwieweit mehrere Personen oder eine Personenvereinigung eine behördliche Genehmigung erhalten können. In einigen Sparten beantworten Gesetze diese Frage ausdrücklich. So schließt § 1 des Gaststättengesetzes die Gesellschaft des bürgerlichen Rechts von der Schankkonzession aus, nicht dagegen den nicht eingetragenen Verein. Der Grund für die unterschiedliche Behandlung liegt darin, daß der nicht rechtsfähige Verein im Gegensatz zur Gesellschaft des bürgerlichen Rechts in seinem Bestand weitgehend vom Wechsel der Mitglieder unabhängig ist.

Die gleiche Regelung wie das Gaststättengesetz trifft das Milchgesetz (§ 14 Abs. 2) für den Milchhandel. Nach der Handwerksordnung vom 17. 9. 1953 können außer Einzelpersonen nur juristische Personen in die Handwerksrolle eingetragen werden, nicht dagegen die nicht rechtsfähigen Personenvereinigungen. § 1 des Hypothekenbankgesetzes sieht eine Genehmigung nur für juristische Personen des bürgerlichen Rechts vor. Eine Genehmigung für die Errichtung einer Feuerbestattungsanlage kann vollends nur eine Körperschaft des öffentlichen Rechts erhalten (Gesetz über Feuerbestattung vom 15. 5. 1934, RGBl. I S. 350).

In der größeren Zahl der Fälle schweigen die Gesetze; so auch das PBefG. In diesen Fällen muß auch eine Personenmehrheit und eine juristische Person eine Genehmigung erhalten können. Das ist im allgemeinen gesehen zwar keineswegs selbstverständlich. Der verwaltungspolitische Unterschied zwischen einer natürlichen und einer juristischen Person besteht darin, daß der natürliche Mensch auf jeden Fall einmal stirbt, wodurch die Erlaubnis in der Regel erlischt, während juristische Personen und Personenmehrheiten, wenn nicht ein unnatürliches Ende (Liquidation) eintritt, grundsätzlich ewig, die ihnen ertelten Erlaubnisse also ebenfalls grundsätzlich für alle Ewigkeit erteilt sind (vgl. dazu Sigl, Gesetz über die Berufsausübung im Einzelhandel, Köln 1958 S. 37). Da das PBefG nur die zeitlich befristete Genehmigung kennt (§ 16 Abs. 2), besteht kein Anlaß zu Bedenken, auch Personenmehrheiten und juristischen Personen des privaten und öffentlichen Rechts die Genehmigung zur Personenbeförderung zu erteilen.

Gewerbegenehmigungen begründen subjektiv-öffentliche Rechte des Begünstigten. Für die **Urkunden,** die im Zusammenhang damit ausgestellt werden, ist von den Grundsätzen auszugehen, welche für die Urkunden des Privatrechts gelten. Sie wirken für die Entstehung des in ihnen verbrieften Rechts entweder nur deklaratorisch oder aber konstitutiv.

Deklaratorisch bedeutet, daß die Ausstellung der Urkunde lediglich rechtsverstärkend wirkt. Das Recht entsteht unabhängig von der Errichtung der Urkunde. Diese hat nur den Zweck, den Inhalt des Rechts unmißverständlich zu umreißen und nach außen hin kenntlich zu machen. Eine derartige Urkunde kann entweder nur für Beweiszwecke errichtet worden sein (sog. Beweisurkunde); hier entsteht das Recht nicht nur unabhängig von der Urkunde, es kann auch unabhängig von der Urkunde geltend gemacht und, soweit überhaupt zulässig, übertragen werden. Oder aber die Urkunde stellt ein Legitimationspapier (= Ausweispapier) dar. Im letzteren Fall ist die Urkunde für die Ausübung oder Geltendmachung des Rechts erforderlich, nur nicht für seine Entstehung.

Diesen beiden Gruppen von deklaratorischen Urkunden stehen die konstitutiven Urkunden gegenüber. Sie sind nicht bloß für die Ausübung, sondern für die Entstehung des Rechts unbedingt erforderlich. Das Recht entsteht erst, wenn die Urkunde errichtet oder — je nach der positiven Vorschrift — ausgehändigt ist. Ist aber das Recht einmal entstanden, so ist für seinen Fortbestand die Existenz der konstitutiven Urkunde nicht mehr erforderlich. Der Untergang der konstitutiven Urkunde bringt das einmal entstandene Recht nicht mehr zum Erlöschen. Auch den konstitutiven Urkunden kann aber Legitimationscharakter innewohnen.

Die Unterscheidung zwischen konstitutiven und deklaratorischen Urkunden ist auch für das öffentliche Recht von Bedeutung. Als Prototyp einer deklaratorischen Urkunde mit Legitimationswirkung im öffentlichen Recht kann der Führerschein angesprochen werden. Zur Führung eines Kraftfahrzeuges ist eine Fahrerlaubnis erforderlich, die durch eine amtliche Bescheinigung, den Führerschein, nachzuweisen ist. Daraus ergibt sich, daß zur Entstehung des Rechts, ein Kraftfahrzeug auf öffentlichen Straßen zu führen, die Fahrerlaubnis notwendig ist, nicht aber der Führerschein. Dieser ist allerdings beim Fahren des Kraftfahrzeuges mitzuführen und auf Verlangen vorzuzeigen. Der Führerschein ist also nicht zur Entstehung des Rechts zum Führen eines Kraftfahrzeuges erforderlich, wohl aber zur Ausübung dieses Rechts.

Das Gegenbeispiel zum Führerschein bietet unser PBefG, das in seinem § 17 (entsprechend § 15 GüKG) bestimmt, daß die Genehmigung zur Personenbeförderung durch die Aushändigung der Genehmigungsurkunde erteilt wird.

Durch die Fixierung des Zeitpunkts, zu dem das Recht entsteht, und seine Verbindung mit der Urkunde hat das Gesetz keinen Ausweg für eine andere Auslegung gelassen: Die Genehmigungsurkunde nach dem PBefG ist eine konstitutive Urkunde mit Legitimationscharakter (§ 17 Abs. 1—5).

Die Urkunde als solche ist ein Stück Papier oder Leinen, an welchem, wie an jeder anderen Sache, sowohl die umfassende Rechtsmacht des **Eigentums** wie auch ein bloß tatsächlicher Gewahrsam (Innehaben, Besitz) ausgeübt werden kann. Im Zweifel ist anzunehmen, daß die Behörde bei Aushändigung der Urkunde den Willen hat, dem Rechtsinhaber nicht das volle Eigentum, sondern nur den Gewahrsam an der Urkunde einzuräumen für den Zeitraum, für den ihm das in der Urkunde verbriefte Recht zusteht. Erlischt das Recht, so ist der Urkundeninhaber nicht mehr zum Besitz der Urkunde berechtigt und muß sie an die Ausstellungsbehörde als Vertreterin des Staates als Eigentümer herausgeben. Tut er dies nicht, macht er sich einer Unterschlagung schuldig. Es können daher alle zur Verhinderung und Verfolgung strafbarer Handlungen zulässigen Polizeimittel, also auch die Haussuchung, gegen ihn angewandt werden.

Was das **Erlöschen** der Genehmigung angeht, so ist das Erlöschen **kraft Gesetzes** von dem Erlöschen **kraft Erklärung** zu unterscheiden. Kraft Gesetzes, also automatisch, erlischt eine Genehmigung mit Ablauf der Zeit, für welche sie erteilt ist. So erlischt die Genehmigung zur Personenbeförderung automatisch mit dem Ablauf der gemäß § 16 Abs. 2 festgesetzten Zeit. Ein weiterer automatischer Erlöschensgrund ergibt sich, ohne daß er im Gesetz besonders genannt ist, aus der rein persönlichen Natur der Genehmigung, nämlich der Tod des Inhabers. Bei einer juristischen Person oder einem nicht rechtsfähigen Verein dagegen erlischt die Genehmigung automatisch erst mit der Liquidation. Den dritten automatischen Erlöschensgrund statuiert § 26 Abs. 2 des Gesetzes. Den Gegensatz zu diesen Erlöschensgründen kraft Gesetzes bilden die Erlöschensgründe kraft Anfechtung, kraft Verzicht, kraft Verwaltungsakt. Die Anfechtung geschieht durch Einlegung des zulässigen Rechtsbehelfs, betrifft also im Prinzip nur eine noch nicht rechtskräftige Genehmigung. Dagegen kann auch auf eine rechtskräftige Genehmigung grundsätzlich verzichtet werden. Ausgenommen davon sind allerdings Betriebe, zu deren Aufrechterhaltung eine öffentlich-rechtliche Pflicht besteht, also nach § 21 alle Verkehrsarten der Personenbeförderung zu Land mit Ausnahme der Veranstaltung von Ausflugsfahrten (§ 48 Abs. 2) und des Verkehrs mit Mietomnibussen und Mietwagen (§ 49 Abs. 3). Bei den letztgenannten Verkehrsarten ist die Zulässigkeit eines Verzichts auf die Genehmigung anzuerkennen. Das Preuß. OVG verlangte allerdings in ständiger Rechtsprechung, daß der Verzicht, um wirksam zu sein, der zuständigen Behörde gegenüber erklärt werden muß. Der Bayer. VGH wird seine entgegenstehende frühere Ansicht (Entscheidung vom 2. 10. 1880), daß ein Verzicht auf eine Erlaubnis auch durch konkludente Handlungen erklärt werden könne, heute wohl kaum mehr aufrechterhalten. Die Entscheidung des Sächs. OVG vom 10. 6. 1927 (Gruchots Archiv Bd. 25 S. 554) verlangt mit Recht völlige Klarheit über den Verzichtswillen und dessen Beurkundung gegenüber der Erlaubnisbehörde. Diese Entscheidung stellt auch fest, daß Veräußerung und Verpachtung der Betriebseinrichtungen ebensowenig als Verzichtserklärung genügen wie die Abmeldung des Gewerbebetriebes von der Steuer.

Als **Verwaltungsakte,** die eine Gewerbezulassung zum Erlöschen bringen können, kommen die Zurücknahme, die Erlöschenserklärung und der Widerruf in Betracht. Die beiden ersten Arten sind in § 25 und 26 Abs. 1 positiv geregelt. Im Gegensatz zu ihnen, die immer nur ex nunc wirken, bedeutet der Widerruf eine Aufhebung des genehmigten Verwaltungsaktes von Anfang an (ex tunc). Die Rechtsfigur des Widerrufs ist spezialgesetzlich nicht normiert, vielmehr in der verwaltungsrechtlichen Rechtsprechung und Literatur entwickelt worden.

Danach ist der Widerruf niemals vorgeschrieben, sondern allenfalls zulässig. Für unbegrenzt zulässig wird gehalten der Widerruf rein beschwerender Verwaltungsakte, wenn die Aufhebung der Genehmigung mit der Rechtsordnung in Einklang steht und der Gleichheitsgrundsatz nicht verletzt wird. Bei begünstigenden Verwaltungsakten dagegen ist der Widerruf naturgemäß an strengere Voraussetzungen geknüpft. Dabei ist es nicht immer ganz einfach zu entscheiden, ob ein Verwaltungsakt beschwerend oder begünstigend ist. So hielt das LVG Köln in einem Urteil vom 17. 6. 1952 die Genehmigung für Ladeninhaber, am Palmsonntag ihre Geschäfte offen zu halten, für einen begünstigenden Verwaltungsakt, obwohl die Offenhaltung gleichzeitig für die Angestellten ein Nachteil war. So wird man auch die Erteilung einer Genehmigung zur Personenbeförderung immer als begünstigenden Verwaltungsakt ansehen müssen, obwohl sie für die in Mitleidenschaft gezogenen Verkehrsunternehmer und für die nicht zum Zuge gekommenen Mitbewerber ein Nachteil ist.

Darüber, unter welchen Voraussetzungen der Widerruf eines begünstigenden Verwaltungsaktes zulässig ist, ist die Rechtsprechung nicht einheitlich. Der BGH (Urteil vom 29. 1. 1953, NJW 1953 S. 787) hält den Widerruf erst dann für zulässig, wenn die Geltendmachung des Rechts durch den Begünstigten gegen Treu und Glauben verstoßen würde. Gegen diese Ansicht spricht, daß der Verstoß gegen Treu und Glauben erst einige Zeit nach Erlangung des begünstigenden Verwaltungsaktes eintreten kann, während der Widerruf nach der allgemein angenommenen Definition von Anfang an wirkt.

Der Bayer. VGH dagegen stellt auf die zwingende Natur der anzuwendenden Rechtsnorm ab, indem er in der Entscheidung n. F. Bd. 4 S. 204 ausführt:

„Der Widerruf eines formell rechtskräftigen begünstigenden Verwaltungsaktes ist zulässig, wenn der Verwaltungsakt im Widerspruch mit einer gebietenden Rechtsvorschrift ergangen ist. Eine Rechtsnorm ist gebietend, wenn sie strikt, keine Ausnahme zulassend und kein freies Ermessen einräumend den Tatbestand bestimmt, der für die Entstehung von Rechten und Pflichten maßgebend ist."

In ehemals preußischen Gebietsteilen wird heute noch manchmal auf § 42 des Preuß. Polizeiverwaltungsgesetzes von 1931 zurückgegriffen, wonach die „Zurücknahme einer polizeilichen Erlaubnis" zulässig war,

a) wenn die Erteilung auf Grund von Angaben des Antragstellers erfolgt war, die in wesentlicher Beziehung unrichtig oder unvollständig waren,

b) wenn und soweit im Falle der Änderung des bestehenden Rechts von der Erlaubnis noch nicht Gebrauch gemacht worden war und Tatsachen vorlagen, die nach dem neuen Recht die Versagung gerechtfertigt hätten,

c) wenn Tatsachen nachträglich eintraten oder der Behörde nachträglich bekannt wurden, welche die Behörde zur Versagung der erteilten Erlaubnis berechtigt hätten, sofern ohne die Zurücknahme der Erlaubnis eine Gefährdung öffentlicher Interessen eintreten würde.

Die Rechtsgrundsätze über den Widerruf sind schon bisher von der Rechtsprechung **neben** den positiv-rechtlichen Bestimmungen über die Zurücknahme einer Genehmigung angewandt worden. Es dürfte daher zulässig sein, erforderlichenfalls neben den Bestimmungen des § 25 auch die Grundsätze über den Widerruf anzuwenden. Dies könnte etwa in Betracht kommen, wenn eine Omnibuslinie für eine Straße genehmigt wurde, die schon bei Erteilung der Genehmigung aus Gründen der Verkehrssicherheit nicht dafür geeignet war.

§ 9

Umfang der Genehmigung

(1) Die Genehmigung wird erteilt

1. bei einem Verkehr mit Straßenbahnen für den Bau, den Betrieb und die Linienführung,

2. bei einem Verkehr mit Obussen für den Bau, den Betrieb und die Linienführung,

3. bei einem Linienverkehr mit Kraftfahrzeugen für die Einrichtung und den Betrieb der Linie sowie für die Zahl, die Art und das Fassungsvermögen (Sitz- und Stehplätze) der auf ihr einzusetzenden Kraftfahrzeuge und Anhänger,

4. bei einem Gelegenheitsverkehr mit Kraftfahrzeugen für die Ausübung und die Form des Gelegenheitsverkehrs sowie für die Art und das Fassungsvermögen (Sitzplätze) der einzelnen Kraftfahrzeuge unter Angabe ihrer amtlichen Kennzeichen.

Für jedes einzelne Kraftfahrzeug wird die Genehmigung entweder nach Nummer 3 oder Nummer 4 erteilt.

(2) Bei Erweiterungen oder wesentlichen Änderungen (§ 2 Abs. 2) eines Unternehmens der in Absatz 1 genannten Verkehrsarten ist die Genehmigung für die Erweiterungen oder wesentlichen Änderungen zusätzlich erforderlich. Bei einem Austausch von Kraftfahrzeugen gleichen oder annähernd gleichen Fassungsvermögens soll die Genehmigung ohne nochmaliges Anhörverfahren erteilt werden.

(3) In begründeten Fällen können für den Linienverkehr desselben Unternehmers nach Absatz 1 Nr. 3 genehmigte Fahrzeuge auch für den Gelegenheitsverkehr nach Absatz 1 Nr. 4 genehmigt werden, sofern dadurch die ordnungsmäßige Durchführung des Linienverkehrs nicht beeinträchtigt wird.

Zu Absatz 1:

1. Der Unternehmer darf den Verkehr nur mit denjenigen Fahrzeugen bedienen, für die er nach Nr. 3 und 4 die Genehmigung besitzt. Abweichend davon läßt § 45 Abs. 5 im Linienverkehr mit Kraftfahrzeugen zu, daß bei zeitweilig gesteigertem Verkehr (Spitzenverkehr) der Unternehmer, soweit dadurch die Interessen anderer Verkehrsunternehmer nicht berührt werden, weitere Fahrzeuge, die ihm für den

Linienverkehr genehmigt sind, im Rahmen des bestehenden Fahrplanes einsetzt. Eine weitere Abweichung bringt Abs. 3.

2. Wenn in Abs. 1 Satz 2 gesagt wird, daß die Genehmigung „für jedes einzelne Kraftfahrzeug" erteilt werden muß, so heißt das nicht, daß für jedes einzelne Kraftfahrzeug eine besondere Genehmigungsverfügung oder eine besondere Genehmigungsurkunde geschrieben werden müßte. Vielmehr ergibt sich aus § 17 Abs. 2 Nr. 9, daß mehrere Fahrzeuge in **einer** Urkunde aufgeführt sein können; ebenso können sie auch in **einer** Genehmigungsverfügung aufgeführt sein.

Zu Absatz 2:

3. Ein Austausch von Fahrzeugen sowie eine Vermehrung der Fahrzeuge sind also genehmigungspflichtig. Die Genehmigung kann allerdings ohne nochmaliges Anhörverfahren erteilt werden, wenn beim Austausch von Kraftfahrzeugen die neuen Fahrzeuge annähernd das gleiche Fassungsvermögen haben wie die alten.

Zu Absatz 3:

4. Grundsätzlich sollen die für den Linienverkehr genehmigten Fahrzeuge auch nur in dieser Verkehrsart verwendet werden. Dadurch wird die ordnungsmäßige Aufrechterhaltung des Linienverkehrs gewährleistet und gleichzeitig erreicht, daß der Unternehmer in verkehrsfreien Zeiten die Fahrzeuge pflegen und ihre Betriebssicherheit prüfen kann.

Eine Abweichung kann nur in begründeten Fällen von der Genehmigungsbehörde genehmigt werden, sofern dadurch die ordnungsmäßige Durchführung des Linienverkehrs nicht beeinträchtigt wird. Unter „Fällen" sind nicht etwa einzelne Einsatzfälle gemeint, sondern einzelne Unternehmer, deren Zuverlässigkeit und Leistungsfähigkeit erwarten läßt, daß die ordnungsmäßige Bedienung des Linienverkehrs und die Fahrzeugpflege nicht leiden werden, wenn Linienfahrzeuge für den Gelegenheitsverkehr eingesetzt werden.

Eine Werbung mit dem Satz „Meine Reisewagen sind nicht im Linienverkehr eingesetzt und deshalb in bester Ordnung" kann u. U. von den Unternehmern, die eine Genehmigung nach Abs. 3 besitzen, als unzulässige vergleichende Reklame nach dem Gesetz gegen den unlauteren Wettbewerb verfolgt werden (vgl. Huegel in PV 1955 S. 73).

5. Die Festsetzung der Zahl der Fahrzeuge für eine Verkehrsart ist **Gegenstand**, nicht „Bedingung" einer Genehmigung. Wird die Zahl der für die betreffende Verkehrsart genehmigten Fahrzeuge überschritten oder werden andere als die genehmigten Fahrzeuge verwendet, so liegt eine Beförderung ohne Genehmigung (§ 60 Abs. 1) vor, nicht etwa nur eine Zuwiderhandlung gegen Bedingungen (§ 61 Abs. 1 Nr. 1) (Urteil des Bayer. Obersten Landesgerichts vom 6. 5. 1952 — VkBl. 1952 S. 431 —).

§ 10

Entscheidung in Zweifelsfällen

Entstehen Zweifel darüber, ob eine Personenbeförderung den Vorschriften dieses Gesetzes unterliegt oder welcher Verkehrsart oder Verkehrsform ein Verkehr zugehört oder wer Unternehmer im Sinne des § 3 Abs. 1 und 2 ist, so entscheidet die für den Sitz des Unternehmens zuständige, von der Landes-

regierung bestimmte Behörde. Die Entscheidung ist zu begründen, mit einer Rechtsmittelbelehrung zu versehen und den Betroffenen zuzustellen.

1. **Gegenstand** des Verfahrens nach § 10 kann sein
a) die Frage, ob eine Personenbeförderung den Vorschriften des Gesetzes unterliegt, also nicht nur die Frage der Genehmigungspflichtigkeit nach § 2, sondern die Frage des sachlichen Geltungsbereiches nach § 1;
b) die Frage, welcher Verkehrsart (§§ 4, 9 Abs. 1), welcher Verkehrsform des Gelegenheitsverkehrs (§ 46) oder welcher Sonderform des Linienverkehrs (§ 43) die Personenbeförderung zugehört;
c) die Frage, wer Unternehmer i. S. des § 3 Abs. 1 und 2 ist.
Gegenstand des Verfahrens nach § 10 kann nicht sein
a) die Frage, ob der Betroffene die Tatbestände der §§ 60 oder 61 erfüllt hat;
b) die Frage, welche verwaltungsrechtlichen, zivilrechtlichen oder strafrechtlichen Konsequenzen sich aus den Feststellungen der Behörde nach § 10 ergeben (Urteil des OVG Rheinland-Pfalz vom 12. 2. 1957 — PV 1957 S. 239 —).

Äußert sich die Verwaltungsbehörde in ihrer Entscheidung nach § 10 zu Fragen, welche nicht Gegenstand des Verfahrens nach § 10 sein können, so ist die Entscheidung insofern im Verwaltungsrechtsweg aufzuheben. Aber auch wenn sie nicht ausdrücklich aufgehoben wird, tritt insofern keine Bindung des Strafrichters gemäß § 60 Abs. 2 ein, als die Behörde ihre Zuständigkeit nach § 10 überschritten hat.

2. **Anlaß** des Verfahrens nach § 10 kann sein
a) ein Verwaltungsverfahren oder verwaltungsgerichtliches Verfahren, in welchem die Frage einen Inzidentpunkt darstellt;
b) ein Zivilprozeß oder ein Verfahren der freiwilligen Gerichtsbarkeit, in welchem die Frage einen Inzidentpunkt darstellt;
c) ein Strafverfahren;
d) ein Bußgeldverfahren, bei welchem die Zuständigkeit nach § 61 und die nach § 10 bei verschiedenen Behörden liegt.
Dagegen kann nicht Anlaß eines Verfahrens nach § 10 sein
a) eine bloße Meinungsverschiedenheit unter Privatpersonen oder Verbänden, mag der Zweifel bloß Theorie oder aber von praktischer Bedeutung sein;
b) ein Bußgeldverfahren, in welchem die Zuständigkeit nach § 61 und nach § 10 bei der gleichen Behörde liegt.

3. Die Entscheidung nach § 10 setzt voraus, daß ein Rechtsschutzbedürfnis für die Entscheidung besteht. Das Rechtsschutzbedürfnis wird nicht in jedem Fall dadurch ausgeschlossen, daß der Verkehr inzwischen eingestellt wurde; denn es kann der Ausgang eines nach Einstellung des Verkehrs noch anhängigen Strafverfahrens von der Entscheidung abhängig sein (Urteil des VGH Baden-Württ. vom 29. 11. 1956, 1 S. 53/56).

4. Ein **Anhörverfahren** ist bei dem Verfahren nach § 10 nicht vorgesehen. Der Behörde ist es aber unbenommen, sachverständige Stellen gutachtlich zu hören.

5. Hängt eine strafrechtliche Verurteilung davon ab, ob eine Beförderung den Vorschriften des Gesetzes unterliegt, und ist eine endgültige Entscheidung nach § 10 nicht ergangen, so kann das Strafverfahren ausgesetzt werden, bis über diese Frage endgültig entschieden ist (§ 60 Abs. 2). Dem Strafrichter ist aber nur die

Möglichkeit der Aussetzung eingeräumt; es besteht weder eine Pflicht des Gerichts zur Aussetzung noch ein Rechtsanspruch des Beschuldigten auf Aussetzung.

a) Endgültig entschieden ist die Frage, wenn sie rechtskräftig entschieden ist. Es muß daher jeweils der Verzicht der Beteiligten auf einen Rechtsbehelf oder der Ablauf der Rechtsbehelfsfrist ohne Rechtsbehelfseinlegung oder der Erlaß eines nicht mehr anfechtbaren verwaltungsgerichtlichen Urteils abgewartet werden. Beteiligt im verwaltungsgerichtlichen Verfahren sind der Betroffene und der Vertreter des öffentlichen Interesses.

b) § 60 Abs. 2 nennt nur den ersten der in § 10 genannten Gegenstände des Verfahrens. Trotzdem ist, entsprechend der Rechtslage nach früherem Recht (vgl. Bayer. Oberstes Landesgericht in DÖV 1953 S. 190) anzunehmen, daß eine Aussetzung auch dann möglich ist, wenn die strafrechtliche Verurteilung davon abhängt, welcher Verkehrsart oder Verkehrsform der ausgeübte Verkehr zugehört oder wer Unternehmer im Sinne des § 3 Abs. 1 und 2 ist. Vgl. PV 1957 S. 239 — 1958 S. 54.

6. Die Spezialregelung des § 10 schließt aus, daß während eines der unter 2. genannten Verfahren eine **Feststellungsklage** in den unter 1. genannten Gegenständen gemäß § 43 VwGO erhoben werden kann; vgl. Urteil des Bayer. VGH vom 8. 5. 1952 Nr. 29 IV 52. Dagegen ist außerhalb der unter 2. genannten Verfahren eine Feststellungsklage nach § 43 VwGO nicht ausgeschlossen, wenn die Voraussetzungen für eine Feststellungsklage vorliegen, d. h. wenn

a) die Feststellung des Bestehens oder Nichtbestehens eines öffentlich-rechtlichen Rechtsverhältnisses oder die Nichtigkeit eines Verwaltungsaktes begehrt wird und der Kläger ein berechtigtes Interesse an der baldigen Feststellung hat;

b) der Kläger sein Recht nicht durch Gestaltungs- oder Leistungsklage verfolgen kann oder hätte verfolgen können.

Ob eine Personenbeförderung dem PBefG unterliegt, welcher Verkehrsart und Verkehrsform sie angehört oder wer Unternehmer i. S. des § 3 Abs. 1 und 2 ist, stellt ebenso ein feststellbares Rechtsverhältnis dar wie etwa die Handwerkseigenschaft eines Betriebes, die durch Urteil des OVG Koblenz vom 29. 12. 1959 — 2 A 80/59 — als feststellbares Rechtsverhältnis anerkannt wurde.

7. Es sind folgende Behörden bestimmt:

Baden-Württemberg:
Regierungspräsidium

Bayern:
Regierung

Freie Hansestadt Bremen:
Magistrat der Stadt Bremerhaven (Ortspolizeibehörde) für Kraftdroschken und Mietwagen; im übrigen Senator für Häfen, Schiffahrt und Verkehr

Freie und Hansestadt Hamburg:
Behörde für Wirtschaft und Verkehr

Hessen:
Regierungspräsidenten sowie Landräte und Magistrate im Rahmen der Zuständigkeiten nach § 11

Niedersachsen:
Regierungspräsident/Verwaltungspräsident

Nordrhein-Westfalen:
Regierungspräsident

Rheinland-Pfalz:
Genehmigungsbehörden

Saarland:
Ministerium für Wirtschaft, Verkehr und Landwirtschaft

Schleswig-Holstein:
Minister für Wirtschaft und Verkehr.

§ 11
Genehmigungsbehörden

(1) Die Genehmigung erteilt die von der Landesregierung bestimmte Behörde.

(2) Zuständig ist

1. **bei einem Straßenbahn-, Obus- oder einem Linienverkehr mit Kraftfahrzeugen die Genehmigungsbehörde, in deren Bezirk der Verkehr ausschließlich betrieben werden soll,**
2. **bei einem Gelegenheitsverkehr mit Kraftfahrzeugen die Genehmigungsbehörde, in deren Bezirk der Unternehmer seinen Sitz oder seine Niederlassung im Sinne des Handelsrechts hat,**
3. **bei einem Gelegenheitsverkehr der Deutschen Bundespost oder der Deutschen Bundesbahn die Genehmigungsbehörde, in deren Bezirk sich der Sitz der betriebsleitenden Einsatzstelle befindet.**

(3) Soll ein Straßenbahn-, Obusverkehr oder ein Linienverkehr mit Kraftfahrzeugen in den Bezirken mehrerer Genehmigungsbehörden desselben Landes betrieben werden, so ist die Genehmigungsbehörde zuständig, in deren Bezirk die Linie ihren Ausgangspunkt hat. Bestehen Zweifel über die Zuständigkeit, so wird die zuständige Genehmigungsbehörde von der von der Landesregierung bestimmten Behörde benannt. Die zuständige Genehmigungsbehörde trifft ihre Entscheidung im Einvernehmen mit den an der Linienführung beteiligten Genehmigungsbehörden. Kommt ein Einvernehmen nicht zustande, so entscheidet die von der Landesregierung bestimmte Behörde.

(4) Soll ein Straßenbahn-, Obusverkehr oder Linienverkehr mit Kraftfahrzeugen in mehreren Ländern betrieben werden, so ist Absatz 3 Satz 1 und 3 entsprechend anzuwenden. Bestehen zwischen den beteiligten Ländern Zweifel über die Zuständigkeit und kommt eine Einigung der obersten Landes-

verkehrsbehörden darüber nicht zustande, so entscheidet auf Antrag einer beteiligten obersten Landesverkehrsbehörde der Bundesminister für Verkehr. Das gleiche gilt, wenn über die Entscheidung eines Genehmigungsantrages zwischen den Genehmigungsbehörden der beteiligten Länder ein Einvernehmen nicht hergestellt und auch ein Einvernehmen zwischen den obersten Landesverkehrsbehörden darüber nicht erzielt werden kann.

1. Abs. 1 behandelt die sachliche, Abs. 2 bis 4 die örtliche Zuständigkeit.

Zu Absatz 1:

2. Auch die Zulassung der Bundespost und Bundesbahn gehört zu den hoheitlichen Aufgaben der Verkehrsverwaltung, die nach dem Grundgesetz den Ländern zustehen. Daher konnte für die Zulassung von Bundespost und Bundesbahn nicht etwa eine Bundesbehörde bestimmt werden. Art. 87 GG (bundeseigene Verwaltung) gibt dem Bund lediglich eine Zuständigkeit auf dem Gebiet der Betriebsverwaltung von Bahn und Post, berührt dagegen die Hoheitsverwaltung nicht. Zwar ist die Personenbeförderung gemäß § 54ff. der Postordnung vom 30. 1. 1929 (RGBl. I S. 33 und Gesetz vom 6. 7. 1938, RGBl. I S. 881) eine hoheitliche Aufgabe der Bundespost (Urteil des BGH vom 23. 2. 1956, NJW 1956, S. 745; vgl. Fromm, Zur Rechtsnatur des Postreisedienstes, PV 1956, S. 190). Das schließt aber nicht aus, daß die Bundespost für die Personenbeförderung einer Genehmigung bedarf, ebenso wie die Gemeinden, die ihren Ortslinienverkehr in Erfüllung der ihnen von den Gemeindeordnungen auferlegten Versorgungspflicht bedienen (vgl. Anm. 3 zu § 8). Die Gleichartigkeit der Genehmigung und des Genehmigungsverfahrens mit Bundesbahn, Gemeinden und Privatunternehmern bedingt auch eine Gleichartigkeit der für die Erteilung der Genehmigung zuständigen Behörden (vgl. auch Heinze, Rechtsstellung von Bundespost und Bundesbahn im Straßenpersonenverkehr, DÖV 1960, S. 856).

3. Es sind folgende Genehmigungsbehörden bestimmt:

Baden-Württemberg:
Regierungspräsidium für Straßenbahnen, Obus- und Linienverkehr sowie Gelegenheitsverkehr mit Kom; untere Verwaltungsbehörde für Gelegenheitsverkehr mit Pkw

Bayern:
Regierungen für Straßenbahn- und Obusverkehr, Linienverkehr mit Kom und Pkw und Gelegenheitsverkehr mit Kom; Kreisverwaltungsbehörden für Gelegenheitsverkehr mit Pkw

Berlin:
Polizeipräsident für Droschken- und Mietwagenverkehr; im übrigen der Senator für Verkehr und Betriebe

Freie Hansestadt Bremen:
Magistrat der Stadt Bremerhaven (Ortspolizeibehörde) für Kraftdroschken und Mietwagen; im übrigen Senator für Häfen, Schiffahrt und Verkehr

Freie und Hansestadt Hamburg:
Behörde für Wirtschaft und Verkehr

Hessen:
Regierungspräsidenten für Straßenbahnen und Obus, Linienverkehr mit Kfz, Gelegenheitsverkehr mit Kom; Landräte, Magistrate, kreisfreie Städte und kreisangehörige Gemeinden über 10000 Einwohner für Gelegenheitsverkehr mit Pkw

Niedersachsen:
Regierungspräsident/Verwaltungspräsident

Nordrhein-Westfalen:
Regierungsprädident für den Straßenbahn-, Obus- und Linienverkehr mit Kfz mit Ausnahme des die Zonengrenze überschreitenden Linienverkehrs und der Europabuslinien (für diese der Minister für Wirtschaft, Mittelstand und Verkehr); Regierungspräsident für Ausflugsfahrten und Verkehr mit Mietomnibussen; Kreisverwaltungsbehörden für Kraftdroschken und Mietwagen

Rheinland-Pfalz:
Kreisverwaltungsbehörden für Gelegenheitsverkehr mit Pkw; im übrigen die Bezirksregierungen

Saarland:
Untere Verwaltungsbehörden für Gelegenheitsverkehr mit Pkw; im übrigen Ministerium für Wirtschaft, Verkehr und Landwirtschaft

Schleswig-Holstein:
Kreise und kreisfreie Städte für Gelegenheitsverkehr mit Pkw; im übrigen Minister für Wirtschaft und Verkehr.

Zu Absatz 2:

4. **Betriebsleitende Einsatzstellen** im Sinne des Abs. 2 Nr. 3 sind:

a) bei der Bundespost: die Postämter, denen durch Verfügung einer Oberpostdirektion der Betrieb von Kraftpostlinien anvertraut ist;

b) bei der Bundesbahn: die Bahnbus-Verkehrsstellen, die durch Verfügung einer Bundesbahndirektion bei Bahnhöfen, wo dies nötig erscheint, errichtet werden.

5. Schwierigkeiten bei der Anwendung des Abs. 2 ergeben sich bei den Sonderformen des Linien-Verkehrs nach § 43 Abs. 1. Diese Sonderformen, z. B. der Berufsverkehr, brauchen nicht von einem bestimmten Ausgangspunkt auszugehen. Z. B. kann ein in einer Großstadt ansässiger Verkehrsunternehmer einen Berufsverkehr in der Weise organisieren, daß er aus mehreren benachbarten Landkreisen Arbeiter von ihren Wohnungen abholt und an ihre jeweiligen Arbeitsplätze (die bei Bauarbeitern von Tag zu Tag wechseln können) befördert. Hier muß man dem Unternehmer die Wahl überlassen, an welchem Ort er seine Fahrten beginnen will; die hier zuständige Behörde ist Genehmigungsbehörde für den fraglichen Berufsverkehr; sie wird als Auflage in die Genehmigung aufnehmen, daß die Fahrten an dem einmal gewählten Ort zu beginnen sind.

Zu Absatz 3:

6. Nach der früheren Regelung in § 6 DVO richtete sich die Zuständigkeit der Genehmigungsbehörde nach dem größten Streckenteil an der Linie. Nach neuem

Recht wird die Zuständigkeit der Genehmigungsbehörde nach dem Ausgangspunkt eines Linienverkehrs bestimmt. Die frühere Regelung war besonders im Hinblick auf die Interessen der Bundesländer mit beschränktem Gebietsumfang mit der föderativen Grundkonzeption der Bundesrepublik kaum mehr zu vereinbaren (A.B. zu § 11).

Aus dem gleichen Grunde begnügt sich das neue Recht nicht mehr, wie § 6 DVO, mit der Herstellung eines bloßen Benehmens der zuständigen mit den übrigen beteiligten Genehmigungsbehörden. Damals erschöpfte sich die Bindung der zuständigen Genehmigungsbehörde darin, die Argumente der übrigen beteiligten Genehmigungsbehörden zu erwägen; es bestand aber keine volle Bindung (vgl. Heinze, Das Zusammenwirken von Behörden beim Erlaß von Verwaltungsakten, Verwaltungsarchiv 1961 S. 159). Indem es das „Benehmen" durch das „Einvernehmen" ersetzte, hat das neue Recht eine **volle Bindung** der zuständigen Behörde an die Mitwirkung der übrigen beteiligten Genehmigungsbehörden statuiert. Für den Fall der Nichteinigung mußte daher die Entscheidung der nächsthöheren Behörde vorgesehen werden.

7. Folgende Behörden benennen in den Fällen des Abs. 3 Satz 2 die zuständige Genehmigungsbehörde:

Baden-Württemberg:
Innenministerium

Bayern:
Staatsministerium für Wirtschaft und Verkehr

Freie und Hansestadt Hamburg:
entfällt

Hessen:
Ministerium für Wirtschaft und Verkehr

Niedersachsen:
Minister für Wirtschaft und Verkehr

Nordrhein-Westfalen:
Minister für Wirtschaft, Mittelstand und Verkehr

Rheinland-Pfalz:
Ministerium für Wirtschaft und Verkehr

Saarland:
Ministerium für Wirtschaft, Verkehr und Landwirtschaft

Schleswig-Holstein:
Minister für Wirtschaft und Verkehr.

8. Folgende Behörden entscheiden im Falle des Abs. 3 Satz 4:

Baden-Württemberg:
Innenministerium

Bayern:
Staatsministerium für Wirtschaft und Verkehr

Freie und Hansestadt Hamburg:
Behörde für Wirtschaft und Verkehr

Hessen:
Ministerium für Wirtschaft und Verkehr

Niedersachsen:
Minister für Wirtschaft und Verkehr

Nordrhein-Westfalen:
Minister für Wirtschaft, Mittelstand und Verkehr

Rheinland-Pfalz:
Ministerium für Wirtschaft und Verkehr

Saarland:
Ministerium für Wirtschaft, Verkehr und Landwirtschaft

Schleswig-Holstein:
Minister für Wirtschaft und Verkehr.

Zu Absatz 4:

9. Oberste Landesverkehrsbehörden (Abs. 4 Satz 2) sind:

Baden-Württemberg:
Innenministerium Baden-Württemberg, Hauptabteilung für Verkehr, Stuttgart N, Jägerstr. 15

Bayern:
Bayerisches Staatsministerium für Wirtschaft und Verkehr, München 22, Prinzregentenstr. 28

Berlin:
Senator für Verkehr und Betriebe, Berlin-Charlottenburg 2, Fasanenstr. 7—8

Bremen:
Senator für Häfen, Schiffahrt und Verkehr, Bremen, Kirchenstr. 4

Hamburg:
Behörde für Wirtschaft und Verkehr, Amt für Verkehr, Hamburg 36, Gr. Bleichen 23/27

Hessen:
Hessischer Minister für Arbeit, Wirtschaft und Verkehr, Wiesbaden, Kaiser-Friedrich-Ring 75

Niedersachsen:
Niedersächsischer Minister für Wirtschaft und Verkehr, Hannover, Friedrichswall 1

Nordrhein-Westfalen:
Minister für Wirtschaft, Mittelstand und Verkehr des Landes Nordrhein-Westfalen, Düsseldorf, Karltor 8

Rheinland-Pfalz:
Ministerium für Wirtschaft und Verkehr, Mainz, Ludwigstr. 9

Saarland:
Ministerium für Wirtschaft, Verkehr und Landwirtschaft, Saarbrücken, Am Bahnhof 4

Schleswig-Holstein:
Ministerium für Wirtschaft und Verkehr des Landes Schleswig-Holstein, Kiel, Düsternbrooker Weg 94—100.

§ 12

Antragstellung

(1) Der Antrag auf Erteilung der Genehmigung soll enthalten

1. in allen Fällen

a) Namen sowie Wohn- und Betriebssitz des Antragstellers, bei natürlichen Personen außerdem Geburtstag und Geburtsort,

b) Angaben darüber, ob der Antragsteller bereits eine Genehmigung für eine Verkehrsart besitzt oder besessen hat;

2. bei einem Straßenbahn- oder Obusverkehr

a) eine Übersichtskarte, in der die beantragte Strecke mit Haltestellen und alle in dem Verkehrsgebiet bereits vorhandenen Schienenbahnen, Obuslinien, Kraftfahrzeuglinien und Schifffahrtslinien, letztere soweit sie dem Berufsverkehr dienen, eingezeichnet sind,

b) Beförderungsentgelte und Fahrplan,

c) auf Verlangen der Genehmigungsbehörde einen Bauplan mit Kostenanschlag sowie Beschreibung der Anlage, Angaben über die höchste und tiefste Lage des Fahrdrahts, Längs- und Querschnitte sowie Pläne für notwendige Änderungen an öffentlichen Straßen, Beschreibung der Fahrzeuge einschließlich der Schaltpläne und der Betriebsweise;

3. bei einem Linienverkehr mit Kraftfahrzeugen

a) eine Übersichtskarte in der unter Nummer 2 Buchstabe a beschriebenen Form,

b) die Länge der Linie, bei Unterwegsbedienung auch der Teilstrecken, in Kilometern,

c) Angaben über die Zahl, die Art und das Fassungsvermögen

(Sitz- und Stehplätze) der zu verwendenden Fahrzeuge,
d) Beförderungsentgelte und Fahrplan;
4. bei einem Gelegenheitsverkehr mit Kraftfahrzeugen
a) Verkehrsform des Gelegenheitsverkehrs (§ 46),
b) Angaben über die Zahl, die Art und das Fassungsvermögen (Sitzplätze) der zu verwendenden Fahrzeuge.

(2) Dem Antrag sind Unterlagen beizufügen, die ein Urteil über die Zuverlässigkeit des Antragstellers und die Sicherheit und Leistungsfähigkeit des Betriebs ermöglichen.

(3) Die Genehmigungsbehörde kann weitere Angaben und Unterlagen, insbesondere Vorlage eines polizeilichen Führungszeugnisses, verlangen. Sie hat bei einem Antrag auf Erteilung der Genehmigung von Linien- oder Gelegenheitsverkehr mit Kraftfahrzeugen das Kraftfahrt-Bundesamt um Auskunft über den Antragsteller zu ersuchen.

Zu Absatz 1:

1. Ein Fahrplan muß im Linienverkehr mit Omnibussen nicht festgesetzt sein (§ 42 Satz 2). Wenn aber einer festgesetzt werden soll, so ist er im Antrag aufzuführen: § 12 Abs. 1 Nr. 3d. Er bedarf der Zustimmung der Genehmigungsbehörde (§ 45 Abs. 3, § 40 Abs. 2 Satz 1), wird aber nicht in die Genehmigungsurkunde aufgenommen (§ 17 Abs. 2 Nr. 8).

Zu Absatz 2:

2. Die Unterlagen über die Leistungsfähigkeit des Betriebs müssen auch die finanziellen Voraussetzungen des beantragten Verkehrs erkennen lassen (Beschluß des OVG Rheinland-Pfalz vom 9. 10. 1956, 2 A 29/56).

§ 13

Voraussetzung der Genehmigung

(1) Die Genehmigung darf nur erteilt werden, wenn
1. die Sicherheit und die Leistungsfähigkeit des Betriebs gewährleistet sind und
2. keine Tatsachen vorliegen, die die Unzuverlässigkeit des Antragstellers als Unternehmer dartun.

(2) Beim Straßenbahn-, Obusverkehr und Linienverkehr mit Kraftfahrzeugen ist die Genehmigung zu versagen. wenn
1. der Verkehr auf Straßen durchgeführt werden soll, die sich aus Gründen der Verkehrssicherheit oder wegen ihres Bauzustandes hierfür nicht eignen, oder
2. durch den beantragten Verkehr die öffentlichen Verkehrsinteressen beeinträchtigt werden, insbesondere
a) der Verkehr mit den vorhandenen Verkehrsmitteln befriedigend bedient werden kann,

b) der beantragte Verkehr ohne eine wesentliche Verbesserung der Verkehrsbedienung Verkehrsaufgaben übernehmen soll, die vorhandene Unternehmer oder Eisenbahnen bereits wahrnehmen,

c) die für die Bedienung dieses Verkehrs vorhandenen Unternehmer oder Eisenbahnen die notwendige Ausgestaltung des Verkehrs innerhalb einer von der Genehmigungsbehörde festzusetzenden angemessenen Frist selbst durchzuführen bereit sind. Im Schienenparallelverkehr und im Schienenersatzverkehr, der nicht Orts- oder Nachbarortslinienverkehr ist, ist das Schienenunternehmen bevorrechtigt, die notwendige Ausgestaltung des Verkehrs durchzuführen. Schienenparallelverkehr ist der Linienverkehr mit Kraftfahrzeugen (§§ 42ff.) auf den in der Verkehrsrichtung der Schiene verlaufenden Straßen, wobei im wesentlichen die zu bedienenden Orte Bahnstationen sind oder bei dem das Verkehrsaufkommen der zu bedienenden Orte überwiegend im engeren Einzugsgebiet der Schienenverbindung liegt; unter denselben Voraussetzungen ist ein solcher Linienverkehr Schienenersatzverkehr, wenn der Personenverkehr auf der Schienenverbindung stillgelegt wird. Nachbarortslinienverkehr ist der Verkehr zwischen Nachbarorten oder Teilen von ihnen, wenn diese wirtschaftlich und verkehrsmäßig so miteinander verbunden sind, daß der Verkehr nach der Tarifgestaltung und nach gegenwärtiger oder in naher Zukunft zu erwartender Häufigkeit einem Ortslinienverkehr vergleichbar ist. Die Verbindung mehrerer Nachbarortslinien fällt nicht unter den Begriff „Nachbarortslinienverkehr“.

(3) Beim Verkehr mit Kraftdroschken ist die Genehmigung zu versagen, wenn die öffentlichen Verkehrsinteressen dadurch beeinträchtigt werden, daß das örtliche Droschkengewerbe durch die Ausübung des beantragten Verkehrs in seiner Existenz bedroht wird.

(4) Ist ein Verkehr von einem Unternehmer jahrelang in einer dem öffentlichen Verkehrsinteresse entsprechenden Weise betrieben worden, so ist dieser Umstand angemessen zu berücksichtigen; das gilt auch im Falle des Absatzes 2 Nr. 2 und des Absatzes 3. Wenn sich die Verbindung von Personen- und Postsachenbeförderung im öffentlichen Interesse bewährt hat, ist auch dies zugunsten des Linienverkehrs der Deutschen Bundespost zu berücksichtigen.

(5) Bei der Deutschen Bundespost, der Deutschen Bundesbahn und juristischen Personen des öffentlichen Rechts gelten die Genehmigungsvoraussetzungen nach Absatz 1 als gegeben.

(6) Bei der Genehmigung der Übertragung von Genehmigungen und bei der Genehmigung von Betriebsübertragungen (§ 2 Abs. 2) sind die Absätze 2 und 3 nicht anzuwenden.

Zu Absatz 1:

1. Die **Sicherheit** des Betriebs erfordert, daß die Sicherheitsvorschriften der BOKraft und der StVZO erfüllt sind und daß die Persönlichkeit des Antragstellers dafür bürgt, daß sie auch in Zukunft erfüllt werden. Diesen Anforderungen wird im allgemeinen durch die Untersuchungen der Kraftfahrzeuge und Anhänger nach § 29 StVZO und nach §§ 43ff. BOKraft, bei Straßenbahnen durch die Untersuchungen nach den entsprechenden Bestimmungen der BOStrab genügt.

2. Einige Genehmigungsbehörden verlangen vor Erteilung der Genehmigung eine Sicherheitsleistung von einigen hundert Deutsche Mark. Diese Praxis ist abzulehnen, weil sie dem Unternhemer nur Betriebsmittel entzieht und keineswegs etwa eine Versicherung gegen Haftpflicht ersetzen kann. Auf diese Weise etwa Gebührenforderungen der Behörde sichern zu wollen, wäre gesetzwidrig.

3. Die **Leistungsfähigkeit** ist der weitere Begriff, der den der Sicherheit mit einschließt. Bei einem neu zu gründenden Betrieb ist es für die Genehmigungsbehörde notwendig, sich in einem Gespräch mit dem Antragsteller zu unterrichten, ob er klare Vorstellungen davon hat, wie lange die Anlaufzeit zu bemessen ist, die voraussichtlich verstreichen wird, bis der Betrieb sich selbst trägt. Für die Anlaufzeit einerseits, den weiteren Betriebsablauf andererseits sind die so genau wie möglich festzustellenden Ausgaben und die so vorsichtig wie nötig zu schätzenden Einnahmen einander gegenüberzustellen. Zu den Ausgaben gehören die für die Anschaffung des Fahrzeuges, die Kraftfahrzeugsteuer, die Haftpflichtversicherung (gegebenenfalls Kasko-Versicherung), die Garagenmiete, die Reparaturkosten, vor allem aber die Fahrerlöhne mit den dazu gehörigen Soziallasten. Überhaupt ist die erste und wichtigste Frage an die Leistungsfähigkeit eines Omnibusbetriebes, ob der Unternehmer den Omnibus selbst fährt und gesundheitlich dazu auf die Dauer in der Lage ist.

Zur Leistungsfähigkeit eines Mietwagenbetriebes (§ 49) gehört, daß der Unternehmer einen Telephonanschluß oder wenigstens die Möglichkeit zur Mitbenutzung eines Anschlusses hat.

Die finanzielle Leistungsfähigkeit gehört mit zur verkehrsmäßigen Leistungsfähigkeit. Sie ist von vornherein zu verneinen, wenn das Unternehmen durch Schulden vorbelastet ist. Um dies auszuschließen, müssen zum mindesten Unbedenklichkeitsbescheinigungen des Finanzamtes und der Sozialversicherungsträger gefordert werden (vgl. Urteil des VG Berlin vom 27. 11. 1957, besprochen von Klatt in PV 1958 S. 140). Diese Bescheinigungen entheben aber die Behörde nicht der Pflicht zu weiteren Erhebungen über die finanzielle Leistungsfähigkeit, wenn dies im Einzelfall notwendig erscheint.

Die z.B. von Hebel (PV 1955 S. 12) für einzelne Fahrzeugtypen ermittelten Zahlen des für 3 Monate notwendigen Betriebskapitals können nur unverbindliche Anhaltspunkte bieten und müssen nach den Besonderheiten des einzelnen Falles korrigiert werden.

4. Das Gesetz statuiert keine Auskunftspflicht des Antragstellers gegenüber der Genehmigungsbehörde (vgl. Thomä, Auskunfts- und Betriebsprüfungsrecht der Verwaltung, Heidelberg 1955). Er ist aber als Antragsteller, zu dessen Gunsten ein staatlicher Verwaltungsakt ergehen soll, gehalten, der Genehmigungsbehörde das Vorliegen der Tatbestände **nachzuweisen**, deren Vorliegen Voraussetzung für die Erteilung der Genehmigung ist. Die Behörde darf sich nicht auf bloße Angaben des Antragstellers verlassen; sie kann sich, um das Material für ihre Entscheidung zu

sammeln, sowohl an den Antragsteller selbst wie auch an Dritte wenden. Durch eine Genehmigung zur Personenbeförderung werden die Interessen einer unbestimmten Zahl von Menschen berührt; die Behörde darf daher nichts „zugunsten des Antragstellers unterstellen". Für die Leistungsfähigkeit des Betriebs sind Einkommens- und Vermögensnachweise und notfalls die **Belege** dafür (z.B. Bestätigungen von Lieferfirmen, Kontoauszüge) zu fordern. Eine eidesstattliche Versicherung jedoch kann die Behörde mangels gesetzlicher Ermächtigung von dem Antragsteller nicht verlangen; sie ist aber nicht gehindert, auch von diesem Beweismittel im Rahmen ihrer freien Beweiswürdigung Gebrauch zu machen, wenn der Antragsteller es von sich aus anbietet.

5. **Wer muß zuverlässig** sein?

a) Wenn der Unternehmer eine Einzelperson ist, genügt seine Zuverlässigkeit. Bei einer juristischen Person oder einer Personenmehrheit kommt es auf die Zuverlässigkeit der zur Vertretung des Unternehmens gesetzlich Berufenen an. Das sind bei einer Aktiengesellschaft die Mitglieder des Vorstandes (§ 71 AktGes.), bei einer Kommanditgesellschaft die Komplementäre (§ 164 HGB), bei einer GmbH die bestellten Geschäftsführer (§ 35 GmbH-Ges.), bei einer Genossenschaft die Mitglieder des Vorstandes (§ 24 GenG), bei einer OHG und einer Gesellschaft des bürgerlichen Rechts alle Gesellschafter, soweit sie nicht von der Geschäftsführung ausgeschlossen sind (§ 710 BGB, § 114 HGB), bei einem nicht rechtsfähigen und einem eingetragenen Verein die Mitglieder des Vorstands (§ 26 BGB).

Ein unzuverlässiger Unternehmer kann nicht etwa unter der Auflage zur Personenbeförderung zugelassen werden, daß er einen zuverlässigen Geschäftsführer bestellt.

b) Es ist langjährige einhellige Rechtsprechung der Verwaltungsgerichte, daß der Antragsteller unter Umständen auch Tatsachen gegen sich gelten lassen muß, die nicht in seiner eigenen, sondern in der Person eines **Familienangehörigen** liegen. Nach dieser Rechtsprechung (vgl. Urteil des Bayer. VGH vom 24. 11. 1954, Nr. 116 VI 54) muß ein für seine Person zuverlässiger Antragsteller die Unzuverlässigkeit anderer Personen gegen sich gelten lassen,

1. wenn damit zu rechnen ist, daß diese unzuverlässigen Personen wesentlichen Einfluß auf die Geschäftsführung ausüben werden; das kann insbesondere auf Grund der ehelichen Lebensgemeinschaft oder bei einem Familienabhängigkeitsverhältnis zwischen Eltern und Kindern der Fall sein;

2. wenn anzunehmen ist, daß die Antragstellung, z.B. durch die persönlich zuverlässige Ehefrau, nur der Umgehung des Gesetzes dient, weil ein Antrag des unzuverlässigen Ehemannes aussichtslos wäre.

6. **Inhalt der Zuverlässigkeit**

a) Die Zuverlässigkeit muß in bezug auf die staatliche Ordnung, in bezug auf Fahrgäste und Geschäftspartner und in bezug auf die Betriebsangehörigen gegeben sein. Die staatliche Ordnung umfaßt z.B. die verkehrspolizeilichen Vorschriften, die Strafgesetze zum Schutz von Leib und Leben, von Sittlichkeit und Eigentum, die Steuergesetze, die Bedingungen und Auflagen einer nach dem PBefG erteilten Genehmigung. Dem Schutz der Geschäftspartner dienen die Vorschriften über die Leistung des Offenbarungseides, über die Eröffnung und Ablehnung des Konkursverfahrens; dem Schutz der Betriebsangehörigen die arbeitsrechtlichen Bestimmungen, vor allem über Arbeitszeit und über Tariflöhne, sowie die Bestimmungen des Sozialversicherungsrechts.

Verstößt jemand gegen Ordnungsbestimmungen des Verwaltungsrechts, so wird dadurch allein seine Zuverlässigkeit nicht in Frage gestellt; sie ist aber zu verneinen, wenn er gegen Ordnungsbestimmungen seines Berufszweigs laufend und wider besseres Wissen verstößt (vgl. Urteil des Bezirksverwaltungsgerichts Koblenz vom 27. 6. 1958, besprochen von Michel in PV 1958 S. 201).

b) Es muß sich immer um die Zuverlässigkeit oder Unzuverlässigkeit des Unternehmers **in seinem Beruf** handeln. Dabei kann aber sehr wohl das Verhalten außerhalb des Berufs auf die Beurteilung der beruflichen Zuverlässigkeit von Einfluß sein, vor allem bei Verstößen gegen die Strafgesetze.

Verstößt ein Omnibusunternehmer als Fahrer eines Omnibusses gegen die verkehrspolizeilichen Vorschriften, so ist von Fall zu Fall zu prüfen, ob sein Verhalten auf eine innere Einstellung schließen läßt, die ihn auch als Unternehmer untragbar macht. „Wer selbst betrunken am Steuer sitzt, wird auch nichts dabei finden, wenn einer seiner Kraftfahrer vor der Fahrt Alkohol zu sich nimmt" (so Urteil des VGH Baden-Württemberg vom 18. 2. 1952, 2564/51).

Andererseits kann ein Farbenblinder, der als Fahrer eines Omnibusses ungeeignet wäre, die nötige Zuverlässigkeit als Omnibusunternehmer haben (so VG Bayreuth, Urteil vom 8. 6. 1955, Nr. 1260 I/54).

c) Der Umstand, daß der Antragsteller noch **minderjährig** ist, berechtigt an sich nicht zur Verneinung der Zuverlässigkeit. Jedoch ist zu beachten, daß ein Minderjähriger gemäß § 112 BGB zum Betrieb eines Erwerbsgeschäftes der Ermächtigung durch einen gesetzlichen Vertreter bedarf, der seinerseits vorher die Genehmigung des Vormundschaftsgerichts einholen muß. Ohne diese Voraussetzungen ist der Minderjährige für die im Betrieb abzuschließenden Rechtsgeschäfte nicht geschäftsfähig. Man wird also, solange Ermächtigung und Genehmigung nicht vorliegen, dem Minderjährigen die Zuverlässigkeit für die Leitung des Betriebes absprechen müssen.

Auch in anderen Bereichen des Gewerberechts ist anerkannt, daß Unzuverlässigkeit für die Zulassung zu einem Gewerbebetrieb nicht immer auf einem moralischen Mangel beruhen muß (vgl. Sigl, Gesetz über die Berufsausübung im Einzelhandel, Köln 1958, S. 128).

d) Negative Umstände können, müssen aber nicht, mehr und mehr an Bedeutung verlieren, je weiter sie zeitlich zurückliegen. Ihre Löschung im Strafregister oder eine Amnestie macht sie jedenfalls nicht ungeschehen. Auch ein zeitlich weit zurückliegendes Verhalten kann noch zur Beurteilung der Persönlichkeit des Antragstellers herangezogen werden, wenn es auf eine bleibende Charaktereigenschaft schließen läßt (so Urteil des VGH Baden-Württemberg vom 30. 7. 1951, Nr. 7 IV 48). Hat die Behörde trotz Kenntnis des früheren Vorfalles eine Genehmigung erteilt und hat sich der Antragsteller bis zu einer notwendig werdenden weiteren Genehmigung neuerdings schlecht verhalten, so kann trotz der dazwischen liegenden Erteilung einer Genehmigung das frühere Verhalten zur Illustration der Veranlagung des Antragstellers mit herangezogen werden (vgl. Urteil des VGH Baden-Württemberg vom 6. 12. 1951, 2 S II 178/50).

e) Um die Zuverlässigkeit beurteilen zu können, wird die Genehmigungsbehörde regelmäßig einen Auszug aus dem Strafregister, ein polizeiliches Führungszeugnis sowie eine Auskunft des Kraftfahrtbundesamtes einholen. Weist die Strafliste Eintragungen auf, so ist in den meisten Fällen die Zuziehung der Strafakten am Platz, weil die Eintragung allein meist nicht den notwendigen sicheren Schluß auf die Persönlichkeit des Antragstellers ermöglicht.

f) Die Zuverlässigkeit ist nicht teilbar. Die Genehmigungsbehörde kann deshalb einen Antragsteller nicht für eine bestimmte Zahl und Art von Fahrzeugen, für die er eine Genehmigung begehrt, als unzuverlässig ansehen, bezüglich der Fahrzeuge aber, für die er die Genehmigung schon hat, an seiner Zuverlässigkeit nicht zweifeln (so Urteil des VG Freiburg/Breisgau vom 18. 7. 1957, PV 1958 S. 55).

g) Sobald bei einem bestehenden Personenbeförderungsbetrieb nicht mehr alle Voraussetzungen des § 13 Abs. 1 vorliegen, hat die Genehmigungsbehörde die Genehmigung zurückzunehmen. In § 25 Abs. 1 sind Beispiele für das Vorliegen einer Unzuverlässigkeit genannt, die auch bei der Prüfung der Zuverlässigkeit im Zulassungsverfahren herangezogen werden können.

7. Ob die Zuverlässigkeit gegeben ist oder nicht, ist keine Ermessensfrage, sondern eine vom Verwaltungsgericht in vollem Umfang nachprüfbare **Rechtsfrage.** Zwar können zwei Beurteiler der Frage im einzelnen Fall zu zwei verschiedenen Ergebnissen kommen, aber nur **ein** Ergebnis kann das richtige sein.

8. Wenn einem unzuverlässigen Mitbewerber eine Genehmigung erteilt worden ist, so kann ein ebenfalls unzuverlässiger Antragsteller nicht unter Berufung auf den **Gleichheitsgrundsatz** verlangen, ebenso behandelt zu werden. Denn wer in seiner eigenen Person nicht die Voraussetzungen für eine Genehmigung erfüllt, kann nicht aus dem Grundsatz der Gleichheit Rechte ableiten, die anderen gegen das Gesetz verliehen wurden (so Urteile des Bayer. VGH vom 27. 10. 1950, Nr. 187 III 50, und vom 13. 12. 1951, Nr. 26 IV 51).

9. Welchem von **mehreren Bewerbern,** die alle die Voraussetzungen des § 13 erfüllen, die Genehmigung zu erteilen ist, liegt im pflichtmäßigen Ermessen der Genehmigungsbehörde.

Sie macht von ihrem Ermessen einen fehlerhaften Gebrauch, wenn sie

a) die Auswahl unter mehreren Bewerbern nicht nach Verkehrsinteressen, sondern nach den Interessen der einfacheren Verwaltung trifft, z.B. einem Unternehmer eine Linie allein aus dem Grund zuteilt, weil die Zulassung eines anderen Bewerbers noch weitere Ermittlungen erfordern würde;

b) einem Bewerber eine Linie allein deswegen endgültig überträgt, weil er sie bisher auf Grund einer einstweiligen Erlaubnis betrieb (Urteil des VGH Baden-Württemberg vom 21. 1. 1957, 2 S 131/52).

„Es mag zugegeben werden, daß die Berücksichtigung sozialer Gesichtspunkte zulässig ist. Der soziale Gesichtspunkt darf aber nicht an die Stelle verkehrswirtschaftlicher Gesichtspunkte treten“ (Urteil des VGH Baden-Württemberg vom 10. 1. 1951, 1 S II 298/49).

Zu Absatz 2:

10. Die **objektiven** Zulassungsvoraussetzungen sind im Gesetz erst nach den subjektiven Voraussetzungen des Abs. 1 genannt, weil sie nur bei einem Teil der Verkehrsarten geprüft werden dürfen, nämlich beim Straßenbahn- und Obusverkehr, beim Linienverkehr mit Kraftfahrzeugen (Abs. 2), in anderer Ausgestaltung beim Droschkenverkehr (Abs. 3). Im einzelnen Genehmigungsverfahren aber sind die objektiven **vor** den subjektiven Zulassungsvoraussetzungen zu prüfen.

Wenn nach dem Tode des Unternehmers der Erbe, der den Betrieb nach § 19 übergangsweise drei Monate lang weiterführen darf, den vorgeschriebenen Genehmigungsantrag stellt, sind die objektiven Voraussetzungen der Abs. 2 und 3 nicht zu prüfen.

11. Die **Nichteignung** der Straße kann sich aus ihrer eigenen Beschaffenheit (Kurven, Kuppen, Steigung, Böschungen, Befestigung, Breite, Bauzustand) ergeben, aber auch aus dem Verkehr auf der Straße (Schnellverkehr, bespannte Fahrzeuge, Viehtrieb). Dabei sind sowohl die Straßenbaubehörde wie die Straßenverkehrsbehörde zu hören. Die Äußerungen dieser Behörden sind im Falle der Ablehnung des Antrages in den Ablehnungsbescheid mit aufzunehmen. Die Sachprüfung der Fachbehörden unterliegt der Anfechtung und damit der Nachprüfung durch das Verwaltungsgericht, ebenso wie die Überlegungen der Genehmigungsbehörde selbst. Aus diesem Grunde ist es notwendig, daß Straßenbaubehörde und Straßenverkehrsbehörde nicht einfach ein Votum abgeben, sondern ihre Meinung über die Eignung oder Nichteignung der Straße begründen und mit Tatsachen unterbauen.

12. Bei der heutigen Zusammenballung des Verkehrs in der Nähe von Großstädten ist eine Nichteignung der Straße i. S. des Abs. 2 Nr. 1 auch anzunehmen, wenn sich die Nichteignung nicht aus der Beschaffenheit der einzelnen Straße ergibt, sondern aus der Überlastung des ganzen **Straßennetzes** in der betreffenden Gegend. So hat der VGH Baden-Württemberg mit Urteil vom 11. 7. 1955 (4 S 267/52) bestätigt, daß das Straßennetz im Großraum Stuttgart weitere Omnibuslinienverkehre nicht mehr aufnehmen kann.

13. Über das Wesen des öffentlichen Verkehrsinteresses s. die Einleitung. An Fragen, die bei der Untersuchung des **öffentlichen Verkehrsinteresses** zu prüfen sind, hebt das Urteil des Bayer. VGH vom 10. 4. 1952 (71 IV 50) hervor:

a) welcher Personenkreis für die beantragte Verkehrsbedienung in Frage kommt (nicht nur Wohnbevölkerung, sondern auch Fremdenverkehr, Pendler usw.);

b) wie groß der Personenkreis ist;

c) welche Verkehrsmittel (Umfang, Sitzplatzzahl, Fahrplan) bisher zur Verfügung stehen.

Dagegen sind nach dem angeführten Urteil in diesem Zusammenhang nicht zu prüfen

1. die persönlichen und wirtschaftlichen Verhältnisse des Antragstellers;
2. Wettbewerbsinteressen vorhandener Unternehmer;
3. außergewöhnliche Nachfrage an Ausnahmetagen (Spitzenbeanspruchung).

Bezüglich der Unerheblichkeit von Wettbewerbsinteressen vorhandener Unternehmer ist dem Urteil recht zu geben. Der VGH Baden-Württemberg hat demgegenüber mit Urteil vom 31. 8. 1950 (DÖV 1950 S. 626) und wieder mit Urteil vom 18. 5. 1956 (1 S 102/55) ausgesprochen, wenn und soweit ein Einnahmeausfall zu einer Beeinträchtigung der verkehrsmäßigen Leistungsfähigkeit der Bundesbahn und damit zu einer Beeinträchtigung der allgemeinen Verkehrsinteressen zu führen vermöge, sei das wirtschaftliche Interesse der Bundesbahn bis zu einem gewissen Grade gleichzeitig ein öffentliches Interesse. Der Grundsatz kann jedenfalls nach neuem Recht nicht mehr anerkannt werden. Er hätte, wenn er gelten sollte, im Gesetz besonders genannt werden müssen.

Dagegen nimmt die Bundesbahn wie jedes andere bestehende Unternehmen an dem Grundsatz teil, daß ihr Bestehen in dem betreffenden Verkehrsgebiet insoweit berücksichtigt werden muß, als durch die Zulassung weiterer Unternehmen die von den zugelassenen Unternehmungen bedienten Verkehrsverhältnisse in Unordnung gebracht würden (so Urteil des Bayer. VGH vom 2. 10. 1953, 1 IV 52, 144 IV 52). „Auch die Belange der Bundesbahn und der Bundespost sind sowohl bei Eröffnung eigener Linien gegenüber dem Vorbringen vorhandener Verkehrsunternehmen als auch bei ihrem Vorbringen gegenüber neu beantragten Unternehmen Dritter mit dem gleichen Maßstab zu messen" (Urteil des Bayer. VGH vom 4. 6. 1951, VGH n. F. Bd. 4 S. 69).

Was die außergewöhnliche Nachfrage an Ausnahmetagen betrifft, so ist die Kapazität des Ortslinienverkehrs allerdings nicht auf die Beanspruchung bei plötzlichen Regengüssen abzustellen. Im Arbeiterberufsverkehr über Lande dagegen kann die Notwendigkeit bestehen, das Verkehrsvolumen auf die Spitzenbeanspruchung abzustellen.

14. **Schematische Maßstäbe** müssen vermieden werden. Schematisch und unsachgemäß ist z. B. die Ablehnung aller nach einem bestimmten Stichtag, zu dem die Verkehrsplanung abgeschlossen ist, eingehenden Anträge (Urteil des Bayer. VGH vom 10. 4. 1952, 71 IV 50).

Das schließt nicht aus, daß für bestimmte begrenzte Zwecke, z. B. eine Industrieansiedlung oder eine Festspielzeit, von der Genehmigungsbehörde eine generelle Verkehrsplanung durchgeführt wird (Urteil des Bayer. VGH vom 2. 10. 1953 1 IV 52, 144 IV 52). Eine solche Verkehrsplanung hat aber rein behördeninterne Wirkung. Die Behörde wird durch die Planung nicht der Pflicht enthoben, jeden eingehenden Antrag individuell zu behandeln und zu verbescheiden. Die sogenannte „Übersetzung des Gewerbes" darf ebenfalls nicht an einem schematischen Maßstab, etwa der Zahl der vorhandenen Verkehrsmittel, gemessen werden; sie kann nur insoweit berücksichtigt werden, als durch eine Zulassung weiterer Verkehrsmittel die Verkehrsverhältnisse in Unordnung gebracht würden, was durch Tatsachen zu beweisen ist (Urteil des VGH Baden-Württemberg vom 13. 12. 1951 — 1 S 98/51 —).

15. Die Frage, ob die öffentlichen Verkehrsinteressen beeinträchtigt werden, unterliegt nicht der Nachprüfung durch die Verwaltungsgerichte (Urteil des BVerwG vom 30. 10. 1959, VII C 19/59, DVBl. 1960 S. 169). Mehrere Oberverwaltungsgerichte sind gegenteiliger Ansicht; vgl. dazu die Einleitung.

16. Die Frage, ob ein Linienverkehr mit den vorhandenen Verkehrsmitteln befriedigend bedient werden kann, muß nicht für die ganze Strecke einheitlich zu beurteilen sein. Vielmehr kann die Frage für einen **Teil der Strecke** zu bejahen, für einen anderen Teil zu verneinen sein. Der vom Antragsteller erhobene Anspruch ist regelmäßig teilbar; d. h. ein Linienverkehr, zumal wenn er sich auf eine größere Entfernung erstreckt, kann auf verschiedene Verkehrsträger räumlich unterteilt werden und zwar derart, daß durch Zusammenwirken mehrerer Verkehrsunternehmer (im Zubringer- oder Anschlußverkehr) der Linienverkehr für die Gesamtentfernung bedient wird.

a) Im allgemeinen ist jedoch anzunehmen, daß bei größeren Entfernungen den Fahrgästen ein Wechsel von einem Verkehrsmittel auf ein anderes (anderer oder auch der gleichen Art) nicht mehr zugemutet werden kann, wenn der Wechsel noch verhältnismäßig nahe vor dem Endziel erfolgen müßte. Dagegen kann bei größeren Entfernungen im allgemeinen den Fahrgästen jedenfalls ein einmaliger Wechsel in der Benutzung der Verkehrsmittel zugemutet werden, wenn ihnen dadurch weder eine ins Gewicht fallende Verteuerung des Gesamtfahrpreises noch sonstige wesentliche Nachteile erwachsen (so Urteil des Bayer. VGH vom 11. 12. 1952, Nr. 37 IV 52).

b) Beispiel: Die Provinzhauptstadt A ist mit der Landeshauptstadt C durch die Autobahn, nicht aber durch eine direkte Eisenbahnverbindung verbunden. Auf etwa halbem Weg liegt in 6 km Entfernung von der Autobahn der Bahnhof der Stadt B, von dem eine gute Eisenbahnverbindung nach C besteht. Hier würden sich die Fahrzeit und Fahrkosten um die für 2 × 6 km notwendigen Beträge erhöhen. Je länger die Strecke A-B ist, um so größer müßte auch der Sicherheitsfaktor sein, der in der Fahrzeit A-B eingerechnet werden müßte, damit der Anschlußzug in B sicher erreicht wird. Auch ist nicht sicher, daß sich die Fahrkosten proportional der Fahrstrecke vermindern; denn sie enthalten einen erheblichen Anteil an Festkosten, der bei Verkürzung der Fahrstrecke anteilmäßig immer stärker in Erscheinung tritt.

17. Die Frage, ob ein Linienverkehr mit den vorhandenen Verkehrsmitteln befriedigend bedient werden kann. muß nicht für das ganze Jahr und den ganzen Fahrplan einheitlich zu beurteilen sein. Vielmehr kann die Frage für einen Teil des Jahres oder einen **Teil des Fahrplanes** zu bejahen, für einen anderen zu verneinen sein.

18. Nach Absatz 2 Nr. 2b beeinträchtigt der beantragte Verkehr die öffentlichen Verkehrsinteressen, wenn er ohne eine wesentliche Verbesserung der Verkehrsbedienung (unten a—c) lediglich eine **Umschichtung** des Verkehrsstroms von den vorhandenen Unternehmungen auf das beantragte Unternehmen (unten d) enthält.

a) Eine wesentliche Verbesserung der Verkehrsbedienung kann liegen
in einer technischen Verbesserung (s. b);
in einer ökonomischen Verbesserung (s. c).

b) Eine technische Verbesserung kann liegen in der Vermehrung der bisher unzureichenden Sitzplätze; in der besseren Anpassung an Arbeitszeiten und Geschäftszeiten; in einer wesentlichen Verkürzung der Fahrzeit; im besseren Anschluß (= Verkürzung der Wartezeit) an andere Verkehrsmittel; in der Vermeidung oftmaligen Umsteigens; bei größeren Entfernungen ist ein einmaliges Umsteigen zumutbar, wenn es weder zu einer wesentlichen Verteuerung noch zu sonstigen Nachteilen (z. B. lange Wartezeiten und primitive Aufenthaltsräume am Umsteigort) führt (Urteil des Bayer. VGH vom 15. 5. 1953, Nr. 119 IV 52); bei einem homogenen Kreis von Fahrgästen die Nähe des Abgangspunktes zu den Wohnungen und des Ankunftspunktes zum Ziel (z. B. Arbeitsplatz); u. U. in der Möglichkeit der Gepäckbeförderung und der Erholung während der Fahrt.

c) Eine ökonomische Verbesserung der Verkehrsbedienung kann liegen in der Verbilligung des **Fahrpreises.**

Beim Vergleich der Fahrpreise kann nicht der Fahrpreis eines Unternehmens, das nur voll zahlende Fahrgäste befördert, mit dem Regelfahrpreis eines Unternehmens mit zahlreichen zu ermäßigten Tarifen beförderten Fahrgästen verglichen werden. Vielmehr kann der Fahrpreis des zuerst genannten Unternehmens nur mit einem durchschnittlichen (nämlich aus dem normalen und dem ermäßigten Fahrpreis gemischten) Fahrpreis des zuletzt genannten Unternehmens verglichen werden (so Urteil des Bayer. VGH vom 15. 5. 1953, Nr. 119 IV 52).

Andererseits sind neben den Fahrpreisermäßigungen auch die Fahrpreiserhöhungen (z.B. durch Schnellzugzuschläge) im durchschnittlichen Fahrpreis zu berücksichtigen.

Voraussetzung für einen Vergleich der Fahrpreise ist, daß sie voraussichtlich während der Dauer der beantragten Genehmigung beibehalten oder nur in gleichheitlicher Relation verändert werden. Jedenfalls müssen sie auf der Kostenlage des Unternehmens aufbauen (Urteil des VGH Baden-Württemberg vom 12. 10. 1950, PL II 16/50).

d) Die Gefahr einer bloßen Umschichtung besteht dort nicht, wo durch den beantragten Verkehr im wesentlichen solche Fahrgäste erfaßt werden, die bisher eigene Verkehrsmittel benutzten oder private Verkehrsmittel anderer mitbenutzten oder auch auf die betreffenden Fahrten überhaupt verzichteten.

19. Abs. 2 Nr. 2b löst nicht den Fall, daß ein beantragtes Unternehmen zwar eine bessere Verkehrsbedienung bietet, andererseits aber die **verkehrsmäßige Leistungsfähigkeit** der vorhandenen Verkehrsträger wesentlich **beeinträchtigt.** In diesem Fall ist, wie schon nach bisherigem Recht (vgl. Urteil des Bayer. VGH vom 28. 5. 1951, Nr. 50/106 IV 50), der durch die bessere Verkehrsbedienung herbeigeführte Vorteil gegen den Nachteil abzuwägen, welcher der Allgemeinheit durch die Verminderung der verkehrsmäßigen Leistungsfähigkeit der vorhandenen Unternehmer entsteht.

20. Wenn die öffentlichen Verkehrsinteressen durch die Zulassung von zwei beantragten Personenbeförderungen beeinträchtigt würden, nicht aber durch die Zulassung von einer davon, dann ist die Genehmigung demjenigen Antragsteller zu erteilen, der die subjektiven Voraussetzungen des Abs. 1 erfüllt. Werden die subjektiven Voraussetzungen von beiden Antragstellern erfüllt, so hat die Behörde die Auswahl unter den beiden Bewerbern nach pflichtgemäßem Ermessen zu treffen (Urteil des Bayer. VGH vom 27. 11. 1953, Nr. 7 IV 53). Dabei kann die Priorität des Eingangs des Antrages berücksichtigt werden, muß aber nicht berücksichtigt werden. Die Entscheidung der Behörde muß auf jeden Fall erkennen lassen, warum die Genehmigung dem einen und nicht dem anderen Bewerber erteilt wurde; andernfalls ist sie fehlerhaft.

21. Nicht nur eine vorhandene befriedigende Verkehrsbedienung (Abs. 2 Nr. 2a) und die bloße Umschichtung (Abs. 2 Nr. 2b) stellen eine Beeinträchtigung öffentlicher Verkehrsinteressen dar, sondern auch das Eindringen eines neuen Beförderers in eine Verkehrsbedienung, deren **notwendige Ausgestaltung** die vorhandenen Beförderer auf Straße und Schiene selbst durchführen wollen. Die Ausgestaltung muß innerhalb einer von der Genehmigungsbehörde festzusetzenden angemessenen Frist geschehen.

22. Die Festsetzung der Frist muß in die Entscheidung über die Versagung der Genehmigung (§ 15 Abs. 1) aufgenommen werden. Die Entscheidung ist sowohl dem abgelehnten Antragsteller wie dem mit der Frist beschwerten vorhandenen Straßen- oder Schienenunternehmen zuzustellen. Beiden Teilen steht der Rechtsbehelf nach der VwGO zu, und zwar:

a) dem abgelehnten Antragsteller

gegen die Ablehnung seines Antrages;

dagegen, daß die Genehmigungsbehörde die Ausgestaltungsmöglichkeit durch das vorhandene Unternehmen bejaht hat;

dagegen, daß die Genehmigungsbehörde für die Ausgestaltung eine zu reichliche Frist gesetzt hat;

b) dem vorhandenen Unternehmen dagegen, daß die Genehmigungsbehörde für die Ausgestaltung eine zu kurze Frist gesetzt hat.

23. Im **Ferienziel-Reiseverkehr** ist die Vorschrift des Abs. 2 Nr. 2c nicht anwendbar (§ 45 Abs. 4 Satz 3).

24. Im **Schienenparallelverkehr** und im **Schienenersatzverkehr,** soweit er nicht Ortslinienverkehr oder Nachbarortslinienverkehr ist, ist das Schienenunternehmen bevollmächtigt, die notwendige Ausgestaltung des Verkehrs durchzuführen. Voraussetzung ist auch hier, daß das Schienenunternehmen bereit und in der Lage ist, innerhalb der von der Genehmigungsbehörde festzusetzenden angemessenen Frist die notwendige Ausgestaltung des Parallelverkehrs oder Ersatzverkehrs durchzuführen. Die Bevorrechtigung bedeutet nicht etwa, daß der Parallelverkehr oder Ersatzverkehr auf jeden Fall für das Eisenbahnunternehmen reserviert bleiben muß.

a) Die für den Parallelverkehr zu verwendenden Straßen müssen in der Verkehrsrichtung der Schienen verlaufen. Ein bloß geographisches Nebenherlaufen von Straße und Schiene auf einer Teilstrecke ohne wesentliche Verkehrsbedeutung stellt keine Parallelität i. S. des Gesetzes dar.

b) Ein **Eckverkehr** ist kein Parallelverkehr. Eckverkehr liegt vor, wenn die Straße ein verkehrsmäßig bedeutsames Eck der Schiene abschneidet. Z. B. schneidet die Straße von Coburg nach Kronach das über Lichtenfels führende Schieneneck ab. Hier liegt allenfalls ein Eckverkehr, keinesfalls aber ein Parallelverkehr vor. Ein Schienenparallelverkehr könnte in diesem Fall nur in Betracht kommen, wenn die ganze Schienenstrecke zwischen Coburg und Kronach verkehrsmäßig bedeutungslos wäre (was tatsächlich nicht der Fall ist).

c) Schienenersatzverkehr setzt eine **völlige** Stillegung des Personenverkehrs auf der Schienenverbindung voraus. Eine nur teilweise Stillegung genügt nicht.

25. Der Begriff Schienenparallelverkehr und Schienenersatzverkehr und die damit verbundene Bevorrechtigung stellen eine **Ausnahme** von der Regel dar, daß grundsätzlich alle am Verkehr beteiligten Unternehmen gleiche Ausgangspositionen haben sollen. Daher sind die Begriffe Schienenparallelverkehr und Schienenersatzverkehr eng auszulegen.

Wo eine Ausnahme ihrerseits wieder einer Einschränkung unterliegt, führt die Einschränkung wieder auf das Prinzip des Gesetzes zurück und ist daher weit auszulegen. Der Begriff Ortslinienverkehr und Nacharortslinienverkehr sind daher weit auszulegen. Dabei ist zu beachten, daß Art. 28 Abs. 3 GG den Gemeinden das Recht gewährleistet, alle Angelegenheiten der örtlichen Gemeinschaft im Rahmen der Gesetze in eigener Verantwortung zu regeln. Die Einschränkung „im Rahmen der Gesetze" kann niemals dahin führen, daß die Gesetze das Recht der Gemeinden, die örtlichen Angelegenheiten in eigener Verantwortung zu regeln, beseitigen. Zu den örtlichen Angelegenheiten gehört die Ortsplanung auch dort, wo es nicht, wie in Bayern (Art. 83 BV), in der Verfassung ausdrücklich ausgesprochen ist. Die **Ziele der Ortsplanung** (nicht bloß ihre fixierten „Ergebnisse") sind daher bei der Subsumtion, ob im einzelnen Fall ein Nachbarortslinienverkehr vorliegt, mit heranzuziehen. Einerseits ist bei dem Wachstum unserer Städte eine Festlegung der Ortsplanung auf planerisch fixierte Ergebnisse nicht möglich. Andererseits ist im Interesse der Rechtssicherheit zu fordern, daß die Ziele der Ortsplanung, um für die Annahme eines Nachbarortslinienverkehrs maßgebend zu sein, in einem genau genug erarbeiteten Programm vorliegen müssen, nicht etwa als bloßes Schreibtischprojekt.

Zu Absatz 3:

26. Die Vorschrift des Abs. 3 rückt weit näher an die Möglichkeit einer aus berufspolitischen Erwägungen verhängten Zugangssperre heran als die Vorschriften des Abs. 2. Sie wird gleichwohl durch den Beschluß des Bundesverfassungsgerichts vom 8. 6. 1960 gedeckt, der bezüglich der **Kraftdroschken** ausführt:

„Da beim Droschkenverkehr eine Konkurrenz mit dem Linienverkehr und dem Schienenverkehr der Bundesbahn in nennenswertem Umfang nicht besteht, diese für die Allgemeinheit überragend wichtigen Verkehrszweige also durch die Zulassung eines Droschkenunternehmens nicht gefährdet werden können, wird als ernste Gefahr im wesentlichen nur übrig bleiben, daß das Droschkengewerbe selbst bei unkontrolliertem Eindringen neuer Unternehmen durch Übersetzung und ruinösen Wettbewerb in seiner Existenz bedroht würde. Sollte diese Gefahr — konkret beweisbar — eingetreten oder nach dem sorgfältig begründeten Urteil der Verwaltungsbehörde in drohende Nähe gerückt sein, so würde das die Versagung der Genehmigung rechtfertigen können.“

27. Das Gesetz macht die Zulassung von **Kraftdroschken** nicht ausdrücklich davon abhängig, daß genügend **Bereitstellraum** vorhanden ist. Indes scheint die objektive Voraussetzung des Abs. 3 genügend weit gefaßt, um die Zulassung neuer Kraftdroschken auch mangels vorhandener Aufstellgelegenheit ablehnen zu können.

28. Eine **Existenzbedrohung** erfaßt die Mitglieder eines Gewerbes in der Regel nicht einheitlich, sondern die nach ihren persönlichen und wirtschaftlichen Verhältnissen schwächeren Mitglieder rascher als die stärkeren. Von einer Bedrohung des ganzen Gewerbes wird man sprechen können, wenn 10% oder mehr der Gewerbetreibenden mit der beabsichtigten Vermehrung der Zulassungen ihre Existenzgrundlage verlieren werden.

29. In kleinen Orten mit leicht überschaubaren Verhältnissen kann sich die Genehmigungsbehörde selbst ein Bild davon machen, wie viele Droschken in dem nächsten überschaubaren Zeitraum noch zugelassen werden können, ohne daß eine Existenzbedrohung des Gewerbes i. S. der vorherigen Anmerkung eintritt. In mittleren und großen Städten ist von Zeit zu Zeit eine generelle Überprüfung der wirtschaftlichen Lage des Droschkengewerbes erforderlich. Als Vorbild können dienen:

Gutachten über die Situation des Kraftdroschkengewerbes in Mannheim vom 24. 10. 1960, Verfasser: Verband des württ.-bad. Verkehrsgewerbes;

Gutachten über die Wirtschaftlichkeit des Kraftdroschkengewerbes der Stadt Köln vom 22. 10. 1960, Verfasser: Dipl.-Kfm. Manfred Schöpke;

Gutachten im Auftrage der Industrie- und Handelskammer München über die wirtschaftliche Lage des Münchener Kraftdroschkengewerbes vom 15. 2. 1961, Verfasser: Revisions- und Treuhandgesellschaft München.

a) Als Kriterien der Untersuchung dienen z. B.: Verhältnis der Zahl der vorhandenen Droschken zur Zahl der Unternehmer, der selbstfahrenden Unternehmer, der angestellten Fahrer; Zahl der Betriebsinhaber, die selbst nicht im Betrieb tätig sein können („Witwenbetrieb“); Verhältnis der Droschkenzahl zur Einwohnerzahl und zur Dichte des Fremdenverkehrs; Zusammensetzung des Fahrzeugparkes nach dem Alter; Vergleich der Fahrleistungen mit denen in anderen Gemeinden; Ertragslage; freies Fahrerpotential, getrennt nach Berufsfahrern und Aushilfsfahrern (Studenten, Wochenendfahrer), auf dem Arbeitsmarkt.

b) Allgemeine Erkenntnisse aus den genannten drei Gutachten: Das Fahrerpotential begrenzt die Ausweitung der Kapazität. Bei knappem Angebot auf dem Arbeitsmarkt bewirkt die Zulassung weiterer Droschken insgesamt gesehen ein Absinken der Kilometer-Leistungen und damit der durchschnittlichen Rentabilität. Einschichtbetriebe liegen bereits an der Schwelle zum Verlustbetrieb, wenn Zweischichtbetriebe noch ausreichenden Gewinn bringen.

c) An Besonderheiten einer Gemeinde, welche die Vergleichbarkeit mit anderen Gemeinden beeinflussen, kommen in Betracht: zahlreiche Stopstellen, Langsamfahrstellen und Steigungen; Verbesserungen oder Verschlechterungen (Tarifänderungen) im Straßenbahnbetrieb; Änderung der Nachfrage durch Verlegung von Garnisonen und Vergrößerung des Fremdenverkehrs; für die Zukunft: Sperrung der Innenstadt für Privatfahrzeuge bei gleichzeitiger Offenhaltung für Droschken.

Zu Absatz 4:

30. Ein **Bestandsschutz** wurde schon nach bisherigem Recht in der Rechtsprechung anerkannt. Über Ausmaß und Grenze des Bestandsschutzes vgl. Urteil des Bayer. VGH vom 4. 12. 1953 (Nr. 54 IV 53): „Ein Verlängerungsantrag, den ein Verkehrsunternehmer bei Ablauf der Genehmigungsdauer stellt, ist als Antrag auf Erteilung der Genehmigung anzusehen. Daraus folgt, daß die Genehmigungsbehörden nicht nur das Verkehrsbedürfnis in dem zulässigen Umfang neu prüfen müssen, sondern auch, wenn das Verkehrsbedürfnis mit der Zulassung einer bestimmten Anzahl von Bewerbern gedeckt wird, aber um die verfügbaren Genehmigungen sich mehr Antragsteller bewerben als Genehmigungen erteilt werden können, zu prüfen haben, welchem der Bewerber der Vorrang zu geben ist. Dabei kann der bisherige Unternehmer, der den Verkehr in der abgelaufenen Zeit unbeanstandet durchgeführt und dafür nicht unbedeutende Aufwendungen gemacht hat, lediglich darauf vertrauen, daß diese Umstände gebührend mitberücksichtigt werden. Ein Recht auf bevorzugte Berücksichtigung hat der bisherige Unternehmer keinesfalls. Daraus folgt auch, daß unter den erwähnten Voraussetzungen Unternehmer, deren Genehmigung zeitlich abgelaufen ist, hinter denjenigen Bewerbern zurücktreten müssen, denen das Gesetz ein Recht auf bevorzugte Berücksichtigung zugewiesen hat; vgl. § 69 Abs. 1 BVFG hinsichtlich der Vertriebenen und Sowjetzonenflüchtlinge und § 7a Abs. 3 des Heimkehrergesetzes i. d. F. vom 17. 8. 1953 (BGBl. S. 931) hinsichtlich der Spätheimkehrer."

31. Das Gesetz fordert als Voraussetzung für die Anwendung des Abs. 4 nicht, daß der Verkehr auf Grund einer gültigen **Genehmigung** betrieben wurde. Es kann insbesondere in den Jahren nach Kriegsende vorgekommen sein, daß Linien von Unternehmern auf Grund zweifelhafter behördlicher Ermächtigungen (einstweilige Erlaubnisse, die immer wieder verlängert wurden) errichtet, aber mit Aufwand von Mühe und Mitteln ausgebaut und zur zuverlässigen Verkehrsbedienung gemacht wurden.

Die Erwartung des Unternehmers, nicht mehr aus dieser Verkehrsbedienung verdrängt zu werden, kann ebenso schutzwürdig sein wie die Rechtsposition eines ordnungsgemäß zugelassenen Unternehmers (vgl. Urteil des BVerwG vom 13. 12. 1956, PV 1958 S. 19).

Bezüglich der früheren Regelung vgl. Urteil des OVG Rheinland-Pfalz vom 10. 2. 1956, PV 1956 S. 181.

32. In der Regel wird es den Verkehrsinteressen am Linienverkehr am besten entsprechen, daß eine Strecke nur von einem einzigen Unternehmer bedient wird. Der Fahrzeugmangel in den ersten Nachkriegsjahren hat aber bei einigen Linien dazu geführt, daß sie im Wechsel von zwei Unternehmern bedient werden. Hier sind grundsätzlich beide Unternehmer durch Abs. 4 geschützt, wenn sie beide in gutem Zusammenwirken den Verkehr befriedigend bedient haben. Die Schwierigkeit für die Behörde, die Aufsicht über die Linie gegenüber zwei Unternehmern ausüben und den Fahrplan jeweils unter Ausgleich der beiderseitigen Interessen erarbeiten zu müssen, hat gegenüber dem Bestandsschutz für beide Unternehmer zurückzustehen. Aber auch hier kann es sich jeweils nur um eine „Berücksichtigung", nicht um eine „Bevorrechtigung" oder eine Rechtsposition handeln.

§ 14

Anhörverfahren

(1) Vor der Entscheidung über den Antrag auf Erteilung der Genehmigung sind zu hören

1. bei Straßenbahn- oder Obusverkehr

a) die Träger der Straßenbaulast (Wegeunterhaltungspflichtige),

b) die beteiligten Gemeinden, bei kreisangehörigen Gemeinden auch die Landkreise oder die Kreisverwaltungsbehörden,

c) diejenigen, die im Verkehrsgebiet des beantragten Unternehmens bereits Schienenbahnen des Personenverkehrs, Obusverkehr, Kraftfahrlinien oder dem Berufsverkehr dienende Schiffahrtslinien betreiben; soweit die Deutsche Bundespost oder die Deutsche Bundesbahn solchen Verkehr betreiben, sind die Oberpostdirektion oder die Bundesbahndirektion zu hören, in deren Bezirk das beantragte Unternehmen betrieben werden soll,

d) die nach Landesrecht zuständigen Planungsbehörden,

e) gutachtlich die beteiligten Industrie- und Handelskammern, die zuständigen Fachgewerkschaften und die Fachverbände der Verkehrtreibenden;

2. bei Linienverkehr mit Kraftfahrzeugen

a) diejenigen, die im Verkehrsgebiet des beantragten Unternehmens bereits Schienenbahnen des Personenverkehrs, Obusverkehr, Kraftfahrlinien oder dem Berufsverkehr dienende Schiffahrtslinien betreiben,

b) die Oberpostdirektion und die Bundesbahndirektionen, in deren Bezirk das beantragte Unternehmen betrieben werden soll,

c) die beteiligten Landkreise und kreisfreien Städte und, wenn an der Eignung der benutzten Straßen Zweifel nach § 13 Abs. 2 Nr. 1 bestehen, auch die Träger der Straßenbaulast (Wegeunterhaltungspflichtige),

d) gutachtlich die beteiligten Industrie- und Handelskammern, die zuständigen Fachgewerkschaften und die Fachverbände der Verkehrtreibenden;

3. bei Linienverkehr mit Kraftfahrzeugen innerhalb der Grenzen einer Gemeinde

a) die in Nummer 1 Buchstaben a bis c genannten Stellen,

b) gutachtlich die Industrie- und Handelskammer, die zuständigen Fachgewerkschaften und die Fachverbände der Verkehrtreibenden;

4. bei Gelegenheitsverkehr mit Kraftomnibussen nach den §§ 48 und 49 gutachtlich die für den Betriebssitz des Unternehmers zuständige Oberpostdirektion und Bundesbahndirektion, die für den Betriebssitz des Unternehmers zuständige Gemeindebehörde, die Industrie- und Handelskammer, die zuständigen Fachgewerkschaften und die Fachverbände der Verkehrtreibenden, bei Gelegenheitsverkehr mit Kraftomnibussen nach § 48 auch der Landes-Fremdenverkehrsverband;

5. bei Gelegenheitsverkehr mit Personenkraftwagen nach den §§ 47, 48 und 49 Abs. 4 gutachtlich die für den Betriebssitz des Unternehmers zuständige Gemeindebehörde, die Industrie- und Handelskammer, die zuständigen Fachgewerkschaften und die Fachverbände der Verkehrtreibenden.

(2) Die Genehmigungsbehörde kann außer den in Absatz 1 genannten Stellen weitere Stellen gutachtlich hören.

(3) Die Genehmigungsbehörde kann von der Durchführung des Anhörverfahrens absehen, wenn sie aus eigener Kenntnis der Sachlage dem Antrag nicht entsprechen will.

(4) Der Anhörung der in Absatz 1 genannten Stellen bedarf es nicht, wenn durch denselben Unternehmer an Stelle eines bestehenden Straßenbahnverkehrs ein Obusverkehr eingerichtet werden soll.

(5) Die unter Absatz 1 genannten Stellen können sich binnen zwei Wochen, nachdem sie von dem Antrag in Kenntnis gesetzt worden sind, schriftlich gegenüber der Genehmigungsbehörde äußern. Einwendungen können zur Beschleunigung des Genehmigungsverfahrens mit dem Antragsteller und allen oder einzelnen Beteiligten mündlich erörtert werden.

Zu Absatz 1:

1. Nach früherem Recht war dem Genehmigungsverfahren ein Anhör- und Widerspruchsverfahren vorgeschaltet, das rechtskräftig abgeschlossen sein mußte, ehe die Genehmigung erteilt werden konnte. Das neue Recht hat das Widerspruchsverfahren im Sinne der §§ 9, 13 DVO (nicht zu verwechseln mit dem Widerspruchsverfahren nach der VwGO) aufgegeben, um das Genehmigungsverfahren zu vereinfachen und zu beschleunigen. Das Anhörverfahren wurde in das Genehmigungsverfahren eingebaut, weil es der Genehmigungsbehörde die sachlichen Unterlagen für eine gerechte Entscheidung beschafft und sich in dieser Eigenschaft durchaus bewährt hat.

2. Das Anhörverfahren ist nur vor Erteilung einer Genehmigung, und zwar sowohl einer Genehmigung nach § 2 Abs. 1 wie einer solchen nach § 2 Abs. 2 vorgeschrieben, nicht dagegen im Verfahren nach §§ 10, 24, 25 und 26.

3. Das Gesetz unterscheidet zwischen zustellungsberechtigten (vgl. § 15 Abs. 1 Satz 3) und nur gutachtlichen Anhörstellen. Zustellungsberechtigte **Anhörstellen** sind

a) die Träger von Verkehrswegen im Straßenbahn- und Obusverkehr und im Linienverkehr mit Kraftfahrzeugen (Nr. 1a und b, 2c, 3a);

b) die Träger von Verkehrsmitteln im Straßenbahn- und Obusverkehr und im Linienverkehr mit Kraftfahrzeugen (Nr. 1c, 2a und b, 3a);

c) die Landesplanungsbehörden im Straßenbahn- und Obusverkehr (Nr. 1d).

Gutachtliche Anhörstellen sind

a) die Industrie- und Handelskammern bei allen Verkehrsarten (Nr. 1e, 2d, 3b, 4, 5);

b) die Fachgewerkschaften bei allen Verkehrsarten (Nr. 1e, 2d, 3b, 4, 5);

c) die Fachverbände der Verkehrtreibenden bei allen Verkehrsarten (Nr. 1e, 2d, 3b, 4, 5);

d) die Bundesbahndirektion und die Oberpostdirektion im Gelegenheitsverkehr mit Kraftomnibussen (Nr. 4);

e) die für den Betriebssitz des Unternehmers zuständige Gemeindebehörde beim Gelegenheitsverkehr mit Kraftomnibussen und mit Personenkraftwagen (Nr. 4, 5);

f) der Landesfremdenverkehrsverband bei Ausflugsfahrten mit Kraftomnibussen (Nr. 4);

g) weitere nach dem Ermessen der Genehmigungsbehörde auszuwählende Stellen (Absatz 2).

4. Sowohl die zustellungsberechtigten wie die gutachtlichen Anhörstellen haben die Aufgabe, die Genehmigungsbehörden beratend zu unterstützen und ihnen die Entscheidung dadurch zu erleichtern, daß sie zu allen einschlägigen Fragen Stellung nehmen. Es ist daher nicht zulässig, daß etwa der Bundesminister einer Oberpostdirektion oder ein Landesministerium einer Landesplanungsbehörde Einschränkungen bezüglich Inhalt und Umfang ihrer Stellungnahme auferlegt (nichtveröffentlichter RdErl. des RVM vom 16. 2. 1938 an den Regierungspräsidenten in Schleswig, abgedruckt bei Oppelt a. a. O. S. 63).

5. Andererseits ist die Genehmigungsbehörde an die Stellungnahmen der Anhörstellen nicht gebunden, sondern hat sie nur nach dem Gewicht ihrer Argumente ihrer Rechts- und Ermessensentscheidung zugrunde zu legen.

a) Auch die Träger von Verkehrswegen und Verkehrsmitteln haben nicht etwa Willenserklärungen darüber abzugeben, ob sie die beantragte Verkehrsbedienung befürworten oder nicht. Sie haben vielmehr ihr Wissen von den **Argumenten** mitzuteilen, welche für und gegen die beantragte Verkehrsbedienung sprechen. Bloße „Befürwortungen" und „Ablehnungen" sind wertlos und dürfen der Entscheidung der Genehmigungsbehörde nicht zugrunde gelegt werden. Die Genehmigungsbehörde muß in der Begründung ihrer Entscheidung zum Ausdruck bringen, daß sie den Inhalt der Stellungnahmen nach seinen Gründen, nicht nach seinem Votum berücksichtigt hat. Sie ist auch bei ihrer Entscheidung keineswegs auf die von den Anhörstellen vorgetragenen Argumente beschränkt (Urteil des OVG Rheinland-Pfalz v. 4. 10. 1955 — 2 C 3/55 —). Auf die hier gekennzeichnete Stellung der Anhörstellen hinzuweisen ist heute, nach Wegfall des formellen Widerspruchsverfahrens der DVO, doppelt wichtig. Manche Anhörstellen verdanken ihre Stellung dem Umstand, daß sie im Verkehrsgebiet des beantragten Unternehmens bereits eine Verkehrsbedienung betreiben; dadurch wird aber ihre Pflicht zur Objektivität nicht beeinträchtigt. Auch die Arbeitsgerichte sind paritätisch mit Vertretern der Arbeitgeber und Arbeitnehmer besetzt und doch muß jeder von ihnen in jedem Falle nicht das Interesse seiner Berufsgruppe, sondern das objektive Recht vertreten und finden helfen.

b) Zwar kann die Genehmigungsbehörde gemäß Absatz 3 von einem Anhörverfahren ganz absehen, wenn ihr der Antrag bereits abweisungsreif erscheint. Deswegen kann aber eine Anhörstelle nicht aus der Tatsache, daß sie gehört wird, den Schluß ziehen, die Genehmigungsbehörde neige einer positiven Entscheidung zu und es seien daher nur noch negative Gesichtspunkte von Bedeutung. Vielmehr hat sich die Anhörstelle in jedem Falle auch zu den **für** den Antrag sprechenden Gesichtspunkten zu äußern.

c) Die Anhörstellen können negative Gesichtspunkte gegen den Antrag aufzeigen, gleichwohl aber zu dem Ergebnis kommen, daß die ebenfalls aufgezeigten positiven Gesichtspunkte überwiegen, so daß im Ergebnis keine Einwendung gegen den Antrag zu erheben ist. Nur die zustellungsberechtigten Anhörstellen (§ 15 Abs. 1 Satz 2 und 3) haben das Recht, eine negative Stellungnahme zu einem negativen Votum zu verdichten, wenn sie der Meinung sind, daß die gegen den Antrag sprechenden Gesichtspunkte die für ihn sprechenden überwiegen. Das Gesetz bezeichnet die negativen Voten als **Einwendungen.** Sie müssen in der Begründung des Genehmigungsbescheids gewürdigt werden (§ 15 Abs. 1 Satz 2). Den zustellungsberechtigten Anhörstellen, welche Einwendungen erhoben haben, ist die Genehmigungsverfügung zuzustellen (§ 15 Abs. 1 Satz 3).

6. Träger der Straßenbaulast sind:

Baden-Württemberg:
für Ortsstraßen und Gemeindeverbindungsstraßen: Gemeinden; für Kreisstraßen: Kreise; für Staatsstraßen: Land Baden-Württemberg, vertreten durch Regierungspräsidium — Abt. Straßenbau —

Bayern:
für Eigentümerwege: Grundstückseigentümer; für öffentliche Feld- und Waldwege: Beteiligte; für Gemeindestraßen: Gemeinden; für Kreisstraßen: Kreise; für Staatsstraßen: Freistaat Bayern

Berlin:
Senator für Bau- und Wohnungswesen

Freie und Hansestadt Hamburg:
für Bundesfernstraßen: die Baubehörde; im übrigen die Bezirksbauämter

Hessen:
für Orts- und Gemeindeverbindungsstraßen: Gemeinde: für Kreisstraßen: Landkreise und kreisfreie Städte, letztere innerhalb der Gemarkung; für Staatsstraßen: Land Hessen

Niedersachsen:
für Orts- und Gemeindeverbindungsstraßen: Gemeinde; für Kreisstraßen: Landkreise und kreisfreie Städte; für Staatsstraßen: Land Niedersachsen

Nordrhein-Westfalen:
wird durch das am 1. 1. 1962 in Kraft tretende Landesstraßengesetz bestimmt

Saarland:
für Landstraßen I. und II. Ordnung sowie für klassifizierte Straßen in Gemeinden bis 20000 Einwohner: das Land; für Gemeindestraßen und für nichtklassifizierte Straßen in Gemeinden über 20000 Einwohner: die Gemeinde

Schleswig-Holstein:
für Orts- und Gemeindeverbindungsstraßen: Gemeinden, evtl. Zweckverbände; für Kreisstraßen: Kreise; für Staatsstraßen: Land Schleswig-Holstein.

7. In Absatz 1 Nr. 1b sind auf Vorschlag des Bundesrates neben den **Landkreisen** die Kreisverwaltungsbehörden als Anhörstellen eingefügt worden, nicht in dem Sinn, daß die Genehmigungsbehörde die Wahl zwischen Landkreis und Kreisverwaltungsbehörde habe, sondern in dem Sinn, daß sie die nach der kommunalen Verfassung ihres Landes richtige Stelle auszuwählen hat. Die Begründung des Bundesrates lautet:

„Die Beziehungen zwischen den Landkreisen und den kreisangehörigen Gemeinden sind in den einzelnen Ländern verschieden geregelt. In einem Teil der Länder besteht zwischen Landkreis und kreisangehörigen Gemeinden kein Verhältnis der Über- und Unterordnung. In diesen Ländern ist daher an Stelle des Landkreises die Kreisverwaltungsbehörde zu hören.“

8. Nach Landesrecht zuständige **Planungsbehörden:**

Baden-Württemberg:
Regierungspräsidium

Bayern:
Regierung

Freie und Hansestadt Hamburg:
Baubehörde

Hessen:
Landesplanung beim Minister des Innern

Niedersachsen:
Regierungspräsident/Verwaltungspräsident

Nordrhein-Westfalen:
Ministerium für Landesplanung, Wohnungsbau und öffentliche Arbeiten

Saarland:
Ministerium für Öffentliche Arbeiten und Wohnungsbau

Schleswig-Holstein:
Landeskanzlei — Landesplanungsabteilung —.

9. Im ursprünglichen Entwurf war von der zuständigen Fachgewerkschaft (Einzahl) die Rede. Entsprechend den Vorschlägen des Deutschen Gewerkschaftsbundes wurde es in „zuständige **Gewerkschaften**" geändert. Das sind die Fachgewerkschaften des Verkehrs, nämlich die Gewerkschaft Öffentliche Dienste, Transport und Verkehr (ÖTV), die Gewerkschaft der Eisenbahner Deutschlands und die Deutsche Postgewerkschaft. Andere Gewerkschaften sind nicht beteiligt, also nicht etwa die Gewerkschaft Bau, wenn es sich um Berufsverkehr für Bauarbeiter handelt.

Die Bezirksverwaltungen der ÖTV sind:

Bezirksverwaltung Nord-West, Kiel, Legienstraße 24
Bezirksverwaltung Hamburg, Hamburg 1, Besenbinderhof 57 II
Bezirksverwaltung Weser-Ems, Bremen, An der Weide 6—13
Bezirksverwaltung Niedersachsen, Hannover, Wilhelmstr. 1/II
Bezirksverwaltung Berlin, Berlin W 14, Schlüterstr. 45
Bezirksverwaltung Nordrhein-Westf. I, Düsseldorf, Friedrich-Ebert-Str. 34—38
Bezirksverwaltung Nordrhein-Westf. II, Bochum, Kortumstr. 16
Bezirksverwaltung Hessen, Frankfurt, Wilhelm-Leuschner-Str. 69
Bezirksverwaltung Rheinland-Pfalz, Mainz, Kaiserstr. 26—30
Bezirksverwaltung Bayern, München 15, Schwanthaler Str. 64—66
Bezirksverwaltung Baden-Württemberg, Stuttgart, Rote Str. 2A
Bezirksverwaltung Saar, Saarbrücken 3, Brauerstr. 6—8.

Omnibusunternehmerverbände:

Verband f. d. Verkehrsgewerbe Fachvereinigung Personenverkehr	**Dortmund** Märkische Str. 40/42
Verband f. d. Verkehrsgewerbe in der Nordrheinprovinz e. V. Fachvereinigung Personenverkehr	**Düsseldorf** Erkrather Str. 120
Fachverband Personenverkehr der Vereinigung des Verkehrsgewerbes in Hessen e. V.	**Frankfurt** Börse: Zimmer 120
Verband des Hamburger Omnibusgewerbes e. V.	**Hamburg** 36 Hohe Bleichen 19
Verband f. d. Verkehrsgewerbe Landesverband Niedersachsen e. V. Fachvereinigung Personenverkehr	**Hannover** Lortzingstr. 1
Landesverband Verkehrsgewerbe Rheinland-Pfalz Bezirksverband Pfaltz e. V.	**Kaiserslautern** Lauterstr. 17
Verband d. Württ.-Bad. Verkehrsgewerbes Gruppe Kraftverkehrs- u. Fuhrgewerbe Baden	**Mannheim** Rathenhaustr. 17
Verband d. Württ.-Bad. Verkehrsgewerbes Gruppe Kraftverkehrs- u. Fuhrgewerbe Württemberg	**Stuttgart-Bad Cannstadt** Eisenbahnstr. 36
Verband Württ.-Bad. Omnibus-Unternehmer e. V. Sitz Stuttgart	**Stuttgart-O** Stöchachstr. 53
Landesverband Bayerischer Omnibusunternehmer e. V. (LBO)	**München 2** Theresienstr. 3

Fachverband Privater Saarländischer Omnibusunternehmer e. V.	**Saarbrücken 3** Hohenzollernstr. 47
Fuhrgewerbe-Innung Groß-Berlin e. V. Fachsparte Omnibusverkehr	**Berlin SW 61** Dessauer Str. 2
Landesverband Verkehrsgewerbe Rheinland-Pfalz e. V. Bezirksverband Rheinland	**Koblenz** Moslring 11
Verband Schleswig-Holsteinischer Omnibusbetriebe e. V.	**Kiel** Sophienblatt 13/17
Landesverband Verkehrsgewerbe Saarland e. V. Fachvereinigung Taxameter u. Mietwagenverkehr	**Saarbrücken S** St.-Johann-Str. 39
Verband Südbadischer Omnibus-Unternehmer	**Hinterzarten** Adlerstraße
Verband Rheinischer Omnibus-Unternehmer e. V.	**Düsseldorf** Rosenstr. 36

Landesverbände der Kraftdroschken- und Mietautounternehmen:

Landesverband Bayer. Kraftdroschken- und Mietautounternehmen Sitz München e. V.	**München 5** Utzschneiderstr. 8
Verein der Kraftdroschken- und Mietwagenbesitzer Berlin e. V.	**Berlin-Halensee** Nestorstr. 30
Fachvereinigung Personenverkehr Landesverband Bremen	**Bremen** Jakobistr. 20
Verband des Personenverkehrsgewerbes	**Hamburg** Grindelhof 52
Verband für das Verkehrsgewerbe Land Schleswig-Holstein e. V.	**Kiel** Sophienblatt 13/17
Verband des Speditions- und Transportgewerbes Südbaden e. V. — Gruppe Personenverkehr —	**Freiburg im Breisgau** Fahnenbergplatz 6
Verband der privaten Verkehrsbetriebe im Saarland e. V.	**Saarbrücken 3** Max-Braun-Str. 16—22
Fachverband Personenverkehr der Vereinigung des Verkehrsgewerbes in Hessen e. V.	**Frankfurt am Main** Börse: Zimmer 117
Verband des Verkehrsgewerbes Nordrhein e. V.	**Köln** Benesisstr. 61
Verein der Hannoverschen Kraftdroschkenbesitzer e. V.	**Hannover** Isernhagener Str. 8
Landesverband des Verkehrsgewerbes Rheinland-Pfalz	**Kaiserslautern** Burgstr. 40
Verband für das Verkehrsgewerbe Westfalen Lippe e. V.	**Dortmund** Märkische Str. 40/42
Verband des Württemberg-Badischen Verkehrsgewerbes Sitz Stuttgart	**Stuttgart-Bad Cannstadt** Schönestr. 24
Verband des Württemberg-Badischen Verkehrsgewerbes	**Mannheim** Rathenaustr. 17

10. Der Verband öffentlicher Verkehrsbetriebe hat folgende Landes- und Ländergruppen:

Landes- bzw. Ländergruppen	Geschäftsstelle
Baden-Württemberg	**Karlsruhe,** Tullastraße 71
Bayern	**München** 8, Einsteinstraße 28
Hessen	**Frankfurt a. M.** Rathenauplatz 3
Nord (Hamburg, Bremen, Niedersachsen, Schleswig-Holstein)	**Hannover,** Theodor-Krüger-Straße 5
Rheinland-Pfalz	**Koblenz,** Schützenstraße 80/82
West (Nordrhein-Westfalen)	**Köln,** Gertrudenstraße 24—28
Berlin (West)	**Berlin W 35,** Potsdamer Straße 188
Saarland	**Saarbrücken,** Hohenzollernstraße 115

11. Die Landes-Fremdenverkehrsverbände sind:

Fremdenverkehrsverband
Nordmark e. V.
Hamburg 1, Bieberhaus

Landesverkehrsverband
Weser-Ems e. V.
Bremen, Schwachhauser Heerstr. 67

Landesverkehrsverband
Ostfriesland e. V.
Emden, Schweckendieckplatz 1

Verkehrsverband Lüneburger Heide e. V
Lüneburg, Rathaus

Harzer Verkehrsverband e. V.
Goslar, Am Jakobikirchhof 5/6

Landesverkehrsverband
Weserbergland—Mittelweser e. V.
Hameln (Weser), Am Markt 1

Landesverkehrsverband
Westfalen e. V.
Dortmund, Balkenstr. 4

Fremdenverkehrsverband Kurhessen und Waldeck e. V.
Kassel, Theaterstr. 1/2, 11

Landesverkehrsverband
Rheinland e. V.
Bad Godesberg, Rheinallee 69

Landesverkehrsverband
Rheinland-Pfalz e. V.
Koblenz, Hochhaus

Fremdenverkehrsverband
Saarland e. V.
Saarbrücken, Hardenbergstr. 2

Landesverkehrsverband Hessen e. V.
Wiesbaden, Bismarckring 23

Landesfremdenverkehrsverband
Nordbaden e. V.
Heidelberg, Friedrich-Ebert-Anlage 2

Fremdenverkehrsverband
Nordbayern e. V.
Nürnberg, Am Plärrer 14

Landesverkehrsverband
Württemberg e. V.
Stuttgart-S, Charlottenplatz 17

Badischer Fremdenverk.-Verb. e. V.
(Schwarzwald-Bodensee-Oberrhein)
Freiburg/Breisgau, Bismarck-Allee 6

Fremdenverkehrsverband
Ostbayern e. V.
Regensburg, Maximilianstr. 27

Fremdenverkehrsverband
München-Oberbayern e. V.
München 15, Sonnenstr. 10, III

Fremdenverkehrsverband
Schwaben-Allgäu e. V.
Augsburg, Bahnhofstr. 11, II

Verkehrsamt Berlin
Berlin-Charlottenburg 2, Fasanenstr. 7/8

12. An die Stelle einer Oberpostdirektion tritt in Berlin die Landespostdirektion Berlin. Die Bundesbahn ist in Berlin nicht Anhörstelle (§ 66 Abs. 2).

13. Bei der Genehmigung eines Transitverkehrs findet kein Anhörverfahren statt (§ 53 Abs. 3). Beim Austausch eines bestehenden Straßenbahnverkehrs durch einen Obusverkehr dagegen ist die Durchführung eines Anhörverfahrens statthaft, wenn auch nicht vorgeschrieben (§ 14 Abs. 4).

Zu Absatz 2:

14. Dem Sinn des Absatz 2 entspricht es, daß nach dem Ermessen der Genehmigungsbehörde nicht nur „Stellen", sondern auch sachkundige Einzelpersonen gehört werden können. Es kommen in Betracht

a) die in Absatz 1 genannten Stellen bei Verkehrsarten, bei denen ihre Anhörung in Absatz 1 nicht vorgesehen ist;

b) Straßenbauämter, Städteplanungsämter, Polizeidienststellen, Katastrophen-Einsatzleiter, techn. Überwachungsverein, öffentlich bestellte Sachverständige;

c) die verantwortlichen Personen bei Veranstaltungen, die eine Verkehrsmassierung erwarten lassen (z. B. Kongresse, Ausstellungen);

d) Berufsvertretungen (z. B. Handwerkskammern, Bauernverbände, Gewerkschaften der Sparten, der die zu befördernden Arbeiter angehören);

e) Arbeitgeber (für den Berufsverkehr).

15. Die gutachtliche Anhörung einer Stelle nach Absatz 2 verleiht der Stelle in keinem Falle die Stellung einer zustellungsberechtigten Stelle nach § 15 Abs. 1 Satz 3. Nach altem Recht (§ 9 Abs. 2 DVO) verlieh die Zuziehung einer weiteren Stelle dieser die rechtliche Stellung einer Anhörstelle (Urteil des BayVGH vom 23. 7. 1951 — Nr. 114 IV 50 —). Das ist nach neuem Recht nicht mehr der Fall.

16. Die Vorschrift des Absatz 2 ist auf das Verwaltungsverfahren zugeschnitten. Sie findet im Verwaltungsgerichtsverfahren weder direkte noch entsprechende Anwendung. Die Verwaltungsgerichte können, wenn sie die Anhörung weiterer Stellen für erforderlich halten, diese lediglich als Sachverständige nach den Vorschriften der VwGO vernehmen (Urteil des BayVGH vom 4. 12. 1953, Nr. 54 IV 53).

Zu Absatz 3:

17. Die in Absatz 3 vorausgesetzte Kenntnis der Sachlage kann die Genehmigungsbehörde sich auch durch einen Koordinierungsausschuß, wie er in § 8 Satz 2 empfohlen wird, verschafft haben.

Sie kann von der Durchführung des Anhörverfahrens nur **im ganzen** und **von vornherein** absehen, nicht etwa vor Ablauf der Zwei-Wochenfrist des Absatz 5, nachdem sich ein Teil der angeschriebenen Stellen geäußert hat, die Weiterführung des Anhörverfahrens für nicht mehr notwendig erklären.

Zu Absatz 5:

18. Nach altem Recht (§ 9 Abs. 4 DVO) konnte das Anhörverfahren unterbleiben, wenn der Antragsteller nachwies, daß alle Beteiligten mit seinem Unternehmen einverstanden waren. Ein derartiges Verfahren ist im neuen Recht nicht vorgesehen und würde dem Sinn des Anhörverfahrens nach § 14 völlig zuwiderlaufen. Die Genehmigungsbehörde würde fehlerhaft entscheiden, wenn sie auf Grund solcher „Einverständniserklärungen", auf die es in keinem Falle ankommt, eine Entscheidung treffen würde.

19. Wegen der Zwei-Wochen-Frist empfiehlt es sich für die Genehmigungsbehörde, die Anhörstellen **gegen Nachweis** anzuschreiben. Die Genehmigungsbehörde ist den Anhörstellen gegenüber verpflichtet, wenigstens zwei Wochen auf deren Stellungnahme zu warten. Sie ist aber nicht etwa dem Antragsteller gegenüber verpflichtet, auf die Antwort nicht länger als zwei Wochen zu warten. Auf eine für ihre Entscheidung wichtige Antwort wird die Genehmigungsbehörde so lange warten, wie die Anhörstelle nach Schätzung der Genehmigungsbehörde zur Ausarbeitung einer gut fundierten Stellungnahme brauchen kann.

20. Eine mündliche Erörterung (sog. **Verkehrsbesprechung**) ist nur dort am Platze, wo der gleichzeitige Meinungsaustausch zu einer Beschleunigung des Verfahrens führt. Das hat zur Voraussetzung, daß die Argumente der Anhörstellen bereits schriftlich vorliegen oder wenigstens bis zur Verkehrsbesprechung erarbeitet werden, ferner, daß alle Beteiligten von den sie entsendenden Stellen zur Abgabe von Erklärungen ohne Einschränkung bevollmächtigt sind. Die Genehmigungsbehörde tut gut daran, bei der Einladung auf die Notwendigkeit einer uneingeschränkten Bevollmächtigung hinzuweisen.

21. „Beteiligt" am Verfahren sind der Antragsteller, die Anhörstellen sowie nach dem Ermessen der Genehmigungsbehörde wegen besonderer Interessen zuzulassende Personen, z. B. ein Rechtsanwalt oder ein Geldgeber des Antragstellers oder der Ehemann einer Antragstellerin.

§ 15

Erteilung und Versagung der Genehmigung

(1) Die Entscheidung über den Antrag ist zu begründen, mit einer Rechtsmittelbelehrung zu versehen und dem Antragsteller zuzustellen. In der Begründung sind auch die Einwendungen, soweit sie nicht zurückgenommen sind, zu würdigen. Die Entscheidung ist auch den nach § 14 Abs. 1 unter Nr. 1 Buchstaben a bis d, unter Nr. 2 Buchstaben a und b und unter Nr. 3 Buchstabe a genannten Stellen zuzustellen, soweit diese Stellen Einwendungen erhoben und nicht zurückgenommen haben.

(2) Die Erteilung einer vorläufigen oder widerruflichen Genehmigung ist unzulässig.

(3) Die Genehmigungsbehörde hat die Genehmigung dem zuständigen Versicherungsamt wegen der Anmeldung des Betriebs zur Berufsgenossenschaft mitzuteilen. Die Anzeigepflicht des Unternehmens nach § 653 der Reichsversicherungsordnung bleibt unberührt.

(4) Ist die Genehmigung wegen mangelnder Sicherheit oder Leistungsfähigkeit des Betriebs oder wegen Unzuverlässigkeit des Antragstellers (§ 13 Abs. 1) versagt worden, so hat die Genehmigungsbehörde dem Kraftfahrt-Bundesamt die Versagung unter Angabe der Gründe mit Namen sowie Wohn- und Betriebssitz des Antragstellers mitzuteilen.

Zu Absatz 1:

1. Nach früherem Recht mußte das Widerspruchsverfahren rechtskräftig abgeschlossen sein, bevor eine Genehmigung erteilt werden konnte (§ 13 DVO 1935). Das

Genehmigungsverfahren des neuen Rechts dagegen ist **einheitlich.** Das hat zur Folge, daß mit Unterzeichnung und Zustellung der Genehmigungsverfügung die Genehmigung noch nicht rechtskräftig erteilt ist, weil innerhalb der Frist, binnen der ein Verwaltungsakt nach den Vorschriften der VwGO angefochten werden kann, ein Rechtsbehelf eingelegt und damit die Rechtskraft der Entscheidung gehemmt werden kann. Ein Korrektiv zu dieser Unsicherheit stellt § 17 Abs. 1 dar, wonach die Genehmigung erst mit Aushändigung der Genehmigungsurkunde erteilt ist, die ihrerseits erst nach eingetretener Rechtskraft der Genehmigungsverfügung (Entscheidung nach § 15) ausgehändigt werden darf.

2. Die Entscheidung nach Abs. 1 ist ein materieller Verwaltungsakt. Über Verlautbarungen einer Genehmigungsbehörde, die der Genehmigung **vorausgehen** und sich auf sie beziehen, enthält das Urteil des Bayer. VGH vom 28. 5. 1953 (VGH n. F. Bd. 7 S. 107) folgende grundsätzliche Ausführungen:

„Das Wesen von Amtshandlungen, die vor Erlassung eines Verwaltungsaktes vorgenommen werden, etwa Inaussichtstellungen, Zusagen, Zusicherungen, kann nicht einheitlich festgelegt werden.

In jedem Einzelfall sind sowohl die Fassung der behördlichen Äußerung als auch die Umstände, die zur behördlichen Äußerung geführt haben, ferner die gesetzlichen Vorschriften für das in Frage stehende Rechtsgebiet zu berücksichtigen. Es kann sich deshalb in dem einen Fall um eine bloße Belehrung des Antragstellers darüber handeln, ob eine Erlaubnis in Betracht kommt, in dem anderen dagegen bereits um eine Vorerlaubnis (vgl. auch Jellinek, Verwaltungsrecht 1948 S. 254; Nebinger, Verwaltungsrecht, Allgemeiner Teil, 1949 S. 290; Urteil des Hess. Verwaltungsgerichtshofs vom 18. 8. 1950 — Verw.Rspr. 3, 159).

Im allgemeinen wird jedoch die Inaussichtstellung eines begünstigenden Verwaltungsaktes folgendermaßen zu beurteilen sein: Durch die Inaussichtstellung erklärt die Behörde, sie habe sämtliche nicht ausdrücklich als ausgenommen erwähnten gesetzlichen Voraussetzungen für die Erlassung des begünstigenden Verwaltungsakts geprüft und werde den Verwaltungsakt erlassen, sofern die noch fehlenden Unterlagen beigebracht werden. Eine solche Inaussichtstellung ist selbstverständlich nicht der ursprünglich erbetene Verwaltungsakt und kann auch diesem nicht gleichgeachtet werden. Eine derartige behördliche Erklärung gegenüber einem Antragsteller ist aber auch nicht etwa rechtlich wirkungslos; sie erzeugt vielmehr eine Bindung der Behörde an ihre abgegebene Erklärung. Sie ist eine obrigkeitliche Erklärung, an die anzuknüpfen die Behörde verpflichtet ist, wenn nach Erfüllung der zunächst noch ausständigen Voraussetzungen der beantragte Verwaltungsakt erlassen werden kann. Die Behörde ist an das gebunden, was sie vorgibt, bereits geprüft zu haben, und sie ist auch in ihrem Ermessen gebunden, soweit ihr ein solches zusteht.

Die Inaussichtstellung verleiht daher dem Antragsteller insoweit eine rechtlich geschützte Stellung gegenüber der Behörde.

Begrifflich notwendig enthält aber eine solche Inaussichtstellung einen Vorbehalt, nämlich dahin, daß die Erlassung des endgültigen Verwaltungsaktes nicht gesetzwidrig ist, d. h., daß der von der Behörde bei der Inaussichtstellung beurteilte Sachverhalt im Zeitpunkt der Entscheidung über den endgültigen begünstigenden Verwaltungsakt noch gegeben ist und nach den in diesem Zeitpunkt geltenden Rechtsvorschriften die Erlassung des Verwaltungsaktes noch rechtfertigt. Die Behörde kann sich nicht binden, den endgültigen Verwaltungsakt auch dann zu erlassen, wenn der Sachverhalt, der dem Verwaltungsakt zugrunde zu legen ist, gar nicht mehr gegeben ist. Die Bindung der Behörde gilt also unter der clausula rebus sic stantibus und hört auf, wenn die für die Erteilung der Genehmigung notwendigen, zunächst gegebenen und von der Behörde auch geprüften Umstände entfallen sind. Den in Aussicht genommenen Verwaltungsakt nunmehr trotzdem zu erlassen, wäre gesetzwidrig, wenn die entfallenen Umstände zum gesetzlichen Tatbestand für die Erteilung der Genehmigung gehören".

3. Wenn sich **zwei Bewerber um die gleiche Linie** bewerben, die aber nur einer bekommen kann, dann ist dem A eine Genehmigungsverfügung, dem B eine Ablehnung zu erteilen. Erhebt nun B gem. § 42 VwGO Verpflichtungsklage mit dem Antrag, ihm und nicht dem A die Genehmigung zu erteilen, so kann notwendigerweise seiner Klage nicht stattgegeben werden, ohne daß gleichzeitig die Genehmigungsverfügung für A aufgehoben wird. Die beiden Akte, Genehmigungsverfügung für A und Ablehnung gegenüber B, sind als einheitlicher Akt aufzufassen, der am zweckmäßigsten nicht in zwei verschiedene aufzuteilen, sondern in **einem** Bescheid zusammenzufassen ist. Die Genehmigungsverfügung für A kann so lange nicht rechtskräftig werden, solange B noch gegen die Ablehnung Verpflichtungsklage erheben kann. Der Verpflichtungsklage geht kein Vorverfahren voraus (Eyermann-Fröhler RNr. 90 zu § 42 VwGO).

4. Die **Begründung** der Entscheidung muß erkennen lassen,

a) worauf der Antrag gerichtet ist;

b) warum die beabsichtigte Tätigkeit genehmigungspflichtig ist;

c) inwiefern die Voraussetzungen für die Erteilung einer Genehmigung (§ 13) vorliegen oder nicht;

d) warum die Erteilung der Genehmigung an Bedingungen und Auflagen (§ 16) zu knüpfen ist;

e) wie die Einwendungen der zustellungsberechtigten Anhörungsstellen zu würdigen sind.

Dagegen brauchen in der Genehmigungsverfügung noch nicht alle Punkte aufgeführt zu werden, welche nach § 17 Abs. 2 in die Genehmigungsurkunde aufzunehmen sind.

Bei der Begründung, vor allem bei Würdigung der Genehmigungsvoraussetzungen, genügt nicht eine bloße Wiedergabe der gesetzlichen Tatbestandsmerkmale. Bei Würdigung der Genehmigungsvoraussetzung nach § 13 Abs. 2 Nr. 2 ist immer in erster Linie zu untersuchen, inwiefern einer der besonderen Tatbestände der Nr. 2a—c erfüllt ist. Wenn keiner dieser Tatbestände erfüllt ist, gleichwohl aber die Genehmigung aus dem Gesichtspunkt des § 13 Abs. 2 Nr. 2 versagt werden soll, ist zu untersuchen, durch welche anderen, in Nr. 2a—c nicht erwähnten Eigenschaften der beantragte Verkehr die öffentlichen Verkehrsinteressen beeinträchtigen wird.

Bei der Würdigung der Einwendungen zustellungsberechtigter Anhörungsstellen ist nicht etwa, wie dies bei Nachbareinwendungen im Baugenehmigungsverfahren der Fall ist, zwischen Zulässigkeit und Begründetheit der Einwendungen zu unterscheiden. Vielmehr ist auf den gesamten materiellen Gehalt der von den Anhörungsstellen vorgetragenen Argumente einzugehen, mögen sie im Interesse der Allgemeinheit oder im Interesse einzelner vorgebracht sein.

5. Der Ausdruck **„Rechtsmittelbelehrung"** ist nicht glücklich gewählt; es sollte besser „Rechtsbehelfsbelehrung" heißen. Die Entscheidung nach § 15 stellt einen

materiellen Verwaltungsakt dar, gegen den nach § 42 VwGO die Anfechtungsklage zum Verwaltungsgericht gegeben ist. Der Anfechtungsklage hat ein Vorverfahren vorauszugehen, wenn der Verwaltungsakt durch eine Mittelbehörde oder Unterbehörde erlassen ist. Das Vorverfahren beginnt mit der Erhebung eines Widerspruches, der innerhalb eines Monats nach Bekanntgabe des Verwaltungsaktes an den Beschwerten bei der Behörde, die den Verwaltungsakt erlassen hat, zu geben ist (§§ 69, 70 VwGO). Der Widerspruch ist ein Rechtsbehelf, nicht ein Rechtsmittel. Unter Rechtsmittel versteht man nur diejenigen Rechtsbehelfe, die in einem anhängigen verwaltungsgerichtlichen Verfahren eine Entscheidung der Nachprüfung einer höheren gerichtlichen Instanz unterbreiten.

Wenn der Verwaltungsakt von einer obersten Bundesbehörde oder einer obersten Landesbehörde erlassen worden ist, so ist dagegen ohne Vorschaltung einer Widerspruchs sogleich die Anfechtungsklage gegeben. Ebenso ist gegen die Entscheidung einer Widerspruchsbehörde in jedem Fall die Anfechtungsklage gegeben, auch wenn dadurch ein Dritter erstmalig beschwert wird. In der Lage eines solchen Dritten ist z.B. die Bundesbahn, wenn auf ihre Einwendungen hin der Antrag eines Verkehrsunternehmers von der Genehmigungsbehörde abgelehnt, dann aber auf den Widerspruch des Verkehrsunternehmers hin dem Antrag durch die Widerspruchsbehörde stattgegeben wurde. Auch die Anfechtungsklage ist ein Rechtsbehelf, nicht ein Rechtsmittel.

6. Da der Lauf der Widerspruchsfrist von dem Tag der **Zustellung** abhängt, ist diese in jedem Fall gegen Nachweis vorzunehmen. Im Zweifel ist die Verordnung über die Postzustellung in der öffentlichen Verwaltung vom 23. 8. 1943 (RGBl. I S. 527) anzuwenden, deren Gültigkeit auch durch den Wegfall ihrer Ermächtigungsgrundlage nicht berührt worden ist; vgl. Urteil des BFH vom 16. 12. 1950 (DOV 1951 S. 133).

7. Die zustellungsberechtigten Anhörstellen sind nicht etwa schon deswegen, weil ihnen die Entscheidung zuzustellen ist, zur Ergreifung von **Rechtsbehelfen** (Widerspruch und Anfechtungsklage nach der VwGO) legitimiert. Diese Legitimation richtet sich ausschließlich nach den Vorschriften der VwGO. Nach § 42 Abs. 2 VwGO ist die Klage nur zulässig, wenn der Kläger geltend macht, durch den Verwaltungsakt oder seine Ablehnung oder Unterlassung **„in seinen Rechten"** verletzt zu sein. Damit ist sowohl eine Popularklage ausgeschlossen wie auch eine Klage wegen Verletzung nur tatsächlicher Interessen, die nicht durch eine Rechtsposition geschützt sind.

Anhaltspunkte für die Frage, wann ein nicht nur tatsächliches, sondern rechtlich geschütztes Interesse vorliegt, kann die Rechtsprechung zu § 823 Abs. 2 BGB bieten (Eyermann-Fröhler RNr. 98 zu § 42 VwGO); vgl. Anmerkung 3 zu § 17.

Ein rechtliches Interesse wird im allgemeinen dort angenommen, wo jemand kraft gesetzlicher Vorschrift an einem Verwaltungsverfahren formell zu beteiligen ist, nicht aber, wenn jemand nur als Gutachter gehört wird (Eyermann-Fröhler RNr. 99 zu § 42 VwGO unter Hinweis auf das Urteil des Bayer. VGH vom 4. 7. 1958, VRspr. 11 Nr. 42).

a) Von den zustellungsberechtigten Anhörstellen ist den **Landesplanungsbehörden** ihre Stellung im Anhörverfahren nur zur Wahrung von Interessen der Allgemeinheit, nicht von eigenen Interessen eingeräumt. Sie sind daher zur Ergreifung von Rechtsbehelfen nicht legitimiert.

b) Bei den **Trägern von Verkehrswegen** ist zu unterscheiden:

aa) Die Kreisverwaltungsbehörden (Landkreise) in § 14 Abs. 1 Nr. 1b und 3a sowie die Landkreise in § 14 Abs. 1 Nr. 2c fungieren nur als Vertreter von Interessen der Allgemeinheit, nicht von eigenen Interessen. Sie sind daher zur Ergreifung von Rechtsbehelfen nicht legitimiert.

bb) Die beteiligten Gemeinden in § 14 Abs. 1 Nr. 1b und 3a vertreten eine Rechtsposition, die ihnen durch die Länderverfassungen ausdrücklich garantiert ist (Baden-Württemberg Art. 71; Bayern Art. 10; Bremen Art. 144; Hessen Art. 137; Niedersachsen Art. 44; Nordrhein-Westfalen Art. 78; Rheinland-Pfalz Art. 49). Sie sind daher zur Ergreifung von Rechtsbehelfen legitimiert.

cc) Die Träger der Straßenbaulast in § 14 Abs. 1 Nr. 1a und 2c haben der Wegeaufsichtsbehörde gegenüber die öffentlich-rechtliche Pflicht, in Beziehung auf den Bau, die bauliche Gestaltung und Einrichtung sowie die Unterhaltung öffentlicher Wege alles zu leisten, was erforderlich und zweckmäßig ist, damit den jeweils gegebenen Bedürfnissen des öffentlichen Verkehrs Genüge geschieht (so die amtliche Begründung zum FStrG). Von Straßenbaulastträgern spricht man nur bei solchen Straßen, die dem öffentlichen Verkehr gewidmet sind. Die Widmung ist ein rechtsgestaltender Verwaltungsakt, durch den sowohl für den Träger der Straßenbaulast als auch für die Allgemeinheit (Verkehrsteilnehmer, Anlieger usw.) Rechte und Pflichten begründet werden (s. Marschall Anm. 1 zu § 2 FStrG). Daher sieht auch § 2 Abs. 6 FStrG zwingend vor, daß die Widmung öffentlich bekanntzumachen ist, um eine nach der VwGO gegebene Frist für die Einlegung eines Rechtsbehelfs in Lauf zu setzen. Die Rechte des Straßenbaulastträgers bestehen u. a. darin, daß er seine Erlaubnis zu einem Gebrauch der Straße über den Gemeingebrauch hinaus (Sondernutzung) von Bedingungen und Auflagen und von der Entrichtung einer Sondernutzungsgebühr abhängig machen kann (vgl. § 8 Abs. 3 FStrG). Unbestritten ist, daß der Betrieb einer Straßenbahn eine Sondernutzung an der Straße darstellt. Umgekehrt ist das Befahren einer Straße mit Omnibussen und das Anhalten zum Aus- und Einsteigen regelmäßig Gemeingebrauch (Marschall Anm. 2k zu § 8 FStrG). Es kann aber auch hier im Einzelfall eine Prüfung veranlaßt sein, ob in der einen oder anderen Richtung etwa eine Sondernutzung vorliegt. Man wird daher die Träger der Straßenbaulast als Inhaber einer eigenen Rechtsposition, nicht nur des öffentlichen Interesses, ansehen und ihnen die Legitimation zur Einlegung von Rechtsbehelfen zuerkennen müssen.

c) Bei den **Trägern von Verkehrsmitteln** ist zu unterscheiden:

aa) Oberpostdirektionen und Bundesbahndirektionen in § 14 Abs. 1 Nr. 2b sind an dieser Stelle ohne Rücksicht darauf eingeschaltet, ob sie im Verkehrsgebiet des beantragten Unternehmens einen Linienverkehr betreiben oder nicht. Sie fungieren also hier nur im Interesse der Allgemeinheit und sind zur Einlegung von Rechtsbehelfen nicht legitimiert. Zwar nimmt der BrückB zu § 13 auf eine Stelle in dem Urteil des BVerwG vom 8. 6. 1960 Bezug, wo es heißt, daß der Linienverkehr mit Omnibussen die wirtschaftliche Lage und die Leistungsfähigkeit der Bundesbahn beeinflusse und daß dieser Umstand beim Linienverkehr stärkere Eingriffe in das Recht der Berufswahl fordere als beim Gelegenheitsverkehr. Der Gedanke, daß das wirtschaftliche Interesse der Bundesbahn stets einem öffentlichen Verkehrsinteresse gleichkomme, ist aber im Gesetz nicht zum Ausdruck gekommen.

bb) Wer im Verkehrsgebiet des beantragten Unternehmens bereits eine Straßenbahn, einen Obusverkehr oder eine Kraftfahrlinie betreibt, tut dies auf Grund einer Genehmigung nach dem PBefG; wer eine Eisenbahn betreibt, tut es auf Grund einer besonderen Verleihung (§ 4 Abs. 2 des Allgemeinen Eisenbahngesetzes vom 29. 3. 1951 — BGBl. I S. 225 —). Genehmigung und Verleihung geben dem Inhaber eine auch im individuellen Interesse zuerkannte Rechtsposition, die ihn zur Einlegung von Rechtsbehelfen legitimiert.

Das gleiche gilt auf Grund des § 31 GewO für die Seeschiffer, d. h. für Personen, die sich gewerbsmäßig mit der Führung von Seeschiffen befassen. Bezüglich der Schiffer auf Strömen verweist § 31 GewO auf besondere Anordnungen infolge von Staatsverträgen. Die Verweisung ist so allgemein gefaßt, daß darunter sowohl das Erfordernis des Befähigungsnachweises wie auch das einer besonderen gewerbepolizeilichen Erlaubnis gebracht werden kann; vgl. Landmann-Rohmer Anm. 6 zu § 31 GewO.

Schon nach altem Recht war es in der Rechtsprechung anerkannt, daß ein zum Omnibuslinienverkehr zugelassener Unternehmer zur Klage gegen die Zulassung eines weiteren Unternehmers legitimiert ist (so insbesondere zwei Urteile des BVerwG vom 20. 11. 1959 — DVBl. 1960 S. 171 — und vom 29. 1. 1960 — PV 1960 S. 181 —).

Die Rechtsprechung hat zwar die Klagelegitimation aus dem förmlichen Widerspruchsrecht nach § 9 DVO abgeleitet, hätte das aber nicht tun können, wenn das allgemeine Verwaltungsrecht eine Legitimation ausgeschlossen hätte. Zutreffend hat Fromm, „Zum Klagerecht der anhörungsberechtigten öffentlichen Verkehrsunternehmen“ (in PV 1959 S. 28 unter reichhaltiger Anführung von Literatur und Rechtsprechung), den wahren Grund der Legitimation herausgestellt:

„Die Erteilung der Genehmigung zur Einrichtung und zum Betrieb einer Omnibuslinie begründet ein subjektiv öffentliches Recht. Die Genehmigung umfaßt zwar nicht die Befugnis, andere Unternehmer von der Bedienung der Linie schlechthin auszuschließen. Die Genehmigung geht jedoch über den Rahmen einer polizeilichen Erlaubnis hinaus. Der Unternehmer wird durch die Festsetzung konkreter Leistungspflichten in den Dienst der staatlichen Leistungsvorsorge gestellt und insoweit einer besonderen Verantwortung gegenüber der Verwaltung unterworfen. Für die Erfüllung dieser öffentlich-rechtlichen Pflichten ist der Unternehmer, will er nicht der Genehmigung verlustig gehen, selbst verantwortlich. Der vorhandene Unternehmer hat daher durch den ihm mit der Erteilung der Genehmigung übertragenen Kreis von Rechten und Pflichten, die er in eigener Verantwortung wahrzunehmen hat, eine öffentlich-rechtliche Rechtsposition erhalten, die verletzt sein kann, wenn die Behörde entgegen den bestehenden Vorschriften beabsichtigt, ein neues Unternehmen zuzulassen.“

Dementsprechend ist auch der Bundestagsausschuß davon ausgegangen, daß den vorhandenen Unternehmen, wie nach dem bisherigen Recht, ein Klagerecht zusteht. Der Fortfall des im bisherigen Recht enthaltenen Widerspruchsrechts soll nur eine Vereinfachung und Beschleunigung des Genehmigungsverfahrens bezwecken, ohne daß die bisherigen Rechte der vorhandenen Unternehmer geschmälert werden (BrückB zu § 15).

8. Die nur **gutachtlichen** Anhörstellen sind nicht zur Ergreifung von Rechtsbehelfen legitimiert. Auch dies war schon nach bisherigem Recht anerkannt (vgl. Köhnecke „Über die Anhörung der Verbände" in PV 1958 S. 121).

Zu Absatz 2:

9. In den ersten Nachkriegsjahren wurden vielfach Genehmigungen ohne jede Rechtsgrundlage „in widerruflicher Weise" erteilt. Abs. 2 wurde eingefügt, um derartige Gesetzesverletzungen ausdrücklich zu untersagen. Die einstweilige Erlaubnis nach § 20 ist keine Genehmigung.

Über das Verhältnis des Abs. 2 zu § 80 VwGO s. Anm. 1 zu § 20.

Zu Absatz 3:

10. Die Versicherungsämter bestehen bei den Kreisverwaltungsbehörden auf Grund der §§ 36ff. RVO. Satz 1 statuiert eine Pflicht der Genehmigungsbehörde, Satz 2 nimmt auf eine solche des Unternehmers Bezug:
RVO (III. Buch. Unfallversicherung. 2. Teil)
§ 653 (Anzeigepflicht):

„(1) Wer mit einem Unternehmen Mitglied einer Genossenschaft wird, hat binnen einer Woche der Genossenschaft, zu der das Unternehmen seiner Art nach gehört, anzuzeigen

1. den Gegenstand und die Art des Unternehmens,
2. die Zahl der Versicherten,
3. den Eröffnungstag und den Tag des Beginns der Versicherungspflicht.

(2) § 666 findet entsprechende Anwendung."
§ 666 (Überweisung an andere Genossenschaft):

„Hält es der Vorstand auf Antrag des Unternehmers oder von Amts wegen für geboten, den Betrieb einer anderen Genossenschaft zu überweisen, so überweist er ihn dieser und teilt es dem Unternehmer unter Angabe der Gründe mit."

Zu Absatz 4:

11. Die Organisation des Kraftfahrtbundesamtes in Flensburg beruht auf dem Gesetz über die Errichtung eines Kraftfahrtbundesamtes vom 4. 8. 1951 (BGBl. I S. 488) i.d.F. des Gesetzes vom 16. 7. 1957 (BGBl. I S. 710). Das Kraftfahrtbundesamt, dem weder Landesbehörden noch Prüfstellen unterstellt sind, untersteht unmittelbar dem Bundesminister für Verkehr. Es übernahm im August 1951 die Aufgaben der „Reichsstelle für Typprüfung von Kraftfahrzeugen und Kraftfahrzeugteilen in Berlin", der „Sammelstelle für Nachrichten über Kraftfahrzeuge" und der „Sammelstelle für Nachrichten über Fahrer von Kraftfahrzeugen beim Polizeipräsidium in Berlin". Ferner obliegen ihm die Sammlung und Auswertung der Erfahrungen im kraftfahrtechnischen Prüf- und Überwachungswesen sowie die statistische Bearbeitung der Meldungen und Nachrichten über das Kraftfahrzeugwesen. Als durch das Gesetz vom 16. 7. 1957 die Einrichtung einer Kartei über Straßenverkehrsdelikte angeordnet wurde, wurde dem Kraftfahrtbundesamt durch Art. 5 des Gesetzes die Führung dieser Kartei übertragen.

§ 16

Bedingungen, Auflagen und zeitliche Beschränkung der Genehmigung

(1) Die Genehmigung (§ 9) kann unter Bedingungen und Auflagen erteilt werden, die sich im Rahmen dieses Gesetzes und der zu seiner Durchführung erlassenen Vorschriften halten müssen.

(2) Die Genehmigung wird dem Unternehmer auf bestimmte Zeit erteilt (§§ 38, 44, 50).

Zu Absatz 1:

1. Im Gegensatz zu den zeitlichen Beschränkungen in Absatz 2 hätte das Gesetz die Anordnungen in Absatz 1 am besten als **sachliche Beschränkungen** bezeichnet. Es hat aber den herkömmlichen, im Gewerberecht (§ 18 GewO) und in anderen Rechtsgebieten (vgl. Heß „Anordnungen im Baugenehmigungsbescheid“ Bayer. Bürgermeister 1955 S. 201) eingebürgerten Ausdruck „Bedingungen und Auflagen“ beibehalten. Dabei handelt es sich in aller Regel nicht um Bedingungen, sondern um bloße Auflagen.

Bedingungen im Rechtssinn sind nur solche Auflagen, von deren Erfüllung der Bestand der Genehmigung abhängig ist. Dabei muß jeweils mit hinreichender Deutlichkeit zum Ausdruck kommen, ob es sich um eine aufschiebende oder auflösende Bedingung handelt; bei ersterer tritt die Wirksamkeit der Genehmigung erst mit Erfüllung der Bedingung ein; bei letzterer wird die Genehmigung mit Eintritt der Bedingung unwirksam.

Aufschiebende Bedingungen kommen für Genehmigungen zur Personenbeförderung kaum vor. Dagegen läßt sich eine auflösende Bedingung in folgendem Falle rechtfertigen:

Ein Unternehmer erkrankt an einem Leiden, dessen Dauer sich nicht absehen läßt, und überträgt seinen Betrieb einem Übernehmer mit der auflösenden Bedingung, daß die Übertragung hinfällig werden soll, sobald er wieder gesund ist. Das Interesse des Unternehmers an dieser besonderen Ausgestaltung kann so schutzwürdig sein, daß die Genehmigungsbehörde die Genehmigung zur Übertragung des Betriebs nach § 2 Abs. 2 ebenfalls unter der auflösenden Bedingung erteilt, daß der übertragende Unternehmer wieder gesund wird.

2. **Unzweckmäßig** sind sachliche Beschränkungen, welche nicht über das vom Gesetz ohnedies Vorgeschriebene hinausgehen. Durch die Hervorhebung solcher Gebote in den „Auflagen“ der Genehmigungsurkunde kann dem Genehmigungsinhaber der Blick für die Beachtung ebenso wichtiger Gebote, die nicht in die Genehmigungsurkunde aufgenommen sind, verschleiert werden. So ist die Pflicht zum Mitführen der Genehmigungsurkunde in § 17 Abs. 6 geregelt; sie braucht im Gelegenheitsverkehr nicht wiederholt und darf auf den Linienverkehr, da die Regelung abschließend ist, nicht ausgedehnt werden. Die allgemeine Verbindlichkeit der mit Zustimmung der Genehmigungsbehörde festgesetzten Beförderungsentgelte im Linienverkehr mit Kraftfahrzeugen ist in § 43 Abs. 3 mit § 39 Abs. 1 Satz 2 gesetzlich festgelegt, bedarf also keiner Festlegung in der Genehmigungsurkunde. Überflüssig ist auch der Hinweis, daß der Genehmigungsinhaber, soweit die Verwendung von Kraftfahrzeugen allgemein gesetzlichen Einschränkungen (z.B. der StVZO und der StVO) unterliegt, sich diesen Einschränkungen gegenüber nicht

auf die Genehmigung zur Personenbeförderung berufen kann; denn auch dieser Hinweis versteht sich von selbst.

Auch soweit es sich um Bestimmungen über die Gewerbeausübung handelt, sollten sie in der Genehmigungsurkunde nicht wiederholt werden. Das gilt z. B. für Hinweise auf die Beförderungspflicht im Linienverkehr oder auf den Zwang zur Gestaltung der Haltestellenzeichen nach den Festsetzungen des BMV, welcher bereits in § 32 Abs. 1 Satz 2 BOKraft statuiert ist.

3. Eine überflüssige Auflage ist dann als **unzulässig** zu bezeichnen, wenn sie Anlaß zu falschen strafrechtlichen Qualifikationen durch den Unternehmer geben kann. So ist im Gelegenheitsverkehr das einzelne Fahrzeug mit seinem amtlichen Kennzeichen in der Genehmigungsurkunde aufzuführen (§ 17 Abs. 2 Nr. 9). Wer mit einem anderen Fahrzeug Gelegenheitsverkehr betreibt, ist nach § 60 strafbar, weil er Personen ohne die erforderliche Genehmigung befördert. Er wird aber glauben, nur eine Ordnungswidrigkeit nach § 61 Abs. 1 Nr. 1 begangen zu haben, wenn die Aufführung des Fahrzeuges mit amtlichem Kennzeichen in seiner Genehmigungsurkunde unter „Bedingungen und Auflagen" figuriert.

4. Unzulässig und **gesetzwidrig** sind solche sachlichen Beschränkungen, die den Genehmigungsinhaber dort einschränken, wo ihm das Gesetz Freiheit gewährt. Aus dem Umkehrschluß des § 17 Abs. 2 Nr. 8 zu Nr. 9 ergibt sich, daß beim Omnibuslinienverkehr nicht die einzelnen Fahrzeuge mit amtlichem Kennzeichen in der Genehmigungsurkunde aufgeführt sein müssen. Eine Auflage, die das gleichwohl vorschreiben würde, wäre gesetzwidrig.

Dagegen ist es zulässig, im Wege der Auflage im Linienverkehr mit Omnibussen außer dem amtlichen Kennzeichen des Fahrzeugs auch noch seine Fahrgestell-Nummer festzuhalten. Denn manche auswärtigen Staaten glauben nur an Hand dieser Nummer die Identität eines Fahrzeugs feststellen zu können.

Bisher war in Genehmigungen für Reisebüros, in Zusammenarbeit mit zugelassenen Omnibusunternehmern Ausflugsfahrten im Namen und auf Rechnung des Reisebüros zu veranstalten, meist die Bedingung enthalten, daß nur Unternehmer **am Ort** angemietet werden durften. Eine solche Bedingung ist nicht mehr als zulässig anzusehen, weil eine Bindung des Ausflugsfahrtenverkehrs an den Betriebssitz des Unternehmers nicht mehr zulässig ist (§ 48).

5. Der **Fahrplan** stellt das erste Hauptbetätigungsfeld für sachliche Beschränkungen dar. Er muß zwar im Linienverkehr mit Omnibussen nicht festgesetzt sein (§ 42 Satz 2). Wenn aber einer festgesetzt werden soll, so ist er im Antrag aufzuführen (§ 12 Abs. 1 Nr. 3d) und bedarf der Zustimmung der Genehmigungsbehörde (§ 45 Abs. 3, § 40 Abs. 2 Satz 1).

Diese Zustimmung bedeutet noch nicht, daß dem Unternehmer ein Zwang zur Einhaltung des Fahrplans auferlegt wird. Ein solcher Zwang kann aber im Interesse einer regelmäßigen Verkehrsbedienung zweckmäßig sein. In diesem Falle ist die Pflicht des Unternehmers zur Einhaltung des Fahrplans als Auflage in die Genehmigungsverfügung und Genehmigungsurkunde aufzunehmen.

Es handelt sich dabei um eine Auflage, durch die der praktische Umfang der Genehmigung stark beeinflußt wird. Als Teil der Genehmigungsverfügung unterliegt er den gleichen Rechtsbehelfen wie diese.

Außer generellen Festlegungen können in die Genehmigung auch besondere Festlegungen des Fahrplans aufgenommen werden, z. B. die Bestimmung, daß an bestimmten Haltestellen nur ausgestiegen, aber nicht zugestiegen werden darf, oder daß an einer bestimmten Haltestelle nur Personen mit Sozialtarifskarten zusteigen dürfen, nicht Vollzahler. Es kann auch ein völliges Verbot der Unterwegsbedienung durch Auflage festgesetzt werden.

Dagegen ist es überflüssig und schädlich, das Recht der Genehmigungsbehörde zur Änderung des Fahrplans als Auflage in die Genehmigung aufzunehmen; denn dieses Recht ist in § 40 Abs. 3 (mit § 45 Abs. 3) abschließend geregelt.

6. Das zweite Hauptbetätigungsfeld für sachliche Beschränkungen stellt der Vollzug des § 54 (**Aufsicht**) dar. Beispielsweise kommen in Betracht.

Die Auflage, einen Antrag auf eine neue Genehmigung rechtzeitig vor Ablauf der alten zu stellen;

die Auflage, im Besitze eines Textes des PBefG und der BOKraft zu sein;

die Auflage von Anzeigepflichten des Unternehmers für Handlungen und Vorfälle, welche der Aufsichtsbehörde die Erfüllung ihrer Aufsicht erleichtern, ohne den Unternehmer über Gebühr zu belasten.

7. Das dritte und einschneidendste Hauptbetätigungsfeld für sachliche Beschränkungen stellt die **Spezialisierung der Verkehrsart** dar. So kann durch Auflage bestimmt werden, daß nur Arbeiterberufsverkehr ausgeübt oder auch die Arbeiter eines bestimmten Werkes oder die Kranken oder Besucher eines bestimmten Krankenhauses befördert werden dürfen. Die Auflage kann ferner eine zeitliche Beschränkung auf gewisse Wochentage oder auf Markttage oder auf bestimmte Jahreszeiten oder Saisonzeiten enthalten.

Die Beschränkung auf Sonderformen des Linienverkehrs mit Omnibussen gemäß § 43 Abs. 1 geschieht ebenfalls im Wege der Auflage. Ein Verstoß gegen die Beschränkung ist daher nur eine Ordnungswidrigkeit nach § 61 Abs. 1 Nr. 1. Dagegen die Formen des Gelegenheitsverkehrs nach § 46 Abs. 2 gehören gemäß § 9 Abs. 1 Nr. 4 zum wesentlichen Inhalt der Genehmigung; eine Überschreitung dieser Formen ist daher eine strafbare Handlung nach § 60. Alle Auflagen unterliegen den gleichen Rechtsbehelfen wie die Genehmigungsverfügung. Beschwert und damit anfechtungsberechtigt ist dabei in der Regel der Antragsteller.

Zu Absatz 2:

8. Wird eine Genehmigung entgegen der Bestimmung des Absatzes 2 **unbefristet** erteilt, so macht das die Genehmigung nicht unwirksam. Die Genehmigungsbehörde ist aber berechtigt, in einem nachträglichen Verwaltungsakt die Zeitdauer der Genehmigung zu bestimmen. Bis zum rechtskräftigen Erlaß dieses Verwaltungsaktes gelten die in den §§ 38, 44, 50 festgesetzten Höchstlaufzeiten (Urteil des BayVGH vom 19. 6. 1952, Nr. 20 IV 52).

9. Eine Genehmigung kann nicht **in jederzeit widerruflicher Weise** erteilt werden. Geschieht dies doch, so macht der Mangel die Genehmigung nicht schlechthin nichtig. Sie kann andererseits nicht in eine unwiderrufliche Genehmigung ohne zeitliche Beschränkung umgedeutet werden. Vielmehr hat die Festsetzung der Widerruflichkeit zur Folge, daß die Genehmigung während der Dauer der gesetzlichen Höchstdauer (§§ 38, 44, 50) nur aus den Gründen des § 25 zurückgenommen, nach Ablauf der gesetzlichen Höchstdauer aber jederzeit widerrufen werden kann (so Urteil des Bay VGH vom 23. 1. 1958, Nr. 145 IV 55).

10. Ein **Verlängerungsantrag,** den ein Verkehrsunternehmer bei Ablauf der Genehmigungsdauer stellt, ist als neuer Antrag auf Erteilung der Genehmigung anzusehen. Die Genehmigungsbehörde hat daher nicht nur das Verkehrsbedürfnis in dem

zulässigen Umfang (§ 13 Abs. 4) neu zu prüfen, sondern auch eine neue Auswahl unter mehreren Bewerbern zu treffen. Der neue Unternehmer hat ein Recht auf Berücksichtigung nur im Rahmen des § 13 Abs. 4, muß also gegebenenfalls hinter besser oder spezialgesetzlich (z.B. § 69 Abs. 1 BVFG) qualifizierten Mitbewerbern zurücktreten (Urteil des BayVGH vom 4. 12. 1953, Nr. 54 IV 53).

§ 17

Genehmigungsurkunde

(1) Die Genehmigung wird, wenn die Entscheidung nach § 15 unanfechtbar geworden ist, durch Aushändigung der Genehmigungsurkunde erteilt.

(2) Die Genehmigungsurkunde muß enthalten

1. einen Hinweis auf dieses Gesetz,

2. den Namen sowie Wohn- und Betriebssitz des Unternehmers,

3. die Bezeichnung der Verkehrsart, für die die Genehmigung erteilt wird, im Gelegenheitsverkehr auch der Verkehrsform des Gelegenheitsverkehrs (§§ 47 bis 49),

4. die Dauer der Genehmigung,

5. die Bedingungen und Auflagen,

6. die Bezeichnung der Aufsichtsbehörde,

7. bei einem Straßenbahn- oder Obusverkehr die Streckenführung und im Falle des § 28 Abs. 4 einen Hinweis auf den Vorbehalt,

8. bei Linienverkehr mit Kraftfahrzeugen die Linienführung, die Zahl, die Art und das Fassungsvermögen (Sitz- und Stehplätze) der genehmigten Kraftfahrzeuge und Anhänger,

9. bei Gelegenheitsverkehr mit Kraftfahrzeugen die einzelnen Kraftfahrzeuge unter Angabe ihrer amtlichen Kennzeichen.

(3) Im Falle eines Austausches von Kraftfahrzeugen nach § 9 Abs. 2 Satz 2 hat der Unternehmer die Genehmigungsurkunde der Genehmigungsbehörde zur Ergänzung vorzulegen. Das gleiche gilt, wenn ein Unternehmer ein Kraftfahrzeug des Gelegenheitsverkehrs nicht mehr verwendet.

(4) Die Genehmigungsurkunde für Straßenbahnen, für Obusverkehr, der für die Öffentlichkeit wesentliche Inhalt der Genehmigung für den Linienverkehr mit Kraftfahrzeugen und deren Änderungen sind auf Kosten des Unternehmers im amtlichen Verkündungsblatt der Genehmigungsbehörde bekanntzumachen.

(5) Die erteilte Genehmigung kann nur durch die Genehmigungsurkunde oder eine amtliche Ausfertigung nachgewiesen werden.

(6) Im Gelegenheitsverkehr mit Kraftfahrzeugen ist die Genehmigungsurkunde oder eine gekürzte Ausfertigung auf der Fahrt mitzuführen und zuständigen Personen auf Verlangen zur Prüfung auszuhändigen.

(7) Hat eine Genehmigungsurkunde oder eine einstweilige Erlaubnis (§ 20) ihre Gültigkeit verloren, so ist sie unverzüglich einzuziehen oder, falls dies nicht möglich ist, auf Kosten des Unternehmers für kraftlos zu erklären.

(8) Von den Vorschriften des Absatzes 2 Nr. 9 kann die Genehmigungsbehörde für die Deutsche Bundespost und die Deutsche Bundesbahn sowie

für bewährte Betriebe mit ausreichendem Fahrzeugbestand Ausnahmen zulassen.

Zu Absatz 1:

1. Das subjektiv-öffentliche Recht zur Personenbeförderung wird erst durch die **Aushändigung** der Urkunde erzeugt. Über den Rechtscharakter der Urkunde als einer Konstitutivurkunde s. die Vorbemerkung vor § 9.

a) Eine Ausfertigung oder ein Abdruck der Genehmigungsverfügung (§ 15 Abs. 1 Satz 1) kann als Genehmigungsurkunde gewertet werden, wenn sie alle Daten des § 17 Abs. 2 enthält. Doch ist es nicht zweckmäßig, diese Daten in die Genehmigungsverfügung zu übernehmen.

b) Daß der Antragsteller die Verwaltungsgebühr für die Genehmigungsverfügung (§ 15 Abs. 1 Satz 1) gezahlt hat, kann nicht zur Voraussetzung für die Aushändigung der Urkunde gemacht werden. Andererseits kann der Antragsteller die Bezahlung der Verwaltungsgebühr für die rechtskräftig gewordene Genehmigungsverfügung nicht etwa solange ablehnen, bis ihm die Urkunde ausgehändigt ist.

c) Andererseits ist im gesamten Verwaltungsrecht der Grundsatz anerkannt, daß eine Genehmigung nicht erteilt werden darf, wenn sie zwar die Voraussetzungen der speziellen Rechtsnorm, auf der sie beruht, erfüllt, dafür aber andere, im Interesse der Allgemeinheit erlassene Rechtsvorschriften verletzt. Die Genehmigungsurkunde darf daher erst ausgehändigt werden,

aa) wenn festgestellt ist, daß die zugelassenen Verkehrsmittel den Vorschriften der BOStrab bzw. BOKraft entsprechen;

bb) wenn der Versicherungsnachweis nach § 29b StVZO erbracht ist (§ 23 Abs. 2).

Der Nachweis gemäß aa) ist durch ein Prüfungszeugnis der Technischen Prüfstelle für den Kraftfahrzeugverkehr zu erbringen, der Versicherungsnachweis gemäß bb) durch eine vom Versicherer zu erteilende Versicherungsbestätigung nach Muster 6 zur StVZO (BGBl. 1960 I S. 991). Eine Sammelbestätigung des Versicherers genügt nicht.

Die Genehmigungsbehörde muß entweder selbst oder durch die nachgeordnete Behörde, durch die sie die Aushändigung der Urkunde vornehmen läßt, sicherstellen, daß die Voraussetzungen gemäß aa) und bb) erfüllt sind. Da die Versicherungsbestätigung vom Versicherer zunächst an die Kraftfahrzeug-Zulassungsstelle geht, ist es zweckmäßig, daß die Genehmigungsbehörde die Urkunde durch diese Stelle aushändigen läßt.

2. **Zuständig** für die Ausstellung der Genehmigungsurkunde ist in jedem Falle die Genehmigungsbehörde (§ 14). Der Devolutiveffekt eines gegen die Entscheidung nach § 15 Abs. 1 eingelegten Rechtsbehelfs erfaßt nur die Genehmigungsverfügung; die für die Entscheidung über den Rechtsbehelf zuständige Stelle wird damit nicht zur Ausstellung der Urkunde zuständig.

3. Ausstellung und Aushändigung der Genehmigungsurkunde ist kein materieller Verwaltungsakt, sondern ein unselbständiger **Vollzugsakt** und unterliegt daher nicht der Anfechtung nach der VwGO. Wird trotz Vorliegens einer rechtskräftigen Genehmigungsverfügung die Genehmigungsurkunde nicht ausgestellt oder nicht ausgehändigt, so steht dem geschädigten Antragsteller gegen diese Benachteiligung

durch die Genehmigungsbehörde lediglich die Anrufung der nächsthöheren Behörde im Aufsichtswege zu.

4. Wenn die Genehmigungsbehörde die Erteilung der Genehmigung versagt, das **Verwaltungsgericht** auf Anfechtungsklage hin aber die Genehmigung rechtskräftig erteilt hat, so besteht damit noch nicht ein subjektiv-öffentliches Recht zur Ausübung der Personenbeförderung. Die Behörde wird zwar durch das Urteil verpflichtet, die Urkunde auszustellen und auszuhändigen. Das Recht zur Personenbeförderung besteht aber doch erst mit dieser Aushändigung.

Das Verwaltungsgericht kann immer nur die Entscheidung aufheben und, wenn die Behörden die Erteilung der Genehmigung zu Unrecht abgelehnt haben, sie zur Erteilung der Genehmigung verpflichten (§ 113 Abs. 4 VwGO). Es kann niemals die Genehmigung selbst erteilen, wie das früher nach § 79 der süddeutschen Verwaltungsgerichtsgesetze möglich war.

Betrifft aber die angefochtene Entscheidung der Behörde eine bloße Feststellung, so kann das Gericht, statt die Behörde zu einer anderen Feststellung zu verpflichten, gleich die Feststellung selbst durch eine andere ersetzen (§ 113 Abs. 2 VwGO). Das ist z.B. bei Entscheidungen nach § 10 der Fall.

5. Die Genehmigung zum Personenverkehr ersetzt nicht Genehmigungen, welche auf Grund **anderer Vorschriften** für Tätigkeiten, die mit dem Personenverkehr in Zusammenhang stehen, erforderlich sind. So kennt das Landesrecht Bestimmungen, wonach öffentliche Vergnügungen einer Erlaubnis bedürfen. Wird in einem öffentlichen Verkehrsmittel z.B. ein öffentlicher Tanz veranstaltet, so bedarf in Bayern der Veranstalter einer Erlaubnis der zuständigen Gemeinde nach Art. 10 des Bayer. Landesstraf- und Verordnungsgesetzes vom 17. 11. 1956 i.d.F. vom 22. 12. 1960 (GVBl. S. 296); zuständig für Vergnügungen in fahrenden Verkehrsmitteln ist diejenige Gemeinde, in deren Gebiet die Fahrt beginnt.

6. Die Genehmigung ist eine „besondere Genehmigung" im Sinne des § 15 Abs. 2 GewO. Wird eine Personenbeförderung gewerbsmäßig betrieben, so kann die Fortsetzung des Betriebs „polizeilich" **verhindert** werden, wenn das Gewerbe ohne die Genehmigung begonnen wird.

a) Mit dem Gewerbe der Personenbeförderung wird nicht schon begonnen, wenn die Fahrzeuge angeschafft werden, wohl aber, wenn durch Werbemaßnahmen die Kunden auf das Unternehmen aufmerksam gemacht werden. Es ist nicht nötig, daß mit der tatsächlichen Beförderung bereits begonnen wurde.

b) Eine „polizeiliche" Verhinderung obliegt nicht nur den Organen der Vollzugspolizei, sondern auch den zuständigen Verwaltungsbehörden, insbesondere den Genehmigungsbehörden (vgl. Sieg-Leifermann Erl. 2 zu § 15 GewO).

c) Der gute Glaube des Betroffenen macht die polizeiliche Verhinderung nicht unerlaubt oder ermessensfehlerhaft (vgl. Schulz-Schaeffer „Die Unterbindung der unerlaubten Gewerbetätigkeit" in DVBl. 1961 S. 202).

d) Wenn eine Genehmigung nicht vorliegt, kann der Betrieb verhindert werden, ohne daß geprüft zu werden braucht, ob die Genehmigung im Falle der Antragstellung erteilt werden könnte. Steht allerdings die Heilung des Mangels in **sicherer** Aussicht, dann ist eine trotzdem verfügte Verhinderung ermessensfehlerhaft, da es nicht gerechtfertigt ist, etwas wegzunehmen, was man sogleich wieder zurückgeben muß (Beschluß des OVG Rheinland-Pfalz vom 27. 6. 1957, DÖV 1957 S. 756).

7. Die Genehmigung verschafft dem Genehmigungsinhaber sowohl eine öffentlich-rechtliche wie auch eine **privatrechtliche Rechtsstellung.** Über die öffentlich-rechtliche Rechtsstellung siehe Anmerkung 6c zu § 15.

a) In der Rechtsprechung des BGH steht fest, daß das PBefG ein **Schutzgesetz** im Sinne des § 823 Abs. 2 BGB zugunsten der Bundesbahn ist (Urteil des BGH vom 12. 11. 1957, PV 1958 S. 54).

Die ältere Rechtsprechung hatte es abgelehnt, das PBefG auch als Schutzgesetz zugunsten zugelassener gegenüber nicht zugelassenen Verkehrsunternehmern anzusehen (vgl. die reichhaltige Rechtsprechung bei Heinze, „Das Personenbeförderungsgesetz als Schutzgesetz für konzessionierte Unternehmen des Omnibuslinienverkehrs“ in PV 1957 S. 92).

Mit dem Urteil des OLG München vom 24. 3. 1955 (zitiert nach Heinze a.a.O.) hat sich jedoch eine Wandlung in der Rechtsprechung angebahnt; in dem Urteil wird das PBefG als Schutzgesetz des zugelassenen gegenüber einem wilden Linienunternehmer anerkannt. Das OLG Bamberg hat in seinem Urteil vom 21. 3. 1956 (PV 1956 S. 129) diese Ansicht übernommen und gleichzeitig ausgesprochen, daß derjenige auch ein „sonstiges Recht“ im Sinne des § 823 Abs. 1 BGB verletzt, der durch Eröffnung eines nicht genehmigten Linienbetriebs in den eingerichteten und ausgeübten Gewerbebetrieb eines anderen eingreift. Das Urteil steht mit der Rechtsprechung des BGH zum Recht am eingerichteten und ausgeübten Gewerbebetrieb in Einklang (vgl. Fromm in PV 1957 S. 208).

Ferner hat das OLG Frankfurt/M. mit Urteil vom 3.6.1958 (PV 1960 S. 56) ausgesprochen, daß das PBefG auch ein Schutzgesetz zugunsten von Kraftdroschken gegenüber Mietautobesitzern, die ihre Mietautos wie Kraftdroschken bereitstellen, darstellt.

b) Wer einen ungenehmigten Linienverkehr eröffnet, übt gegenüber einem im Verkehrsgebiet liegenden zugelassenen Linienunternehmer **unlauteren Wettbewerb** (§ 1 UWG), wenn er sich bewußt und planmäßig über das PBefG hinwegsetzt, um sich einen Vorsprung im Wettbewerb gegenüber gesetzestreuen Mitbewerbern zu sichern (Urteil des BGH vom 21. 5. 1957, zitiert nach Fromm „Personenbeförderungsgesetz und unlauterer Wettbewerb“ in PV 1957 S. 208; vgl. auch Klatt in PV 1959 S. 96).

Der Anspruch aus § 1 UWG steht zu den Ansprüchen aus § 823 Abs. 2 BGB und aus § 823 Abs. 1 BGB nicht in Gesetzes-Konkurrenz; die Ansprüche stehen vielmehr selbständig nebeneinander (Fromm a.a.O. mit Hinweisen auf die Rechtsprechung). Nach § 13 UWG ist nicht nur der geschädigte Unternehmer selbst, sondern auch sein Berufsverband zur Klageerhebung legitimiert (Urteil des AG Dortmund-Hörde vom 28. 10. 1959, PV 1960 S. 34).

Ob sich auch die Bundesbahn bei Vorliegen gleicher Voraussetzungen auf das UWG stützen kann, hat der BGH in seinem Urteil (NJW 1958 S. 177) dahingestellt sein lassen. Unter der Herrschaft des Reichsbahngesetzes, dessen § 16 ausdrücklich feststellte, daß die Reichsbahn kein Gewerbebetrieb sei, hatte das Kammergericht (Urteil vom 12. 6. 1933) der Reichsbahn den Schutz des UWG und des § 823 Abs. 1 BGB unter Hinweis auf diese Rechtsstellung versagt. Eine solche Bestimmung enthält das jetzt geltende Bundesbahngesetz nicht mehr. Im Gegensatz zur Bundespost (vgl. oben Anmerkung 2 zu § 11) nimmt die Bundesbahn im geschäftlichen Verkehr, auf den § 1 UWG abstellt, eine gleichrangige Stellung mit anderen Unternehmern ein, soweit ihr Verhältnis zum Kunden in Frage steht. Daher sollte ihr auch der Schutz des UWG und des § 823 Abs. 1 BGB nicht vorenthalten werden (ebenso Heinze in NJW 1958 S. 579).

Zu Absatz 2:

8. Die Urkunde muß nicht nur den Wohnsitz, sondern auch den **Betriebssitz** des Unternehmers erkennen lassen. Die Wahl des Betriebssitzes steht dem Unternehmer frei. Die Genehmigungsbehörde hat keine Möglichkeit, ihn an einen bestimmten Betriebssitz zu binden, auch nicht im Wege der Auflage nach § 16. Andererseits zwingt der einmal gewählte Betriebssitz den Kraftdroschkenunternehmer nach § 47 Abs. 3 zur Bereitstellung der Kraftdroschken nur in der betreffenden Gemeinde.

9. Ein **Fahrplan** muß im Linienverkehr mit Omnibussen nicht festgesetzt sein (§ 42 Satz 2). Wenn aber einer festgesetzt werden soll, so ist er im Antrag aufzuführen (§ 12 Abs. 1 Nr. 3d). Er bedarf der Zustimmung der Genehmigungsbehörde (§ 45 Abs. 3, § 40 Abs. 2 Satz 1), wird aber nicht in die Genehmigungsurkunde aufgenommen: arg. § 17 Abs. 2 Nr. 8.

Die Genehmigungsbehörde kann im Wege der Einschränkung nach § 16 Abs. 1 dem Unternehmer die Einhaltung eines bestimmten Fahrplans zur Auflage machen. Sie kann auf diesem Wege auch den Fahrplan modifizieren, z. B. in der Weise, daß an einer bestimmten Haltestelle nur ausgestiegen, nicht aber zugestiegen werden darf.

Zu Absatz 4:

10. Die Bekanntmachung geschieht auf Kosten des Unternehmers. Bundesbahn und Bundespost sind zwar von der Zahlung von Verwaltungsgebühren befreit (vgl. Urteil des BVG vom 11. 3. 1960 Nr. VII C 50. 59). Hier handelt es sich aber nicht um Verwaltungsgebühren, sondern um die Erstattung von Druckkosten; dazu sind Bundesbahn und Bundepost verpflichtet wie jeder andere Unternehmer.

11. Auch die Rücknahme der Genehmigung ist im Verkündungsblatt der Genehmigungsbehörde zu veröffentlichen (§ 25 Abs. 4).

Amtliches Verkündungsblatt ist entweder ein eigens für amtliche Verkündungen der Behörde erscheinendes Blatt oder aber die Tageszeitung, welche die Genehmigungsbehörde **allgemein** für die Aufnahme amtlicher Verkündungen bestimmt hat.

Zu Absatz 6:

12. Die Urkunde muß nicht nur vorgezeigt, sondern zur Prüfung ausgehändigt werden. In § 61 Abs. 1 Nr. 3b ist versehentlich unterblieben, das Wort „Vorzeigen“ durch „Aushändigen“ zu ersetzen. Die Bußgeldbestimmung ist aber so anzuwenden, als wenn es „aushändigen“ hieße.

13. Zuständige Kontrollorgane sind:

Baden-Württemberg:
Vollzugspolizei

Bayern:
Vollzugspolizei

Freie und Hansestadt Hamburg:
Polizeibehörde — Verkehrsüberwachung —

Hessen:
Staatliche und kommunale Polizei, ferner die Landesprüfstelle im Auftrage der Aufsichtsbehörden und die Aufsichtsbehörde selbst

Niedersachsen:
Polizei; Beauftragte der Genehmigungsbehörde

Nordrhein-Westfalen:
Landespolizei

Saarland:
Verkehrsinspektion der Landespolizei

Schleswig-Holstein:
Schutzpolizei

Zu Absatz 7:

14. **Einziehung** der Urkunde und **Kraftloserklärung** sind spezialgesetzliche Zwangsmittel, mit denen

a) entweder der vorausgegangene oder gleichzeitig ergehende Verwaltungsakt der Rücknahme oder Erlöschenserklärung (§§ 25, 26 Abs. 1) vollzogen wird,

b) oder nach automatischem Erlöschen einer Genehmigung oder einstweiligen Erlaubnis (§ 16 Abs. 2, § 24 Abs. 2, § 26 Abs. 2, § 20 Abs. 2) das Recht des bisherigen Genehmigungsinhabers zum Besitz der Urkunde ausdrücklich verneint wird.

Im Falle b) liegt ein feststellender Verwaltungsakt vor, welcher der Anfechtung im Verwaltungsrechtsweg unterliegt. Im Falle a) unterliegen Einziehung und Kraftloserklärung ebenfalls der Anfechtung im Verwaltungsrechtsweg, wenn sie rechtlich selbständig und nicht mit dem zugrunde liegenden Verwaltungsakt der Rücknahme- oder Erlöschenserklärung verbunden sind.

15. Unmöglich ist die Einziehung nur dann, wenn die Urkunde **nicht mehr vorhanden** ist. Die Weigerung des Inhabers, sie herauszugeben, bedeutet keine Unmöglichkeit. Die Kraftloserklärung geschieht durch formelle Verfügung der Genehmigungsbehörde. In den Fällen des Abs. 4 ist die Kraftloserklärung im amtlichen Verkündungsblatt der Genehmigungsbehörde auf Kosten des bisherigen Inhabers der Genehmigung bekanntzumachen.

Zu Absatz 8:

16. Für den Rechtscharakter der Ausnahmebewilligung gilt das zu § 3 Abs. 2 Satz 2 ausgeführte entsprechend.

§ 18

Aushändigung der Genehmigungsurkunde an juristische Personen

Einer Aktiengesellschaft, einer Kommanditgesellschaft auf Aktien, einer Gesellschaft mit beschränkter Haftung oder einer Genossenschaft darf die Genehmigungsurkunde erst ausgehändigt werden, wenn die Eintragung in das Register nachgewiesen ist.

Die Vorschrift entspricht dem § 15 Abs. 4 Satz 2 GüKG. Von Bedeutung sind die weiteren Wechselbeziehungen zwischen Genehmigung nach dem PBefG und Registerrecht:

Nach § 7 HGB wird „durch die Vorschriften des öffentlichen Rechts, nach welchen die Befugnis zum Gewerbebetrieb ausgeschlossen oder von gewissen Voraussetzungen abhängig gemacht ist, die Anwendung der die Kaufleute betreffenden Vorschriften dieses Gesetzbuches nicht berührt". Wer also verbotswidrig ein gewerbliches Unternehmen errichtet, ist trotzdem Kaufmann, wenn die Voraussetzungen des HGB vorliegen. Er ist deshalb auch im Handelsregister einzutragen.

Er ist auch nicht deshalb im Handelsregister zu löschen, weil ihm die Zulassung versagt wird (a. A. Amtsgericht Hamburg in JW 1936 S. 1227). Sache der Behörde ist es, beim Fehlen der Genehmigung die Ausübung des Betriebes faktisch unmöglich zu machen. Ist dies geschehen, so ergibt sich hieraus, daß wegen Fortfalls der Voraussetzungen des § 1 Abs. 1 HGB (Betreiben eines Handelsgewerbes) die Firma nicht einzutragen bzw. wieder zu löschen ist.

Nach § 29, Abs. 2, Ziff. 5 des Aktiengesetzes ist bei der Anmeldung einer Aktiengesellschaft zum Handelsregister der Anmeldung beizufügen: „wenn der Gegenstand des Unternehmens der staatlichen Genehmigung bedarf, die Genehmigungsurkunde". Eine zum Betriebe eines Verkehrsunternehmens gegründete Aktiengesellschaft darf also ins Handelsregister nicht eingetragen werden, solange nicht die Genehmigung vorliegt.

Dem Gesetzgeber des HGB hat vorgeschwebt, daß zuerst die gewerbliche Genehmigung beigebracht wird und dann der Registerrichter über die Eintragung entscheidet. Bei dem Genehmigungsverfahren nach dem PBefG wird sich aber für die Genehmigungsbehörde oft die Notwendigkeit einer Nachprüfung der kapitalmäßigen Grundlagen der Gesellschaft ergeben, eine Nachprüfung, die am besten durch Nachfrage beim Registergericht erfolgt. Die sich hieraus ergebende Unstimmigkeit ist dadurch zu lösen, daß das Registergericht eine Bescheinigung gibt, nach der, abgesehen von der Genehmigung, der Eintragung Bedenken nicht entgegenstehen. Eine Entscheidung darüber, ob das von der Gesellschaft beabsichtigte Unternehmen überhaupt genehmigungspflichtig ist, steht dem Registerrichter nicht zu.

Das gleiche gilt nach § 8 Abs. 1 Ziff. 4 GmbH-Ges. für die GmbH. Dagegen ist im Genossenschaftsgesetz keine Vorschrift enthalten, die den Nachweis der gewerberechtlichen Genehmigung für die Anmeldung zum Genossenschaftsregister vorschriebe wie die eben genannten Gesetze für die Anmeldung zum Handelsregister. Jedoch müssen diese Vorschriften auch bei der Anmeldung zum Genossenschaftsregister entsprechend angewandt werden, da hier die gleiche rechtspolitische Situation vorliegt. Es ist also bei der Anmeldung von Genossenschaften, die ein genehmigungspflichtiges Unternehmen betreiben wollen, zum Genossenschaftsregister die Vorlegung der Genehmigung zu fordern (vgl. Kammergericht in JW 1936 S. 941).

§ 19

Tod des Unternehmers

(1) Nach dem Tode des Unternehmers kann der Erbe den Betrieb vorläufig weiterführen oder diese Befugnis auf einen Dritten übertragen; das gleiche gilt für den Testamentsvollstrecker, Nachlaßpfleger oder Nachlaß-

verwalter während einer Testamentsvollstreckung, Nachlaßpflegeschaft oder Nachlaßverwaltung.

(2) Die Befugnis erlischt, wenn nicht der Erbe oder der Dritte binnen drei Monaten nach Ablauf der für die Ausschlagung der Erbschaft vorgesehenen Frist oder die in Absatz 1 zweiter Halbsatz genannten Personen binnen drei Monaten nach der Annahme ihres Amtes oder ihrer Bestellung die Genehmigung beantragt haben; ein in der Person des Erben wirksam gewordener Fristablauf wirkt auch gegen den Nachlaßverwalter. Bei der Prüfung des Genehmigungsantrages ist § 13 Abs. 2 und 3 nicht anzuwenden. Wird dem Antrag stattgegeben, so ist als Zeitpunkt des Ablaufs der Genehmigung der Tag zu bestimmen, an dem die Genehmigung des Rechtsvorgängers abgelaufen sein würde.

(3) Bei den Unternehmern mit Betriebspflicht nach § 21 hat die Genehmigungsbehörde dafür zu sorgen, daß der Betrieb keine Unterbrechung erfährt. Wird der Betrieb von den in Absatz 1 genannten Personen nicht vorläufig weitergeführt, so kann die Genehmigungsbehörde für die Übergangszeit zur Aufrechterhaltung des Betriebs eine einstweilige Erlaubnis nach § 20 an einen anderen erteilen.

Zu Absatz 1:

1. Die Genehmigung zur Personenbeförderung wird dem Unternehmer **für seine Person** erteilt. Sie ist grundsätzlich unabhängig davon, ob er wirklich ein Unternehmen betreibt (unbeschadet der Beförderungspflicht nach § 22 und des Erlöschens nach § 26). Stirbt etwa ein Unternehmer bald nach Erteilung der Genehmigung, noch ehe er von ihr Gebrauch machen konnte, so erben seine Nachkommen nicht etwa die Genehmigung. Sie ist vielmehr höchst persönlich und erlischt mit dem Tod des Inhabers.

Hat aber der Verstorbene ein Personenbeförderungsunternehmen berechtigterweise betrieben, dann tritt die Rechtsfolge des § 19 zugunsten der Erben ein.

2. Das Recht des Erben nach § 19 ist in keiner Weise mit der Genehmigung zur Personenbeförderung zu vergleichen. Letztere ist ein grundsätzlich von bestimmten Fahrzeugen und sonstigen Betriebseinrichtungen unabhängiges subjektiv-öffentliches Recht, das nach Maßgabe des § 9 auch mit verschiedenen Fahrzeugen ausgeübt werden kann. Dagegen ist das Recht des Erben aus § 19 **an den Betrieb gebunden.** Daraus ergibt sich:

a) Gibt der Erbe, ohne die Weiterführungsbefugnis auf einen Dritten zu übertragen, den vom Erblasser übernommenen Betrieb auf, so kann er nicht etwa auf Grund des § 19 später einen neuen Betrieb einrichten.

b) Hat der Erbe die Befugnis zur Weiterführung auf einen Dritten übertragen, kauft er aber dann den Betrieb wieder zurück, so kann er von der Weiterführungsbefugnis neuerdings Gebrauch machen, wenn die Genehmigung gemäß Abs. 2 binnen der 3-Monatsfrist beantragt, aber inzwischen noch nicht erteilt worden ist.

3. § 19 gewährt dem Erben ein subjektiv-öffentliches Recht **eigener Art,** das nicht kraft Verwaltungsakts (wie die Genehmigung nach § 15), sondern kraft Gesetzes besteht. Wird das Recht von einem Privatmann mißachtet oder bestritten, so steht dem Erben das Recht der Feststellungsklage gem. § 256 ZPO zu den ordent-

lichen Gerichten zu. Wird das Recht von einer Behörde in Form eines Verwaltungsaktes mißachtet oder bestritten, dann steht dem Erben das Recht der Anfechtungsklage zum Verwaltungsgericht zu. Auch ein behördlicher Bescheid, der das Nichtbestehen des Rechts aus § 19 nur feststellen will, ohne zunächst Konsequenzen daraus zu ziehen, stellt bereits einen Verwaltungsakt dar.

4. Sind **mehrere Erben** vorhanden, so entstehen für sie alle die Befugnisse aus § 19. Wer von ihnen von der Befugnis **tatsächlich** Gebrauch machen kann, richtet sich danach, wem die privatrechtliche Verfügungsmacht über den Betrieb zusteht. Das ergibt sich aus Testament bzw. Erbvertrag bzw. aus der gesetzlichen Erbfolge, endlich aus den Auseinandersetzungsvereinbarungen.

Ein Personenbeförderungsunternehmen kann entweder von einem einzelnen Erben oder auch von mehreren Erben zusammen weitergeführt werden. In letzterem Fall stehen die Befugnisse aus § 19 allen gemeinsam zu (§§ 2038, 2040 BGB).

War der Verstorbene nicht Eigentümer, sondern nur Pächter der Fahrzeuge, so steht das außerordentliche Kündigungsrecht gemäß § 569 BGB nur dem Erben, nicht dem Verpächter zu (§ 596 BGB). Mit der Beendigung des Pachtverhältnisses erlischt der ererbte Verkehrsbetrieb und damit die Befugnisse aus § 19.

5. Hatte der Verstorbene den Betrieb oder die Genehmigung, ohne die er ja keinen Betrieb führen kann, gemäß § 2 Abs. 2 auf einen anderen übertragen, so ist eine Weiterführung des Betriebs durch den Erben gemäß § 19 unmöglich.

Zu Absatz 2:

6. Wird der Genehmigungsantrag innerhalb von drei Monaten nach Ablauf der Ausschlagungsfrist gestellt, dann bleibt die Befugnis aus Abs. 1 bis zur Erteilung der Genehmigung wirksam. Wird der Genehmigungsantrag innerhalb der genannten Frist nicht gestellt, dann erlischt die Befugnis nach Ablauf der Frist.

7. Gleichzeitig sind aber, da eine Genehmigung zur Personenbeförderung nicht mehr besteht, auch Anträge **anderer Bewerber** auf eine Genehmigung für den betreffenden Verkehr zulässig. Soll einem dieser Bewerber die Genehmigung erteilt werden, so sind die Voraussetzungen des § 13 in vollem Umfang, also unter Einschluß der objektiven Voraussetzungen, zu prüfen. Nur bei der Erteilung der Genehmigung an einen Erben wird durch Abs. 2 Satz 2 die Prüfung auf die subjektiven Voraussetzungen beschränkt. Das gilt für jeden Erben, gleichgültig, ob er von dem Weiterführungsrecht des Abs. 1 auf Grund seiner privatrechtlichen Verfügungsmacht Gebrauch machen konnte oder nicht.

8. Die Einfügung des Satzes 3 in Abs. 2 war notwendig, weil dem Erben eine neue Genehmigung erteilt, nicht etwa die Fortführung der Genehmigung des Erblassers erlaubt wird.

Zu Absatz 3:

9. Von den beiden Sätzen des Abs. 3 ist der erste der umfassendere. Er legt der Genehmigungsbehörde vor allem die Pflicht auf, im Falle der Weiterführung gemäß Abs. 1 dafür zu sorgen, daß der Erbe diese Befugnis nicht nur für sich in Anspruch nimmt, sondern den Betrieb auch **ordnungsgemäß** weiterführt.

Nimmt dagegen der Erbe die Befugnis nach Abs. 1 überhaupt nicht in Anspruch, so hat die Genehmigungsbehörde einen Genehmigungsantrag eines geeigneten Bewerbers herbeizuführen und über den Antrag mit Beschleunigung zu entscheiden.

Bis zur Entscheidung kann eine einstweilige Erlaubnis erteilt werden, wenn die Voraussetzungen des § 20 vorliegen. Dabei braucht weder die Dringlichkeit der Verkehrsbedienung noch ein öffentliches Verkehrsinteresse an ihr gegeben zu sein (§ 20 Abs. 4).

Bei wörtlicher Auslegung des § 20 Abs. 4 müßte man annehmen, daß im Falle einer einstweiligen Erlaubnis nach § 19 Abs. 3 Satz 2 weder der Betrieb sicher und leistungsfähig noch die Person, der die einstweilige Erlaubnis erteilt werden soll, zuverlässig sein muß. Das kann jedoch nicht dem Willen des Gesetzgebers entsprechen. „Auf keinen Fall kann es dem öffentlichen Interesse entsprechen, daß ein unzuverlässiger Verkehrsunternehmer eine Verkehrsbedienung durchführt“ (so Beschluß des Bayer. VGH vom 25. 10. 1956, Nr. 137 IV 53).

10. Abs. 3 ermächtigt die Genehmigungsbehörde nicht zu Eingriffen in das Privatrecht.

§ 20

Einstweilige Erlaubnis

(1) Duldet die Einrichtung, Erweiterung oder wesentliche Änderung eines Linienverkehrs mit Kraftfahrzeugen keinen Aufschub, so kann die von der Landesregierung bestimmte Behörde, in deren Gebiet der Verkehr betrieben werden soll, eine jederzeit widerrufliche einstweilige Erlaubnis erteilen, wenn dies im öffentlichen Verkehrsinteresse geboten ist und die Voraussetzungen des § 13 Abs. 1 gegeben sind.

(2) Die einstweilige Erlaubnis erlischt nach sechs Monaten, soweit sie nicht vorher widerrufen wird. Sie begründet keinen Anspruch auf Erteilung einer Genehmigung.

(3) Über die einstweilige Erlaubnis ist für jedes verwendete Fahrzeug eine Bescheinigung zu erteilen. Die Bescheinigung hat zu enthalten

1. **den Hinweis auf diese Vorschrift mit einem Zusatz, daß aus der einstweiligen Erlaubnis ein Anspruch auf die Erteilung einer Genehmigung nicht hergeleitet werden kann,.**
2. **Begründung der Dringlichkeit der Einrichtung des Verkehrs im Sinne des Absatzes 1,**
3. **Name sowie Wohn- und Betriebssitz des Unternehmers,**
4. **die Bezeichnung der Fahrzeuge und ihrer amtlichen Kennzeichen,**
5. **die Dauer der einstweiligen Erlaubnis,**
6. **die Bezeichnung der Punkte, zwischen denen der Verkehr betrieben werden soll, gegebenenfalls auch der Wegstrecke,**
7. **Beförderungsentgelte und Fahrplan,**
8. **Bedingungen und Auflagen.**

Die Bescheinigung ist auf der Fahrt mitzuführen und zuständigen Personen auf Verlangen zur Prüfung auszuhändigen.

(4) Die Voraussetzungen für die Erteilung einer einstweiligen Erlaubnis gelten im Falle des § 19 Abs. 3 Satz 2 als gegeben.

Zu Absatz 1:

1. Nach § 15 Abs. 1 kann keine vorläufige oder widerrufliche Genehmigung erteilt werden. Die einstweilige Erlaubnis ist also keine Genehmigung. Ein Unternehmer, der eine Linie mit einer einstweiligen Erlaubnis bedient, hat nicht die Rechtsstellung eines zugelassenen Verkehrsunternehmers. Er ist kein „vorhandener Unternehmer" im Sinne des § 14 Abs. 1 Nr. 1c und 2a und daher nicht anhörberechtigt (Urteil des BVG vom 13. 5. 1960, DVBl. 1960 S. 600).

2. Da die einstweilige Erlaubnis jederzeit widerruflich ist, besteht auf ihre Erteilung **kein Rechtsanspruch.** Aber auch ein vom Gesetz zugelassener und ausdrücklich vorbehaltener Widerruf darf nicht willkürlich ausgeübt werden (s. Eyermann-Fröhler a. a. O. Anhang 46 zu § 42 VwGO). Daher steht auch die Erteilung der widerruflichen einstweiligen Erlaubnis unter dem Vorbehalt, daß sie nicht willkürlich versagt werden darf. Ein Widerspruch gegen die Versagung einer einstweiligen Erlaubnis ist daher mit der Begründung zulässig, daß die Behörde bei ihrer Entscheidung willkürlich verfahren sei.

3. Durch die Erteilung einer einstweiligen Erlaubnis kann in die Rechte eines in dem Verkehrsgebiet vorhandenen Unternehmers einer Schienenbahn, eines Obusverkehrs, einer Kraftfahrlinie oder einer dem Berufsverkehr dienenden Schiffahrtslinie eingegriffen werden. Diesen Unternehmern sowie den Trägern der Straßenbaulast an den Straßen, die auf Grund der einstweiligen Erlaubnis befahren werden sollen, steht der Widerspruch gegen die einstweilige Erlaubnis zu. Der Unternehmer einer Schiffahrtslinie dagegen, die nicht dem Berufsverkehr dient, kann im Verfahren nach § 20 nicht eine Position haben, die ihm das Gesetz im normalen Genehmigungsverfahren (vgl. § 14 Abs. 1 Nr. 2a) versagt.

4. Die einstweilige Erlaubnis ist nicht zu verwechseln mit der **Anordnung der sofortigen Vollziehung** nach § 80 Abs. 1 Nr. 4 VwGO. Die einstweilige Erlaubnis nach § 20 dient dem Zweck, ein eiliges Verkehrsbedürfnis zu befriedigen, **ehe** das Anhörverfahren durchgeführt werden kann. Die Anordnung der sofortigen Vollziehung nach § 80 Abs. 1 Nr. 4 VwGO zu einer Genehmigung nach § 9 dagegen hat den Zweck, **nach** Durchführung des Anhörverfahrens, wenn Widersprüche zustellungsberechtigter Stellen vorliegen oder zu erwarten sind, die aufschiebende Wirkung der Widersprüche im öffentlichen Interesse zu beseitigen. Jeder Verwaltungsakt kann für sofort vollziehbar erklärt werden, für den bei Einlegung eines Rechtsbehelfs die aufschiebende Wirkung eintreten würde. Es ist also nicht notwendig, daß der Verwaltungsakt einer besonderen „Vollziehung" durch behördliche Vollzugsakte bedarf (Eyermann-Fröhler RNr. 32 zu § 80 VwGO).

Während gegen die Erteilung einer einstweiligen Erlaubnis nach § 20 eine Anfechtungsklage zulässig ist (oben Anm. 2 und 3), ist gegen die Anordnung der sosortigen Vollziehung ein Rechtsbehelf überhaupt nicht eingeräumt. Im wesentlichen die gleiche Funktion erfüllt aber die in § 80 Abs. 5 VwGO eingeräumte Möglichkeit, beim Verwaltungsgericht die Aussetzung der Vollziehung zu beantragen (s. Anm. 5).

5. Nach § 80 Abs. 5 VwGO kann nach Erhebung der Anfechtungsklage das Gericht der Hauptsache die **aufschiebende Wirkung** des erhobenen Rechtsbehelfs **wieder herstellen.** Hierbei darf die Erfolgsaussicht der Klage nicht außer Betracht bleiben, weil eine offensichtlich unzulässige oder unbegründete Klage die Aussetzung nicht zu rechtfertigen vermag, wie andererseits eine offensichtlich begründete Klage

die Aussetzung gebietet (Beschluß des BVG vom 11. 12. 1953, DVBl. 1954, S. 408). Es kommt also für die Entscheidung über den Aussetzungsantrag darauf an, ob ein sonstiges öffentliches Interesse an der alsbaldigen Vollziehung besteht (Urteil des Hessischen VGH vom 26. 6. 1957, OS II 113/57).

6. Wenn die einstweilige Erlaubnis mit der Anordnung der sofortigen Vollziehung auch nicht verwechselt werden darf, so kann doch eine **Verbindung** beider Maßnahmen durchaus zweckmäßig sein. Eine einstweilige Erlaubnis kann ja nur erteilt werden, wenn es im öffentlichen Interesse geboten ist. Will nun ein in seiner Rechtsposition berührter Unternehmer (Anm. 3) die Wirkung der einstweiligen Erlaubnis durch Einlegung eines Rechtsbehelfs hemmen, so kann es im öffentlichen Interesse geboten sein, ihm diese Möglichkeit zu nehmen, indem man die Erteilung der einstweiligen Erlaubnis mit der Anordnung ihrer sofortigen Vollziehung nach § 80 Abs. 1 Nr. 4 VwGO verbindet.

7. Die einstweilige Erlaubnis ist auch nicht zu verwechseln mit einer einstweiligen Anordnung des Verwaltungsgerichts nach § 123 VwGO. Danach kann das Gericht, und zwar auch schon vor Klageerhebung, eine einstweilige Anordnung in bezug auf den Streitgegenstand treffen, wenn die Gefahr besteht, daß durch eine Veränderung des bestehenden Zustandes die Verwirklichung eines Rechts des Antragstellers vereitelt oder wesentlich erschwert werden könnte. Die einstweilige Anordnung darf die endgültige Entscheidung nicht vorwegnehmen. Einer vorläufigen Verurteilung in der Hauptsache würde es aber gleichkommen, wenn einem Antragsteller, der erst eine bestimmte Rechtsposition gewinnen will, diese, wenn auch nur vorläufig, im Wege einer einstweiligen Anordnung nach § 123 VwGO verschafft würde. Deshalb ist bei erhobenen oder beabsichtigten Klagen auf Erteilung einer Genehmigung oder Erlaubnis der Erlaß einer einstweiligen Anordnung nach § 123 VwGO nur zulässig, wenn sie dazu dienen soll, eine bereits vorhandene Rechtsposition des Antragstellers zu sichern. Das wäre z. B. dann der Fall, wenn die Behörde es ablehnt, eine erteilte Genehmigung zu verlängern. Eine einstweilige Anordnung ist aber nicht zulässig, um einem Antragsteller eine Rechtsposition vorzeitig einzuräumen (Urteil des Hessischen VGH vom 31. 8. 1960, OS II 97/60).

8. Zur Erteilung der einstweiligen Erlaubnis zuständige Behörden:

Baden-Württemberg:
Regierungspräsidium

Bayern:
Regierung

Freie Hansestadt Bremen:
Magistrat der Stadt Bremerhaven (Ortspolizeibehörde) für Kraftdroschken und Mietwagen; im übrigen Senator für Häfen, Schiffahrt und Verkehr

Freie und Hansestadt Hamburg:
Behörde für Wirtschaft und Verkehr

Hessen:
Regierungspräsident

Niedersachsen:
Regierungspräsident/Verwaltungspräsident

Nordrhein-Westfalen:
Minister für Wirtschaft, Mittelstand und Verkehr, soweit er Genehmigungsbehörde für den Linienverkehr ist; im übrigen Regierungspräsidenten

Rheinland-Pfalz:
Bezirksregierungen

Saarland:
Ministerium für Wirtschaft, Verkehr und Landwirtschaft

Schleswig-Holstein:
Minister für Wirtschaft und Verkehr

Zu Absatz 2:

9. Weder die Erteilung der einstweiligen Erlaubnis noch die Unterlassung des Widerrufs begründet einen Anspruch auf Erteilung der Genehmigung.

Eine Befürchtung, die Genehmigungsbehörde oder, wenn der Hauptantrag schon gerichtshängig ist, das erkennende Verwaltungsgericht könnte durch eine einstweilige Erlaubnis vor **vollendete Tatsachen** gestellt werden, ist in jedem Falle unbegründet (Beschluß des VGH Baden-Württemberg vom 26. 5. 1959, Nr. 2 S. 102/59).

10. Bei der Auswahl der Bewerber für die **endgültige Genehmigung** kann die Genehmigungsbehörde der Tatsache, daß ein Bewerber den Verkehr bisher auf Grund einer einstweiligen Erlaubnis bediente, eine angemessene, beschränkte Berücksichtigung schenken. Sie würde aber von ihrem Ermessen einen fehlerhaften Gebrauch machen, wenn sie der Tatsache entscheidendes Gewicht beilegen würde (so Urteil des VGH Baden-Württ. vom 21. 1. 1957, 2 S. 131/52).

11. Die einstweilige Erlaubnis ist nicht unter bestimmten Voraussetzungen, sondern **„jederzeit"** widerruflich. Die Rechtsgrundsätze über die „Verwirkung des Widerrufs", nach denen die Behörde mit dem Widerruf nicht allzulang, nachdem sie von den Widerrufsgründen Kenntnis erhielt, warten darf, sind daher bei § 20 nicht anwendbar.

12. Der Widerruf stellt seinerseits einen **Verwaltungsakt** dar. Zwar ist er an keine positiv-rechtlichen Voraussetzungen geknüpft, wohl aber an die, daß die Behörde nicht willkürlich verfahren darf. Auf die Einhaltung dieser Schranke hat der Inhaber einer einstweiligen Erlaubnis ein Recht. Er kann daher mit der Begründung, die Behörde habe die einstweilige Erlaubnis willkürlich widerrufen, gegen den Widerruf Widerspruch (§ 42 Abs. 2 VwGO) erheben.

Zu Absatz 3:

13. Über den Rechtscharakter der Bescheinigung vergleiche Vorbemerkung vor § 9. Im Gegensatz zur Genehmigungsurkunde nach § 17 ist die Bescheinigung nach Abs. 3 keine Konstitutivurkunde, sondern eine lediglich deklaratorisch wirkende Urkunde. Die einstweilige Erlaubnis wird bereits mit der unanfechtbar gewordenen Verfügung, durch die dem Erlaubnisinhaber die Erlaubnis erteilt wird, wirksam, ohne daß es der Aushändigung der Bescheinigung bedarf.

Andererseits ist die Bescheinigung nicht bloß eine Beweisurkunde. Vielmehr ist sie ein deklaratorisches Legitimationspapier, d. h. ihr Besitz ist für die Ausübung und Geltendmachung der einstweiligen Erlaubnis erforderlich, nur nicht für ihre Entstehung.

Zu Absatz 4:

14. Vergleiche Anmerkung 9 zu § 19.

Vorbemerkung vor § 21

Im Gegensatz zu den Gewerbe**zulassungs**bestimmungen der §§ 9 bis 20, 25, 26 gehören die §§ 21 und 24 dem Gewerbe**ausübungs**recht an. Um die extreme Stellung der Bestimmungen im System des Gewerbeausübungsrechts zu verdeutlichen, ist ein kurzer Überblick an Hand einiger Beispiele über die Beschränkungen der Gewerbeausübung nötig; sie betreffen teils den Gegenstand des Gewerbes, teils die Arbeitskräfte, teils die Person des Gewerbetreibenden.

a) Beschränkungen in bezug auf den Gegenstand des Gewerbes: Beschränkungen im Erwerb der Waren oder Rohstoffe (Altmaterial darf nicht von Minderjährigen erworben werden); Beschränkungen in der Herstellung von Waren (Brot darf nur in bestimmten Gewichten gebacken werden) und in der Verwendung bestimmter Rohstoffe (Süßstoff; Getreide); Betriebsvorschriften (BO Kraft); Beschränkungen im Verkauf (Feuerwaffen); Kennzeichnungspflicht Lebensmittel).

b) Beschränkungen in bezug auf die Arbeitskräfte: Beschäftigungspflicht (für Schwerbeschädigte) und Beschäftigungsverbot (für werdende Mütter); Gefahrenschutz (Fahrzeitbeschränkung für Kraftfahrer); Entlohnung und Arbeitszeit.

c) Beschränkungen in bezug auf die Person des Gewerbetreibenden: eine **Nebenbeschäftigung** kann im allgemeinen jeder Gewerbetreibende ausüben, auch der Unternehmer des Personenbeförderungsgewerbes trotz seiner Betriebspflicht nach § 21; im Gegensatz zum Bezirksschornsteinfegermeister, dem die Übernahme von Versicherungsvertretungen und die Ausübung sonstiger gewerblicher Tätigkeiten verboten ist; vgl. aber Anm. 3 zu § 7.

Während das Verbot der Nebenbeschäftigung eine rein negative Einschränkung bedeutet, statuiert eine Vorschrift, die zur Einrichtung und Aufrechterhaltung eines Betriebes verpflichtet, eine positive Leistungspflicht. Die **Betriebspflicht** (§ 21 PBefG) rückt damit in eine rechtssystematische Linie mit der Investitionspflicht nach §§ 1, 29 Abs. 6 des Gesetzes über die Investitionshilfe der gewerblichen Wirtschaft vom 7. 1. 1952 (BGBl. I S. 7) und mit den Anbietungspflichten nach dem Zuckergesetz, Vieh- und Fleischgesetz, Milch- und Fettgesetz und Getreidegesetz.

Inhaltlich ist die Betriebspflicht verwandt mit den vertraglichen Betriebsklauseln, wie sie in Wegekonzessionsverträgen zwischen Wegeeigentümern einerseits, Versorgungs- und Verkehrsunternehmern andererseits vereinbart zu werden pflegen. In diesen Klauseln verpflichtet sich vielfach das Versorgungs- oder Verkehrsunternehmen, den Betrieb für die Laufzeit des Vertrags fortzusetzen und die Anlagen in dauernd leistungsfähigem und betriebssicherem Zustand zu erhalten. Verletzt das Versorgungs- oder Verkehrsunternehmen diese vertragliche Betriebspflicht, so stehen dem Wegeeigentümer die Erfüllungsklage, die Schadensersatzklage und das Rücktrittsrecht zu.

Dagegen ist die Betriebspflicht nach dem PBefG öffentlich-rechtlicher Natur. Auf ihre Einhaltung kann daher nicht etwa vor den ordentlichen Gerichten Erfüllungsklage erhoben werden. Das schließt nicht aus, die öffentlich-rechtliche Betriebspflicht gleichzeitig als Schutzgesetz nach § 823 Abs. 2 BGB zu werten.

In den kommunistischen Ländern ist der Kreis der betriebspflichtigen Gewerbe viel weiter gezogen. So ist in der DDR die vorübergehende Unterbrechung jeder gewerblichen Tätigkeit gemäß § 1 Abs. 4 der Verordnung über die Regelung der Gewerbetätigkeit in der privaten Wirtschaft vom 28. 6. 1956 genehmigungspflichtig.

§ 21

Betriebspflicht

(1) Der Unternehmer ist verpflichtet, den Betrieb ordnungsmäßig einzurichten und während der Dauer der Genehmigung nach den Bedürfnissen des Verkehrs und dem Stande der Technik ordnungsmäßig aufrechtzuerhalten.

(2) Die Genehmigungsbehörde kann dem Unternehmer für die Aufnahme des Betriebs eine Frist setzen.

Zu Absatz 1:

1. Die Betriebspflicht umfaßt die Pflicht zur Einrichtung und die zur Aufrechterhaltung des Betriebs. Sie ist in erster Linie eine öffentlich-rechtliche Pflicht gegenüber dem Staat, deren Erfüllung notfalls im Aufsichtswege (§ 54) erzwungen wird. Sie ist aber auch eine Pflicht gegenüber den **Fahrgästen**; § 21 ist ein Schutzgesetz im Sinne des § 823 Abs: 2 BGB zugunsten der Fahrgäste, deren Vernachlässigung den Unternehmer schadensersatzpflichtig macht.

Die Betriebspflicht besteht nicht für Ausflugsfahrten (§ 48 Abs. 2) und für den Verkehr mit Mietomnibussen und Mietwagen (§ 49 Abs. 3). Bei den Sonderformen des Linienverkehrs nach § 43 kann die Genehmigungsbehörde auf die Einhaltung der Vorschriften über die Betriebspflicht verzichten (§ 45 Abs. 4), jedoch nur im Rahmen ihres pflichtgemäßen Ermessens, wobei sie auch die Interessen der Fahrgäste zu berücksichtigen hat; eine nicht ordnungsgemäße Aufrechterhaltung des Betriebs wird sie daher nicht dulden dürfen.

2. Die Nichterfüllung der Betriebspflicht hat zur Folge:

a) Die Aufsichtsbehörde (§ 54) kann die Erfüllung der Pflichten im Wege des Verwaltungszwangs (§ 27) erzwingen.

b) Die Aufrechterhaltung des Betriebs gehört zu den Verpflichtungen, die dem Unternehmer gemäß § 25 Abs. 1 Nr. 2 obliegen; nach schriftlicher Mahnung ist also Rücknahme der Genehmigung möglich.

c) Die Einstellung des Betriebs ist weder eine Straftat noch eine Ordnungswidrigkeit.

aa) Zwar handelt nach § 1 Abs. 1 Nr. 1 ordnungswidrig, wer den Bedingungen und Auflagen der Genehmigung zuwiderhandelt. Ein Hinweis auf die Betriebspflicht in der Genehmigungsurkunde wird aber auch dadurch nicht zu einer Bedingung oder Auflage, daß er als solche bezeichnet wird.

bb) § 61 Abs. 1 Nr. 4 läßt zwar zu, daß eine schriftliche Verfügung ausdrücklich auf ihn Bezug nimmt und damit das beanstandete Verhalten zu einer Ordnungswidrigkeit macht. Diese Möglichkeit wird dadurch beschränkt, daß in den Fällen, wo sich die schriftliche Verfügung nicht unmittelbar auf das PBefG, sondern auf eine Rechtsvorschrift auf Grund des PBefG stützt, auch diese Rechtsvorschrift den Hinweis auf § 61 Abs. 1 Nr. 4 enthalten muß. Daraus kann nicht etwa geschlossen werden, daß bei einer Verfügung, die sich **unmittelbar** auf eine Bestimmung des PBefG stützt, diese Bestimmung nicht bewehrt sein müßte. Wollte man annehmen, daß eine Verfügung, die sich unmittelbar auf das PBefG (etwa auf § 21) stützt, eine beanstandete Handlung durch Hinweis auf § 61 Abs. 1 Nr. 4 zur Ordnungswidrigkeit stempeln könnte, so wären die Bestimmungen des § 61 Abs. 1 bis 3 nur noch für den ersten Begehungsfall von praktischer Bedeutung.

d) Unberührt bleibt die strafrechtliche Verfolgung von Handlungen, die eine „nicht ordnungsmäßige Aufrechterhaltung des Betriebs" im Sinne des § 21 und zugleich eine Straftat nach den Vorschriften des StGB und StVG, der StVZO und StVO darstellen.

Zu Absatz 2:

3. Die **Fristsetzung** ist ein Verwaltungsakt, der gem. § 42 VwGO der Anfechtung im Verwaltungsrechtsweg unterliegt. Die aufschiebende Wirkung eines Widerspruchs entfällt, wenn im öffentlichen Interesse oder im überwiegenden Interesse eines Beteiligten die sofortige Vollziehung gem. § 80 Abs. 2 Nr. 4 VwGO angeordnet wird.

4. Bei Straßenbahnen und Obusunternehmen ist auch das Gesetz über Maßnahmen zur Aufrechterhaltung des Betriebs von Bahnunternehmen des öffentlichen Verkehrs vom 7. 3. 1934 (RGBl. II S. 91) anzuwenden (§ 64 Abs. 2 PBefG). Nach diesem Gesetz darf der Betrieb von Bahnunternehmen des öffentlichen Verkehrs nur mit Genehmigung der Aufsichtsbehörde eingeschränkt oder stillgelegt werden. Das gilt auch im Konkurs über das Vermögen des Bahneigentümers. Bei einer Straßenbahn und einem Obusunternehmen ist Aufsichtsbehörde im Sinne dieses Gesetzes die Genehmigungsbehörde nach dem PBefG.

5. Eine Spezialisierung des § 21 für Straßenbahnen kann in § 36 erblickt werden.

§ 22

Beförderungspflicht

Der Unternehmer ist zur Beförderung verpflichtet, wenn

1. **den geltenden Beförderungsbedingungen und den behördlichen Anordnungen entsprochen wird,**
2. **die Beförderung mit den regelmäßigen Beförderungsmitteln möglich ist und**
3. **die Beförderung nicht durch Umstände verhindert wird, die der Unternehmer nicht abwenden konnte und deren Auswirkung er auch nicht abzuhelfen vermochte.**

1. Die Bestimmung ist aus § 63 BOKraft übernommen. Rechtssystematisch steht die Beförderungspflicht in einer Linie mit der Anschlußpflicht nach § 8 des Fernmeldeanlagengesetzes vom 14. 1. 1928 (RGBl. I S. 8) und nach § 6 des Energiewirtschaftsgesetzes vom 13. 12. 1935 (RGBl. I S. 1451). Sie besteht, wie die Betriebspflicht nach § 21, sowohl gegenüber dem Staat wie gegenüber den Menschen, die befördert werden wollen; zu deren Gunsten ist § 22 ein **Schutzgesetz** i. S. des § 823 Abs. 2 BGB.

2. Die Beförderungspflicht besteht nicht bei Ausflugsfahrten (§ 48 Abs. 2) und für den Verkehr mit Mietomnibussen und Mietwagen (§ 49 Abs. 3). Bei den Sonderformen des Linienverkehrs nach § 43 kann die Genehmigungsbehörde auf die Einhaltung der Vorschriften über die Beförderungspflicht ganz oder teilweise verzichten (§ 45 Abs. 4 Satz 1). Bei der Auswahl des Personenkreises, bezüglich dessen auf die Beförderungspflicht verzichtet wird, hat sich die Behörde im Rahmen ihres pflichtgemäßen Ermessens zu halten.

3. Die Folgen einer Nichterfüllung der Beförderungspflicht sind wie die einer Nichterfüllung der Betriebspflicht zu beurteilen (s. Anm. 2 zu § 21).

§ 23

Haftung, Versicherungsnachweis

(1) Der Unternehmer kann die ihm den beförderten Personen gegenüber obliegende Haftung für Personenschäden nicht ausschließen. Die Haftung für Sachschäden darf gegenüber jeder beförderten Person nur insoweit ausgeschlossen werden, als der Schaden 1000 Deutsche Mark übersteigt.

(2) Die Genehmigungsbehörde kann von dem Unternehmer jederzeit den Nachweis der Versicherung verlangen.

Zu Absatz 1:

1. Die Haftung für **Personenschäden** richtet sich bei Straßenbahnen nach dem Reichshaftpflichtgesetz vom 7. 6. 1871 (RGBl. S. 207). § 1 des Gesetzes spricht zwar nur vom Betrieb einer Eisenbahn, der Eisenbahnbegriff des RHG umfaßt aber auch die Straßenbahnen (vgl. Finger a. a. O. Anm. 4 zu § 1 RHG). Wird beim Betrieb ein Mensch getötet oder körperlich verletzt, so haftet der Betriebsunternehmer für den dadurch entstandenen Schaden, sofern er nicht beweist, daß der Unfall durch höhere Gewalt oder durch eigenes Verschulden des Getöteten oder Verletzten verursacht ist. Die Haftung tritt ohne Rücksicht darauf ein, ob der Verletzte von der Straßenbahn befördert wurde oder nicht. Der Höhe nach ist die Haftung für Heilungs- und Beerdigungskosten unbegrenzt, für Verdienstausfall, Bedürfnisvermehrung und entgangenen Unterhalt dagegen durch § 7 RHG auf eine jährliche Höchstrente von 15000,— DM begrenzt.

Neben der Kausalhaftung aus dem RHG haftet der Straßenbahnunternehmer auch aus dem Beförderungsvertrag und auf Grund unerlaubter Handlung, wenn die entsprechenden Tatbestände des BGB erfüllt sind. Soweit sich der Verletzte auf diese allgemeinen Haftungsgründe stützt und stützen kann, ist sein Anspruch auch bezüglich Verdienstausfall, Bedürfnisvermehrung und entgangenem Unterhalt nicht auf die jährliche Höchstrente von 15000,— DM beschränkt.

Gemäß § 5 RHG kann die Haftung auf Grund des RHG nicht im voraus vertraglich ausgeschlossen oder beschränkt werden. Wohl aber kann die Haftung aus dem Beförderungsvertrag oder unerlaubter Handlung, die über die Höchstsummen des RHG hinausgehen und im Fall der unerlaubten Handlung auch noch ein Schmerzensgeld (§ 847 BGB) umfassen kann, grundsätzlich durch Vertrag ausgeschlossen werden (RGZ 117, 102). Dem Unternehmer des PBefG aber ist auch dieser Haftungsausschluß gegenüber seinen Fahrgästen durch § 23 Abs. 1 Satz 1 PBefG verwehrt.

2. Eine Haftung aus der Eisenbahn- und Verkehrsordnung vom 8. 9. 1938 (RGBl. II S. 663) kommt für Straßenbahnen nicht in Betracht, da die Verordnung nach dem PBefG 1934 ergangen ist und daher die Straßenbahnen nicht mehr dem Begriff Eisenbahnen unterwirft.

3. Das Verbot des Haftungsausschlusses nach Abs. 1 Satz 1 bezieht sich nur auf Vereinbarungen vor dem Unfall. **Nach dem Unfall** sind Verzichtserklärungen des Verletzten nicht ausgeschlossen.

4. Zwar hatte das PBefG 1934 die Straßenbahnen aus dem Begriff Eisenbahnen herausgenommen. Als aber die Kausalhaftung der Schienenbahnen auch für Sachschäden eingeführt wurde, wurden die Straßenbahnen neben den Eisenbahnen wieder besonders erwähnt in dem Gesetz über die Haftpflicht der Eisenbahnen und Straßenbahnen für Sachschaden vom 29. 4. 1940 (RGBl. I S. 691).

5. Das SHG findet auch Anwendung auf Sachen, die der Fahrgast mit sich führt, nicht aber für Sachen, die er, ohne selbst mitzufahren, der Straßenbahn zur Beförderung übergeben hat (§ 10 SHG). Der Straßenbahnunternehmer haftet nach § 5 SHG nur bis zum Betrage von 15000,— DM. Dem SHG fehlt eine dem § 5 RHG entsprechende Bestimmung, die den Haftungsausschluß untersagen würde. Die Haftung nach SHG kann daher an sich rechtswirksam im voraus ausgeschlossen oder beschränkt werden. Jedoch läßt § 23 Abs. 1 Satz 2 PBefG den Haftungsausschluß nur insoweit zu, als der Sachschaden eines Fahrgastes 1000,— DM übersteigt. Bis zum Betrage von 1000,— DM kann also durch Vereinbarung mit dem Fahrgast weder die Haftung aus dem SHG noch aus dem BGB ausgeschlossen werden.

6. Beim Betrieb von **Kraftfahrzeugen** richtet sich die Kausalhaftung nach dem Straßenverkehrsgesetz vom 19. 12. 1952 (BGBl. I S. 837); sie betrifft in gleicher Weise die Haftung für Personenschaden wie für Sachschaden. Im Falle der Tötung oder Verletzung eines Menschen ist die Haftung auf einen Kapitalbetrag von höchstens 50000,— DM oder einen Rentenbetrag von jährlich 3000,— DM beschränkt; im Falle der Sachbeschädigung auf einen Betrag von 10000,— DM. Der Schaden, für den gehaftet wird, umfaßt bei Körperverletzung die Heilkosten, den Verdienstausfall und die Bedürfnisvermehrung (§ 11 StVG). Will der Geschädigte darüber hinaus auch Schmerzensgeld oder einen über die Höchstbeträge hinausgehenden Schaden geltend machen, so muß er das Verschulden des Schädigers gemäß § 823 BGB nachweisen.

§ 8a StVG, der durch die Novelle vom 16. 7. 1957 eingefügt wurde, führt bei der entgeltlichen, geschäftsmäßigen Personenbeförderung auch die Haftung für die vom Kraftfahrzeug beförderten Fahrgäste ein. Diese Haftung kann vertraglich weder ausgeschlossen noch beschränkt werden (§ 8a Abs. 2 StVG).

Die Bedeutung des § 23 Abs. 1 PBefG liegt hier darin, daß die Haftung auch insoweit nicht ausgeschlossen werden kann, als sie sich über den Bereich des StVG hinaus auf Schmerzensgeld oder auf Beträge, welche die Höchstbeträge des StVG übersteigen, bezieht.

Zu Absatz 2:

7. Die **Versicherung** gegen die Gefahren aus dem Besitz eines **Kraftfahrzeuges** umfaßt die Haftpflicht-, Kasko- (Fahrzeug-voll- und Fahrzeug-teil-), Unfall- und Gepäckversicherung. Rechtsgrundlagen sind das Gesetz über den Versicherungsvertrag vom 30. 5. 1908, das Gesetz über die Einführung der Pflichtversicherung für Kraftfahrzeughalter (PflVG) vom 7. 11. 1939 (RGBl. I S. 2223) i. d. F. vom

16. 7. 1957 (BGBl. I S. 710), die §§ 29a bis 29d StVZO, die allgemeinen Bedingungen für die Kraftfahrversicherung (AKB) und für die Kraftfahr-Haftpflichtversicherung (AKHB) vom 31. 7. 1940.

8. Die Haftpflichtversicherung besteht in Deutschland seit 1. 7. 1940 als **Pflichtversicherung.** Nach dem PflVG ist der Halter eines Kraftfahrzeuges oder eines Anhängers (mit regelmäßigem Standort im Inland) verpflichtet, für sich und den berechtigten Fahrer eine Haftpflichtversicherung zur Deckung der Sach- und Personenschäden, die durch den Gebrauch des Fahrzeuges verursacht werden, abzuschließen. Dies gilt nicht für den Bund, die Länder, die Gemeinden über 100000 Einwohner, die Gemeindeverbände sowie für bestimmte Zweckverbände. Der Versicherungsbetrag muß den AKB und AKHB entsprechen.

9. Die **Mindesthöhe** der Versicherungssumme für Personenschäden beträgt bei Personenfahrzeugen bis zu 6 Plätzen 100000,— DM, mit 7 bis 10 Plätzen 150000,— DM, mit 11 bis 80 Plätzen 150000,— DM, zuzüglich 8000,— DM für den 11. und jeden weiteren Platz. Die Leistungspflicht des Versicherers für den einem einzelnen zugefügten Personenschaden beschränkt sich auf 100000,— DM. Die Mindesthöhe der Versicherungssumme für Sachschäden beträgt 10% der Mindestversicherungssumme für Personenschäden.

10. Der Nachweis über das Bestehen einer dem PflVG entsprechenden Haftpflichtversicherung ist durch eine **Versicherungsbestätigung** zu erbringen. Die Kfz-Zulassungsstelle ist berechtigt, jederzeit die Vorlage des Versicherungsscheines und den Nachweis über die Zahlung des letzten Beitrages zu verlangen (§§ 29a und b StVZO).

Nach Abs. 2 kann auch die Genehmigungsbehörde jederzeit den Nachweis der Versicherung verlangen. „Jederzeit" bedeutet, daß bereits die Aushändigung der Genehmigungsurkunde vom Nachweis der Versicherung abhängig gemacht werden kann.

§ 24

Einstellung des Betriebes

(1) Die Genehmigungsbehörde kann den Unternehmer auf seinen Antrag von der Verpflichtung zur Aufrechterhaltung des Betriebs vorübergehend oder dauernd, und zwar für den Betrieb im ganzen oder für einen Teil, entbinden, wenn ihm die Weiterführung des Betriebs nicht mehr zugemutet werden kann oder die öffentlichen Verkehrsinteressen dies nicht mehr erfordern. Bis zur Entscheidung über den Antrag hat der Unternehmer den Betrieb weiterzuführen.

(2) Wird der Unternehmer von der Verpflichtung zur Aufrechterhaltung des Betriebs im ganzen dauernd entbunden, so erlischt damit die Genehmigung.

Zu Absatz 1:

1. § 24 gilt nur für die Verkehrsarten, für die nach § 21 eine **Betriebspflicht** besteht. Es kann jedoch nur von der Verpflichtung zur Aufrechterhaltung des Betriebs entbunden werden, nicht etwa von der Pflicht, den Betrieb „nach den Bedürfnissen des Verkehrs und nach dem Stand der Technik ordnungsgemäß" aufrechtzuerhalten. Die Entbindung von der Betriebspflicht setzt einen Antrag des Unternehmers voraus; gegen seinen Willen kann er nicht von der Betriebspflicht entbunden werden.

Zu Absatz 2:

2. Wird die Betriebspflicht nur für einen Teil des Betriebs aufgehoben, so bleibt die Genehmigung für den ganzen Betrieb bestehen, desgleichen wenn die Betriebspflicht nur vorübergehend aufgehoben wird.

§ 25

Rücknahme der Genehmigung

(1) Die Genehmigungsbehörde hat die Genehmigung zurückzunehmen, wenn nicht mehr alle Voraussetzungen des § 13 Abs. 1 vorliegen. Die erforderliche Zuverlässigkeit des Unternehmers (§ 13 Abs. 1 Nr. 2) ist insbesondere nicht mehr gegeben, wenn in seinem Verkehrsunternehmen trotz schriftlicher Mahnung

1. die im Interesse der öffentlichen Sicherheit erlassenen Vorschriften nicht befolgt werden oder

2. den Verpflichtungen zuwidergehandelt wird, die dem Unternehmer nach diesem Gesetz oder auf Grund dieses Gesetzes erlassenen Rechtsvorschriften obliegen.

(2) Die Genehmigungsbehörde kann die Genehmigung zurücknehmen, wenn

1. die Genehmigung auf Grund unrichtiger Angaben erteilt worden ist, die der Unternehmer oder sein Beauftragter wissentlich oder grob fahrlässig gemacht hat,

2. gegen die Bedingungen oder Auflagen der Genehmigung verstoßen wird oder

3. der Unternehmer die ihm gesetzlich obliegenden arbeitsrechtlichen, sozialrechtlichen oder die sich aus seinem Unternehmen ergebenden steuerrechtlichen Verpflichtungen wiederholt nicht erfüllt hat.

(3) Auf Verlangen der Genehmigungsbehörde hat der Unternehmer den Nachweis der Erfüllung der in Absatz 2 Nr. 3 erwähnten Verpflichtungen zu führen; die Finanzbehörden dürfen den Genehmigungsbehörden Mitteilung über die wiederholte Nichterfüllung der steuerrechtlichen Verpflichtungen oder die Ableistung des Offenbarungseides nach § 325 der Reichsabgabenordnung machen.

(4) Die Rücknahme der Genehmigung wird durch schriftlichen Bescheid ausgesprochen, der zu begründen, mit Rechtsmittelbelehrung zu versehen und dem Unternehmer zuzustellen ist. Die Rücknahme der Genehmigung ist bei den in § 17 Abs. 4 genannten Verkehrsarten nach endgültiger Entscheidung hierüber auf Kosten des Unternehmers im amtlichen Verkündungsblatt der Genehmigungsbehörde zu veröffentlichen.

(5) Die Rücknahme der Genehmigung für den Linien- und Gelegenheitsverkehr mit Kraftfahrzeugen hat die Genehmigungsbehörde dem Kraftfahrt-Bundesamt unter Angabe der Gründe mit Namen sowie Wohn- und Betriebssitz des Unternehmers mitzuteilen.

(6) Absatz 1 bis 5 sind auf die Rücknahme der Genehmigung für die Betriebsübertragung entsprechend anzuwenden.

1. Das Gesetz unterscheidet zwischen zwingenden und fakultativen Rücknahmegründen; erstere sind in Abs. 1, letztere in Abs. 2 aufgezählt. Die Rücknahme ist von der Behörde **von Amts wegen** zu verfügen; ein Antrag ist nicht vorausgesetzt. Die Rücknahme ist ein Verwaltungsakt, der im Verwaltungsrechtsweg angefochten werden kann. Um Gefahren für die Fahrgäste auszuschalten, wird es in der Regel veranlaßt sein, die Rücknahme mit der Anordnung der sofortigen Vollziehung nach § 80 Abs. 1 Nr. 4 VwGO zu verbinden.

2. Für die Zurücknahme ist **kein Anhörverfahren** vorgesehen. Es stehen sich nur die Genehmigungsbehörde und der Inhaber der Genehmigung gegenüber. Es kann daher eine Beteiligung Dritter oder ein freiwilliges Anhörverfahren nicht in Betracht kommen (Urteil des Bayer. VHG vom 23. 7. 1951, Nr. 114 IV 50).

3. Wird die Zurücknahme der Genehmigung angefochten und erlischt während der Dauer des Verwaltungsgerichtsprozesses die Genehmigung durch Zeitablauf, dann kann gleichwohl noch ein rechtliches Interesse des Unternehmers an der Entscheidung seiner Anfechtungsklage bestehen. Denn sowohl die Frage der Zuverlässigkeit wie auch die der Sicherheit und Leistungsfähigkeit des früheren Betriebs können für ihn auch künftig noch von rechtlicher Bedeutung sein (Urteil des Hessischen VGH vom 14. 10. 1959, OS II 175/57).

4. Wird festgestellt, daß Sicherheit und Leistungsfähigkeit des Betriebs nicht mehr gewährleistet sind, so ist die Genehmigung zurückzunehmen. Dabei ist es ohne Bedeutung, aus welchen Gründen der Unternehmer in die wirtschaftlichen Bedrängnisse, welche die Sicherheit und Leistungsfähigkeit seines Betriebes beeinträchtigen, geraten ist (Urteil des Hessischen VGH vom 16. 11. 1959, OS II 150/59).

5. Wenn ein Unternehmer seine Fahrzeuge nicht in den vorgeschriebenen Zeitabständen zur Hauptuntersuchung und zu den laufenden Untersuchungen vorführt, so ist damit die mangelnde Sicherheit des Betriebs erwiesen. Dabei ist wesentlich, daß sich der Unternehmer über die bestehenden Sicherheitsvorschriften hinweggesetzt hat; es braucht ihm nicht zusätzlich nachgewiesen zu werden, daß seine Fahrzeuge nicht betriebssicher sind oder waren (so Urteil des Hessischen VHG vom 21. 10. 1955, B II 58/55).

6. Eine der Hauptpflichten des Unternehmers besteht in der Einhaltung der Vorschriften über die technische Überwachung der Fahrzeuge. Kommt er dieser Pflicht nicht oder nur unzureichend nach, so fehlt ihm die erforderliche Zuverlässigkeit. Z. B. hatte der Besitzer eines Omnibusses, welcher der technischen Überwachungsstelle zugeführt werden sollte und so lange aus dem Verkehr gezogen war, die polizeiliche Erlaubnis für die Überführungsfahrt dazu benützt, mit ihr eine Ausflugsfahrt mit Fahrgästen zu verbinden. Die Zuverlässigkeit war ihm abzuerkennen, ohne daß es darauf ankam, ob das Fahrzeug tatsächlich verkehrssicher war oder nicht (Urteil des Hessischen VGH vom 14. 10. 1959, OS II 175/57).

7. Der Umstand, daß bei einer gerichtlichen Aburteilung des Verstoßes das Strafgericht gegen den Unternehmer kein Berufsverbot verhängte, hindert die Genehmigungsbehörde nicht, in eigener Verantwortlichkeit zu prüfen, ob die Voraussetzungen für die Zurücknahme der Genehmigung vorliegen (Urteil des VGH Bad.-Württemberg vom 11. 11. 1954, 2 S. 365/53).

8. Über den **Widerruf** einer Genehmigung siehe die Vorbemerkung vor § 9. Der Bayer. VGH hat in seinem Urteil vom 19. 6. 1952, Nr. 20 IV 52, im Inhalt des § 13 PBefG 1934 keine erschöpfende Aufzählung der Widerrufsgründe gesehen und daher im betreffenden Fall den allgemeinen Widerrufsgrund der arglistigen Täuschung bei

Antragstellung, obwohl im damaligen Recht nicht ausdrücklich ausgesprochen, für anwendbar erklärt. Der letztgenannte Grund ist zwar inzwischen durch § 25 Abs. 2 zum positiven (wenn auch nicht zwingenden) Rücknahmegrund erhoben worden. Es ist aber nicht einzusehen, warum sonstige Gründe, die nach dem allgemeinen Verwaltungsrecht zum Widerruf berechtigen und in § 25 nicht aufgeführt sind, nicht auch heute noch anwendbar sein sollten.

Zu Absatz 2:

9. Die unrichtigen Angaben (Abs. 2 Nr. 1) waren **grob fahrlässig** gemacht, wenn jeder durchschnittlich begabte Mensch sie an Stelle des Unternehmers oder seines Beauftragten hätte als falsch erkennen müssen.

10. Der Begriff der **arbeitsrechtlichen Verpflichtungen** in Abs. 2 Nr. 3 umfaßt nicht nur die Pflichten, welche sich aus Vorschriften des Arbeitsrechts (z. B. Kündigungsschutz-Vorschriften, Tarifbestimmungen, Arbeitszeitbestimmungen) ergeben. Er umfaßt vielmehr auch die Pflicht zur Beachtung verkehrspolizeilicher Bestimmungen, soweit diese nach ihrer besonderen Gestaltung neben dem Schutz der Allgemeinheit auf dem Gebiete der öffentlichen Sicherheit und Ordnung auch den Schutz von Arbeitskräften bezwecken oder mit sich bringen. So ist § 15a StVZO über die Höchstdauer der täglichen Lenkung keine arbeitsrechtliche Bestimmung, ihre Beachtung ist aber gleichwohl für den Verkehrsunternehmer eine arbeitsrechtliche, nämlich sich aus seiner Arbeitgeberstellung herleitende Verpflichtung.

11. Aus der Nennung des Wortes **„sozialrechtlich“** neben und hinter dem Wort „arbeitsrechtlich“ ist zu schließen, daß unter „sozialrechtlich“ so viel wie „sozialversicherungsrechtlich“ zu verstehen ist (anders als in § 88 Abs. 2 Nr. 2 GüKG, wo der Ausdruck „sozialrechtlich“ das Arbeitsrecht mit einschließt). Es kommen vor allem die Vorschriften der RVO über die Abführung von Versicherungsbeiträgen in Betracht.

12. Die **steuerrechtlichen** Verpflichtungen ergeben sich nicht nur aus den Bestimmungen des Einkommensteuerrechts, bei denen der Unternehmer selbst Steuerschuldner ist, sondern auch aus den Bestimmungen des BefStG. Hier ist der Unternehmer nur in den Fällen selbst Steuerschuldner, in denen die Personenbeförderung unentgeltlich geschieht, aber im Interesse des Unternehmers liegt und mit Kraftomnibussen ausgeführt wird (§ 7 Abs. 4 BefStG). In allen übrigen Fällen ist Steuerschuldner derjenige, der den Beförderungspreis zu zahlen hat; doch haftet der Unternehmer auch in diesen Fällen für die Steuer (§ 7 Abs. 1 BefStG). Der Fahrgast hat, obwohl Steuerschuldner, die Beförderungssteuer nicht an das Finanzamt, sondern an den Beförderungsunternehmer abzuführen; dabei ist es unerheblich, ob die Beförderungssteuer in das Beförderungsentgelt eingerechnet ist oder nicht. Der Beförderungsunternehmer hat die Beförderungssteuer an das Finanzamt abzuführen. Es ist also nicht, wie bei der Einkommensteuer, sein eigenes Geld, das er im Falle der Nichtzahlung dem Staat vorenthält, sondern fremdes Geld, für dessen Ablieferung er haftet.

13. Verhältnis zu **anderen Vorschriften:**

a) Durch § 25 wird die Anwendung des § 35 GewO über die **Untersagung eines Gewerbes** auch dann ausgeschlossen, wenn die Personenbeförderung gewerbsmäßig betrieben wird (vgl. § 35 Abs. 8 Satz 1 GewO).

b) Unberührt durch § 25 bleibt die Anwendung des § 42e StGB, wonach das **Strafgericht,** wenn es jemand wegen eines Verbrechens oder Vergehens, das er unter Mißbrauch seines Berufs oder Gewerbes oder unter grober Verletzung seiner Berufspflichten begangen hat, zu einer Freiheitsstrafe von mindestens 3 Monaten verurteilt, gleichzeitig auf die Dauer von mindestens einem und höchstens fünf Jahren die Ausübung des Berufs, Gewerbes oder Gewerbezweiges untersagen kann, wenn dies erforderlich ist, um die Allgemeinheit vor weiterer Gefährdung zu schützen. Solange die strafrechtliche Untersagung wirksam ist, darf der Verurteilte Personenbeförderung auch nicht für einen anderen ausüben, oder durch eine von seinen Weisungen abhängige Person für sich ausüben lassen. Frühestens ein Jahr nach Verhängung des Berufsverbots kann das Gericht die Untersagung der Berufsausübung wieder aufheben, wenn der Zweck der Maßregel ihre Fortdauer nicht mehr erforderlich erscheinen läßt.

c) § 25 verhält sich zu § 42 l StGB ähnlich wie § 15 b StVZO bezüglich der Entziehung der Fahrerlaubnis zu § 42 m StGB. Nur enthält § 25 keine Bestimmung darüber, ob und inwiefern die Verwaltungsbehörde an das Strafverfahren **gebunden** ist. Daraus folgt, daß die Verwaltungsbehörde ihre Entscheidung nach § 25 herbeiführen und fällen kann ohne Rücksicht darauf, ob ein Strafverfahren, in dem eine Berufsuntersagung nach § 42 l StGB in Frage kommt, schwebt, oder ob ein Urteil auf Berufsuntersagung gemäß § 42 l StGB ergangen ist.

d) Hebt das Gericht die Untersagung der Berufsausübung wieder auf (oben b letzter Satz), so darf der Betroffene die Personenbeförderung erst wieder betreiben, wenn er im Besitz einer gültigen Genehmigung ist. Ihm eine solche neu zu erteilen, ist die Genehmigungsbehörde nicht schon deshalb gehalten, weil das Gericht die Untersagung der Berufsausübung aufgehoben hat.

Zu Absatz 3:

14. Der Nachweis der in Abs. 2 Nr. 3 genannten Verpflichtungen ist durch **Bescheinigungen** der zuständigen Überwachungsbehörden zu führen, bezüglich der arbeitsrechtlichen Verpflichtungen durch das Gewerbeaufsichtsamt, bezüglich der sozialrechtlichen durch die Ortskrankenkasse, bezüglich der steuerrechtlichen durch das Finanzamt. Letzteres ist im Rahmen des zweiten Halbsatzes von der Wahrung des Steuergeheimnisses befreit.

Zu Absatz 4:

15. Den Bundesbehörden legt die VwGO (§ 59) selbst die Pflicht zur Erteilung einer **Rechtsbehelfsbelehrung** auf. Damit ist nicht ausgeschlossen, daß durch ein Spezialgesetz auch den Länderbehörden diese Pflicht auferlegt wird. Damit wird nicht in die Zuständigkeit der Länder zur Regelung des Verwaltungsverfahrens eingegriffen; denn es handelt sich bei den Rechtsbehelfen um das Vorverfahren zum verwaltungsgerichtlichen Verfahren (Eyermann-Fröhler RNr. 1 zu § 59 VwGO), nicht um das reine Verwaltungsverfahren. Unterbleibt die Rechtsbehelfsbelehrung, so richten sich die Rechtsfolgen nach § 58 VwGO: Die Frist für die Einlegung des Rechtsbehelfs beginnt nicht zu laufen. Die Einlegung eines Rechtsbehelfs bleibt dann ein Jahr lang seit Zustellung zulässig und sogar noch länger in dem Falle, daß die Einlegung vor Ablauf der Jahresfrist infolge höherer Gewalt nicht möglich war (§ 58 Abs. 2 VwGO).

16. Die Veröffentlichung ist vorgeschrieben, nachdem die Rücknahme der Genehmigung für ein in § 17 Abs. 4 genanntes Unternehmen unanfechtbar geworden

ist. Das sind die Unternehmen, bei denen die Genehmigungsurkunde bekanntzumachen ist. Es ist aber nicht Voraussetzung für die Veröffentlichung nach Abs. 4 Satz 2, daß die Genehmigungsurkunde **tatsächlich** bekanntgemacht wurde. Die entgegengesetzte Ansicht im BrückB zu § 25 findet keine Grundlage im Gesetz.

Zu Absatz 5:

17. Vergleiche Anm. 11 zu § 15.

Zu Absatz 6:

18. Mit der Rücknahme der Genehmigung wird das Rechtsgeschäft, durch das der Genehmigungsinhaber die Erfüllung der Beförderungsaufgabe einem anderen übertragen hat (s. Anm. 9a zu § 2), ex nunc ungültig. Daraus ergeben sich auch privatrechtliche Auswirkungen auf die schuldrechtlichen und dinglichen Rechtsgeschäfte (Anm. 9b und c zu § 2), die mit dem ungültig gewordenen Rechtsgeschäft zusammenhängen.

§ 26

Erlöschen der Genehmigung

(1) Die Genehmigungsbehörde kann die Genehmigung für eine Straßenbahn oder für einen Obusverkehr für erloschen erklären, wenn der Betrieb nicht innerhalb der in der Genehmigung bestimmten Frist eröffnet wird.

(2) Im Linienverkehr mit Kraftfahrzeugen erlischt die Genehmigung, wenn der Unternehmer die nach § 21 Abs. 2 von der Genehmigungsbehörde gestellte Frist nicht einhält.

(3) Im Verkehr mit Kraftdroschken erlischt die Genehmigung, wenn der Unternehmer seinen Betriebssitz in eine andere Gemeinde verlegt.

(4) § 24 Abs. 2 bleibt unberührt.

1. Das Erlöschen der Genehmigung bedarf im Falle des Abs. 1 einer besonderen **Verfügung** der Genehmigungsbehörde, während in den Fällen der Abs. 2, 3 und 4 die Genehmigung **automatisch** erlischt. Die Verfügung nach Abs. 1 ist ein rechtsgestaltender Verwaltungsakt; das Erlöschen tritt erst mit der Unanfechtbarkeit des Verwaltungsakts ein.

2. Auch in den Fällen der Abs. 2, 3 und 4 wird es oft notwendig sein, die Tatsache des automatischen Erlöschens amtlich zu verlautbaren. Dieser Verlautbarung fehlt es dann an dem Merkmal der „Regelung" eines Einzelfalles, der zum Begriff des Verwaltungsakts gehört. Im praktischen Ergebnis kann das die Zulässigkeit des Verwaltungsrechtswegs nicht beschränken. Denn wenn sich die Behörde so verhält, als sei die Genehmigung erloschen, dann steht dem Betroffenen nach § 43 VwGO die **Feststellungsklage** darauf zu, daß die Genehmigung noch bestehe.

§ 27

Zwangsmaßnahmen

Das Verwaltungszwangsverfahren bestimmt sich nach den landesrechtlichen Vorschriften.

1. Die landesrechtlichen Vorschriften sehen im allgemeinen drei Mittel zum zwangsweisen Vollzug behördlicher Anordnungen vor: Zwangsstrafe, Ersatzvornahme und unmittelbarer Zwang.

a) Durch die Zwangsstrafe, auch Ungehorsamsstrafe, Erzwingungsstrafe oder Beugestrafe genannt, soll der Betroffene veranlaßt werden, dem behördlichen Befehl nachzukommen. Sie hat nichts mit einer kriminellen Strafe oder einem Bußgeld zu tun; ihre Verhängung ist weder von Rechtswidrigkeit noch Schuldhaftigkeit des Verhaltens des Betroffenen abhängig. Daher kann die Zwangsstrafe, wenn ihre Voraussetzungen vorliegen, jederzeit **neben** einer vom Strafgericht verhängten Kriminalstrafe festgesetzt werden.

Die Zwangsstrafe kann so oft wiederholt werden, bis der Verpflichtete seiner Verpflichtung nachkommt. Wenn andererseits die Pflicht erfüllt wird und sei es auch erst nach Ablauf der gesetzten Frist, so kann keine Zwangsstrafe mehr festgesetzt werden.

b) Die Ersatzvornahme ist am Platze, wo es sich um Verpflichtungen handelt, die auch von einem Dritten erfüllt werden können. Wenn z. B. der Unternehmer seiner Verpflichtung zum Nachweis der Versicherung nach § 23 Abs. 2 nicht nachkommt, so kann sich die Genehmigungsbehörde den Nachweis durch Anfrage bei der Versicherung verschaffen. Bei höchstpersönlichen Verpflichtungen dagegen, z. B. bei der Erfüllung der Betriebs- und Beförderungspflicht, versagt die Ersatzvornahme.

c) Der unmittelbare Zwang kann sich einmal gegen das Vermögen des Verpflichteten richten. Das ist vor allem der Fall, wenn eine Geldschuld des Verpflichteten im Zwangsbeitreibungsverfahren eingezogen wird. Der Zwang kann sich aber im Wege des polizeilichen Einschreitens auch gegen die Person des Pflichtigen richten, indem etwa ein Fahrzeugbesitzer an der Ausführung einer ungenehmigten Personenbeförderung mit Brachialgewalt gehindert wird. Dieser Zwang darf nur angewandt werden, wenn die Erfüllung der Pflicht durch kein anderes Mittel erreicht werden kann (vgl. Eyermann-Fröhler a.a.O. Anhang zu § 172 VwGO).

2. Landesrechtliche Vorschriften über Verwaltungszwangsverfahren:

Baden-Württemberg:
Württembergisches Gesetz vom 18. 8. 1879 (Reg.Bl. S. 202); Badisches Gesetz vom 12. 4. 1899 (Ges.Bl. S. 111); für das frühere Hohenzollern: Preußisches Gesetz vom 12. 7. 1933 (GS S. 252)

Bayern:
s. Anm. 3

Freie und Hansestadt Hamburg:
Verwaltungsvollstreckungsgesetz vom 13. 3. 1961

Hessen:
Hessisches Polizeigesetz vom 10. 11. 1954 (GVBl. S. 203); Hessisches Gesetz über die Anwendung unmittelbaren Zwangs vom 11. 11. 1953 (GVBl. S. 247)

Niedersachsen:
Niedersächsisches Gesetz über die öffentliche Sicherheit und Ordnung vom 21. 3. 1951 (Nds. GVBl. S. 79)

Nordrhein-Westfalen:
Verwaltungsvollstreckungsgesetz für das Land Nordrhein-Westfalen vom 23.7.1957 (GV NW S. 216 und 236); Änderung 1960 S. 47.

Saarland:
Gesetz über die Allgemeine Landesverwaltung vom 13. 7. 1950 (ABl. S. 796)

Schleswig-Holstein:
Preußisches Polizeiverwaltungsgesetz vom 1. 6. 1931

3. Die jüngste und modernste Regelung des Verwaltungszwangsverfahrens ist die des Bayerischen Verwaltungszustellungs- und Vollstreckungsgesetzes (VwZVG) vom 30. 5. 1961 (GVBl. S. 148). Es kann bezüglich der Anpassung an die Forderungen des Grundgesetzes als vorbildlich auch für die Rechtslage in den anderen Bundesländern gelten und sei daher in einem Auszug, der sich auf das Vollstreckungsverfahren beschränkt, wiedergegeben:

Zweiter Hauptteil
Vollstreckungsverfahren

Erster Abschnitt
Gemeinsame Vorschriften

Art. 18

Geltungsbereich

(1) Verwaltungsakte, die zur Leistung von Geld oder zu einem sonstigen Handeln, einem Dulden oder einem Unterlassen verpflichten oder zu einer unmittelbar kraft einer Rechtsnorm bestehenden solchen Pflicht anhalten, werden nach diesem Gesetz vollstreckt, soweit die Vollstreckung nicht durch Bundesrecht unmittelbar geregelt ist oder bundesrechtliche Vollstreckungsvorschriften durch Landesrecht für anwendbar erklärt sind.

(2) Die Vorschriften des Polizeiaufgabengesetzes vom 16. Oktober 1954 (BayBS I S. 442) bleiben unberührt.

Art. 19

Voraussetzungen der Vollstreckung

(1) Verwaltungsakte können vollstreckt werden,

1. wenn sie nicht mehr mit einem förmlichen Rechtsbehelf angefochten werden können oder
2. wenn der förmliche Rechtsbehelf keine aufschiebende Wirkung hat oder
3. wenn die sofortige Vollziehung angeordnet ist.

(2) Die Vollstreckung setzt voraus, daß der zur Zahlung von Geld oder zu einer sonstigen Handlung, einer Duldung oder einer Unterlassung Verpflichtete (Vollstreckungsschuldner) seine Verpflichtung nicht rechtzeitig erfüllt.

Art. 20

Begriffsbestimmungen

Im Sinne dieses Gesetzes ist
1. Anordnungsbehörde die Behörde, die den zu vollstreckenden Verwaltungsakt erlassen hat,
2. Vollstreckungsbehörde die Behörde, die zur Vollstreckung eines Verwaltungsakts zuständig ist,
3. Vollstreckungsgericht das um die Vollstreckung ersuchte Amtsgericht.

Art. 21

Einwendungen gegen den zu vollstreckenden Anspruch

Über Einwendungen gegen die Vollstreckung, die den zu vollstreckenden Anspruch betreffen, entscheidet die Anordnungsbehörde. Sie sind nur zulässig, soweit die geltend gemachten Gründe erst nach Erlaß des zu vollstreckenden Verwaltungsakts entstanden sind und mit förmlichen Rechtsbehelfen nicht mehr geltend gemacht werden können.

Art. 22

Einstellung der Vollstreckung

Vollstreckungsmaßnahmen sind einzustellen, wenn und soweit
1. sie für unzulässig erklärt werden oder
2. der zu vollstreckende Verwaltungsakt rechtskräftig aufgehoben wird oder
3. die Verpflichtung offensichtlich erloschen ist oder
4. die Anordnungsbehörde aus sonstigen Gründen um die Einstellung ersucht.

Zweiter Abschnitt

Vollstreckung von Verwaltungsakten, mit denen eine Geldleistung gefordert wird

Art. 23

Besondere Voraussetzungen der Vollstreckung

(1) Ein Verwaltungsakt, mit dem eine öffentlich-rechtliche Geldleistung gefordert wird (Leistungsbescheid), kann vollstreckt werden, wenn
1. er dem Leistungspflichtigen zugestellt ist,
2. die Forderung fällig ist und
3. der Leistungspflichtige nach Eintritt der Fälligkeit durch verschlossenen Brief, durch Nachnahme oder durch ortsübliche öffentliche Bekanntmachung ergebnislos aufgefordert worden ist, innerhalb einer bestimmten Frist von mindestens einer Woche zu leisten (Mahnung).

(2) Lassen Tatsachen darauf schließen, daß die Mahnung den Vollstreckungserfolg gefährdet, so kann auch ohne vorhergehende Mahnung vollstreckt werden.

Art. 24

Vollstreckungsanordnung

(1) Die Anordnungsbehörde ordnet die Vollstreckung dadurch an, daß sie
1. in den Fällen des Art. 25 das Finanzamt um Beitreibung ersucht und auf das Beitreibungsersuchen die Erklärung setzt, daß der beizutreibende Anspruch vollstreckbar ist;

2. in den Fällen des Art. 26 und 27 auf eine Ausfertigung des Leistungsbescheids oder eines Ausstandsverzeichnisses die Klausel setzt: „Diese Ausfertigung ist vollstreckbar".

(2) Mit der Vollstreckungsanordnung übernimmt die Anordnungsbehörde die Verantwortung dafür, daß die in den Art. 19 und 23 bezeichneten Voraussetzungen der Zwangsvollstreckung gegeben sind.

Art. 25

Vollstreckung von Geldforderungen des Staates

(1) Vollstreckungsbehörden für Leistungsbescheide, mit denen Geldleistungen zugunsten des Staates gefordert werden, sind die Finanzämter.

(2) Für die örtliche Zuständigkeit und das Verfahren der Finanzämter gelten die Beitreibungsvorschriften der Reichsabgabenordnung (§§ 325—373, 378—381) und die zu ihrer Durchführung erlassenen Rechtsverordnungen in der jeweiligen bundesgesetzlichen Fassung entsprechend.

Art. 26

Vollstreckung von Geldforderungen der Gemeinden und Gemeindeverbände

(1) Gemeinden, Gemeindeverbände und Zweckverbände sind berechtigt, zur Beitreibung von Geldforderungen, die sie durch einen Leistungsbescheid geltend machen, eine Vollstreckungsanordnung zu erteilen und zu diesem Zweck die Vollstreckungsklausel auf eine Ausfertigung des Leistungsbescheides oder eines Ausstandsverzeichnisses zu setzen.

(2) Für die Vollstreckung sind die ordentlichen Gerichte zuständig.

(3) Die Pfändung und Verwertung beweglicher Sachen können die Gemeinden, Landkreise und Zweckverbände durch Gerichtsvollzieher oder innerhalb ihres Gebietes durch eigene Vollstreckungsbedienstete bewirken lassen; soweit sie Vollstreckungsbedienstete haben, sind sie zur Amtshilfe verpflichtet.

(4) Schon vor der Pfändung einer Geldforderung können die Gemeinden, Landkreise und Zweckverbände dem Drittschuldner verbieten, vor der Entscheidung des Vollstreckungsgerichts an den Schuldner zu zahlen, und dem Schuldner gebieten, sich vor dieser Entscheidung jeder Verfügung über die Forderung zu enthalten. Diese Anordnungen verlieren ihre Wirkung, wenn die Pfändung der Forderung nicht innerhalb von drei Wochen bewirkt wird. Die Frist beginnt mit dem Tage, an dem das Zahlungsverbot dem Drittschuldner zugestellt wird.

(5) Kreisfreie Gemeinden und Landkreise können Geldforderungen selbst pfänden und einziehen, wenn diese nicht dinglich gesichert sind und der Drittschuldner im Zeitpunkt der Pfändung innerhalb ihres Gebietes seinen Wohnsitz oder gewöhnlichen Aufenthalt hat.

(6) Für die Bezirke üben die Regierungen die Befugnisse nach Abs. 3, 4 und 5 aus.

(7) Die Vorschriften des Achten Buches der Zivilprozeßordnung über die Zwangsvollstreckung mit Ausnahme der §§ 883—898 sind in ihrer jeweiligen Fassung entsprechend anzuwenden. Nach der Zivilprozeßordnung regelt sich auch die Entscheidung über Rechtsbehelfe gegen Maßnahmen der Vollstreckungsgerichte und Gerichtsvollzieher. Rechtsbehelfe gegen die Pfändung und Verwertung beweglicher Sachen durch eigene Vollstreckungsbedienstete der Gemeinden, Gemeindeverbände und Zweckverbände und gegen die Pfändung und Einziehung von Geldforderungen

durch kreisfreie Gemeinden und Landkreise und durch die für die Bezirke handelnden Regierungen unterliegen der verwaltungsgerichtlichen Entscheidung.

Art. 27

Vollstreckung von Geldforderungen sonstiger juristischer Personen des öffentlichen Rechts

Für die Vollstreckung von Geldforderungen sonstiger juristischer Personen des öffentlichen Rechts gilt Art. 26 entsprechend, soweit sie Verwaltungsakte erlassen können und zur Anbringung der Vollstreckungsklausel befugt sind. Zur Pfändung und Einziehung von Geldforderungen sind diese juristischen Personen jedoch nicht befugt.

Art. 28

Erstattungsanspruch

(1) Ist zu Unrecht vollstreckt worden, weil kein vollstreckbarer Verwaltungsakt vorlag oder weil er ganz oder teilweise aufgehoben wurde oder weil die Geldforderung nach Erlaß des zu vollstreckenden Verwaltungsakts erloschen ist oder gestundet wurde oder das Zwangsverfahren gegen den nicht durchgeführt werden durfte, gegen den es gerichtet war, so ist der zu Unrecht gezahlte Betrag zu erstatten. Weitergehende Ansprüche auf Schadensersatz bleiben unberührt.

(2) Über den Erstattungsanspruch entscheidet die Anordnungsbehörde.

Dritter Abschnitt

Vollstreckung von Verwaltungsakten, mit denen eine Handlung, Duldung oder Unterlassung gefordert wird

Art. 29

Zulässigkeit des Verwaltungszwangs; Zwangsmittel

(1) Verwaltungsakte, mit denen die Herausgabe einer Sache, die Vornahme einer sonstigen Handlung oder eine Duldung oder eine Unterlassung gefordert wird, können nach den Vorschriften dieses Abschnitts mit Zwangsmitteln vollstreckt werden (Verwaltungszwang).

(2) Zwangsmittel sind

1. die Ersatzvornahme (Art. 31),
2. das Zwangsgeld und die Ersatzzwangshaft (Art. 32 und 33),
3. der unmittelbare Zwang (Art. 34).

(3) Das Zwangsmittel muß in angemessenem Verhältnis zu seinem Zweck stehen. Dabei ist das Zwangsmittel möglichst so zu bestimmen, daß der Betroffene und die Allgemeinheit am wenigsten beeinträchtigt werden.

(4) Gegen Behörden und juristische Personen des öffentlichen Rechts ist Verwaltungszwang nur zulässig, soweit er durch Gesetz oder auf Grund eines Gesetzes besonders zugelassen ist.

Art. 30

Zuständigkeit

(1) Die Anordnungsbehörde vollstreckt ihre Verwaltungsakte innerhalb ihres Bereiches grundsätzlich selbst; sie vollstreckt auch die im Verwaltungsverfahren

ergangenen Rechtsbehelfsentscheidungen. Die Kreisverwaltungsbehörde, in deren Gebiet die Zwangsmittel angewendet werden müssen, ist auf Ersuchen einer anderen Anordnungsbehörde zur Durchführung des Verwaltungszwangs verpflichtet; sie ist dann Vollstreckungsbehörde. Juristische Personen des öffentlichen Rechts, die nicht Gebietskörperschaften sind, können ihre Verwaltungsakte nur auf diese Weise vollstrecken lassen, wenn sie nicht durch besonderes Gesetz oder auf Grund eines besonderen Gesetzes selber zur Anwendung von Verwaltungszwang ermächtigt sind.

(2) Vollstreckt ein Landratsamt als ersuchte Kreisverwaltungsbehörde, so ist die Vollstreckung eine staatliche Aufgabe. Ist die ersuchte Kreisverwaltungsbehörde eine kreisfreie Gemeinde, so ist die Durchführung des Ersuchens eine übertragene Aufgabe; die durch die Durchführung des Ersuchens verursachten Kosten sind der Gemeinde zu erstatten. Ist die ersuchende Stelle die Rechtsaufsichtsbehörde der ersuchten Gemeinde oder ist sie hinsichtlich des zu vollstreckenden Verwaltungsakts ihre Fachaufsichtsbehörde, so ist sie zu Weisungen über die Wahl und die Anwendung des Zwangsmittels befugt, wenn dies zur Erreichung des mit der Vollstreckung angestrebten Erfolges erforderlich ist.

Art. 31

Ersatzvornahme

Wird die Pflicht zu einer Handlung, die auch ein anderer vornehmen kann (vertretbare Handlung), nicht oder nicht vollständig oder nicht zur gehörigen Zeit erfüllt, so kann die Vollstreckungsbehörde die Handlung auf Kosten des Pflichtigen vornehmen lassen.

Art. 32

Zwangsgeld

(1) Kann eine Handlung durch einen anderen nicht vorgenommen werden (nicht vertretbare Handlung) und hängt sie nur vom Willen des Pflichtigen ab, so kann die Vollstreckungsbehörde den Pflichtigen zu der Handlung durch ein Zwangsgeld anhalten. Ist die Ersatzvornahme nicht möglich oder würde sie dem Pflichtigen einen erheblich größeren Nachteil verursachen als die Festsetzung eines Zwangsgeldes, so kann die Vollstreckungsbehörde das Zwangsgeld auch zur Erzwingung vertretbarer Handlungen festsetzen. Ein Zwangsgeld kann ferner festgesetzt werden, wenn der Pflichtige der Pflicht zuwiderhandelt, eine Handlung zu dulden oder zu unterlassen.

(2) Das Zwangsgeld beträgt mindestens 3 und höchstens 10000 Deutsche Mark. Soll es auf mehr als 2000 Deutsche Mark festgesetzt werden, so soll es in der Regel nicht mehr als das Eineinhalbfache des wirtschaftlichen Interesses ausmachen, das der Pflichtige an der Vornahme oder am Unterbleiben der Handlung hat. Das wirtschaftliche Interesse des Pflichtigen ist nach pflichtmäßigem Ermessen zu schätzen.

(3) Das Zwangsgeld wird nach den Vorschriften des Zweiten Abschnitts beigetrieben.

Art. 33

Ersatzzwangshaft

(1) Ist das Zwangsgeld uneinbringlich und verspricht auch unmittelbarer Zwang keinen Erfolg, so kann das Verwaltungsgericht nach Anhörung des Pflichtigen auf Antrag der Vollstreckungsbehörde durch Beschluß Ersatzzwangshaft anordnen,

wenn der Pflichtige bei der Androhung des Zwangsgeldes auf diese Möglichkeit hingewiesen worden ist.

(2) Die Ersatzzwangshaft beträgt mindestens einen Tag und höchstens zwei Wochen.

(3) Die Ersatzzwangshaft ist auf Antrag der Vollstreckungsbehörde von der Justizverwaltung nach den §§ 904—911 der Zivilprozeßordnung zu vollstrecken.

Art. 34

Unmittelbarer Zwang

Führen die sonstigen zulässigen Zwangsmittel nicht zum Ziel oder würden sie dem Pflichtigen einen erheblich größeren Nachteil verursachen als unmittelbarer Zwang oder läßt ihre Anwendung keinen zweckentsprechenden und rechtzeitigen Erfolg erwarten, so kann die Vollstreckungsbehörde den Verwaltungsakt durch unmittelbaren Zwang vollziehen. Die Vollstreckungsbehörde kann unmittelbaren Zwang auch dann anwenden, wenn gegen die Ersatzvornahme Widerstand geleistet wird.

Art. 35

Zwangsmittel in unaufschiebbaren Fällen

Ersatzvornahme und unmittelbarer Zwang können innerhalb der Zuständigkeit der handelnden Behörde ohne vorausgehende Androhung angewendet werden, wenn es zur Verhütung oder Unterbindung einer mit Strafe bedrohten Handlung oder zur Abwehr einer drohenden Gefahr oder zur Durchführung der Zwangsabmeldung nach § 16 des Kraftfahrzeugsteuergesetzes notwendig ist.

Art. 36

Androhung der Zwangsmittel

(1) Die Zwangsmittel müssen unbeschadet des Art. 35 durch die Vollstreckungsbehörde schriftlich angedroht werden. Hierbei ist für die Erfüllung der Verpflichtung eine Frist zu bestimmen, innerhalb welcher dem Pflichtigen der Vollzug billigerweise zugemutet werden kann.

(2) Die Androhung kann mit dem Verwaltungsakt verbunden werden, durch den die Handlung, Duldung oder Unterlassung aufgegeben wird. Sie soll mit ihm verbunden werden, wenn der sofortige Vollzug angeordnet ist oder wenn den Rechtsbehelfen keine aufschiebende Wirkung zukommt.

(3) Es muß ein bestimmtes Zwangsmittel angedroht werden. Es darf nicht angedroht werden, daß mehrere Zwangsmittel gleichzeitig angewendet werden.

(4) Soll die Handlung durch Ersatzvornahme auf Kosten des Pflichtigen ausgeführt werden, so ist in der Androhung der Kostenbetrag vorläufig zu veranschlagen. In der Androhung kann bestimmt werden, daß dieser Betrag bereits vor der Durchführung der Ersatzvornahme fällig wird. Das Recht auf Nachforderung bleibt unberührt, wenn die Ersatzvornahme einen höheren Kostenaufwand verursacht.

(5) Der Betrag des Zwangsgeldes ist in bestimmter Höhe anzudrohen.

(6) Die Zwangsmittel können auch neben einer Strafe oder Geldbuße angedroht werden. Eine neue Androhung ist erst dann zulässig, wenn das zunächst angedrohte Zwangsmittel erfolglos ist.

(7) Die Androhung ist zuzustellen. Das gilt auch dann, wenn sie mit dem zugrunde liegenden Verwaltungsakt verbunden ist und für ihn keine Zustellung vorgesehen ist.

Art. 37

Anwendung der Zwangsmittel

(1) Wird die Verpflichtung nicht innerhalb der in der Androhung bestimmten Frist erfüllt, so kann die Vollstreckungsbehörde das angedrohte Zwangsmittel anwenden. Zwangsmittel können so lange und so oft angewendet werden, bis die Verpflichtung erfüllt ist. Die zur Durchsetzung eines bestimmten Verwaltungsaktes insgesamt festgesetzte Ersatzzwangshaft darf jedoch die Höchstdauer von vier Wochen nicht übersteigen.

(2) Soweit zur Anwendung unmittelbaren Zwanges die Heranziehung von Polizeibeamten erforderlich ist, hat die örtlich zuständige Polizeidienststelle auf Ersuchen der Vollstreckungsbehörde Hilfe zu leisten.

(3) Die mit der Durchführung des Verwaltungszwangs beauftragten Bediensteten der Vollstreckungsbehörde und Polizeibeamten sind, soweit es der Zweck der Vollstreckung erfordert, befugt, die Wohnung des Pflichtigen zu betreten und verschlossene Türen und Behältnisse zu öffnen. Sie dürfen zur Nachtzeit (Art. 12 Abs. 2), an Sonntagen und an gesetzlichen Feiertagen ein Zwangsmittel nur mit schriftlicher Erlaubnis der Vollstreckungsbehörde anwenden.

(4) Die Anwendung der Zwangsmittel ist einzustellen, sobald der Pflichtige seiner Verpflichtung nachkommt. Ein angedrohtes und festgesetztes Zwangsgeld ist jedoch beizutreiben, wenn der Duldungs- oder Unterlassungspflicht zuwidergehandelt worden ist, deren Erfüllung durch die Androhung des Zwangsgeldes erreicht werden sollte; sind weitere Zuwiderhandlungen nicht mehr zu befürchten, so kann die Vollstreckungsbehörde von der Beitreibung absehen, wenn diese eine besondere Härte darstellen würde.

Art. 38

Rechtsbehelfe

(1) Gegen die Androhung des Zwangsmittels sind die förmlichen Rechtsbehelfe gegeben, die gegen den Verwaltungsakt zulässig sind, dessen Durchsetzung erzwungen werden soll. Ist die Androhung mit dem zugrunde liegenden Verwaltungsakt verbunden, so erstreckt sich der förmliche Rechtsbehelf zugleich auf den Verwaltungsakt, soweit er nicht bereits Gegenstand eines Rechtsbehelfs- oder gerichtlichen Verfahrens ist oder der Rechtsbehelf ausdrücklich auf die Androhung des Zwangsmittels beschränkt wird. Ist die Androhung nicht mit dem zugrunde liegenden Verwaltungsakt verbunden und ist dieser unanfechtbar geworden, so kann die Androhung nur insoweit angefochten werden, als eine Rechtsverletzung durch die Androhung selbst behauptet wird.

(2) Wird ein Zwangsmittel nach Art. 35 ohne vorausgehende Androhung angewendet, so sind die förmlichen Rechtsbehelfe zulässig, die gegen Verwaltungsakte allgemein gegeben sind.

(3) Förmliche Rechtsbehelfe gegen Maßnahmen der Vollstreckungsbehörde bei der Anwendung eines Zwangsmittels sind insoweit zulässig, als geltend gemacht werden kann, daß diese Maßnahmen eine selbständige Rechtsverletzung darstellen. Sie haben keine aufschiebende Wirkung, jedoch kann sowohl die Behörde, gegen

deren Maßnahmen ein förmlicher Rechtsbehelf eingelegt wird, als auch die zur Entscheidung über den förmlichen Rechtsbehelf zuständige Stelle die Vollziehung aussetzen.

Art. 39

Anspruch auf Beseitigung von Vollstreckungsfolgen

Ist Verwaltungszwang zur Vollstreckung eines Verwaltungsakts angewendet worden, weil die sofortige Vollziehung angeordnet war oder die Anfechtung mit einem förmlichen Rechtsbehelf keine aufschiebende Wirkung hatte (Art. 19 Abs. 1 Nr. 2 und 3), so kann der Pflichtige die Beseitigung der Vollstreckungsfolgen insoweit verlangen, als der Verwaltungsakt nach der Vollstreckung rechtskräftig aufgehoben oder abgeändert wird. Ein gleicher Anspruch besteht, wenn der Verwaltungszwang nach Art. 35 durchgeführt wurde und nachträglich rechtskräftig festgestellt wird, daß dem Pflichtigen hierdurch rechtswidrig ein Nachteil verursacht wurde. Weitergehende Ansprüche auf Schadensersatz bleiben unberührt.

Vierter Abschnitt

Einschränkungen von Grundrechten

Art. 40

Nach diesem Hauptteil können das Recht auf körperliche Unversehrtheit, das Recht auf Freiheit der Person, das Recht auf Unverletzlichkeit der Wohnung und das Recht auf Eigentum eingeschränkt werden (Art. 2 Abs. 2 Satz 1 und 2, Art. 13 und 14 des Grundgesetzes für die Bundesrepublik Deutschland, Art. 102 Abs. 1, Art. 106 Abs. 3 und Art. 103 der Verfassung des Freistaates Bayern).

III. Sonderbestimmungen für die einzelnen Verkehrsarten

A. Straßenbahnen

Vorbemerkung vor § 28

Ulpian schreibt im 68. Buch zum Edikt: „Die Grundfläche des öffentlichen Weges ist öffentliches Eigentum und wurde der Öffentlichkeit in der entsprechenden Länge und den genauen Breitenmaßen von dem Organ überlassen, das Enteignungsrecht hatte zum Zweck der Ermöglichung des öffentlichen Fußgänger- und sonstigen Verkehrs."

Das Enteignungsrecht ist so alt wie die Anlage öffentlicher Wege. Sollen diese „in der entsprechenden Länge und den genauen Breitenmaßen (ad directum certis finibus latitudinis)" hergestellt werden, müssen sie zeichnerisch geplant werden. Die älteren deutschen Enteignungsgesetze weisen auf die Notwendigkeit der zeichnerischen Fixierung des Vorhabens hin, zugunsten dessen enteignet werden soll. So bestimmt Art. XIV des heute noch gültigen Bayer. Zwangsabtretungsgesetzes vom 17. 11. 1837 (GBl. S. 109): „Jeder Antrag auf Zwangsabtretung ist mit sämtlichen auf das Unternehmen bezüglichen Urkunden, Rissen und Kostenvoranschlägen von den antragstellenden Behörden, Gemeinden, Gesellschaften oder Privaten der Kreisregierung vorzulegen".

Mit der zeichnerischen Planung ist allerdings noch lange nicht der Gedanke eines förmlichen Planfeststellungsverfahrens geboren. Dieses geht zurück auf das ebenfalls heute noch gültige Preußische Gesetz über die Enteignung von Grundeigentum vom 11. 6. 1874 (PrGS S. 221). Nach dessen § 19 ist vor Ausführung des Unternehmens, für das die Enteignung betrieben wird, „ein Plan, welchem geeignetenfalls die erforderlichen Querprofile beizufügen sind, in einem zweckentsprechenden Maßstab aufzustellen" und von der zuständigen Behörde zu prüfen und vorläufig festzustellen. Der Unternehmer legt einen Auszug aus dem vorläufig festgestellten Plan nebst Beilagen, welche die zu enteignenden Grundstücke nach Bezeichnung und Größe, ihre Eigenart und die für die Sicherung der Nachbargrundstücke notwendigen Anlagen enthalten müssen, der für die endgültige Planfeststellung zuständigen Behörde vor. Der Plan nebst Beilagen wird in dem betreffenden Gemeindebezirk während 14 Tagen zu jedermanns Einsicht aufgelegt. Die innerhalb dieser Frist eingelegten Einwendungen werden von einem dafür zu ernennenden Kommissar in einem Termin erörtert. Der Regierungspräsident stellt dann den Plan endgültig fest, indem er über die erhobenen Einwendungen entscheidet und danach „den Gegenstand der Enteignung, die Größe und die Grenzen des abzutretenden Grundbesitzes, die Art und den Umfang der aufzulegenden Beschränkungen sowie die Zeit, innerhalb deren vom Enteignungsrecht Gebrauch zu machen ist, endlich die Anlagen, zu deren Errichtung und Unterhaltung der Unternehmer verpflichtet ist", feststellt.

Die Planfeststellung war also ursprünglich auf das engste mit dem Enteignungsverfahren verbunden. Dabei zeigte sich aber wiederum die Entwicklung, die wir in der Einleitung bezüglich des Verhältnisses verkehrspolizeilicher zu verkehrswirtschaftlichen Tendenzen in der Verkehrsgesetzgebung herausgestellt haben. Die Normen über die Planfeststellung emanzipierten sich mehr und mehr vom Enteignungsrecht und entwickelten sich in Richtung auf ein allgemeines Planungsrecht. Die Fachplanungen wurden eingebunden einmal in ein System der Städteplanung, dann aber in ein noch größeres System der Landesplanung; ersteres heute kodifiziert, letzteres in den meisten Bundesländern noch ohne materiell-rechtliche Normierung.

Die Landesplanung hat einmal die Aufgabe, dafür zu sorgen, daß die einzelnen Fachplanungen sich nicht überschneiden und stören und daß sie sich in die übergeordneten Raumordnungspläne einfügen. Diese Raumordnung, vor allem nach dem 2. Weltkrieg zum Zwecke der Industrieansiedlung verstärkt, ist der zweite Aufgabenkreis der Landesplanung neben der Koordinierung der Fachplanungen.

Die Raumordnung erstrebt die bestmögliche Nutzung und Ordnung eines Gebiets; dabei kann es sich um eine zeitbedingte Zielsetzung (z. B. für einen bestimmten Kanalbau bis zu dessen Fertigstellung) oder um eine für die Dauer berechnete Planung aller natürlichen, wirtschaftlichen und sozialen Gegebenheiten handeln. Zweck der Raumordnung ist allgemein eine Steigerung der Wirtschaftskraft und der Tragfähigkeit des Planungsraumes, ihr allgemeiner Weg die Standortbestimmung für eine im Fluß befindliche, erwünschte oder notwendige Landesentwicklung.

Nach dem heutigen Stand der Kodifizierung ist zu unterscheiden zwischen der allgemeinen Städteplanung und den Fachplanungen. Schon am 13. 9. 1951 hatte der Bundestag die Bundesregierung ersucht, „dem Bundestag den Entwurf eines Baugesetzes vorzulegen, welches das Bau-, Boden-, Planungs-, Anlieger- und Umlegungsrecht im Zusammenhang und einheitlich regeln soll". Inzwischen traten aber Bedenken gegen eine Zuständigkeit des Bundes auf dem Gebiete des Baurechts auf. Bundestag, Bundesrat und Bundesregierung kamen daher überein, das Bundesverfassungsgericht um die Erstattung eines Rechtsgutachtens über die Zuständigkeit des Bundes zum Erlaß eines Baugesetzes zu ersuchen. Am 16. 6. 1954 hat das Bundesverfassungsgericht das erbetene Gutachten erstattet. Es unterschied hinsichtlich der Planung zwischen der Bundesplanung, der Raumordnung der Länder und der städtebaulichen Planung. Für letztere folgerte es die Gesetzgebungskompetenz des Bundes aus Art. 74 Ziff. 18 GG; denn dieses Recht der städtebaulichen Planung gehöre zum Bodenrecht, während dem Bund bezüglich der Raumordnung der Länder gem. Art. 75 Ziff. 4 GG nur eine Rahmenkompetenz zustehe.

Am 23. 6. 1960 erging dann das Bundesbaugesetz (BGBl. I S. 341), das in seinen planungsrechtlichen Teilen I bis III am 30. 6. 1961 in Kraft trat. Bis dahin beruhte die städtebauliche Planung auf den Baugesetzen der einzelnen Länder, auf dem Wohnsiedlungsgesetz vom 22. 9. 1933 (RGBl. I S. 659), auf der Verordnung über die Regelung der Bebauung vom 15. 2. 1936 (RGBl. I S. 104) und auf der Verordnung über Baugestaltung vom 10. 11. 1936 (RGBl. I S. 938).

An die Stelle der bisherigen verschiedenen städtebaulichen Planungsarten hat das Bundesbaugesetz eine einheitliche Bauleitplanung gesetzt und als allgemeines Ziel in § 1 Abs. 1 herausgestellt: „Um die städtebauliche Entwicklung in Stadt und Land zu ordnen, ist die bauliche und sonstige Nutzung der Grundstücke nach Maßgabe dieses Gesetzes durch Bauleitpläne vorzubereiten und zu leiten."

Zu den Aufgaben des BBauG gehört also die städtebauliche Entwicklung nicht nur in den Städten, sondern auch auf dem Lande, ferner nicht nur die bauliche Nutzung der Grundstücke, sondern auch ihre „sonstige". Unter diese sonstige Nutzung fallen z. B. Flächenausweisungen für Erholung, Landwirtschaft und Wasserwirtschaft. Eine Notwendigkeit für die Aufstellung der Bauleitpläne kann z. B. bestehen wegen der beabsichtigten Anlegung neuer Straßen, neuer Bauviertel, aber auch wegen der Schaffung oder Erweiterung des Straßenbahnnetzes.

Die allgemeine städtebauliche Planung des BBauG kann also den gleichen Zweck, der in § 28 PBefG genannt wird, verfolgen.

Gegenüber der allgemeinen städtebaulichen Planung nach dem BBauG ist die Planung einer Straßenbahn, wenn sie nach den Vorschriften des PBefG durchgeführt wird, eine bloße Fachplanung. Es gibt eine große Zahl von bundesrechtlichen und landesrechtlichen Spezialgesetzen, welche Fachplanungen vorsehen. Die baurechtlichen Spezialgesetze übertragen die Planung teilweise Planungsträgern des Bundes (so die eisenbahnrechtliche Planfeststellung nach dem Bundesbahngesetz und die fernmelderechtliche Planfeststellung), teilweise den Ländern im Auftrag des Bundes (so die straßenbaurechtliche Planfeststellung nach dem FStrG); zum Teil aber überlassen sie die Ausführung der Planung den Ländern als eigene Angelegenheiten. Zu dieser dritten Gruppe gehört das PBefG. Eine vierte Gruppe bundesrechtlicher Spezialgesetze stellt nur Rahmenvorschriften auf und überläßt den Ländern den Erlaß von Ausfüllungsvorschrifften sowie den Vollzug. Das einzige Beispiel für diese vierte Gruppe ist das wasserrechtliche Verfahren nach dem Wasserhaushaltsgesetz des Bundes.

Das BBauG spricht an zwei parallelen Stellen die Fachplanungen, also auch die des PBefG, an, nämlich in § 5 Abs. 5 bezüglich des Flächennutzungsplanes und in § 9 Abs. 4 bezüglich des Bebauungsplanes. Im Flächennutzungsplan ist für das ganze Gemeindegebiet die beabsichtigte Art der Bodennutzung nach den voraussehbaren Bedürfnissen der Gemeinde in den Grundzügen darzustellen. Im Gegensatz zu dieser unverbindlichen Generalplanung enthält der Bebauungsplan die rechtsverbindlichen Festsetzungen der städtebaulichen Ordnung. Er setzt durch

Zeichnung, Farbe, Schrift oder Text das Bauland und für dieses Art und Maß der baulichen Nutzung, die Bauweise usw. fest; ferner die Grundstücke, die von der Bebauung freizuhalten sind; ferner die Verkehrsflächen, die mit Geh-, Fahr- und Leistungsrechten zu belastenden Flächen, das Anpflanzen von Bäumen und Sträuchern usw.

Nach § 5 Abs. 5 BBauG sollen schon in den Flächennutzungsplänen Fachplanungen („Planungen und sonstige Nutzungsregelungen, die nach anderen gesetzlichen Vorschriften festgesetzt sind") nachrichtlich übernommen werden. Fachplanungen sind in § 38 BBauG ausdrücklich als unberührt bezeichnet, so insbesondere das FStrG, das Bundesbahngesetz und das PBefG. Die Übernahme der Fachplanungen in den Flächennutzungsplan geschieht nur „nachrichtlich", d. h. die Fachplanungen werden nicht Gegenstand des Flächennutzungsplanes. Sind Fachplanungen noch nicht in der spezialgesetzlich bestimmten Form festgesetzt, z.B. Straßenbahnplanungen noch nicht in der Form des § 30 PBefG, sind sie aber „in Aussicht genommen", so sollen sie im Flächennutzungsplan wenigstens vermerkt werden.

Die Aufstellung des Flächennutzungsplanes ist eigene Selbstverwaltungsaufgabe der Gemeinde (§ 2 BBauG), die der Straßenbahnplanung dagegen Aufgabe der Genehmigungsbehörde (§ 30 PBefG). Bei der Aufstellung des Flächennutzungsplanes werden alle Behörden und Stellen, welche Träger öffentlicher Belange sind, gehört (§ 2 Abs. 5 BBauG). Andererseits führt im Planfeststellungsverfahren nach dem PBefG die Anhörungsbehörde die Stellungnahme der Gemeinde und der übrigen Beteiligten herbei (§ 30 Abs. 2 PBefG).

Immerhin sind auch durch diese Verzahnung der Verfahren Kollisionen der Ergebnisse der städtebaulichen und der Straßenbahn-Planung nicht ausgeschlossen. Nach § 7 BBauG haben öffentliche Planungsträger, die an dem Verfahren nach § 2 Abs. 5 BBauG beteiligt sind, ihre Planungen dem Flächennutzungsplan nur insoweit anzupassen, als sie diesem Plan nicht widersprochen haben. Schweigt also die Genehmigungsbehörde zu einem Flächennutzungsplan der Gemeinde, so muß sie ihre Straßenbahnplanung dem Flächennutzungsplan anpassen. Hat sie aber widersprochen, so ist sie an den Flächennutzungsplan nicht gebunden. Dieser hat nur Wirkung für die Stellen, die ihm ausdrücklich oder stillschweigend zugestimmt haben; er ist seiner Rechtsnatur nach eine öffentlich-rechtliche Vereinbarung.

Anders dagegen der Bebauungsplan, der nach § 10 BBauG von der Gemeinde als Satzung beschlossen wird, also eine Rechtsnorm darstellt. Auch in ihn sind die Fachplanungen nachrichtlich zu übernehmen, allerdings nur, soweit sie zum Verständnis des Bebauungsplanes oder für städtebauliche Beurteilung von Baugesuchen notwendig oder zweckmäßig sind (§ 9 Abs. 4 BBauG). An sich gilt eine Rechtsnorm für und gegen alle. Wenn aber § 38 BBauG die Vorschriften des PBefG ausdrücklich unberührt läßt, so ist damit auch gesagt, daß eine nach den Vorschriften des PBefG rechtswirksam abgeschlossene Straßenbahnplanung nicht etwa durch einen sachlich kollidierenden Bebauungsplan aufgehoben werden kann. Es ist daher Aufgabe der beteiligten Stellen, durch rechtzeitige Fühlungaufnahme und ständige Zusammenarbeit Kollisionen von Anfang an auszuschließen.

„Bei der als Einheit zu betrachtenden Verkehrsplanung in den Großstädten ist der Punkt erreicht, wo das geltende Recht zu kaum noch lösbaren Zuständigkeits- und Verfahrensschwierigkeiten führt und letztlich unpraktikabel wird. Denn was nützen die zahlreichen Zuständigkeitsabgrenzungen und Verfahrensregelungen, wenn sie in einem engen Planungsbereich oder gar in einem einzigen Bauwerk zusammentreffen, wo nur nach einheitlichen Gesichtspunkten geplant und gebaut werden kann. Es sind diese von der Praxis diktierten Notwendigkeiten, die dazu geführt haben, daß heute in solchen Fällen die bestehenden Zuständigkeitsgrenzpfähle weitgehend ignoriert werden und in vielen Großstädten der allein erfolgversprechende Weg der Bildung von Fach- und Koordinierungsausschüssen, Arbeitsstäben und ähnlichen Gremien beschritten wird. In diesen Gremien werden regelmäßig die Belange des Bundes, des Landes, der Stadt sowie der umliegenden Landkreise aufeinander abgestimmt und die Planung auf Grund übereinstimmender Entscheidungen soweit vorangetrieben, daß jedenfalls die gesetzlich vorgeschriebene Anhörung und Beteiligung der einzelnen Behörden und Stellen nur mehr eine Formsache ist. Mit Recht hat Wambsganz in bezug auf diese Gremien festgestellt, daß die Frage nach der verfassungsrechtlichen Zuständigkeit oder nach der Planungshoheit jede ihrer Arbeitssitzungen sprengen müßte". (Blümel „Das Zusammentreffen von Planfeststellungen" DVBl. 1960 S. 697.)

§ 28
Planfeststellung

(1) Neue Straßenbahnen dürfen nur gebaut und bestehende nur geändert werden, wenn der Plan für ihre Betriebsanlagen vorher festgestellt ist.

(2) Bei Änderungen oder Erweiterungen von unwesentlicher Bedeutung kann eine Planfeststellung unterbleiben. Fälle von unwesentlicher Bedeutung liegen insbesondere vor, wenn Rechte anderer nicht beeinflußt werden, oder wenn der Kreis der Beteiligten bekannt ist oder ohne ein förmliches Auslegungsverfahren ermittelt werden kann und mit den Beteiligten entsprechende Vereinbarungen getroffen werden. Die Entscheidung hierüber trifft die Genehmigungsbehörde.

(3) Sind Straßenbahnanlagen in Bebauungsplänen nach § 9 des Bundesbaugesetzes vom 23. Juni 1960 (Bundesgesetzbl. I S. 341) ausgewiesen, so ersetzen diese die Planfeststellung nach Absatz 1. Sofern eine Ergänzung nötig ist, ist die Planfeststellung insoweit zusätzlich durchzuführen.

(4) Ist nach den Absätzen 1 bis 3 eine Planfeststellung notwendig, so darf eine Genehmigung nach § 9 nur vorbehaltlich der Planfeststellung oder vorbehaltlich der nach Absatz 2 zu treffenden Vereinbarungen erteilt werden. Das Planfeststellungsverfahren kann gleichzeitig mit dem Genehmigungsverfahren durchgeführt werden.

1. Die Planfeststellung für Straßenbahnen nach dem PBefG entspricht dem § 37 des Reichsbahngesetzes vom 30. 8. 1924 (RGBl. II S. 272) und dem § 23 des Reichsbahngesetzes vom 4. 7. 1939 (RGBl. I S. 1205) für die Reichsbahn, dem § 36 des Bundesbahngesetzes vom 13. 12. 1951 (BGBl. I S. 955) für die Bundesbahn, dem § 7 des Reichsautobahngesetzes vom 29. 5. 1941 (RGBl. S. 313) für die Reichsautobahnen und dem § 17 FStrG für die Bundesfernstraßen. Für das Planfeststellungsverfahren nach dem FStrG sind auf Grund eines bundeseinheitlichen Entwurfs von den Ländern Planfeststellungsrichtlinien ausgearbeitet worden, die auch im Planfeststellungsverfahren nach dem PBefG entsprechend herangezogen werden können (vgl. Richtlinien für die Planfeststellung nach dem FStrG, Ministerialamtsblatt der Bayer. Inneren Verwaltung 1958 S. 593 und 1961 S. 262).

Zu Absatz 1:

2. Der hoheitliche Akt der Planfeststellung ist zu unterscheiden

a) von der Planung der Straßenbahn durch den Unternehmer, d. h. seine Entscheidung darüber, wo, in welchem Umfang und in welcher Weise er eine Straßenbahn bauen oder eine bestehende Straßenbahn verändern will;

b) von der Aufstellung des technischen Bauentwurfs;

c) von seiner innerdienstlichen Genehmigung durch die zuständigen Verwaltungsstellen;

d) von seiner haushaltsrechtlichen Behandlung.

3. Ihrer Rechtsnatur nach ist die Planfeststellung ein rechtsgestaltender **Verwaltungsakt** (s. Marschall a. a. O. Anm. 3 zu § 17). Er soll die öffentlich-rechtlichen Beziehungen zwischen dem Straßenbahnunternehmer, dem Wegeeigentümer und der Nachbarschaft regeln. Dabei sind alle öffentlichen Interessen, insbesondere diejenigen wegepolizeilicher und sicherheitspolizeilicher Natur, zu berücksichtigen. Die Planfeststellung kann aber niemals privat-rechtliche Wirkungen haben, etwa in der Weise, daß sie unmittelbar die berührten Privatrechte umgestaltete oder einen Eingriff in sie zuließe.

4. Zu den **Betriebsanlagen** i. S. des Abs. 1 gehören alle Bauten (Gebäude, Schuppen, Brücken usw.), Grundstücke und festen technischen Anlagen (Gleise, Signale, Fahrdrahtleitungen usw.), die unmittelbar oder mittelbar der Abwicklung oder Sicherung von Verkehr und Betrieb dienen, einschließlich der Werkstättenanlagen. Nicht dazu gehören reine Verwaltungs- und Wohngebäude (ebenso Finger Anm. 1a zu § 36 des Bundesbahngesetzes). Vgl. § 29 Abs. 1 Satz 3.

5. Auf die nicht zu den Betriebsanlagen gehörigen Bauten ist das **allgemeine Baurecht** anzuwenden; also vor allem die landesrechtlichen Bauordnungen sowie ehemals reichsrechtliche Bestimmungen, welche baupolizeilichen Inhalts sind und daher heute als Landesrecht weitergelten, z. B. die Verordnung über die baupolizeiliche Behandlung von öffentlichen Bauten vom 20. 11. 1938 (RGBl. I S. 1677). Danach bedürfen Bauten des Bundes und der Länder keiner baupolizeilichen Genehmigung, wenn sie unter Leitung von Beamten des höheren bautechnischen Verwaltungsdienstes ausgeführt werden. Für Bauten der Gemeinden gilt diese Bestimmung nicht.

Zu Absatz 2:

6. Eine Änderung oder Erweiterung von **unwesentlicher** Bedeutung liegt vor, wenn Rechte anderer nicht beeinflußt werden. Das ist der Fall,

a) wenn das Bauvorhaben in tatsächlicher Hinsicht keine Wirkungen nach außen hat, z. B. bei Gleisänderungen innerhalb eines Straßenbahndepots;

b) wenn es in rechtlicher Hinsicht keine Wirkungen nach außen hat, weil kein fremdes Eigentum und keine fremden Interessen berührt werden;

c) wenn der Straßenbahnunternehmer mit den Beteiligten entsprechende Vereinbarungen getroffen hat. Auf den Umfang des Bauvorhabens kommt es dabei nicht an (ebenso die Planfeststellungsrichtlinien nach dem FStrG); doch darf es sich nicht um den Bau einer neuen Straßenbahn handeln. Die Vereinbarungen mit allen Beteiligten setzen, um die Rechtswirkung des Abs. 2 zu haben, voraus, daß der Kreis der durch den Plan Betroffenen abschließend ermittelt sein muß. Bestehen hierüber Zweifel, so kann die Planfeststellung nicht unterbleiben.

Die Entscheidung nach Abs. 2 Satz 3 betrifft die Frage, ob eine Änderung oder Erweiterung von unwesentlicher Bedeutung vorliegt. Die Entscheidung ist ein im Verwaltungsrechtsweg anfechtbarer Verwaltungsakt.

Zu Absatz 3:

7. Der Bebauungsplan nach dem BBauG setzt, soweit es erforderlich ist, durch Zeichnung, Farbe, Schrift oder Text nicht nur das Bauland und die von der Bebauung freizuhaltenden Flächen fest, sondern auch die **Verkehrsflächen,** die Höhenlage der anbaufähigen Verkehrsflächen sowie den Anschluß der Grundstücke an die Verkehrsflächen. Die Verkehrsflächen werden durch ihre Begrenzungslinien (in Preußen bisher Fluchtlinien genannt) festgesetzt (§ 9 Abs. 1 Nr. 3 und 4 BBauG). Es ist nicht ausgeschlossen, daß auch überbaute Flächen alsVerkehrsflächen ausgewiesen werden. In diesem Falle dürfen auf ihnen Vorhaben, die eine wertsteigernde Änderung baulicher Anlagen zur Folge haben, nur zugelassen werden, wenn der Bedarfsträger oder Erschließungsträger zustimmt. Ferner können solche wertsteigernden Vorhaben zugelassen werden, wenn der Eigentümer für sich und seine Rechtsnachfolger für den Fall, daß der Bebauungsplan durchgeführt wird, schriftlich auf Ersatz der Werterhöhung verzichtet (§ 32 BBauG).

8. Die Bebauungspläne sind aus den Flächennutzungsplan zu entwickeln (§ 8 Abs. 2 Satz 1 BBauG). Der Flächennutzungsplan ist eine öffentlich-rechtliche Vereinbarung, die nur für die öffentlichen Planungsträger bindend ist, die ihr zugestimmt haben, nicht dagegen für die Bürger, insbesondere nicht für die Grundstückseigentümer. Im Gegensatz dazu enthält der Bebauungsplan die **rechtsverbindlichen Festsetzungen** für die städtebauliche Ordnung (§ 8 Abs. 1 BBauG). Der Bebauungsplan ist die Summe der für die einzelnen Baugesuche vorweggenommenen städtebaulichen Entscheidungen. Er ist die Festsetzung der Bebauungsmöglichkeiten.

Möglich ist auch ein bloß „negativer Bebauungsplan", d. h. ein Bebauungsplan, dessen ganzer Inhalt darin besteht, daß er festlegt, was **nicht** bebaut werden darf.

9. Nach dem Verhältnis zwischen Bebauungsplan und Flächennutzungsplan unterscheidet man von dem normalen Bebauungsplan, der aus dem Flächennutzungsplan zu entwickeln ist, zwei besondere Arten von Bebauungsplänen, bei denen das nicht der Fall ist, nämlich

a) den „selbständigen" Bebauungsplan nach § 2 Abs. 2 BBauG: „Ein Flächennutzungsplan ist nicht erforderlich, wenn der Bebauungsplan ausreicht, um die städtebauliche Entwicklung zu ordnen", was aber wohl nur in ganz kleinen Gemeinden der Fall sein wird, und

b) den „vorzeitigen" Bebauungsplan nach § 8 Abs. 2 Satz 2 BBauG: „Wenn zwingende Gründe es erfordern, kann ein Bebauungsplan aufgestellt werden, bevor der Flächennutzungsplan aufgestellt ist." Das ist der Fall, wenn nachträglich noch ein Flächennutzungsplan aufgestellt werden soll.

10. Der Bebauungsplan wird nach § 10 BBauG **als Satzung** vom zuständigen Gemeindeorgan beschlossen. Er ist weder ein Verwaltungsakt noch eine Allgemeinverfügung, sondern eine Rechtsnorm. Er kann somit nicht durch Anfechtungsklage angefochten werden wie die Planfeststellung nach §§ 28, 29, 30 PBefG, die einen Verwaltungsakt darstellt. Der Bebauungsplan kann allenfalls im Wege der Normenkontrolle angefochten werden in denjenigen Bundesländern, die dieses Verfahren gem. § 47 VwGO eingeführt haben.

Allerdings kann die Gültigkeit eines Bebauungsplanes auch im Mittelpunkt einer Anfechtungsklage stehen, wenn ein einzelner Verwaltungsakt, der auf Grund des Bebauungsplanes ergeht, angefochten wird.

Bebauungsplan im Sinne des § 28 Abs. 3 PBefG sind nur die durch Satzung beschlossenen Bebauungspläne. Als Überleitungsvorschrift ist allerdings § 173 Abs. 3 Satz 1 BBauG zu beachten, wonach baurechtliche Vorschriften und festgestellte städtebauliche Pläne, die am 29. 6. 1961 bestehen, als Bebauungsplan weitergelten, wenn sie verbindliche Regelungen der in § 9 BBauG bezeichneten Art enthalten. Sie müssen keineswegs **alle** Arten von Regelungen des § 9 enthalten; es genügt, wenn sie **eine** dieser Regelungen enthalten. Fehlt z. B. die Straßenbahnplanung in einem Baustufenplan nach § 1 der Verordnung über die Regelung der Bebauung vom 15. 2. 1936 (RGBl. I S. 104), so gilt er gleichwohl als Bebauungsplan weiter, wenn er

a) im Wege der Verordnung (Gemeindeverordnung) erlassen wurde und

b) wenigstens eine der in § 9 genannten Regelungen enthält (z. B. die Grundstücke, die von der Bebauung freizuhalten sind).

Die Straßenbahnplanung kann dann im Wege der Planfeststellung ergänzend durchgeführt werden (§ 28 Abs. 3 Satz 2 PBefG).

Auch Aufbaupläne nach § 2 der Verordnung über Baugestaltung vom 10. 11. 1936 (RGBl. I S. 938) können unter den genannten Voraussetzungen als Bebauungsplan weitergelten.

Zu Absatz 4:

11. Die Zustimmung zur Eröffnung des Betriebs nach § 37 setzt voraus, daß sowohl die Genehmigung erteilt wie auch das Planfeststellungsverfahren nach dem PBefG rechtskräftig abgeschlossen bzw. durch einen Bebauungsplan nach dem BBauG ersetzt ist.

Die Genehmigungsurkunde muß die Streckenführung enthalten und in dem Fall, daß die Genehmigung unter dem Vorbehalt der Planfeststellung oder der Vereinbarung nach Abs. 2 erteilt wurde, den Hinweis auf diesen Vorbehalt (§ 17 Abs. 2 Nr. 7).

§ 29

Inhalt der Planfeststellung

(1) Die Planfeststellung ersetzt alle nach anderen Rechtsvorschriften notwendigen öffentlich-rechtlichen Genehmigungen, Verleihungen, Erlaubnisse und Zustimmungen. Durch sie werden alle öffentlich-rechtlichen Beziehungen zwischen dem Unternehmer und den durch den Plan Betroffenen rechtsgestaltend geregelt. Unberührt bleibt die Zuständigkeit der für die Baugenehmigung zuständigen Behörden, soweit es sich nicht um Betriebsanlagen (§ 28 Abs. 1) handelt.

(2) Im Planfeststellungsbeschluß sind dem Unternehmer die Errichtung und Unterhaltung der Anlagen aufzuerlegen, die für das öffentliche Wohl oder zur Sicherung der Benutzung der benachbarten Grundstücke gegen Gefahren oder Nachteile notwendig sind.

(3) Werden Anlagen zur Sicherung der baulichen oder betrieblichen Einrichtungen der Straßenbahn infolge Änderungen der benachbarten Grundstücke,

von denen Gefährdungen dieser Einrichtungen ausgehen, nachträglich notwendig, so kann der Unternehmer durch Beschluß der Planfeststellungsbehörde zu ihrer Errichtung und Unterhaltung verpflichtet werden; die hierdurch entstehenden Kosten haben jedoch die Eigentümer der benachbarten Grundstücke zu tragen, es sei denn, daß die Änderungen durch natürliche Ereignisse oder höhere Gewalt verursacht worden sind.

(4) Ist der Plan rechtskräftig festgestellt, so sind Beseitigungs- und Änderungsansprüche gegenüber festgestellten Anlagen ausgeschlossen.

(5) Wird der Plan nicht innerhalb von fünf Jahren nach Rechtskraft durchgeführt, so tritt er außer Kraft, wenn er nicht von der Planfeststellungsbehörde im Benehmen mit der von der Landesregierung bestimmten Behörde auf weitere fünf Jahre verlängert wird. Bei Verlängerung können die vom Plan betroffenen Grundstückseigentümer verlangen, daß der Unternehmer ihre Grundstücke und Rechte insoweit erwirbt, als nach § 31 die Enteignung zulässig ist. Kommt keine Einigung zustande, so können sie die Durchführung des Enteignungsverfahrens bei der Enteignungsbehörde beantragen. Im übrigen gilt § 31.

(6) In den Fällen des § 28 Abs. 3 gelten die §§ 40 und 41 des Bundesbaugesetzes. Absatz 5 ist nicht anzuwenden.

Zu Absatz 1:

1. Die Planfeststellung ist eine einheitliche Sachentscheidung. Sie muß sich daher im Rahmen der für die einzelnen Gebiete bestehenden Gesetze halten.

a) Ist z. B. mit dem Bau des Straßenbahndammes ein Aufstauen eines oberirdischen Gewässers verbunden, so entscheidet die Planfeststellungsbehörde über die Erteilung der wasserrechtlichen Erlaubnis oder Bewilligung (§ 14 Abs. 1 des Wasserhaushaltsgesetzes vom 27. 7. 1957, BGBl. I S. 1110) und hat bei Prüfung der Frage, ob sie die Erlaubnis oder Bewilligung erteilen oder versagen soll, die materiellen Bestimmungen des Wasserrechts zu beachten.

b) Nach § 366 Nr. 10 StGB wird bestraft, wer die Polizeiverordnungen übertritt, die zur Erhaltung der Sicherheit, Bequemlichkeit, Reinlichkeit und Ruhe auf den öffentlichen Wegen, Straßen, Plätzen oder Wasserstraßen erlassen werden. Ist eine solche Verordnung nach näherer Maßgabe des Landespolizeirechts erlassen, so ist ihr Inhalt im Planfeststellungsverfahren zu berücksichtigen.

c) Es sind aber auch landesrechtliche Bestimmungen zu beachten, die sich nicht auf eine bundesrechtliche Ermächtigung stützen. So bedarf nach Art. 18 des Bayer. Landesstraf- und Verordnungsgesetzes vom 17. 11. 1956 (GVBl. S. 261) der Erlaubnis, wer Erdarbeiten auf einem Grundstück vornehmen will, obwohl er weiß, daß sich dort Bodenaltertümer befinden.

d) In der Planfeststellung ist auch den Anforderungen gerecht zu werden, welche die StVO an die Aufstellung von amtlichen Verkehrszeichen und Verkehrseinrichtungen stellt.

e) Muß wegen der Straßenbahn eine Energieanlage verlegt oder gar stillgelegt werden, so wird durch das Planfeststellungsverfahren das Anzeige- und Freigabeverfahren nach § 4 des Energiewirtschaftsgesetzes vom 13. 12. 1935 (RGBl. I S. 1451) ersetzt.

f) Die Planfeststellung nach dem PBefG geht dem Wege- und Gewässerplan nach dem Flurbereinigungsgesetz in jedem Fall vor (§ 41 Abs. 3 Satz 2 des Flurbereinigungsgesetzes vom 14. 7. 1953, BGBl. I S. 591).

2. Auch die Interessen der Nachbarschaft müssen gewürdigt werden. Es müssen Schädigungen von allen durch die Anlage Betroffenen abgehalten werden, soweit es technisch angängig und wirtschaftlich vertretbar ist. Dabei muß auch die weitere Entwicklung, soweit sie mit einiger Sicherheit vorausgesehen werden kann, berücksichtigt werden.

Sachlich beschränkt sich die Planfeststellung auf die Regelung der öffentlich-rechtlichen Beziehungen (Abs. 1 Satz 2). Das schließt nicht aus, daß im Anhörverfahren (§ 28 Abs. 4 Satz 2, § 30 Abs. 2) auch **private Rechtsbeziehungen** erörtert werden; nur kann darüber nicht durch Planfeststellung entschieden werden. Privatrechtliche Entschädigungsansprüche werden von der Planfeststellung in keinem Fall erfaßt.

3. Aus Abs. 1 Satz 3 ist e contrario zu schließen, daß die Planfeststellung auch die Baugenehmigungen für **Hochbauten** ersetzt, z. B. für Werkstättenanlagen und Depots. Reine Verwaltungsgebäude dagegen unterliegen dem landesrechtlichen Baugenehmigungsverfahren (vgl. Anm. 4 zu § 28).

Zu Absatz 2:

4. Die **Auflagen** im Planfeststellungsbeschluß sind beschwerende Teile eines begünstigenden Verwaltungsaktes, daher von demjenigen, dem sie auferlegt werden, im Verwaltungsrechtsweg anfechtbar. Das ist in der Regel der Unternehmer der Straßenbahn. Es können aber im Planfeststellungsverfahren auch Dritten öffentlich-rechtliche Auflagen gemacht werden, soweit sie im untrennbaren Zusammenhang mit der Planfeststellung selbst stehen. So kann z. B. die Unterhaltungslast für eine Aufschüttung statt dem Straßenbahnunternehmer dem Straßenbaulastträger aufgebürdet werden, wenn die Aufschüttung mehr im Interesse des letzteren als des ersteren liegt.

5. Können Nachteile der neuen Anlage für die Umgebung nicht durch Auflagen abgewendet werden, so muß eine privat-rechtliche **Vereinbarung** zwischen den Beteiligten geschlossen werden. Soweit diese Vereinbarung zwischen dem Straßenbaulastträger und dem Straßenbahnunternehmer geschlossen wird, ist im Planfeststellungsbeschluß auf sie hinzuweisen (§ 32 Abs. 6).

Kommt keine Einigung zustande, so kommt unter den Voraussetzungen des § 31 die Enteignung in Betracht.

Zu Absatz 3:

6. Ein festgestellter Plan ist nicht unabänderlich, doch kann er grundsätzlich nur wieder im Wege des Planfeststellungsverfahrens oder durch einen Bebauungsplan (§ 28 Abs. 3) geändert werden. Ein solcher Änderungsbeschluß ist ein selbständig anfechtbarer Verwaltungsakt. Die Änderung kann entweder dadurch notwendig werden, daß im Planfeststellungsbeschluß ein wesentlicher Punkt übersehen wurde, oder dadurch, daß sich nachträglich, z. B. durch Steigerung des Verkehrsstromes, eine Änderung der Straßenbahnanlage erforderlich erweist. Einen Sonderfall aus der zweiten Gruppe nennt Abs. 3.

Zur Errichtung und Unterhaltung der nachträglich notwendig werdenden Sicherungsmaßnahme ist der Straßenbahnunternehmer, zur Tragung der Kosten dagegen der Eigentümer des Grundstücks verpflichtet. Abs. 3 bezieht sich, wie A. B. zu § 29 sagt, „nur auf typisch nachbarrechtliche Veränderungen; nicht erfaßt werden sollen die Fälle des § 35." Zu denken ist etwa an Abgrabungen auf Nachbargrundstücken.

Zu Absatz 4:

7. Der Planfeststellungsbeschluß ist ein **Verwaltungsakt.** Seine Rechtskraft tritt ein, wenn kein Rechtsbehelf mehr gegen ihn eingelegt werden kann. Ist der Beschluß allen Beteiligten mit der Belehrung, daß ein Rechtsbehelf binnen vier Wochen ab Zustellung einzulegen ist, zugestellt (§ 30 Abs. 8), so tritt die Rechtskraft vier Wochen nach der letzten Zustellung ein, wenn nicht mittlerweile einer der Beteiligten durch Einlegung eines Rechtsbehelfs den Eintritt der Rechtskraft gehemmt hat. Wird der Beschluß versehentlich einem Beteiligten nicht zugestellt, so beginnt die Anfechtungsfrist ihm gegenüber nicht zu laufen. Er kann also noch nach Monaten Widerspruch erheben. Mit dieser Unsicherheit ist jeder anfechtbare Verwaltungsakt behaftet.

8. Ähnlich wie eine gewerbepolizeiliche Genehmigung (§ 26 GewO) hat die Planfeststellung die Wirkung, daß die durch die Herstellung der Straßenbahnlagen Betroffenen weder die Beseitigung noch die Änderung der Anlagen verlangen können. Vielmehr ist wegen Beeinträchtigung ihrer Rechte, falls eine solche vorliegt, eine **Entschädigung** zu zahlen (Marschall RNr. 9 zu § 17 FStrG unter Hinweis auf die Rechtsprechung des preuß. OVG). Über diese Entschädigung wird aber nicht in der Planfeststellung entschieden. Als Rechtsgrundlage kommen die Bestimmungen des BGB über Schadensersatz (z. B. §§ 906, 1004 BGB) in Betracht.

Zu Absatz 5:

9. Die Vorschrift des Abs. 5 ist darin begründet, daß der festgestellte Plan zwar keine rechtlichen Verfügungsbeschränkungen hinsichtlich der von ihm betroffenen Grundstücke enthält, aber tatsächliche **Beeinträchtigungen** der wirtschaftlichen Verwertungsmöglichkeiten zur Folge haben kann, die sich bei dauernder Beschränkung wie eine Enteignungsmaßnahme auswirken können. Sie können den Betroffenen daher nicht unbefristet zugemutet werden (A. B. zu § 29).

10. Zur Herstellung des Benehmens nach Abs. 5 Satz 1 sind zuständig:

Baden-Württemberg:
Innenministerium

Bayern:
Genehmigungsbehörde

Freie Hansestadt Bremen:
Senator für das Bauwesen

Freie und Hansestadt Hamburg:
Behörde für Wirtschaft und Verkehr

Hessen:
Regierungspräsident

Niedersachsen:
Regierungspräsident/Verwaltungspräsident

Nordrhein-Westfalen:
Regierungspräsidenten

Rheinland-Pfalz:
Bezirksregierungen

Saarland:
Ministerium für Wirtschaft, Verkehr und Landwirtschaft

Schleswig-Holstein:
Minister für Wirtschaft und Verkehr.

Zu Absatz 6:

11. Die §§ 40, 41 BBauG regeln die Entschädigungsansprüche in allen Fällen, in denen der Bebauungsplan die Nutzung des Grundeigentums beschränkt. Veranlassung zu den Bestimmungen gab die Rechtsprechung zu Art. 14 Abs. 3 GG. Nicht alle Auswirkungen negativer Art, die eine verbindliche Bauleitplanung mit sich bringt, sind entschädigungspflichtig. Sind aber im Bebauungsplan Verkehrsflächen festgesetzt, so ist der Grundeigentümer zu entschädigen, soweit ihm **Vermögensnachteile** entstehen.

Der Grundeigentümer kann die Übernahme der Flächen verlangen,

a) soweit es ihm mit Rücksicht auf die Festsetzungen im Bebauungsplan wirtschaftlich nicht mehr zuzumuten ist, das Grundstück zu behalten oder es in der bisherigen oder einer anderen zulässigen Art zu nutzen; oder

b) wenn werterhöhende Vorhaben an dem Grundstück wegen der Verkehrsplanung nur noch unter den Beschränkungen des § 32 BBauG ausgeführt werden dürfen und dadurch die bisherige Nutzung einer baulichen Anlage wesentlich herabgesetzt wird (s. Anm. 7 zu § 28).

Bei Vorliegen der unter b) genannten Voraussetzungen ist dem Grundeigentümer eine angemessene Entschädigung in Geld zu leisten. Die Entschädigung wird gewährt für den durch die Enteignung eintretenden Rechtsverlust und für andere durch die Enteignung eintretende Vermögensnachteile. Die Entschädigung für den Rechtsverlust bemißt sich nach dem Verkehrswert (§§ 95, 141 BBauG) des Grundstücks in dem Zeitpunkt, in dem der Bebauungsplan rechtswirksam wird. Aber auch über den Rechtsverlust hinaus können Vermögensnachteile durch die Beschränkung der Verfügungsmacht über das Grundstück eintreten, z. B. kann der Grundeigentümer durch die Beschränkung vorübergehend oder dauernd in seinem beruflichen Fortkommen behindert werden. Als weitere Vermögensnachteile kommen in Betracht: Geschäftsausfälle wegen der notwendigen Verlegung des Betriebs, Maklerkosten für den Ankauf oder die Anmietung neuer Geschäftsräume, Einfriedungskosten des Ersatzlandes. Der Betroffene ist aber durch § 96 BBauG gehalten, alle ihm möglichen Anstrengungen zu unternehmen, die Vermögensnachteile gering zu halten.

§ 30

Planfeststellungsverfahren

(1) Die Genehmigungsbehörde stellt den Plan fest.

(2) Die Pläne sind der von der Landesregierung bestimmten Behörde zur Stellungnahme zuzuleiten. Diese führt die Stellungnahmen aller beteiligten

Behörden des Bundes, der Länder, der Gemeinden und der übrigen Beteiligten herbei und leitet sie nach Abschluß des Anhörungsverfahrens der Planfeststellungsbehörde zu.

(3) Die Pläne mit Beilagen sind in den Gemeinden, durch deren Bereich die Straßenbahn führen soll, zwei Wochen zur Einsicht auszulegen. Zeit und Ort der Auslegung sind ortsüblich bekanntzumachen, um jedermann, dessen Belange durch den Bau der Straßenbahn berührt werden, Gelegenheit zur Äußerung zu geben.

(4) Einwendungen gegen den Plan sind bei der nach Absatz 2 Satz 1 bestimmten Behörde oder bei der von dieser bezeichneten Stelle spätestens innerhalb von zwei Wochen nach Beendigung der Auslegung schriftlich oder zur Niederschrift zu erheben.

(5) Nach Ablauf der Frist des Absatzes 4 sind die Einwendungen gegen den Plan von der nach Absatz 2 Satz 1 bestimmten Behörde mit allen Beteiligten zu erörtern. Kommt eine Einigung nicht zustande, so wird über die Einwendungen in der Planfeststellung entschieden.

(6) Werden öffentliche Interessen berührt, für die die Zuständigkeit von Bundesbehörden oder von Behörden, die im Auftrag des Bundes tätig werden, gegeben ist, und kommt eine Verständigung zwischen der Planfeststellungsbehörde und den genannten Behörden nicht zustande, so hat die Planfeststellungsbehörde im Benehmen mit dem Bundesminister für Verkehr zu entscheiden.

(7) Kommt eine Verständigung über Einwendungen von Unternehmern nichtbundeseigener Eisenbahnen oder Bergbahnen nicht zustande, so ist die Entscheidung der von der Landesregierung bestimmten Behörde einzuholen und der Planfeststellung zugrunde zu legen.

(8) Die Feststellung des Planes und die Entscheidungen über die Einwendungen sind zu begründen und den durch den Plan Betroffenen und den sonst am Verfahren Beteiligten mit Rechtsmittelbelehrung zuzustellen.

1. Das Planfeststellungsverfahren ist dem des § 18 FStrG nachgebildet. Wie dort gliedert sich das Planfeststellungsverfahren in zwei Abschnitte, nämlich in das Anhörverfahren (Abs. 2, 3, 4, 5 Satz 1) und in die Planfeststellung selbst (Abs. 1, 5 Satz 2, Abs. 6, 7, 8).

Zu Absatz 1:

2. Die Planfeststellung ist schon während der Entwurfsbearbeitung vorzubereiten. Es ist möglichst frühzeitig an die beteiligten Behörden heranzutreten. Forderungen der Beteiligten nach besserer Gestaltung des Bauplanes sind zu prüfen, wobei die künftige Entwicklung innerhalb eines überschaubaren Zeitraumes zu berücksichtigen ist. Die tatsächlichen und rechtlichen Verhältnisse der Wege, auf denen die Straßenbahn fahren und die sie kreuzen soll, sind zu ermitteln. Die Katasterunterlagen für den Grunderwerb sind rechtzeitig zu beschaffen. Im übrigen können die Richtlinien für die Planfeststellung nach dem FStrG als Vorbild dienen.

3. Über die Rechtsnatur des Planfeststellungsbeschlusses s. Anm. 7 zu § 29.

Zu Absatz 2:

4. Die in Abs. 2 genannten Pläne bestehen aus einem Lageplan mit den erforderlichen Querschnitt- und Höhenplänen, ferner aus den Wege- und Bauwerksverzeichnissen. Die Pläne müssen die festen technischen Anlagen (Gebäude, Signale, Fahrdrahtleitungen usw.) erkennen lassen. Aus den Plänen oder aus besonderen Grundstücksverzeichnissen müssen die benachbarten oder sonst berührten Grundstücke und deren Eigentümer mit Name und Wohnort ersichtlich sein. Die Unterlagen müssen so deutlich sein, daß sich die von der geplanten Anlage Betroffenen genau unterrichten können, inwieweit ihre Interessen berührt werden.

5. Zur Stellungnahme nach Abs. 2 ist zuständig:

Baden-Württemberg:
Untere Verwaltungsbehörde

Bayern:
Regierung

Freie Hansestadt Bremen:
Senator für das Bauwesen

Freie und Hansestadt Hamburg:
Behörde für Wirtschaft und Verkehr

Hessen:
Regierungspräsident

Niedersachsen:
Regierungspräsident/Verwaltungspräsident

Nordrhein-Westfalen:
Regierungspräsidenten

Rheinland-Pfalz:
Bezirksregierungen

Saarland:
Ministerium für Wirtschaft, Verkehr und Landwirtschaft

Schleswig-Holstein:
Minister für Wirtschaft und Verkehr.

Zu Absatz 3:

6. Abs. 3 enthält das **Offenlegungsverfahren,** in welchem jedermann, dessen Interessen berührt werden, Gelegenheit zur Äußerung gegeben wird. Da die Pläne in den Gemeinden auszulegen sind, empfiehlt es sich, sie schon nach Gemeinden getrennt auszuarbeiten. Die Gemeinden sind verpflichtet, für die Offenlegung einen Raum zur Verfügung zu stellen, wo die Möglichkeit zum Studium der Pläne gegeben ist. Dagegen können Interessenten nicht verlangen, daß für sie Abschriften oder Auszüge gefertigt werden (ebenso Marschall, RNr. 2 zu § 18 FStrG).

Zu Absatz 4:

7. Die **Einwendungen** sind kein Rechtsbehelf in einem förmlichen Rechtsmittelverfahren, sondern Äußerungen der Beteiligten, in denen sie rechtliche und tatsächliche Bedenken wie auch persönliche Wünsche vortragen können. Die Einwendungen sollen auch die Planfeststellungsbehörde bei ihrer Entscheidung unterstützen.

Zu Absatz 5:

8. Es wird sich in der Regel empfehlen, die Erörterung der Einwendungen mit den Beteiligten in einem **Ortstermin** abzuhalten. Zu dem Termin ist niemals nur ein Teil, sondern immer alle Beteiligten zu laden; denn Änderungen des Planes, die mit den Anwesenden im Termin vereinbart werden, können sich nachteilig auf andere Beteiligte auswirken.

9. Für die Einwendungen gilt das in Anm. 5 zu § 14 Gesagte entsprechend.

Eine „Einigung" kann begrifflich nur mit solchen Personen zustande kommen, die eigene Interessen geltend machen und daher ein Votum zu dem Plan abzugeben berechtigt sind, nicht aber mit Personen, die nur Interessen der Allgemeinheit vorgetragen haben. Soweit negative Voten nicht beseitigt werden können, ist über sie im Planfeststellungsbeschluß zu entscheiden; die Entscheidung ist zu begründen (Abs. 8).

Zu Absatz 6:

10. Das „Benehmen" bedeutet nicht, daß Planfeststellungsbehörde und BMV über den Plan einig werden müssen. Auch ohne diese Einigkeit kann der Plan festgestellt werden.

Zu Absatz 7:

11. Zur Entscheidung nach Abs. 7 ist zuständig:

Baden-Württemberg:
Innenministerium

Bayern:
Staatsministerium für Wirtschaft und Verkehr

Freie Hansestadt Bremen:
Senator für Häfen, Schiffahrt und Verkehr

Freie und Hansestadt Hamburg:
Behörde für Wirtschaft und Verkehr

Hessen:
Ministerium für Wirtschaft und Verkehr

Niedersachsen:
Minister für Wirtschaft und Verkehr

Nordrhein-Westfalen:
Minister für Wirtschaft, Mittelstand und Verkehr

Rheinland-Pfalz:
Ministerium für Wirtschaft und Verkehr

Saarland:
Ministerium für Wirtschaft, Verkehr und Landwirtschaft

Schleswig-Holstein:
Minister für Wirtschaft und Verkehr.

Zu Absatz 8:

12. Es ist nicht erforderlich, daß jedem Beteiligten der ganze Plan mit allen Beilagen und die ganze Begründung zugestellt wird. Der Plan und seine Beilagen können an einer den Beteiligten zugänglichen Stelle aufgelegt (nicht „offengelegt"), in der Zustellung kann auf die Möglichkeit der Einsichtnahme verwiesen werden. Soweit über Einwendungen entschieden ist, ist die Entscheidung und die dazu gehörende Begründung dem jeweiligen Beteiligten, der die Einwendungen erhoben hat, als Auszug aus dem ganzen Planfeststellungsbeschluß zuzustellen.

13. Anfechtungsberechtigt ist nur, wer in seinen Rechten verletzt ist. Es muß sich immer um eigene Rechte handeln, nicht um Rechte der Allgemeinheit. Der Staat selbst kann durch die Entscheidung einer staatlichen Behörde nicht in seinen Rechten verletzt sein.

§ 31

Enteignung

(1) Zur Errichtung der Straßenbahnanlagen eines Unternehmens ist die Enteignung zulässig, soweit sie zur Durchführung eines nach den §§ 28 bis 30 festgestellten Bauvorhabens notwendig ist. Einer weiteren Feststellung der Zulässigkeit der Enteignung bedarf es nicht.

(2) Der nach den §§ 28 bis 30 festgestellte Plan ist dem Enteignungsverfahren zugrunde zu legen und für die Enteignungsbehörde bindend.

(3) Im übrigen gelten die Enteignungsvorschriften der Länder.

1. Enteignung ist die **Entziehung** des Eigentums an beweglichen und unbeweglichen Sachen, aber auch die Entziehung sonstiger privater Vermögensrechte durch staatlichen Hoheitsakt, um den entzogenen Gegenstand zum Wohl der Allgemeinheit einem höheren Verwendungszweck zuzuführen. Durch Rechtstheorie und Rechtspraxis wurde der Begriff der Enteignung seit 1919 stark ausgeweitet. Während der klassische Begriff auf die Entziehung des Grundeigentums beschränkt war und dessen Überführung in die Hand eines neuen Eigentümers erforderte, wird seit 1919 auch die Entziehung beweglicher Sachen und anderer privater Vermögensrechte als Enteignung angesehen. Außerdem werden auch Vermögenseingriffe als Enteignung behandelt, die das Eigentum als solches bestehen lassen, dem Eigentümer aber eine schwerwiegende Rechtsbeschränkung auferlegen.

Streitig ist, worin der Unterschied zwischen Teilenteignung und bloßen **Eigentumsbindungen,** die nicht als Enteignung anzusehen sind, besteht. Der BGH vertritt die Einzelaktstheorie. Danach ist die Enteignung nur das besondere Opfer, das einem Einzelnen oder einer Gruppe auferlegt wird. In der Rechtslehre dagegen wird vielfach auch ein genereller Eingriff, wenn er schutzwürdiges Eigentum beeinträchtigt oder es in seinem Wesensgehalt mindert, als Enteignung aufgefaßt (Schutzwürdigkeitstheorie, Substanzminderungstheorie).

Nach Art. 14 GG ist Enteignung nur zum Wohle der Allgemeinheit zulässig. Sie darf nur durch ein Gesetz selbst oder auf Grund eines Gesetzes durch Verwaltungsakt erfolgen. Die Gesetze müssen Art und Ausmaß der **Entschädigung** regeln. Eine entschädigungslose Enteignung ist verfassungswidrig. Die Enteigneten können wegen der Höhe der Entschädigung die ordentlichen Gerichte anrufen.

Zu Absatz 1:

2. Die Straßenbahnunternehmer sind in Abs. 1 zu **enteignungsberechtigten Unternehmen** erklärt. Das Enteignungsrecht beschränkt sich auf das zur Erfüllung ihrer Aufgaben Notwendige.

Der Hinweis in Abs. 1 Satz 2 stellt klar, daß es für die Enteignung keiner besonderen **Zulässigkeitserklärung** bedarf. Einer solchen Zulässigkeitserklärung der Bundesregierung bedarf nämlich die Bundesbahn nach § 37 Abs. 2 des Bundesbahngesetzes vom 13. 12. 1951 (BGBl. I S. 955). Für die Straßenbahn dagegen ist nur erforderlich, daß das Planfeststellungsverfahren rechtskräftig abgeschlossen oder ein Bebauungsplan (§ 28 Abs. 3) nach dem BBauG mit einer entsprechenden Straßenbahnplanung durch Satzung beschlossen ist.

Zu Absatz 2:

3. Das **Planfeststellungsverfahren** bildet einen wesentlichen Teil des Enteignungsverfahrens. Der Enteignungsbehörde steht daher keine Entscheidung über die Plangestaltung oder über den Umfang der Enteignung zu. Sie hat vielmehr lediglich auf Antrag des Straßenbahnunternehmers das Enteignungsverfahren nach Maßgabe des festgestellten Plans und nach den Verfahrensbestimmungen des Landes durchzuführen.

4. Nach Art. 14 GG muß ein Gesetz, auf Grund dessen enteignet werden soll, Art und Ausmaß der **Entschädigung** regeln. Das PBefG enthält aber ebenso wenig eine Regelung der Entschädigung wie das FStrG. Wie beim FStrG muß angenommen werden, daß der Hinweis auf die Enteignungsvorschriften der Länder und damit auf die darin enthaltenen Entschädigungsbestimmungen dem Art. 14 GG genüge tut (ebenso für die Bundesfernstraßen: Marschall RNr. 2 zu § 19 FStrG).

5. Enteignungsvorschriften der Länder:

Baden-Württemberg:
Württembergisches Gesetz vom 20. 12. 1888 (Reg.Bl. S. 446); Badisches Gesetz vom 26. 6. 1899 (Ges.Bl. S. 159); für Hohenzollern: Preußisches Gesetz vom 11. 6. 1874 (GS S. 221)

Bayern:
Zwangsabtretungsgesetz vom 17. 11. 1837 (BayBS I S. 203); Gesetz über die Enteignung aus Gründen des Gemeinwohls vom 1. 8. 1933 (BayBS I S. 207)

Freie und Hansestadt Hamburg:
Enteignungsgesetz vom 26. 4. 1920 mit Änderungen

Hessen:
Hessisches Gesetz vom 26. 6. 1884 i. d. F. vom 30. 9. 1899 (Reg.Bl. S. 735); Hessisches Gesetz über ein vereinfachtes Enteignungsverfahren vom 4. 10. 1935 (Reg.Bl. S. 193); Preußische Gesetze vom 11. 6. 1874 (GS S. 221) und vom 29. 7. 1922 (GS S. 211)

Niedersachsen:
Gesetz über Enteignung von Grundeigentum vom 11. 6. 1874 (GS S. 221) und Gesetz über ein vereinfachtes Enteignungsverfahren vom 29. 7. 1922 (GS S. 211)

Nordrhein-Westfalen:
wie Niedersachsen

Saarland:
wie Niedersachsen

Schleswig-Holstein:
wie Niedersachsen.

§ 32

Benutzung öffentlicher Straßen

(1) Soll von der Straßenbahn eine öffentliche Straße benutzt werden, so hat der Unternehmer die Zustimmung des Trägers der Straßenbaulast (Wegeunterhaltungspflichtigen) beizubringen.

(2) Absatz 1 gilt sinngemäß auch für höhengleiche Kreuzungen von öffentlichen Straßen mit Straßenbahnen.

(3) Wird eine Straße, die von einer Straßenbahn benutzt wird, erweitert oder verlegt, so kann der Träger der Straßenbaulast (Wegeunterhaltungspflichtiger) von dem Unternehmer einen entsprechenden Beitrag zu den Kosten der Erweiterung oder Verlegung der Straße verlangen. Dabei ist angemessen zu berücksichtigen, ob und inwieweit die Erweiterung oder Verlegung der Straße durch die Straßenbahn, den sonstigen Straßenverkehr oder andere Gründe veranlaßt ist. Bestehende Verträge zwischen dem Unternehmer und dem Träger der Straßenbaulast (Wegeunterhaltungspflichtigen) bleiben unberührt.

(4) Auf Verlangen des Trägers der Straßenbaulast hat der Unternehmer bei Ablauf der Genehmigung die Straßenbahnanlagen zu beseitigen und den benutzten Teil der Straße wieder ordnungsmäßig herzustellen. Für die Erfüllung dieser Verpflichtungen kann die Genehmigungsbehörde die Stellung einer Sicherheit verlangen.

(5) Vereinbarungen über die Höhe des Entgelts für die Benutzung einer Straße bedürfen der Zustimmung der Genehmigungsbehörde. Absatz 3 Satz 3 ist entsprechend anzuwenden.

(6) Auf Vereinbarungen des Unternehmers mit dem Träger der Straßenbaulast über die Benutzung öffentlicher Straßen ist im Planfeststellungsbeschluß hinzuweisen.

1. Die Straßenbenutzung mußte bundeseinheitlich geregelt werden, da das Wegerecht nur für die Bundesfernstraßen bundesrechtlich, für die Straßen und Wege der Länder und Gemeinden dagegen landesrechtlich geregelt ist (A. B. zu § 32).

Zu Absatz 1:

2. Eine **öffentliche Straße** ist eine Einrichtung des öffentlichen Rechts, die Kraft obrigkeitlicher Verfügungsgewalt und mit öffentlich-rechtlicher Wirkung für den nicht an Schienen gebundenen, innerhalb der Grenzen der Bestimmung allgemeinen, jedermann offenstehenden Landverkehr bestimmt ist. Aus dieser Definition von Germershausen (Wegerecht und Wegeverwaltung in Preußen, 1932) ergibt sich, daß bloß tatsächlich-öffentliche Straßen, also Wege im Eigentum Privater, die von diesen dem öffentlichen Verkehr auf Widerruf überlassen werden, nicht zu den öffentlichen Straßen des Abs. 1 gehören, obwohl auch sie dem Verkehrspolizeirecht (StVO) unterstehen. Andererseits ergibt sich aus der Definition von Germershausen, daß der Landverkehr, dem die öffentliche Straße gewidmet ist, nicht schlechthin, sondern nur „in den Grenzen der Bestimmung" ein allgemeiner sein muß. Es kann also auch ein Weg, der von der öffentlichen Körperschaft, welche die Verfügungsmacht über das Wegegrundstück hat, ausschließlich dem Fußgängerverkehr gewidmet ist, eine öffentliche Straße im Sinne des Abs. 1 sein.

3. **Bestandteile** der Straße sind

a) der Straßenkörper, insbesondere der Straßengrund, Straßenunterbau, die Straßendecke, die Brücken, Durchlässe, Dämme, Gruben, Entwässerungsanlagen, Böschungen, Stützmauern, Mittelstreifen, Bankette, Sicherheitsstreifen;

b) der Luftraum über dem Straßenkörper;

c) das Zubehör, nämlich die Verkehrszeichen, die Verkehrseinrichtungen und Verkehrsanlagen aller Art, die der Sicherheit und Leichtigkeit des Straßenverkehrs oder dem Schutz der Anlieger dienen, und die Bepflanzung.

Nebenanlagen der Straße sind Straßenmeistereien, Gerätehöfe, Lager, Lagerplätze, Aufnahmestellen und sonstige Einrichtungen, die überwiegend den Aufgaben der Straßenbauverwaltung dienen.

Zu den Straßen gehören auch die unselbständigen Geh- und Radwege, die im Zusammenhang mit einer Straße stehen und mit ihr gleichlaufen.

4. Nach ihrer **Verkehrsbedeutung** werden die Straßen eingeteilt in Bundesautobahnen, Bundesfernstraßen, Staatsstraßen (Landstraßen I. Ordnung), Kreisstraßen (Landstraßen II. Ordnung), Gemeindestraßen; endlich sonstige öffentliche Straßen nach manchen Landesrechten, z. B. Art. 53 des Bayer. Straßen- und Wegegesetzes vom 11. 7. 1958 (GVBl. S. 147).

5. Der Gebrauch einer öffentlichen Straße zum Verkehr ist jedermann im Rahmen der Widmung und der Verkehrsvorschriften gestattet **(Gemeingebrauch).** Kein Gemeingebrauch liegt vor, wenn jemand die Straße nicht vorwiegend zum Verkehr, sondern zu anderen Zwecken benutzt, z. B. zum Verkauf von Waren aus Bauchläden, für Photoaufnahmen von Passanten, für Ablagerung von Materialien oder zum Aufstellen von Gerüsten oder von Ausstellungswagen zum Zwecke der Werbung. Kein Gebrauch zum Verkehr liegt auch dann vor, wenn der Luftraum über der

Straße für Zwecke gebraucht wird, die nicht Verkehr sind, z.B. für Antennen, Markisen, Balkone und Firmenschilder. Das Anhalten von Omnibussen im Linienverkehr gilt in der Regel als Gemeingebrauch.

6. Der Gebrauch einer öffentlichen Straße über den Gemeingebrauch hinaus ist **Sondernutzung** und bedarf der Erlaubnis. Diese wird bei Bundesfernstraßen von der Straßenbaubehörde, in Ortsdurchfahrten von der Gemeinde mit Zustimmung des Trägers der Straßenbaulast erteilt, bei den übrigen Straßen von den nach Landesrecht zuständigen Stellen.

Diese Erlaubnis ist eine solche des öffentlichen Rechts, wenn durch die Benutzung der Gemeingebrauch beeinträchtigt werden kann. Dies ist bei einer Straßenbahn stets der Fall. Daneben kennt das Wegerecht noch eine Erlaubnis bürgerlichen Rechts, wenn die Benutzung den Gemeingebrauch nicht beeinträchtigt (§ 8 Abs. 10 FStrG); das wird unterstellt, wenn der Gemeingebrauch für Zwecke der öffentlichen Versorgung nur für kurze Zeit beeinträchtigt wird, z.B. durch Aufgraben der Fahrbahn zur Kabelverlegung.

7. Spezialgesetzliche Regelungen des Sondernutzungsrechts enthält z.B. das Telegraphenwegegesetz vom 18. 12. 1899 (RGBl. S. 705) für die Telegraphen- und Fernsprechleitungen der Bundespost. Ferner kann in Spezialgesetzen der Abschluß öffentlich-rechtlicher **Sondernutzungsverträge** vorgeschrieben sein. Hierher gehört z.B. die Vereinbarung nach § 48 Abs. 1 Satz 2 StVO zwischen der Bundeswehr und den Trägern der Straßenbaulast, wonach in Abweichung von § 5 StVO Straßen für den Militärverkehr freigegeben werden.

Ein solches Übereinkommen ist auch das in Abs. 1 vorausgesetzte.

8. Die Zustimmung des Straßenbaulastträgers zu dem Antrag des Straßenbahnunternehmers nach Abs. 1 ist ein **öffentlich-rechtlicher Vertrag,** wenn Straßenbaulastträger und Straßenbahnunternehmer Organe verschiedener Rechtspersönlichkeiten sind. Sind sie jedoch Organe der gleichen Rechtspersönlichkeit, dann handelt es sich um eine interne Verwaltungsabrede. Auf Erfüllung eines öffentlich-rechtlichen Vertrages kann vor dem Verwaltungsgericht mit Leistungsklage geklagt werden. Dagegen kann die Erfüllung einer internen Verwaltungsabrede nur durch das Machtwort des den beiden streitenden Organen vorgesetzten Organs der Körperschaft erzwungen werden.

Zu Absatz 2:

9. Bei den Kreuzungen handelt es sich sowohl um solche von Straßen mit selbständigen Straßenbahnen als auch um solche von Straßen mit Straßen, die von einer Straßenbahn benutzt werden. Eine **Kreuzung** ist gegeben, wenn die kreuzende Straße auf der gegenüberliegenden Seite der gekreuzten Straße fortgeführt wird. Für das Maß der unschädlichen seitlichen Verschiebung kommt es vorwiegend auf die technische Auffassung an. Ist die Fortsetzung soweit verschoben, daß eine lineare Verlängerung der ankommenden Straße in ihrer vollen Breite nicht mehr wenigstens in einem einzigen Punkt auf die Fortsetzung stößt, so wird man nicht mehr von einer Kreuzung sprechen können (so Sieder-Zeitler RNr. 13 zu Art. 31 des Bayer. Straßen- und Wegegesetzes vom 11. 7. 1958 [GVBl. S. 147.])

10. Nur höhengleiche Kreuzungen werden durch Abs. 2 erfaßt, nicht dagegen Überführungen und Unterführungen, durch die eine höhenfreie Kreuzung entsteht. Höhenfrei gekreuzte Straßen bleiben meist ohne Verbindung; doch kann durch besondere Verbindungsarme ein Übergang von der einen Straße zur anderen ge-

schaffen werden. Durch diesen Verbindungsarm wird dann eine höhengleiche Kreuzung oder Einmündung hergestellt (a. A. Sieder-Zeitler RNr. 17 zu Art. 31 des Bayer. Straßen- und Wegegesetzes).

11. Nach § 12 Abs. 6 FStrG gelten die Vorschriften über die Kostentragung bei Kreuzungen auch für **Einmündungen.** Diese Bestimmung ist für Straßenbahnen entsprechend anzuwenden, z.B. in dem Fall, daß eine Straßenbahn auf einen Platz zum Umwenden einmündet und daß dadurch auch die nicht mit Schienen bebauten, auf den Platz einmündenden Straßen berührt werden.

12. Für Kreuzungen von Straßenbahnen mit Eisenbahnen gilt § 12 des Gesetzes über Kreuzungen von Eisenbahnen und Straßen vom 4. 7. 1939 (RGBl. I S. 1211):

„(1) Straßenbahnen außerhalb des Verkehrsraums einer öffentlichen Straße sind im Verhältnis zu den Eisenbahnen Straßen gleichzuachten; im übrigen gelten Straßenbahnen nur als Benutzer der Straße, in der sie liegen.

(2) Bei Straßenbahnen außerhalb des Verkehrsraumes einer öffentlichen Straße treffen die nach diesem Gesetz dem Träger der Straßenbaulast obliegenden Verpflichtungen den Straßenbahnunternehmer".

13. Wegen Kreuzungen von Straßenbahnen durch fremde Starkstromanlagen s. Rd.Erl. des RVM vom 2. 7. 1942 (RVkBl. B S. 114), abgedruckt bei Oppelt a.a.O. S. 98.

Zu Absatz 3:

14. Abs. 3 hat eine Lücke im bisherigen Recht beseitigt. Doch handelt es sich nur um eine Kann-Vorschrift; von der Bestimmung kann Gebrauch gemacht werden, wenn vertragliche Regelungen zwischen dem Straßenbahnunternehmer und dem Straßenbaulastträger nicht bestehen oder auslaufen (A.B. zu § 32).

15. Unberührt durch Absatz 3 bleibt die Vorschrift des § 8 Abs. 5 FStrG: „Wenn eine Bundesfernstraße wegen der Art des Gebrauches durch einen anderen kostspieliger hergestellt werden muß, als dies sonst notwendig wäre, hat der andere dem Träger der Straßenbaulast die Mehrkosten für den Bau und die Unterhaltung zu vergüten."

Zu Absatz 4:

16. Abs. 4 entspricht dem § 16 PBefG 1934. Deshalb wird auch der Gedanke des § 25 DVO 1935 nach wie vor Anwendung finden müssen, daß die Bestimmung des Abs. 4 nur eingreift, soweit zwischen dem Straßenbahnunternehmer und dem Wegeunterhaltspflichtigen nichts anderes vereinbart ist.

Die Höhe der zu leistenden **Sicherheit** muß in angemessenem Verhältnis zu den Kosten der Wiederherstellung der Straße stehen. Ist das nicht der Fall, so kann der Verwaltungsakt der Genehmigungsbehörde, der die Sicherheit verlangt, angefochten werden. Ist jedoch der Verwaltungsakt unanfechtbar geworden, so kann die Sicherheitsleistung nicht mehr mit dem Hinweis auf die unangemessene Höhe abgelehnt werden.

Zu Absatz 5:

17. Das **Entgelt** entspricht der Sondernutzungsgebühr nach § 8 Abs. 3 FStrG. Es kann ebenso wie diese nach dem wirtschaftlichen Vorteil des Erlaubnisnehmers bemessen werden. Es handelt sich um ein öffentlich-rechtliches Entgelt; Streitig-

keiten darüber unterliegen der Rechtsprechung der Verwaltungsgerichte, nicht der ordentlichen Gerichte. Die Zustimmung der Genehmigungsbehörde ist ein Verwaltungsakt, dessen Erteilung und Versagung im Verwaltungsrechtsweg anfechtbar ist.

Satz 2 bedeutet, daß bestehende Verträge nicht etwa einer nachträglichen Zustimmung der Genehmigungsbehörde bedürfen.

§ 33

Entscheidung bei fehlender Einigung

Kommt in den Fällen des § 32 Abs. 1 bis 3 keine Einigung zustande, so entscheiden die von der Landesregierung bestimmten Behörden.

Die Vorschrift ist an die Stelle des § 15 Abs. 2 PBefG 1934 getreten, welcher lautete: „Kommt über die Benutzung eines Weges, über die Höhe des Entgelts oder über eine Weiterbenutzung des Weges im Falle notwendig werdender Veränderungen an den Verkehrsanlagen keine Einigung zustande, so kann die Genehmigungsbehörde die Zustimmung ersetzen und die Höhe des Entgelts festsetzen."

Das neue Recht will bezüglich des Umfangs der Ermächtigung keine Einschränkung bringen. Obwohl nur auf die Absätze 1—3 und nicht auf den Absatz 5 des § 32 Bezug genommen ist, kann sich doch die Entscheidung nach § 33 auch auf die Höhe des Entgelts erstrecken.

Die Entscheidung ist ein im Verwaltungsrechtsweg anfechtbarer Verwaltungsakt. Sie ersetzt die Zustimmung des Straßenbaulastträgers gemäß § 32 Abs. 1. Die Zuständigkeit zur Entscheidung umfaßt auch die Zuständigkeit zur Festsetzung des Entgelts.

Für die Entscheidung zuständige Behörden:

Baden-Württemberg:
Regierungspräsidium

Bayern:
Regierung

Freie Hansestadt Bremen:
Senator für Häfen, Schiffahrt und Verkehr

Freie und Hansestadt Hamburg:
Behörde für Wirtschaft und Verkehr

Hessen:
Regierungspräsident

Niedersachsen:
Regierungspräsident/Verwaltungspräsident

Nordrhein-Westfalen:
Minister für Wirtschaft, Mittelstand und Verkehr

Rheinland-Pfalz:
Bezirksregierungen

Saarland:
Ministerium für Wirtschaft, Verkehr und Landwirtschaft

Schleswig-Holstein:
Minister für Wirtschaft und Verkehr.

§ 34
Vorarbeiten

(1) Die Genehmigungsbehörde kann dem Antragsteller die zur Planung erforderlichen Vorarbeiten gestatten, wenn im Wege einer vorläufigen Prüfung festgestellt ist, daß die Voraussetzungen für die Erteilung der Genehmigung gemäß § 13 vorliegen. Die Dauer der Erlaubnis beträgt höchstens zwei Jahre. Bei der Durchführung der Vorarbeiten sind die Interessen Dritter möglichst zu schonen. Das Betreten von Wohnungen kann nicht verlangt werden. Der Eigentümer und der Nutzungsberechtigte sind vor Betreten von Gebäuden oder Grundstücken oder vor Beseitigung von Hindernissen zu benachrichtigen. Die Benachrichtigung unterbleibt, wenn sie undurchführbar ist. Die Gestattung der Vorarbeiten gibt keinen Anspruch auf die Erteilung der Genehmigung nach § 9.

(2) Wird dem Unternehmer das Betreten von Gebäuden oder Grundstücken oder die Beseitigung von Hindernissen verwehrt, so entscheidet die Genehmigungsbehörde mit Wirkung für und gegen die Beteiligten über die Zulässigkeit der beabsichtigten Handlung.

(3) Für einen durch die Vorarbeiten verursachten Schaden ist vom Antragsteller Entschädigung zu leisten. Über die Höhe der Entschädigung entscheiden im Streitfalle die ordentlichen Gerichte.

Zu Absatz 1:

1. Vorarbeiten, Vermessungen, Bodenuntersuchungen auf fremden Grundstükken sind bei Straßenbahnneubauten in der Regel notwendig. Sie dienen der Planfeststellung. Sie müssen also schon zu einer Zeit möglich sein, wo noch kein Plan aufgestellt ist.

Die Vorschrift des Abs. 1 entspricht dem § 19 Abs. 4 FStrG. Während aber im Fernstraßenrecht die Anordnung von der **Enteignungsbehörde** getroffen wird, ist nach dem PBefG die Genehmigungsbehörde zuständig. Ferner **muß** nach dem FStrG die Enteignungsbehörde auf Antrag der Straßenbaubehörde die betreffende Anordnung treffen; nach dem PBefG dagegen ist die Anordnung in das Ermessen der Genehmigungsbehörde gestellt. Das Verwaltungsgericht kann, wenn der Antragsteller die Ablehnung seines Antrages anficht, nicht sein Ermessen an die Stelle des Ermessens der Genehmigungsbehörde setzen. Es kann nur prüfen, ob Ermessensfehlgebrauch vorliegt.

Ein dritter Unterschied zwischen § 19 Abs. 4 FStrG und § 34 Abs. 1 PBefG liegt darin, daß die Anordnung der Straßenbaubehörde den Grundstückseigentümern und Grundstücksbesitzern eine Duldungspflicht auferlegt, während die Entscheidung der Genehmigungsbehörde nach Abs. 1 lediglich dem Antragsteller ein Recht verleiht, dem zunächst noch keine Verpflichtung der betroffenen Grundstückseigentümer und Grundstücksbesitzer gegenübersteht. Eine Duldungspflicht dieser Personen ist notfalls im Verfahren nach Abs. 2 anzuordnen.

Zu Absatz 2:

2. Die Entscheidung der Genehmigungsbehörde nach Abs. 2 kann mit der Gestattung nach Abs. 1 verbunden werden, wenn von vornherein anzunehmen ist, daß dem Unternehmer das Betreten von Gebäuden oder Grundstücken oder die Beseitigung von Hindernissen verwehrt werden wird. Die Entscheidung kann zusammen mit der Gestattung oder auch selbständig angefochten werden.

3. Nach allgemeinen Verwaltungsgrundsätzen ist anzunehmen, daß der Entscheidung nach Abs. 2 eine **Anhörung der Betroffenen** vorauszugehen hat. Deshalb hat der Antrag des Unternehmers nicht nur Art und Zweck der vorbereitenden Maßnahmen anzugeben, sondern auch die Grundstücke und ihre Eigentümer sowie die an den Grundstücken Nutzungsberechtigten. Die Entscheidung nach Abs. 2 hat genau festzulegen, welche Handlungen in welchem Umfang zu dulden sind; Unklarheiten würden zu Lasten des Straßenbahnunternehmers gehen. Die Entscheidung hat sich gegen diejenigen zu richten, die tatsächlich in der Lage sind, Vorarbeiten zu verhindern, also die Mieter der Grundstücke; daneben aber auch gegen den Grundstückseigentümer, der immer mittelbarer Besitzer ist.

Die Betroffenen sind nur zu einem Dulden, nicht zu eigenem Handeln verpflichtet (s. Sieder-Zeitler RNr. 49 zu Art. 40 des Bayer. Straßen- und Wegegesetzes).

Zu Absatz 3:

4. Der Schaden ist in voller Höhe **in Geld zu ersetzen.** Auf ein Verschulden des Unternehmers oder seiner Erfüllungsgehilfen kommt es nicht an. Die Festsetzung der Höhe der Entschädigung ist gemäß Art. 14 Abs. 3 GG der Entscheidung der Verwaltungsbehörden entzogen. Hat etwa die Genehmigungsbehörde in ihrer Entscheidung gem. Art. 2 auch über die Höhe der Entschädigung entschieden, so werden die Streitsteile dadurch nicht an der Anrufung der ordentlichen Gerichte gehindert.

§ 35

Duldung technischer Einrichtungen

Die Eigentümer von Grundstücken und Baulichkeiten aller Art sind verpflichtet, das Anbringen oder Errichten von Haltevorrichtungen für elektrische Leitungen, von Signalen und Haltestellenzeichen zu dulden. Für Schäden, die dem Betroffenen durch Maßnahmen nach Satz 1 oder durch das Entfernen der in Satz 1 bezeichneten Gegenstände entstehen, ist ihm vom Unternehmer eine Entschädigung in Geld zu leisten. Über die Verpflichtung zur Duldung der Anbringung oder Errichtung ist bei Einrichtung neuer Unternehmen im Planfeststellungsverfahren zu entscheiden; im übrigen entscheidet die Genehmigungsbehörde. Über die Höhe der Entschädigung entscheiden im Streitfalle die ordentlichen Gerichte.

1. Die Straßenbahn bedarf der **Haltevorrichtungen** für ihre Leitungen; sie unterscheidet sich durch diese Abhängigkeit durchaus von allen anderen Verkehrswegen.

Daher ist auch kaum in anderen Verkehrswegegesetzen eine Parallele zur Vorschrift des § 35 zu finden. Zu vergleichen wäre etwa § 4 des Telegraphenwege-Gesetzes vom 18. 12. 1899 (RGBl. S. 705), wonach die Telegraphenbauverwaltung Ausästungen an Straßenbäumen insoweit verlangen kann, als sie zur Herstellung der Telegraphenlinien und zur Verhütung von Betriebsstörungen erforderlich sind.

2. Die Bestimmung ist sinngemäß dem § 14 Abs. 3 BO-Strab entnommen, der damit gegenstandslos wurde und deshalb im Anhang nicht mehr mit abgedruckt ist.

3. Wegen der Entschädigung vgl. Anm. 4 zu § 34.

§ 36

Bau- und Unterhaltungspflicht

Der Unternehmer ist verpflichtet, auf Grund der Genehmigung innerhalb einer von der Genehmigungsbehörde festzusetzenden Frist die Straßenbahn zu bauen und während der Dauer der Genehmigung nach den Bedürfnissen des Verkehrs und dem Stand der Technik ordnungsgemäß zu unterhalten. Auf Verlangen der Genehmigungsbehörde ist Sicherheit zu stellen. Werden die Verpflichtungen nach Satz 1 nicht erfüllt, so kann die Genehmigungsbehörde die gestellte Sicherheit oder einen Teil derselben als verfallen erklären.

1. § 21 statuiert die Betriebspflicht für alle Arten des Linienverkehrs zu Land, § 36 darüber hinaus eine Baupflicht und eine Pflicht zur ordnungsmäßigen Unterhaltung entsprechend dem jeweiligen Stand der Technik.

2. **Sicherheitsleistungen** sind im öffentlichen Recht dort üblich, wo mit einer Entschädigungspflicht des Belasteten gerechnet werden muß; z.B. werden im Bergwesen Sicherheiten des Schürfberechtigten einmal für künftige Grundabtretungs-Entschädigungen, dann aber auch für künftige Schadenshaftungen verlangt. Beide Gesichtspunkte können die Sicherheitsleistung nach Satz 2 kaum rechtfertigen. Im Gegenteil, je mehr die Sicherheit finanziell ins Gewicht fällt, desto mehr nimmt man dem Unternehmer die Möglichkeit, seiner Pflicht zum Bau und zur Unterhaltung der Straßenbahn gerecht zu werden.

3. Wenn die Baupflicht nicht erfüllt wird, dann können drei Rechtsfolgen eintreten:

a) Die gestellte Sicherheit oder ein Teil davon wird für verfallen erklärt.

b) Die Genehmigung wird für erloschen erklärt (§ 26 Abs. 1).

c) Die Erfüllung der Pflicht wird im Wege des Verwaltungszwangsverfahrens nach den landesrechtlichen Vorschriften erzwungen (§ 27).

Wenn die Unterhaltungspflicht nicht erfüllt wird, dann kommen nur die Rechtsfolgen nach a) und c) in Betracht.

4. Zu den Bau- und Unterhaltungspflichten des Unternehmers kommen die sozialrechtlichen Pflichten nach § 64 Abs. 4.

§ 37

Abnahme und Eröffnung des Betriebs

Die Genehmigungsbehörde erteilt im Benehmen mit der für die technische Aufsicht zuständigen Behörde die Zustimmung zur Eröffnung des Betriebs auf Grund einer Abnahme der Straßenbahn und ihrer Einrichtungen.

1. Abnahme und Zustimmung nach § 37 sind zusammen **ein** Verwaltungsakt. Dieser ist seiner Rechtsnatur nach eine **Bescheinigung mit Erlaubnischarakter.** Jellinek (Verwaltungsrecht S. 256) sagt dazu:

„Zu den Erlaubniserteilungen gehören Bescheinigungen, die zunächst nur feststellen, daß der beabsichtigten Betätigung nichts im Wege steht, die aber doch mehr sind als gewöhnliche Feststellungen, da ohne sie die beabsichtigte Betätigung unerlaubt bleibt. So ist eine Bescheinigung, daß ein Bauvorhaben den gesetzlichen Bestimmungen entspricht, keine bloße Nichtbeanstandung, sondern, da ohne sie das Bauvorhaben unerlaubt wäre, eine Erlaubnis. Um der Eigenart solcher Zeugnisse gerecht zu werden, kann man sie als Bescheinigung mit Erlaubniswirkung bezeichnen."

Zu vergleichen sind auch die Nachweisungen bei Landmann-Rohmer über die Abnahme von Dampfkesseln (Anm. 4 zu § 24 GewO).

2. Mangels gesetzlicher Ermächtigung kann die Zustimmung zur Eröffnung des Betriebs nicht unter einer **Bedingung oder Auflage** erteilt werden. Wenn die Voraussetzungen für eine Eröffnung des Betriebs nicht vorliegen, kann die Zustimmung nur versagt werden.

Wird die Zustimmung trotzdem unter einer Bedingung oder Auflage erteilt, so steht dem Unternehmer der Verwaltungsrechtsweg gegen die Zustimmung offen.

3. Für die technische Aufsicht ist zuständig:

Baden-Württemberg:
Innenministerium

Bayern:
Staatsministerium für Wirtschaft und Verkehr

Freie Hansestadt Bremen:
Senator für Häfen, Schiffahrt und Verkehr

Freie und Hansestadt Hamburg:
Baubehörde als Technische Aufsichtsbehörde

Hessen:
Ministerium für Wirtschaft und Verkehr

Niedersachsen:
Minister für Wirtschaft und Verkehr

Saarland:
Ministerium für Wirtschaft, Verkehr und Landwirtschaft

Schleswig-Holstein:
Minister für Wirtschaft und Verkehr.

§ 38

Dauer der Genehmigung

Die Dauer der Genehmigung ist so ausreichend zu bemessen, daß der Unternehmer das Anlagekapital tilgen kann. Bei Erneuerung der Genehmigung soll

die Dauer in der Regel auf fünfundzwanzig Jahre festgesetzt werden, wenn die bisherige Verkehrsart beibehalten werden soll. Die Vereinbarungen (§ 32) und die Entscheidungen (§ 33) über die Benutzung öffentlicher Straßen sind hinsichtlich ihrer Dauer mit der Genehmigungsdauer in Einklang zu bringen.

1. **Anlagekapital** (Eigen- und Fremdkapital) ist das zur Erstellung des Anlagevermögens (Grunderwerb, Entschädigungen, Leitungen, Gleise, Gebäude, Fahrzeuge, Ausrüstungen usw.) notwendige Kapital.

2. Das Gesetz will ausdrücklich nicht die Verzinsung, sondern nur die **Tilgung** des Anlagekapitals der Genehmigungsdauer zugrundegelegt wissen. Beispiel:

Anlagekapital:		10000000,— DM
Jährliche Einnahmen:		2000000,— DM
Jährliche Betriebsausgaben:	1200000,— DM	
Kalkulatorische Verzinsung:	500000,— DM	
Kalkulatorische Abschreibung:	100000,— DM	
		1800000,— DM
Jahresbetrag zur Tilgung des Anlagekapitals:		200000,— DM

Also Dauer der Genehmigung: 50 Jahre

3. Von dem Straßenbahnunternehmer ist zu fordern, daß er eine mindestens dreijährige **Wirtschaftlichkeitsberechnung** vorlegt, damit sich die Genehmigungsbehörde ein Bild über die zu erwartenden durchschnittlichen Einnahmen und Ausgaben machen kann.

4. Nicht nur die Vereinbarungen und Entscheidungen über die Benutzung öffentlicher Straßen sind mit der Genehmigungsdauer in Einklang zu bringen, sondern, wie sich schon aus der Bemessung der Genehmigungsdauer ergibt, auch die **Beförderungsentgelte.**

§ 39

Beförderungsentgelte, Beförderungsbedingungen

(1) Beförderungsentgelte und deren Änderung bedürfen der Zustimmung der Genehmigungsbehörde. Mit der Zustimmung sind die Beförderungsentgelte allgemein verbindlich.

(2) Die Genehmigungsbehörde hat die Beförderungsentgelte insbesondere daraufhin zu prüfen, ob sie unter Berücksichtigung der wirtschaftlichen Lage des Unternehmers, einer ausreichenden Verzinsung und Tilgung des Anlagekapitals und der notwendigen technischen Entwicklung angemessen sind und mit den öffentlichen Verkehrsinteressen und dem Gemeinwohl in Einklang stehen.

(3) Die nach Absatz 1 festgestellten Beförderungsentgelte dürfen nicht über- oder unterschritten werden; sie sind gleichmäßig anzuwenden. Ermäßigungen, die nicht unter gleichen Bedingungen jedermann zugute kommen, sind verboten und nichtig.

(4) Die Zustimmung zu den Beförderungsentgelten kann von der Genehmigungsbehörde nach Anhörung des Unternehmers widerrufen werden, wenn

die für die Bildung der Beförderungsentgelte maßgebenden Umstände sich wesentlich geändert haben; in diesem Falle kann die Genehmigungsbehörde nach Anhörung des Unternehmers die Beförderungsentgelte anderweitig festsetzen.

(5) Eine Erhöhung der Beförderungsentgelte tritt frühestens am siebenten Tage nach der Veröffentlichung in Kraft.

(6) Die Beförderungsbedingungen sind vor ihrer Einführung der Genehmigungsbehörde zur Zustimmung vorzulegen, soweit sie von den Allgemeinen Beförderungsbedingungen (§ 58 Abs. 1 Nr. 4) für das Unternehmen im Einzelfalle abweichen (Besondere Beförderungsbedingungen). Das gleiche gilt für Änderungen der Besonderen Beförderungsbedingungen. Die Genehmigungsbehörde kann eine Änderung der Beförderungsbedingungen verlangen, wenn die für ihre Festsetzung maßgebenden Umstände sich wesentlich geändert haben oder sich für die bessere Ausgestaltung des Verkehrs in einem Gebiet neue Gesichtspunkte ergeben, denen durch eine Änderung der Besonderen Beförderungsbedingungen Rechnung getragen werden kann.

(7) Die Beförderungsentgelte und die Besonderen Beförderungsbedingungen sind vom Unternehmer vor ihrer Einführung ortsüblich bekanntzumachen; die Bekanntmachung ist in den zum Aufenthalt der Fahrgäste bestimmten Räumen auszuhängen.

Zu Absatz 1:

1. Im Zuge der Einführung der Gewerbefreiheit bestimmte die Gewerbeordnung vom 21. 5. 1869 in ihrem § 72, daß polizeiliche Taxen künftig nicht mehr vorgeschrieben werden sollen, soweit nicht in den §§ 73—80 Ausnahmen vorgesehen wurden. Taxen ist die über 100 Jahre alte Bezeichnung der Gewerbeordnung für das, was man in der Gegenwart gesetzlich und behördlich festgesetzte Preise nennt. Nach § 76 GewO ist die Ortspolizeibehörde in Übereinstimmung mit der Gemeindebehörde befugt, für die Benutzung von Wagen, Pferden, Sänften, Gondeln und anderen Transportmitteln, welche öffentlich zum Gebrauch aufgestellt sind, Taxen festzusetzen. Die Bestimmung ist durch § 45 PBefG 1934 außer Kraft getreten, soweit sie den öffentlichen Personenverkehr innerhalb der Orte mit Kraftfahrzeugen und Fuhrwerken betrifft.

Wie nach dem PBefG 1934 findet auch § 39 des neuen Gesetzes auf Straßenbahnen unmittelbar, auf den Linienverkehr mit Kraftfahrzeugen dagegen nur entsprechende Anwendung (§ 45 Abs. 3).

2. § 39 PBefG ist eine Bestimmung des materiellen Preisrechts. Daneben sind die allgemeinen preisrechtlichen Vorschriften, insbesondere die Preisstop-Verordnung, nicht mehr anwendbar (vgl. Anm. 2 zu § 65).

3. Die Regelung der Beförderungsentgelte wird vom Straßenbahnunternehmer ausgearbeitet und der Genehmigungsbehörde zur Zustimmung vorgelegt. Das **Tarifschema** soll dem Unternehmer überlassen bleiben (A.B. zu § 39); der entscheidet allein darüber, wie er den Tarif nach Fahrstrecke, Fahrtenzahl und Fahrgästen einteilt. Er kann für jede Fahrstrecke im ganzen Bereich das gleiche Entgelt verlangen (Einheitstarif) oder das Netz in Teilstrecken mit je einer Entgelteinheit einteilen (Teilstrecken-Tarif) oder wie die Eisenbahn das Entgelt nach der jeweils gefahrenen

Strecke bemessen (Kilometertarif). Er kann neben der Karte für eine Einzelfahrt Mehrfahrtenkarten, ferner Wochen- und Monatskarten, endlich auch Netzkarten für das ganze Netz ausgeben. Diese Karten können so gestaltet sein, daß jede Fahrt einzeln entwertet wird, oder aber als Sichtkarten, letztere wiederum entweder auf bestimmte Linien beschränkt oder als Netzkarten. Bei den Fahrgästen können Tarifunterschiede, z. B. zwischen Erwachsenen und Kindern, höheren und niederen Einkommensgruppen (Studierende, Arbeiter, Kurzarbeiter, Erwerbslose), gemacht werden.

Die Pflicht zur gleichmäßigen Anwendung der Tarife (Abs. 3 Satz 1) schließt nicht aus, daß für bestimmte Personengruppen (z. B. Stadtratsmitglieder, städtische Polizei und andere städtische Bedienstete für Dienstfahrten, Schwerbeschädigte, Kongreßteilnehmer) Freikarten ausgegeben werden; nur muß die Vergünstigung allen Angehörigen der Personengruppe gleichmäßig zugute kommen.

Für die Beförderung von Tieren ist eine Unterscheidung zwischen Blindenhunden, anderen Hunden und Schoßtieren üblich. Bei Gepäck wird zwischen sperrigen Gütern (verpackte Faltboote, Kinderwagen, Klappkinderwagen, Skier) und sonstigem Handgepäck unterschieden. Es ist aber auch hier möglich, Ermäßigungen für niedere Einkommensgruppen einzuführen (z. B. für die „Schneiderpacks" in Aschaffenburg).

Der Nachttarif liegt durchwegs höher als der Tagestarif.

4. Wer einen Straßenbahnverkehr betreibt, ohne daß die vorgeschriebene Zustimmung zu den Beförderungsentgelten durch die Genehmigungsbehörde erteilt ist, handelt ordnungswidrig, auch wenn er die Genehmigung nach §§ 9ff. besitzt (§ 61 Abs. 1 Nr. 2).

Zu Absatz 2:

5. Es kommt auf die wirtschaftliche Lage **des Unternehmers** an. Wenn er neben dem Straßenbahnbetrieb noch andere Unternehmungen betreibt, so ist seine wirtschaftliche Lage möglicherweise durch diese anderen Unternehmungen trotz Unwirtschaftlichkeit des Straßenbahnbetriebs gesichert.

Entgegen dieser Ansicht bemerkt BrückB zu § 39: „Bei der Prüfung ist lediglich von dem Verkehrsbetrieb auszugehen. Andere Betriebszweige, z. B. bei kommunalen Betrieben Elektrizitäts-, Gas- und Wasserwerk, sowie andere Gewerbezweige müssen hierbei außer Betracht bleiben. Auch ein gleichzeitig betriebener Gelegenheitsverkehr ist bei der Prüfung nicht zu berücksichtigen."

Der Bayer. VGH hatte unter der Herrschaft des alten PBefG 1934 allerdings ausgesprochen, daß die Verbindung eines gemeindlichen Verkehrsbetriebs mit einem Versorgungsbetrieb in Form eines Eigenbetriebs nach der Eigenbetriebsverordnung nicht zu der Folgerung führen könne, Verluste des Verkehrsbetriebs könnten nicht Grundlage eines Fahrpreiserhöhungsantrages sein, wenn ihnen Überschüsse des Versorgungsbetriebs gegenüberstehen (Urteil des Bayer. VGH vom 29. 7. 1960 — Nr. 54 VI 60 —). Die Vereinigung der Betriebe zu einem Eigenbetrieb könne preisrechtlich ebensowenig eine Rolle spielen wie bei einem Privatbetrieb der Umstand, daß ein Unternehmer mehrere Unternehmen in seiner Hand vereinige.

Diese Gegenüberstellung von Unternehmer und Unternehmen hätte dem Gesetzgeber ein besonderer Anlaß sein müssen, nicht von „Unternehmer", sondern von „Unternehmen" zu sprechen, wenn er die Auffassung des Bayer. VGH zum Gesetz erheben wollte. Der Gesetzgeber hat aber ausdrücklich von der wirtschaftlichen Lage des Unternehmers gesprochen. Die hier vertretene Ansicht führt auch keineswegs zu einem unbilligen Ergebnis. Daß Verluste des Verkehrsbetriebs aus Überschüssen des mit ihm verbundenen Versorgungsbetriebs ausgeglichen werden, ist ein weit natürlicheres Ergebnis, als wenn dem Verkehrsbetrieb fernerliegende Gemeindeaufgaben zur Abdeckung seiner Verluste zurückgestellt werden müssen.

Zu welchen Konsequenzen die Auffassung des Bayer. VGH führt, ersieht man daraus, daß nach Ansicht des BrückB zu § 39 auch Überschüsse aus einem gleichzeitig betriebenen Gelegenheitsverkehr nicht zur Deckung von Verlusten des Linienverkehrs dienen dürften. Wenn man diese Auffassung weiter verfolgt, dann kommt man endlich zu dem Ergebnis, daß jede einzelne Straßenbahnlinie und jeder einzelne Straßenbahnzug „sich selber tragen" müsse. Das wäre die völlige Umkehrung des vom Bayer. Verfassungsgerichtshof in seinem Urteil vom 23. 12. 1957 (s. Anm. 4b) zu § 8) aufgestellten Grundsatzes.

6. Das Volk mißt die Preisentwicklung im allgemeinen vielfach an der Entwicklung der Beförderungsentgelte der öffentlichen Verkehrsmittel. Mit Rücksicht auf diese psychologische und damit währungspolitische Bedeutung der Beförderungsentgelte wird es sich oft empfehlen, daß die Genehmigungsbehörde vor ihrer Entscheidung die für die **Preisbildung** zuständige oberste Landesbehörde um Äußerung bittet, wenn dies auch nicht ausdrücklich vorgeschrieben ist.

Für die Preisbildung zuständige oberste Landesbehörden:

Baden-Württemberg:
Wirtschaftsministerium Baden-Württemberg, Stuttgart N, Rotestraße 4

Bayern:
Bayerisches Staatsministerium für Wirtschaft und Verkehr, München 22, Prinzregentenstr. 28

Berlin:
Senator für Wirtschaft und Kredit — Preisamt Berlin — Berlin-Schöneberg, Martin-Lutherstr. 61—66

Freie Hansestadt Bremen:
Senator für Wirtschaft, Bremen, Schwachhauser Heerstr. 67

Freie und Hansestadt Hamburg:
Behörde für Wirtschaft und Verkehr — Amt für Wirtschaftsordnung — Hamburg 36, Gr. Bleichen 23/27

Hessen:
Hessischer Minister für Arbeit, Wirtschaft und Verkehr, Wiesbaden, Kaiser-Friedrich-Ring 75

Niedersachsen:
Niedersächsischer Minister für Wirtschaft und Verkehr, Hannover, Friedrichswall 1

Nordrhein-Westfalen:
Minister für Wirtschaft und Verkehr des Landes Nordrhein-Westfalen, Düsseldorf, Karltor 8

Rheinland-Pfalz:
Ministerium für Wirtschaft und Verkehr, Mainz, Ludwigstr. 9

Saarland:
Ministerium für Wirtschaft, Verkehr und Landwirtschaft — Amt für Preisüberwachung — Saarbrücken, Rotenbergstr. 40

Schleswig-Holstein:
Minister für Wirtschaft und Verkehr des Landes Schleswig-Holstein — Landesamt für Preisbildung und Preisüberwachung — Kiel, Düsternbrooker Weg 94/100.

Bei der Anwendung des Abs. 2 ist zu beachten, daß das neue Preisrecht des § 39 nicht mehr, wie das bisherige Preisrecht, bestimmte Kostenarten von der kalkulatorischen Berücksichtigung ausschließt. Vielmehr sind bei der Würdigung eines Preiszustimmungsantrags alle Kosten anzuerkennen, die als tatsächlich entstanden und unvermeidlich nachgewiesen werden und gesetzlich erlaubt sind. Übertarifliche Löhne sind also, wenn ihre Gewährung unvermeidlich war, zu berücksichtigen, nicht dagegen Beamtengehälter, die unter Verstoß gegen kommunalbeamtenrechtliche Bestimmungen gewährt werden.

Zur Tilgung des Anlagekapitals vgl. Anm. 2 zu § 38. Die technische Entwicklung ist in der Abschreibungsquote zu berücksichtigen.

Zu Absatz 3:

7. Im Preisrecht wird zwischen Preisstop und Preisfestsetzung unterschieden. Beim Preisstop wird der an einem Stichtag oder im Durchschnitt einer Stichperiode tatsächlich erzielte Preis gestoppt. Bei der **Preisfestsetzung** dagegen wird ein bestimmter Preis von der Behörde festgesetzt. Die festgesetzten Preise können Höchstpreise sein, die nicht überschritten werden dürfen; sie können Mindestpreise sein, die nicht unterschritten werden dürfen; sie können aber auch Festpreise sein, die weder über- noch unterschritten werden dürfen. Zu letzteren gehören die Beförderungsentgelte nach Abs. 3.

8. Den Festpreis zu unterschreiten oder zu überschreiten, ist sowohl dem Unternehmer wie dem Fahrgast verboten. Verboten ist es auch, zu den Festpreisen **Zuschläge** zu verlangen oder zu zahlen, und zwar auch dann, wenn die Zuschläge mit Rücksicht auf sonstige geschäftliche Beziehungen oder als Ausgleich für andere Leistungen gewährt werden (Urteil des Bayer. Obersten Landesgerichts im „Betriebsberater" 1954 S. 359).

Nach § 817 Satz 1 BGB ist der Empfänger einer Leistung, deren Zweck derart bestimmt ist, daß der Empfänger durch die Annahme gegen ein gesetzliches Verbot verstößt, zur Herausgabe verpflichtet. Die Rückforderung ist aber ausgeschlossen, wenn dem Leistenden gleichfalls ein solcher Verstoß zur Last fällt (§ 817 Satz 2 BGB). Die Anwendbarkeit dieses Rechtssatzes auf Preise, die entgegen gesetzlichen Preisbestimmungen bezahlt werden, wurde mit dem Hinweis bekämpft, wenn dem Empfänger der Überpreis belassen werde, würde er geradezu für seine ungesetzliche Preisforderung belohnt werden. Die Vertreter dieser Ansicht bekämpfen nichts anderes als die Gültigkeit des § 817 Satz 2 BGB. Dessen Anwendbarkeit auch auf Geschäfte, die unter Verstoß gegen Preisbestimmungen abgeschlossen werden, wurde daher mit Recht vom BGH mit Urteil vom 28. 1. 1953 (NJW 1953 S. 740) bestätigt.

9. Wer den Vorschriften des Abs. 3 über die Einhaltung der Beförderungsentgelte zuwiderhandelt, begeht eine Ordnungswidrigkeit (§ 61 Abs. 1 Nr. 3c).

Zu Absatz 4:

10. Preisrechtliche Anordnungen bedürfen zu ihrer Aufhebung grundsätzlich eines Aktes, der der Form ihrer Erlassung entspricht (Urteil des OLG Köln in NJW 1951 S. 974). Von diesem Grundsatz macht Abs. 4 eine Ausnahme, indem er die Genehmigungsbehörde ermächtigt, nach Anhörung des Straßenbahnunternehmers ihre Zustimmung zu den Beförderungsentgelten zu „widerrufen", wenn sich die maßgebenden Umstände wesentlich geändert haben.

Zu Absatz 6:

11. Durch Erlaß des BMV vom 17. 4. 1953 wurden „**Allgemeine Beförderungsbedingungen** für den Straßenbahn-, Obus- und Omnibuslinienverkehr" bekanntgegeben. Diese allgemeinen Beförderungsbedingungen dienen als Grundlage für die von den Straßenbahnunternehmern festzusetzenden Beförderungsbedingungen. Deren Abweichungen von den allgemeinen Beförderungsbedingungen sind meist geringfügig und von den Besonderheiten des betreffenden Verkehrsbetriebs abhängig. So können z.B. die Allgemeinen Beförderungsbedingungen über das Mitführen von Hunden nur solche Bedingungen stellen, die auch von Einwagenbetrieben durchgeführt werden können; Straßenbahnbetriebe mit Anhängern aber verweisen die Hunde in der Regel in den Anhänger.

12. Nach § 58 Abs. 1 Nr. 4 ist der BMV ermächtigt, mit Zustimmung des Bundesrates eine Rechtsverordnung über Allgemeine Beförderungsbedingungen für den Straßenbahn- und Obusverkehr sowie für den Linienverkehr mit Kraftfahrzeugen zu erlassen.

13. Wichtig ist vor allem § 11 der Allgemeinen Beförderungsbedingungen: „Für das Einhalten der Fahrpläne und Anschlüsse wird von dem Unternehmen eine **Gewähr nicht übernommen.** Auch begründen Abweichungen von den Fahrplänen sowie Betriebsstörungen, Betriebsunterbrechungen aller Art und Platzmangel keinerlei Ersatzansprüche. Bei Ausschluß von der Beförderung besteht ein Anspruch auf Ersatz des bezahlten Fahrgeldes in keinem Fall."

Hier kann die Notwendigkeit, einen Anschluß an andere Omnibuslinien sicherzustellen, die Genehmigungsbehörde gemäß Satz 3 dazu veranlassen, dem Straßenbahnunternehmen die Auflage zu machen, die Gewähr für die Einhaltung des Fahrplanes an der betreffenden Anschlußstelle auch gegenüber den Fahrgästen zu übernehmen.

14. Die Beförderungsbedingungen enthalten keine Vorschriften über **das Verhalten der Fahrgäste.** Diese Vorschriften hat vielmehr jeder Straßenbahnunternehmer auf Grund der §§ 43, 44 BOStrab bzw. §§ 24, 25, 27 BOKraft selbst zu erlassen. Gemeinsam sind diesen „Anordnungen über das Verhalten der Fahrgäste" der Ausschluß von Betrunkenen, von beschmutzten und bissigen Tieren und von gefährlichen Stoffen von der Beförderung. Im übrigen richten sich die einzelnen Bestimmungen nach dem jeweiligen technischen Stand des Wagenparkes.

Zu Absatz 7:

15. Neben den Ermächtigungsnormen zum Erlaß von Preisvorschriften und neben den materiellen Preisbestimmungen enthält das Preisrecht noch Vorschriften über die **Preispublizität.** Dazu gehört etwa die Verordnung über Preisauszeichnung vom 16. 11. 1940 (RGBl. I S. 1535), nach deren § 7 die Vermieter von Garagen am Eingang oder bei der Anmeldestelle gut sichtbar ein Preisverzeichnis anzubringen

haben, auf dem die Mietpreise für Tage und Monate und gegebenenfalls der Heizungszuschlag anzugeben sind. In die Gruppe dieser Publizitäts-Vorschriften gehört auch Abs. 7. Die Bekanntmachung der Preise geschieht durch Aushang in den Warteräumen der Fahrgäste.

Wer der Pflicht zur Bekanntmachung zuwiderhandelt, macht sich einer Ordnungswidrigkeit schuldig (§ 61 Abs. 1 Nr. 3d).

§ 40

Fahrpläne

(1) Der Fahrplan muß die Führung der Linie, ihren Ausgangs- und Endpunkt sowie die Haltestellen und Fahrzeiten enthalten.

(2) Fahrpläne und deren Änderungen bedürfen der Zustimmung der Genehmigungsbehörde. Werden durch Fahrplanänderungen die Interessen anderer Verkehrsunternehmen berührt, so sind diese vor der Zustimmung zu hören; § 9 Abs. 2 Satz 1 bleibt unberührt. Bei geringfügigen Fahrplanänderungen kann die Genehmigungsbehörde auf ausdrückliche Zustimmung zu der ihr anzuzeigenden Änderung verzichten. In diesem Falle gilt die Zustimmung als erteilt, wenn die Genehmigungsbehörde nicht innerhalb einer von ihr allgemein zu bestimmenden Frist widerspricht.

(3) Die Genehmigungsbehörde kann Änderungen des Fahrplanes verlangen, wenn die maßgebenden Umstände sich wesentlich geändert haben oder sich für die bessere Ausgestaltung des Verkehrs in einem Gebiet neue Gesichtspunkte ergeben, denen durch eine Änderung des Fahrplans Rechnung getragen werden kann.

(4) Fahrpläne und Fahrplanänderungen sind vom Unternehmer ortsüblich bekanntzumachen. Ferner sind die gültigen Fahrpläne in den zum Aufenthalt der Fahrgäste bestimmten Räumen anzubringen. An den Haltestellen sind mindestens die Abfahrtzeiten anzuzeigen.

Zu Absatz 1:

1. Bei einem Verkehr mit Straßenbahnen wird die Genehmigung für den Bau, den Betrieb und die Linienführung erteilt. Die Linienführung umfaßt den Ausgangs- und Endpunkt, nicht dagegen die Lage bestimmter Haltestellen zwischen dem Ausgangs- und dem Endpunkt, nicht auch die Fahrzeiten. Die Linienführung ist auch in die Genehmigungsurkunde aufzunehmen (§ 17 Abs. 2 Nr. 7).

Fahrzeiten sind die Zeitabstände, in denen die Straßenbahnzüge vom Ausgangspunkt und demgemäß von den einzelnen Haltestellen abfahren. Das Gesetz meint mit den Fahrzeiten gleichzeitig auch die Abfahrtzeiten. Diese sind auch in jedem Falle an den Haltestellentafeln anzuzeigen (Abs. 4 Satz 3).

Eine Änderung der Linienführung ohne Genehmigung ist eine Straftat nach §§ 60, 9, eine Änderung der Haltestellen und Fahrzeiten ohne Zustimmung der Genehmigungsbehörde eine Ordnungswidrigkeit nach § 61 Abs. 1 Nr. 2, § 40 Abs. 2 Satz 1, eine fehlende Bekanntmachung der Fahrpläne und Fahrplanänderungen eine Ordnungswidrigkeit nach § 61 Abs. 1 Nr. 3d.

Zu Absatz 2:

2. Die Zustimmung der Genehmigungsbehörde ist, wenn sie selbständig erteilt wird, ein anfechtbarer Verwaltungsakt. Oft wird sie mit der Genehmigungsverfügung verbunden sein und kann dann als Teil dieser Verfügung angefochten werden. Für das PBefG 1934 hat der Hessische VGH mit Urteil vom 20. 2. 1953 (OS II 92/51) ausgesprochen, daß **nicht jede** Fahrplanänderung einer Genehmigung nach vorangegangenem Anhörverfahren bedarf, daß dies vielmehr nur bei solchen Fahrplanänderungen zutrifft, durch die die Interessen der übrigen Verkehrsunternehmen im Verkehrsgebiet berührt werden. Diesen Gedanken hat das PBefG 1961 in § 40 Abs. 2 Satz 2 aufgegriffen. Wenn die Interessen anderer Verkehrsunternehmen berührt werden, so findet ein **begrenztes** Anhörverfahren statt, an dem nicht alle in § 14 Abs. 1 Nr. 1 genannten Anhörstellen zu hören sind, sondern nur die berührten Verkehrsunternehmen. Ein **volles** Anhörverfahren aber muß stattfinden, wenn die Änderung des Fahrplans so tiefgreifend ist, daß in der Änderung gleichzeitig eine Erweiterung oder wesentliche Änderung des ganzen Straßenbahnunternehmens liegt (Abs. 2 Satz 2, zweiter Halbsatz).

Andererseits können Fahrplanänderungen so geringfügig sein, daß die Genehmigungsbehörde auf ausdrückliche Zustimmung verzichten kann; dabei müssen ihr die Änderungen aber gleichwohl angezeigt werden (Abs. 2 Satz 3).

Es sind also vier Fälle zu unterscheiden:

a) Volles Anhörverfahren bei tiefgreifender Fahrplanänderung (§ 9 Abs. 2 Satz 1);

b) begrenztes Anhörverfahren bei Fahrplanänderung, welche die Interessen anderer Verkehrsunternehmer berührt (§ 40 Abs. 2 Satz 2);

c) Zustimmung zu Fahrplanänderungen ohne Anhörverfahren (§ 40 Abs. 2 Satz 1);

d) anzeigepflichtige geringfügige Fahrplanänderungen ohne Zustimmung (§ 40 Abs. 2 Satz 3).

Zu Absatz 3:

3. Das **Verlangen** der Genehmigungsbehörde gemäß Abs. 3 ist ein anfechtbarer Verwaltungsakt. Kommt der Unternehmer dem Verlangen nach eingetretener Rechtskraft nicht nach, so muß die Genehmigungsbehörde im Wege des Verwaltungszwangsverfahrens (§ 27) vorgehen.

Ist der Straßenbahnunternehmer eine Gemeinde, so wird die Befugnis der Genehmigungsbehörde gemäß Abs. 3 gleichwohl nicht durch das gemeindliche Selbstverwaltungsrecht beschränkt. Dieses besteht nämlich nur im Rahmen der Gesetze. Zwar gehört das örtliche Verkehrswesen zu den Selbstverwaltungsaufgaben der Gemeinde im eigenen Wirkungskreis; der Wirkungskreis ist aber durch das spezielle Aufsichtsrecht der Genehmigungsbehörde nach Abs. 3 eingeengt.

Zu Absatz 4:

4. Die Pflicht zur ortsüblichen Bekanntmachung und die Pflicht zum Aushang bestehen **nebeneinander.** Die Erfüllung der einen Pflicht ersetzt nicht die Erfüllung der anderen. Eine Ordnungswidrigkeit i. S. des § 61 Abs. 1 Nr. 3d stellt aber nur das Unterlassen der Bekanntmachung dar, nicht das Unterlassen des Aushangs.

B. Verkehr mit Obussen

§ 41

(1) Die Vorschriften der §§ 28 bis 31 und der §§ 34 bis 37 sind auf die Errichtung von Bau- und Betriebsanlagen für den Obusverkehr entsprechend anzuwenden.

(2) Zur Errichtung von Bau- und Betriebsanlagen auf öffentlichen Straßen bedarf der Unternehmer der Zustimmung des Trägers der Straßenbaulast; § 32 Abs. 1, 2, 4 und 6 sowie § 33 sind entsprechend anzuwenden.

(3) Im übrigen sind auf den Obusverkehr die Vorschriften der §§ 38 bis 40 entsprechend anzuwenden. Die Dauer der Genehmigung (§ 38) soll in der Regel fünfundzwanzig Jahre betragen. Ist jedoch bei Umstellung eines Straßenbahnverkehrs auf Obusverkehr (§ 14 Abs. 4) die für die Straßenbahn geltende, noch nicht abgelaufene Genehmigungsdauer länger als dieser Zeitraum, so kann die Genehmigung für den Obusverkehr bis zu der für die Straßenbahn geltenden Genehmigungsdauer erstreckt werden.

Eine Oberleitung für einen Obusverkehr stellt eine Sondernutzung der Straße dar, ebenso die Einrichtung einer Aufladestation für einen Gyrobusverkehr. Während der Regierungsentwurf noch den ganzen § 32 für entsprechend anwendbar erklärte, nahm der Bundestagsausschuß die Absätze 3 und 5 von der entsprechenden Anwendung aus. Damit kann jedoch nicht gemeint sein, daß der Obusunternehmer für die Benutzung der öffentlichen Straße kein Entgelt zu zahlen hätte. Vielmehr wurden nur die darüber zu treffenden Vereinbarungen von der Zustimmung der Genehmigungsbehörde entbunden.

C. Linienverkehr mit Kraftfahrzeugen

§ 42

Begriffsbestimmung Linienverkehr

Linienverkehr ist eine zwischen bestimmten Ausgangs- und Endpunkten eingerichtete regelmäßige Verkehrsverbindung, auf der Fahrgäste an bestimmten Haltestellen ein- und aussteigen können. Er setzt nicht voraus, daß ein Fahrplan mit bestimmten Abfahrts- und Ankunftszeiten besteht oder Zwischenhaltestellen eingerichtet sind.

1. Der Satz, daß alles, was nicht Gelegenheitsverkehr sei, Linienverkehr sei, ist nicht geltendes Recht. Vielmehr ist Linienverkehr nur, was die Merkmale des § 42 erfüllt. Daneben ist eine Vielfalt von Verkehrsmöglichkeiten mit Kraftfahrzeugen denkbar, die aber alle, wenn sie nicht unter die Formen des Gelegenheitsverkehrs nach § 46 Abs. 2 fallen, unzulässig sind.

2. Der Regierungsentwurf bestimmte den Linienverkehr als eine zwischen bestimmten Ausgangs- und Endpunkten eingerichtete regelmäßige Verkehrsverbindung, auf der „die" Fahrgäste an bestimmten Punkten ein- und aussteigen können. Der Bundestagsausschuß strich das Wort „die", um zum Ausdruck zu bringen, daß es sich „bei den Fahrgästen des Linienverkehrs um einen unbestimmten Personenkreis handelt" (BrückB zu § 42). Ferner ersetzte er die bestimmten „Punkte" durch bestimmte „Haltestellen". Das Wesen des Linienverkehrs kann mit dem Begriffs-

paar **„Streckenbindung — Fahrgastfreiheit"** umschrieben, wenn auch nicht definiert werden.

3. Der Begriff Linienverkehr enthält drei Merkmale:
a) Regelmäßigkeit der Verbindung;
b) bestimmte Ausgangs- und Endpunkte;
c) Möglichkeit des Ein- und Aussteigens an bestimmten Haltestellen.

Zu a): Die **Regelmäßigkeit** bedeutet, daß entweder jeden Tag oder an bestimmten Tagen der Woche (oder einem bestimmten Tag der Woche) oder an bestimmten Tagen des Jahres eine Verbindung zwischen dem Ausgangs- und dem Endpunkt hergestellt wird. Dagegen ist nicht Voraussetzung für die Regelmäßigkeit, daß an dem betreffenden Tag immer um die gleiche Uhrzeit abgefahren oder angekommen wird (Satz 2). Wesentlich ist, daß die Fahrt nur vom Kalender, nicht aber von sonstigen Umständen (Wetter oder genügende Teilnehmerzahl) abhängig ist.

Eine „bei schönem Wetter regelmäßige Verbindung" ist keine regelmäßige Verbindung. Sie stellt Gelegenheitsverkehr dar, ist also nur zulässig, wenn sie in einer der Formen des § 46 Abs. 2 ausgeführt wird.

Unzulässig ist eine Verkehrsverbindung in der Weise, daß ein Omnibus „regelmäßig bei schlechtem Wetter" vor einem Fabriktor vorfährt, um die Arbeiter trocken zum Bahnhof oder einem sonstigen Ziel zu bringen.

Zu b): Die Ausgangs- und Endpunkte müssen örtlich fixiert, brauchen aber nicht durch Haltestellenzeichen oder irgendwelche Hinweise gekennzeichnet zu sein. Zwischen der Ausgangshaltestelle und der Endhaltestelle können sich Zwischenhaltestellen befinden, müssen es aber nicht.

Wenn nur eine Ausgangshaltestelle und eine Endhaltestelle vorhanden sind, dann tut es im übrigen dem Linienverkehr keinen Abbruch, wenn zwischen diesen Haltestellen auch die Möglichkeit zum Aussteigen an beliebigen Stellen auf Wunsch von Fahrgästen besteht oder auch die Übung, auf Stopzeichen von Leuten, die mitfahren wollen, zum Einsteigen anzuhalten. Gleichgültig ist auch, auf welcher Strecke die verschiedenen Haltestellen erreicht werden. Das Erfordernis einer „festen Streckenführung", von der die A. B. zu § 42 spricht, ist im Gesetz nicht zum Ausdruck gekommen.

Zu c): Die Haltestellen — mindestens zwei —, an denen ein- und ausgestiegen werden kann, müssen generell festgelegt sein. Die generelle Festlegung kann zwar geändert werden; jedenfalls dürfen aber die Haltestellen nicht von Fahrt zu Fahrt wechseln. Tun sie das, so liegt kein Linienverkehr vor.

d) Nach dem BrückB zu § 42 wurde das Wort „die" vor „Fahrgäste" eigens gestrichen, um zum Ausdruck zu bringen, daß es sich bei den Fahrgästen im Linienverkehr um einen **unbestimmten Personenkreis** handelt.

Es ist aber zu bezweifeln, ob diese Absicht im Gesetz genügend deutlich zum Ausdruck gekommen ist. Zu dem Zweifel besteht um so mehr Anlaß, als der rechtspolitische Grund die Konsequenzen kaum rechtfertigen dürfte. Wenn z. B. ein Krankenhaus oder eine Heilstätte zwischen Bahnhof und Krankenhaus (Heilstätte) eine regelmäßige Omnibusverbindung für Patienten und deren Besucher einrichtet, so kann von dieser Verkehrsbedienung eine auf der Strecke liegende öffentliche Verkehrslinie beeinträchtigt werden. Es ist daher verkehrspolitisch unerläßlich, die fragliche Verkehrsbedienung für Patienten und deren Besucher der Genehmigungspflicht für den Linienverkehr zu unterwerfen. Wenn aber die Auffassung des BrückB zu § 42 zuträfe, dann wäre eine regelmäßige Omnibusverbindung zwischen zwei bestimmten Punkten, die nicht dem Publikum schlechthin zur Verfügung stünde, überhaupt verboten. Das kann aber nicht in der Absicht des Gesetzgebers gelegen haben. Vielmehr ist anzunehmen, daß auch eine Verkehrsbedienung für einen begrenzten Personenkreis einen Linienverkehr darstellt, wenn er die unter a, b und c genannten Merkmale erfüllt. Diese Auffassung wird auch durch den BrückB zu § 43 bestätigt, wo ausgeführt ist, daß es dem Bundestagsausschuß nicht erforderlich erschien, die im Entwurf vorgesehene Form des Werkferienverkehrs als Sonderform des Linienverkehrs in § 43 aufzuführen, daß aber damit „dieser Verkehr nicht behindert werde". Wenn der Werkferienverkehr als Linienverkehr zulässig ist, dann muß es auch der linienmäßige Verkehr von Patienten und Besuchern zwischen Bahnhof und Heilstätte sein.

4. Zwar ist ein Fahrplan nicht Voraussetzung für das Vorliegen eines Linienverkehrs. Soll aber einer aufgestellt werden, so ist er im Antrag (§ 12 Abs. 1 Nr. 3 d) aufzunehmen und bedarf der Zustimmung der Genehmigungsbehörde nach § 45 Abs. 3 mit § 40 Abs. 2 Satz 1. In die Genehmigungsurkunde ist er nicht aufzunehmen (arg. § 17 Abs. 2 Nr. 8).

Aus dem Fahrplan muß auch die Führung der Linie ersichtlich sein (§ 40 Abs. 1, § 45 Abs. 3).

§ 43

Sonderformen des Linienverkehrs

(1) Eine Sonderform des Linienverkehrs ist der Verkehr, der unter Ausschluß anderer Fahrgäste der regelmäßigen Beförderung

1. **von Berufstätigen zwischen Wohnung und Arbeitsstelle (Berufsverkehr),**
2. **von Schülern zwischen Wohnung und Lehranstalt (Schülerfahrten),**
3. **von Personen zum Besuch von Märkten (Marktfahrten),**
4. **von Theaterbesuchern**

dient.

(2) Eine Sonderform des Linienverkehrs ist auch der Ferienziel-Reiseverkehr. Ferienziel-Reisen sind Reisen zu Erholungsaufenthalten, die der Unternehmer mit Kraftomnibussen oder Personenkraftwagen nach einem von ihm aufgestellten Plan zu einem Gesamtentgelt für Beförderung und Unterkunft mit oder ohne Verpflegung anbietet und ausführt. Eine Unterwegsbedienung ist unzulässig; jedoch kann die Genehmigungsbehörde für benachbarte Orte oder für Einzelfälle Ausnahmen gestatten. Die Fahrgäste sind zu einem für alle Teilnehmer gleichen Reiseziel zu bringen und an den Ausgangspunkt der Reise zurückzubefördern. Auf der Rückfahrt dürfen nur Reisende befördert werden, die der Unternehmer zum Reiseziel gebracht hat. Die Genehmigung darf nur solchen Unternehmern erteilt werden, die auf dem Gebiet des Reiseverkehrs über ausreichende Erfahrungen verfügen.

Zu Absatz 1:

1. Nach den Vorschriften des PBefG 1934 stand es nicht einwandfrei fest, ob Berufsverkehr, Schülerfahrten und Marktfahrten als Linienverkehr genehmigungspflichtig waren. Auch die dazu ergangenen Erlasse des ehemaligen Reichsverkehrs-

ministers konnten die Frage nicht eindeutig genug klären, liefen aber doch im allgemeinen darauf hinaus, daß es sich bei diesen Beförderungen um Linienverkehr handelt. Auch die obersten Landesverkehrsbehörden haben sich fast einhellig an diese Erlasse des ehemaligen Reichsverkehrsministers gehalten. Das BVG hat jedoch das bisherige Recht nicht für ausreichend erachtet, um beim Berufsverkehr zwischen Wohnungs- und Arbeitsstelle einen Linienverkehr annehmen zu können (BVG I C 136.54, PV 1956 S. 202).

Es war daher notwendig, im Anschluß an § 42 klarzustellen, daß diese Beförderungen als besondere Arten des Linienverkehrs mit gewissen Erleichterungsmöglichkeiten (§ 45 Abs. 4) zu behandeln sind.

2. Nach § 17 Abs. 2 Nr. 2 hat die **Genehmigungsurkunde** die Bezeichnung der Verkehrsart, im Gelegenheitsverkehr auch die Bezeichnung der Verkehrsform des Gelegenheitsverkehrs zu enthalten. Daraus ergibt sich, daß die Sonderformen des Linienverkehrs nicht in die Genehmigungsurkunde aufzunehmen sind. Wohl aber hat die Genehmigungsurkunde nach § 17 Abs. 2 Nr. 5 die Bedingungen und Auflagen auszuweisen. Als **Bedingungen und Auflagen** (besser: sachliche Beschränkungen) sind insbesondere die Sonderformen des Linienverkehrs aufzunehmen (vgl. Anm. 7 zu § 16).

In § 64 Abs. 3 Satz 2 ist noch besonders klargestellt, daß die Sonderformen des Linienverkehrs nach § 43 nicht Linienverkehr im Sinne des Beförderungssteuerrechts darstellen.

Das Wort „insbesondere", das im Regierungsentwurf vor der Aufzählung der einzelnen Sonderformen stand, wurde im Bundestagsausschuß gestrichen, um zum Ausdruck zu bringen, daß es sich um eine ausschließliche Aufzählung von Verkehrsformen handelt (BrückB. zu § 43).

3. Von den begrifflichen Voraussetzungen des Linienverkehrs ist bei den Sonderformen des § 43 nur noch die der **Regelmäßigkeit** beibehalten. Dafür ist als weitere Voraussetzung der **Ausschluß anderer Fahrgäste** eingefügt.

Die Sonderformen des § 43 brauchen sich also, um als Linienverkehr behandelt zu werden, weder zwischen bestimmten Ausgangs- und Endpunkten abspielen noch ist es notwendig, daß die Fahrgäste an bestimmten Haltestellen ein- und aussteigen können.

Das ist vor allem von Bedeutung für den Berufsverkehr der Bauarbeiter. Ihre Arbeitsstellen wechseln oft von einem Tag auf den anderen und sind auch manchmal im voraus gar nicht bestimmt. Diese Umstände schließen den Charakter als Linienverkehr nicht aus.

4. Ein solcher Berufsverkehr, also eine regelmäßige Beförderung von Berufstätigen zwischen Wohnung und Arbeitsstelle unter Ausschluß anderer Fahrgäste, wurde bisher vielfach als **Mietwagenverkehr** betrieben. Soweit das bei einem Berufsverkehr nachweislich am 1. 1. 1961 (oder einem der nächsten Werktage) der Fall war, kann der Verkehr auf Grund der bisherigen Mietwagengenehmigung bis zu deren Ablauf weitergeführt werden (§ 62 Abs. 1 Satz 2).

5. Nach dem Berufsverkehr hatte der Regierungsentwurf den **Werkferienverkehr** aufgeführt, also die Beförderung von Arbeitnehmern zu Erholungsheimen, Ferienheimen und ähnlichen Einrichtungen. Die Notwendigkeit einer solchen Sonderform wurde vom Bundestagsausschuß nicht anerkannt. Mit der Streichung wird, wie der BrückB. zu § 43 mit Recht hervorhebt, dieser Verkehr in keiner Weise behindert. Er kann entweder in der Sonderform des Ferienzielreiseverkehrs nach § 43 Abs. 2

oder als Mietwagenverkehr nach § 49 veranstaltet werden, letzteres allerdings nur, wenn die Beförderung nicht regelmäßig zwischen bestimmten Ausgangs- und Endpunkten geschieht.

6. Als **Marktfahrten** (Nr. 3) sollen nach der A. B. zu § 43 nur die Fahrten zu Märkten, die in kurzen Zeitabständen stattfinden (z. B. Wochenmarkt), angesehen werden. Die Bedeutung dieser Sonderform dürfte äußerst gering sein.

7. Als letzte Sonderform des Linienverkehrs nach Abs. 1 ist die regelmäßige Beförderung von Theaterbesuchern festgesetzt worden, um, wie die A. B. zu § 43 sagt, „die regelmäßigen Beförderungen zu erfassen, die systematisch der Heranführung von Theaterbesuchern (Theaterabonnenten) aus der näheren oder weiteren Umgebung zu den Theateraufführungen nach bestimmten Plänen dienen.“ Ähnliche Einrichtungen für Konzertveranstaltungen u. dgl. seien ebenfalls als Theaterfahrten anzusehen.

Der Gelegenheitsverkehr zum Theaterbesuch wird durch diese Vorschrift nicht beeinträchtigt. Er wird in der Regel als Ausflugsfahrt nach § 48 zu qualifizieren sein. Als solche hat jedenfalls der VGH Baden-Württemberg mit Urteil vom 28. 11. 1957 (1 S. 18/57) die Veranstaltung eines Kinobesitzers gekennzeichnet, der Besucher für seine Kinovorstellungen in kleinen Dörfern der Umgebung abholte und geschlossen wieder zurückbrachte, wobei der Fahrpreis auf die Kinokarte aufgeschlagen wurde.

Zu Absatz 2:

8. Der **Ferienziel-Reiseverkehr** wurde in seiner Entstehungszeit vielfach als **Pendelverkehr** bezeichnet, weil der Omnibus, wenn er am Zielort die den Urlaub beginnenden Fahrgäste ausgeladen hat, gleich die bei der letzten Fahrt dortgelassenen und nun den Urlaub beendenden Fahrgäste einlädt. Diese Besonderheit ist für die Verkehrsart zwar typisch, jedoch kein gesetzliches Begriffsmerkmal. Die Begriffsmerkmale sind vielmehr in Abs. 2 erschöpfend aufgezählt.

Der Ferienziel-Reiseverkehr war im Regierungsentwurf als eine Form des Gelegenheitsverkehrs vorgesehen. Der Bundestagsausschuß hat ihn aus guten Gründen aus dem Gelegenheitsverkehr herausgenommen und als Sonderform des Linienverkehrs gekennzeichnet; als solche war er von den meisten Länderverkehrsverwaltungen schon bisher behandelt worden. Die Prüfung objektiver Zulassungsvoraussetzungen ist bei dieser Verkehrsart durchaus notwendig.

Durch die Beschränkung auf Unternehmer mit ausreichenden Erfahrungen auf dem Gebiet des Reiseverkehrs muß keine Sperrwirkung zugunsten der vorhandenen Unternehmer eintreten; denn diese Erfahrungen kann man sich auch in unselbständiger Stellung erwerben.

9. Soweit bisher Ferienziel-Reiseverkehr auf Grund von Genehmigungen für den Ausflugswagenverkehr betrieben wurde, gelten diese Genehmigungen bis zu ihrem Auslaufen als Genehmigungen für den Ferienziel-Reiseverkehr (§ 62 Abs. 1 Satz 1)

10. Wer eine Genehmigung für den Ferienziel-Reiseverkehr hat, aber ohne Ausnahmebewilligung Unterwegsbedienung betreibt oder die Reisenden nicht wieder geschlossen an ihren Ausgangspunkt zurückbringt oder auf der Rückfahrt Reisende befördert, welche die Hinfahrt nicht mitgemacht haben, begeht eine Ordnungswidrigkeit (§ 61 Abs. 1 Nr. 3f).

§ 44

Dauer der Genehmigung

Die Geltungsdauer der Genehmigung ist unter Berücksichtigung der öffentlichen Verkehrsinteressen zu bemessen. Im Höchstfalle beträgt sie acht Jahre.

Die öffentlichen Verkehrsinteressen verlangen insbesondere im Falle des § 43 Abs. 1 Nr. 1 eine weit geringere Geltungsdauer der Genehmigung als acht Jahre. Die Arbeitseinsatzverhältnisse ändern sich so rasch, daß im Berufsverkehr eine Genehmigung nicht über drei Jahre hinaus zu erteilen sein wird.

§ 45

Sonstige Vorschriften

(1) Auf den Linienverkehr mit Kraftfahrzeugen ist § 35, soweit diese Vorschrift sich auf das Anbringen oder Errichten von Haltestellenzeichen bezieht, entsprechend anzuwenden; über die Verpflichtung zur Duldung entscheidet die Genehmigungsbehörde ohne Planfeststellungsverfahren.

(2) Die Beförderungsentgelte und Beförderungsbedingungen der Deutschen Bundesbahn sind vom Bundesminister für Verkehr zu genehmigen, die Beförderungsentgelte und Beförderungsbedingungen der Deutschen Bundespost sind nach § 14 des Postverwaltungsgesetzes festzusetzen. Genehmigung und Festsetzung der Beförderungsentgelte erfolgen im Einvernehmen mit dem Bundesminister für Wirtschaft. Die Beförderungsentgelte und Beförderungsbedingungen der Deutschen Bundesbahn und die Fahrpläne und Fahrplanänderungen der Deutschen Bundespost und der Deutschen Bundesbahn sind in ihren amtlichen Mitteilungsblättern zu veröffentlichen; die Ausgabe der amtlichen Kursbücher ersetzt die Veröffentlichung.

(3) In den Fällen der Absätze 1 und 2 sind die §§ 39 und 40 entsprechend anzuwenden.

(4) Die Genehmigungsbehörde kann bei den Verkehrsformen nach § 43 auf die Einhaltung der Vorschriften über die Betriebspflicht (§ 21), die Beförderungspflicht (§ 22), die Beförderungsentgelte und Beförderungsbedingungen (§ 39) sowie über die Fahrpläne (§ 40) ganz oder teilweise verzichten. Beim Ferienziel-Reiseverkehr sind die in § 14 Abs. 1 Nr. 4 genannten Stellen gutachtlich zu hören. § 13 Abs. 2 Nr. 2 Buchstabe c ist auf den Ferienziel-Reiseverkehr nicht anzuwenden; § 13 Abs. 2 Nr. 2 Buchstaben a und b gilt nicht zugunsten vorhandener Unternehmer des Ferienziel-Reiseverkehrs. Ferienziel-Reisen können in besonderen Fällen auf Grund von Ausnahmegenehmigungen der von der Landesregierung bestimmten Behörde als Verkehr mit Mietomnibussen oder mit Mietwagen durchgeführt werden, wenn sie durch Gebiete außerhalb des Geltungsbereichs dieses Gesetzes führen, Ausgangs- und Zielort jedoch im Geltungsbereich dieses Gesetzes liegen.

(5) Bei zeitweilig gesteigertem Verkehr kann der Unternehmer, soweit dadurch die Interessen anderer Verkehrsunternehmer nicht berührt werden,

weitere ihm für diese Verkehrsart genehmigte Fahrzeuge im Rahmen des bestehenden Fahrplanes einsetzen.

(6) Ist eine Genehmigung für den Linienverkehr mit Personenkraftwagen erteilt, so dürfen diese Fahrzeuge nur für den Linienverkehr verwendet werden. § 9 Abs. 3 bleibt unberührt.

Zu Absatz 1:

1. Die Eigentümer von Grundstücken und Gebäuden haben nach § 35 das Anbringen und Errichten von **Haltestellenzeichen** der Straßenbahn zu dulden; bei Einrichtung neuer Unternehmen ist darüber im Planfeststellungsverfahren zu entscheiden. Die Bestimmung ist beim Linienverkehr mit Kraftfahrzeugen entsprechend anzuwenden; doch entscheidet über die Verpflichtung zur Duldung die Genehmigungsbehörde ohne Planfeststellungsverfahren.

Dem Duldungspflichtigen ist keine Gebühr für die Duldung, sondern allenfalls eine Entschädigung in dem Fall zu zahlen, daß bei der Anbringung oder beim Entfernen der Tafeln und Stangen ein Schaden entsteht.

2. Im Gegensatz zur vorhergehenden Anmerkung, wo die Anbringung des Haltestellenzeichens auf einem Nachbargrundstück vorausgesetzt ist, stellt die Aufstellung solcher Zeichen auf **öffentlichem Straßengrund** nicht eine Ausübung des Gemein-. gebrauchs dar; denn das Zeichen beeinträchtigt den Gemeingebrauch, wenn es auch dem Verkehr im Rahmen des Gemeingebrauchs zu dienen bestimmt ist. Der Omnibusunternehmer bedarf daher der Erlaubnis der zuständigen Stelle, bei Bundesstraßen der Straßenbaubehörde, bei Ortsdurchfahrten von Bundesstraßen der Straßenbaubehörde und der Gemeinde (§ 8 Abs. 1 FStrG). Für die Sondernutzung kann eine Sondernutzungsgebühr erhoben werden (§ 8 Abs. 3 FStrG). Für die übrigen öffentlichen Straßen gelten die im wesentlichen übereinstimmenden Bestimmungen der Länder.

3. Zu trennen von der Frage der Haltestellenzeichen auf Nachbargrundstücken (Anm. 1) und auf öffentlichem Verkehrsgrund (Anm. 2) ist die Frage der **Haltestellenbuchten.**

Der Omnibuslinienverkehr auf öffentlichen Straßen liegt im Rahmen des Gemeingebrauchs; er stellt also keine Sondernutzung dar (Hess. VGH vom 7. 3. 1952, O. S. II 177/50). Nun überschneidet sich aber der Begriff der Gemeingebräuchlichkeit mit dem der Gemeinverträglichkeit. Rechtsgrundlage für die Gemeinverträglichkeit ist vor allem § 1 StVO, wonach jeder Teilnehmer am öffentlichen Verkehr sich so verhalten muß, daß er niemand gefährdet, schädigt oder mehr als unvermeidlich behindert oder belästigt. Im Wegerecht wurde der Gedanke der Gemeinverträglichkeit z. B. im Bayer. Straßen- und Wegegesetz vom 11. 7. 1958 (GVBl. S. 147) mit dem Satz eingeführt: „Gemeingebrauch liegt nicht mehr vor, wenn der Gemeingebrauch anderer ausgeschlossen oder mehr als unvermeidbar beschränkt wird" (Art. 14 Abs. 3 Satz 1). Daß diese Bestimmung in dem Art. 14 über „Gemeingebrauch" steht, läßt schon erkennen, daß der Begriff der Gemeinverträglichkeit in den der Gemeingebräuchlichkeit übergeht.

§ 8 Abs. 5 FStrG bestimmt: „Wenn eine Bundesfernstraße wegen der Art des Gebrauchs durch einen anderen kostspieliger hergestellt werden muß, als dies sonst notwendig wäre, hat der andere dem Träger der Straßenbaulast die Mehrkosten für den Bau und die Unterhaltung zu vergüten."

Diese Bestimmung wird mit Recht auch auf Haltestellenbuchten angewandt; denn zweifellos muß in diesen Fällen die Bundesfernstraße kostspieliger hergestellt werden, als dies sonst notwendig wäre. Daß die Bestimmung unter der Überschrift „Sondernutzungen" steht, läßt erkennen, daß das Gesetz mit dieser Überschrift nicht nur Veranstaltungen deckt, die den Gemeingebrauch überschreiten, sondern auch Einrichtungen, die Verstöße gegen die Gemeinverträglichkeit vermeiden sollen.

Der Träger der Straßenbaulast wird im Anhörverfahren dazu gehört, ob sich die Straße für den Linienverkehr mit Omnibussen eignet (§ 14 Abs. 1 Nr. 2c, § 13 Abs. 2 Nr. 1). Wenn die Verkehrsdichte auch in ihrer künftigen Entwicklung für ihn überschaubar war und er trotzdem im Anhörverfahren keine Einwendungen gegen die Eignung der Straße erhoben hat, dann kann er nicht nachträglich das Anhalten von Linienomnibussen auf der normalen Fahrbahn als nicht gemeinverträglich und deswegen als Sondernutzung behandeln. Wenn sich aber die Verkehrsdichte nach Erteilung der Genehmigung wesentlich verstärkt, dann kann das Anhalten von Linienomnibussen, das zur Zeit der Genehmigungserteilung noch gemeingebräuchlich war, nachträglich zu einem nicht mehr gemeinverträglichen Vorgang werden und damit zu den gleichen Rechtswirkungen Anlaß geben, die eine Sondernutzung hat (wie hier Marschall „Kostentragung für Haltestellenbuchten", PV 1960 S. 148; a. A. Seither „Haltestellenbuchten im Omnibuslinienverkehr", PV 1958 S. 161; Salzwedel „Gemeingebrauch und Gemeinverträglichkeit in Zusammenhang mit der Kostenpflicht für Haltestellenbuchten", PV 1960 S. 85).

4. Was vorstehend für Haltestellenbuchten gesagt ist, gilt auch für **Wendeplätze** für Omnibusse.

Zu Absatz 2:

5. Die Beförderungsentgelte und Beförderungsbedingungen der bundeseigenen Verkehrsanstalten hängen aufs engste mit der inneren Organisation dieser Anstalten zusammen und mußten daher der Entscheidung des BMV überlassen werden. Wie A. B. zu § 45 hervorhebt, ist es „bei der Wichtigkeit dieser Entscheidungen Angelegenheit des BMV, eine Beteiligung der Obersten Landesverkehrsbehörden sicherzustellen.".

6. § 14 des Postverwaltungsgesetzes vom 24. 7. 1953 (BGBl. I S. 676): „Der Bundesminister für das Post- und Fernmeldewesen erläßt nach Maßgabe der Beschlüsse des Verwaltungsrates oder der Bundesregierung die Rechtsverordnungen über die Bedingungen und Gebühren für die Benutzung der Einrichtungen des Post- und Fernmeldewesens (Benutzungsverordnungen), die Rechtsverordnungen über Gebühren im Einvernehmen mit dem Bundesminister für Wirtschaft, die Rechtsverordnungen über Gebühren für den Postreisedienst im Einvernehmen mit dem Bundesminister für Verkehr. Die Benutzungsverordnungen bedürfen nicht der Zustimmung des Bundesrates."

7. Jede Bundesbahndirektion gibt einen „Verkehrs- und Tarifanzeiger" wie auch ein „Amtsblatt der Bundesbahndirektion X" heraus, daneben ihr Kursbuch. Der Bundespostminister gibt ein „Amtsblatt des Bundesministers für Post- und Fernmeldewesen", jede Oberpostdirektion ein „Bezirksblatt der Oberpostdirektion Y" heraus, daneben ihr Kursbuch. In den meisten Fällen wird die Ausgabe der amtlichen Kursbücher der Bundesbahn und Bundespost die Veröffentlichung in den Mitteilungsblättern ersetzen.

8. Das Gesetz gegen Wettbewerbsbeschränkungen vom 27. 7. 1957 (BGBl. I S. 1081) steht Vereinbarungen über Beförderungsentgelte und Beförderungsbedingungen im Rahmen des PBefG nicht entgegen. Vergleiche § 99 des Gesetzes: „Dieses Gesetz findet keine Anwendung auf Verträge der Deutschen Bundespost einschließlich der Landespostdirektion Berlin, der Deutschen Bundesbahn, anderer Schienenbahnen des öffentlichen Verkehrs und von Unternehmen, die sich mit der Beförderung und der Besorgung der Beförderung von Gütern und Personen befassen, sowie auf Beschlüsse und Empfehlungen von Vereinigungen dieser Unternehmen über Verkehrsleistungen und Verkehrsnebenleistungen, wenn und soweit die auf diesen Verträgen, Beschlüssen und Empfehlungen beruhenden Entgelte oder Bedingungen durch Gesetz oder Rechtsverordnung oder auf Grund eines Gesetzes oder einer Rechtsverordnung festgesetzt oder genehmigt werden."

Entscheidend für die Freistellung vom Kartellgesetz ist nicht die Kategorie des Verkehrsmittels, sondern der Umstand, daß eine Sonderregelung durch Gesetz oder auf Grund eines Gesetzes getroffen ist (Ausschußbericht Lange zu § 74 b des Kartellgesetzes). Nach der ausgesprochenen Ansicht des Verkehrsausschusses trifft dies insbesondere für die nach dem PBefG genehmigten Entgelte zu.

Zu Absatz 3:

9. Im Regierungsentwurf war klar ausgesprochen, daß die §§ 39 und 40 auf den Linienverkehr mit Kraftfahrzeugen entsprechend anzuwenden sind. Der Bundestagsausschuß hat den Passus an seiner Stelle im Absatz 1 gestrichen und dafür als Abs. 3 eingefügt mit einem Wortlaut, der die Anwendung der §§ 39 und 40 „auf die Fälle der Absätze 1 und 2" beschränkt. Dieser Beschränkung wird man kaum einen vernünftigen Sinn geben können. Es ist anzunehmen, daß der Gesetzgeber an dem Inhalt des Regierungsentwurfs, wonach die §§ 39 und 40 auf den Linienverkehr mit Kraftfahrzeugen entsprechend anzuwenden sind, nichts ändern wollte.

10. Ein Fahrplan muß im Linienverkehr mit Omnibussen nicht festgesetzt sein (§ 42 Satz 2). Wenn aber einer festgesetzt werden soll, so ist er im Antrag aufzuführen (§ 12 Abs. 1 Nr. 3 d). Er bedarf der Zustimmung der Genehmigungsbehörde (§ 45 Abs. 3, § 40 Abs. 2 Satz 1), wird aber nicht in die Genehmigungsurkunde aufgenommen (§ 17 Abs. 2 Nr. 8).

Zu Absatz 4:

11. Absatz 4 enthält in Satz 1 Befreiungsermächtigungen für alle Sonderformen des Linienverkehrs, in Satz 2, 3 und 4 Bestimmungen über das Anhörverfahren, die objektiven Zulassungsvoraussetzungen und Ausnahmegenehmigungen für den Ferienziel-Reiseverkehr.

a) Betriebspflicht und Beförderungspflicht dienen auch dem Schutz der Fahrgäste. Zwar ist der Verzicht auf die Einhaltung dieser Pflichten bei den Sonderformen des Linienverkehrs in das Ermessen der Genehmigungsbehörde gestellt; sie muß aber von ihrem Ermessen einen pflichtgemäßen Gebrauch machen. Der Gebrauch ist nicht pflichtgemäß, wenn auf die Betriebs- und Beförderungspflicht ohne genügende Berücksichtigung der Interessen insbesondere der Berufstätigen verzichtet wird.

Entsprechendes gilt für die Beförderungsentgelte, Beförderungsbedingungen und Fahrpläne. Der Verzicht ist immer die Ausnahme; er bedarf also stets einer eingehenden Prüfung.

b) Obwohl der Ferienziel-Reiseverkehr eine Sonderform des Linienverkehrs ist, sind im Anhörverfahren auch die Gemeindebehörde und der Landesfremdenverkehrsverband gutachtlich zu hören (Abs. 4 Satz 2). Damit wird nichts an der Tatsache geändert, daß der Ferienzielreiseverkehr eine Sonderform des Linienverkehrs ist, weshalb auch die im Verkehrsgebiet bereits vorhandenen Linienunternehmer (§ 14 Abs. 1 Nr. 2a), die beteiligten Landkreise und kreisfreien Städte und, wenn an der Eignung der benutzten Straßen Zweifel bestehen, auch die Straßenbaulastträger (§ 14 Abs. 1 Nr. 2c) zu hören sind. Die Rechtsposition der Linienunternehmer und der Straßenbaulastträger verlangt diese Anhörung, obwohl in Abs. 4 Satz 2 das Wort „auch" vergessen wurde.

c) Die Besonderheit des Ferienziel-Reiseverkehrs liegt in der Verbindung der Reise mit der Vermittlung von Unterkunft und Verpflegung. Da diese Leistungen besondere Erfahrungen voraussetzen, ist es gerechtfertigt, das Ausgestaltungsrecht der vorhandenen Linienunternehmer nach § 13 Abs. 2 Nr. 2c auszuschalten.

Inwieweit ein vorhandenes Schienen- oder Linienunternehmen sich auf § 13 Abs. 2 Nr. 2a und b gegenüber der Einrichtung eines Ferienziel-Reiseverkehrs berufen kann, hängt davon ab, ob das vorhandene Unternehmen den beabsichtigten Verkehr bereits befriedigend bedient. Eine befriedigende Bedienung liegt nur vor, wenn das vorhandene Unternehmen einen bereits vorhandenen Arrangementverkehr mit gleichwertigen Leistungen nachweisen kann. Die Genehmigungsbehörde hat zu prüfen, ob der vorhandene Arrangementverkehr auch wirklich befriedigend im Sinne der Verkehrsnutzer ist. Wird z. B. auf der Schiene ein Arrangementverkehr zu einer für den Fahrgast unzumutbaren Abfahrzeit angeboten, so wird die Genehmigungsbehörde diesen Verkehr als nicht befriedigend ansehen und dem Antrag auf Zulassung eines neuen Ferienziel-Reiseverkehrs mit günstigeren Abfahrtszeiten stattgeben (BrückB zu § 45).

d) Die Besonderheit des Ferienziel-Reiseverkehrs wirkt nicht nur zugunsten dieser Unternehmer (c), sondern auch zu ihren Ungunsten: vorhandene Unternehmer des Ferienziel-Reiseverkehrs können der beabsichtigten Einrichtung eines allgemeinen Linienverkehrs oder eines weiteren Ferienziel-Reiseverkehrs nicht eine Beeinträchtigung öffentlicher Verkehrsinteressen entgegenhalten (Abs. 4 Satz 3, zweiter Halbsatz). Jedoch ist damit nicht das Recht der Genehmigungsbehörde beschnitten, das öffentliche Verkehrsinteresse zu prüfen und dabei alle Argumente zu berücksichtigen, von welcher Seite auch immer sie sich bieten mögen.

e) Wenn die Ferienziel-Reise teilweise durch ein Gebiet führt, in welchem Ferienziel-Reisen als Gelegenheitsverkehr gelten, kann es zur Vermeidung von zeitraubenden Kontrollmaßnahmen tunlich sein, im Wege der Ausnahmegenehmigung eine Genehmigung nach § 49 zu erteilen (Abs. 4 Satz 4). Anhörverfahren und Genehmigungsvoraussetzungen richten sich dann ausschließlich nach den Bestimmungen für den Gelegenheitsverkehr. Eine solche Ausnahme wird in erster Linie für den Verkehr nach Berlin in Betracht kommen, aber auch bei Fahrten durch andere Länder außerhalb der Bundesrepublik, welche den Pendelverkehr als Gelegenheitsverkehr ansehen und daher eine (deutsche) Genehmigung für den Gelegenheitsverkehr verlangen. Die gesetzliche Regelung der Materie ist so eingehend, daß nicht angenommen werden kann, in den genannten Fällen sei etwa für die Inlandsteilstrecke eine Liniengenehmigung, für die Auslandsteilstrecke eine Gelegenheitsgenehmigung notwendig.

Zu Absatz 5:

12. Nach § 9 Abs. 1 Nr. 3 wird bei einem Linienverkehr mit Kraftfahrzeugen die Genehmigung nicht nur für Einrichtung und Betrieb der Linie erteilt, sondern auch für die Zahl, die Art und das Fassungsvermögen der auf ihr einzusetzenden Kraftfahrzeuge und Anhänger. Im Spitzenverkehr können darüber hinaus weitere Fahrzeuge eingesetzt werden; jedoch müssen auch diese Fahrzeuge für den Linienverkehr genehmigt sein; außerdem dürfen die Interessen anderer Verkehrsunternehmer nicht berührt werden (Abs. 5). Letzteres ist vor allem von Bedeutung, wenn ein und dieselbe Linie von zwei Unternehmern im Wechsel befahren wird.

Zu Absatz 6:

13. Es hatte sich herausgestellt, daß vielfach Personenkraftwagen, die für eine Verwendung nach dem PBefG genehmigt sind, an **Selbstfahrer** vermietet werden. Dadurch wird die Erfüllung der Betriebs- und Beförderungspflicht von vornherein in Frage gestellt. Daher hat Abs. 4 für Linienfahrzeuge, § 47 Abs. 5 für Kraftdroschken, das Verbot der Vermietung an Selbstfahrer ausgesprochen. Ferner ist nach Abs. 4 schlechthin verboten, Personenkraftwagen des Linienverkehrs im Gelegenheitsverkehr eines anderen Unternehmers zu verwenden. Betreibt ein Unternehmer sowohl Linienverkehr wie auch Gelegenheitsverkehr mit Personenkraftwagen, so kann er seine Linienfahrzeuge nur mit der besonderen Genehmigung nach § 9 Abs. 3 auch im Gelegenheitsverkehr einsetzen.

Wer entgegen diesen Bestimmungen ein Linienfahrzeug im Gelegenheitsverkehr einsetzt oder an Selbstfahrer vermietet oder auch für eigene (private) Zwecke verwendet, begeht eine Ordnungswidrigkeit nach § 61 Abs. 1 Nr. 3e.

D. Gelegenheitsverkehr mit Kraftfahrzeugen

§ 46

Formen des Gelegenheitsverkehrs

(1) Gelegenheitsverkehr ist die Beförderung von Personen mit Kraftfahrzeugen, die nicht Linienverkehr nach den §§ 42 und 43 ist.

(2) Als Formen des Gelegenheitsverkehrs sind nur zulässig

1. Verkehr mit Kraftdroschken (Taxen, § 47),

2. Ausflugsfahrten (§ 48),

3. Verkehr mit Mietomnibussen und mit Mietwagen (§ 49).

(3) In Orten mit mehr als 50000 Einwohnern oder in den von der höheren Verwaltungsbehörde bestimmten Orten unter 50000 Einwohnern darf eine Genehmigung für den Kraftdroschkenverkehr und den Mietwagenverkehr nicht für denselben Personenkraftwagen erteilt werden.

1. Gelegenheitsverkehr kann nur in den Formen der §§ 47, 48, 49 betrieben werden. Es kann also kein Gelegenheitsverkehr in der Form eingerichtet werden, daß ein Omnibus bei schlechtem Wetter und Schichtwechsel einige Fabriken anfährt und die Arbeiter an ihren Wohnungen absetzt.

2. In den in Absatz 3 genannten Orten ist es verboten, den gleichen Personenkraftwagen als Kraftdroschke **und** für den Mietwagenverkehr zuzulassen. Ausnahmen von diesem Verbot sind im Gesetz nicht vorgesehen. Wird eine Genehmi-

gung entgegen dem Verbot erteilt, so ist dadurch der Genehmigungsinhaber gegen eine Verfolgung nach § 60 oder nach § 61 Abs. 1 Nr. 3e geschützt. Die Genehmigung verstößt aber gegen ein zwingendes, keine Ausnahme zulassendes Verbot und kann daher jederzeit widerrufen werden. Auf Weisung der vorgesetzten Behörde **muß** die Genehmigungsbehörde die verbotswidrige Genehmigung widerrufen.

§ 47

Verkehr mit Kraftdroschken (Taxen)

(1) Verkehr mit Kraftdroschken (Taxen) ist die Beförderung von Personen mit Personenkraftwagen, die der Unternehmer auf öffentlichen Straßen oder Plätzen bereitstellt und mit denen er Fahrten zu einem vom Fahrgast bestimmten Ziel ausführt.

(2) Die Genehmigung für den Verkehr mit Kraftdroschken wird zur Ausführung von Fahrten innerhalb einer Gemeinde oder in einem größeren Bezirk erteilt.

(3) Kraftdroschken dürfen auf öffentlichen Straßen oder Plätzen nur in der Gemeinde bereitgestellt werden, in der sich der Betriebssitz des Unternehmers befindet, und nur an den behördlich zugelassenen Stellen. Das Nähere wird durch Droschkenordnungen, die nach Landesrecht erlassen werden, bestimmt; für die Festsetzung von Droschkenordnungen gilt § 51 Abs. 1 Satz 1 und 2 entsprechend. In Ausnahmefällen kann die Genehmigungsbehörde die Bereitstellung auch auf Straßen und Plätzen außerhalb des Betriebssitzes des Unternehmers gestatten.

(4) Die Beförderungspflicht (§ 22) besteht nur für Fahrten innerhalb des Geltungsbereichs der nach § 51 Abs. 1 Satz 1 festgesetzten Beförderungsentgelte.

(5) Die Vermietung von Kraftdroschken an Selbstfahrer ist verboten.

1. Das Wort **„Droschke"** kommt vom russischen Diminutiv „droschki" des Wortes „drogi" = Fuhrwerk und bezeichnete ursprünglich die in Rußland üblichen leichten Pferdefahrzeuge zur Beförderung von 1—4 Personen. Der Ausdruck wurde zuerst 1814 aus Warschau als Bezeichnung für Mietfahrzeuge übernommen und in Berlin eingebürgert.

Die örtlichen Droschkenordnungen auf Grund des § 37 GewO sahen bereits vor, daß Kraftdroschken mit einer **Taxameteruhr,** die den Fahrpreis anzeigt, ausgestattet sein müssen. Aus dieser Einrichtung hat sich die Übung entwickelt, das Fahrzeug als Taxi oder Taxe zu bezeichnen. Als amtliche Bezeichnung einer Kraftdroschke wurde Taxe erst mit Runderlaß des BMV vom 28. 3. 1957 (Oppelt a. a. O. S. 225) eingeführt. Schon vor der Gleichstellung durch das PBefG 1961 durfte sich daher als Taxiunternehmen nur bezeichnen, wer eine Kraftdroschkengenehmigung besaß, nicht dagegen der Mietwagenunternehmer (Urteil des Amtsgerichts Dortmund-Hörde vom 28. 10. 1959, abgedruckt im PV 1960 S. 34, bestätigt durch Urteil des LG Dortmund vom 27. 1. 1960, PV 1960 S. 117).

Zu Absatz 1:

2. Durch das Anfahren eines vom Fahrgast und nicht vom Unternehmer bestimmten Zieles unterscheidet sich der Droschkenverkehr von den Ausflugsfahrten

mit Personenkraftwagen (§ 48). Durch das Bereitstellen auf öffentlichen Straßen und Plätzen unterscheidet er sich vom Mietwagenverkehr (§ 49).

3. Das Begriffsmerkmal **„Bereitstellen auf öffentlichen Straßen und Plätzen"** bedarf einer Auslegung nach dem Zweck des Gesetzes.

a) „Das wesentlichste Unterscheidungsmerkmal für Kraftdroschken- und Mietwagenverkehr liegt in der Art, wie der Wagen bereit gehalten wird, d. h., es ist entscheidend, ob durch irgendwelche Maßnahmen für jedermann erkennbar gemacht wird, daß ein Fahrzeug dem Publikum jederzeit zur gewerbsmäßigen Personenbeförderungsfahrt zur Verfügung gestellt werden soll. Das kann geschehen z. B. durch die Art des Aufstellens eines Fahrzeuges auf öffentlichen Wegen oder Plätzen oder anderen verkehrswichtigen Punkten mit einem Fahrer in Bereitschaft, durch Aufschriften oder Ausstattung des aufgestellten Fahrzeuges, durch in der Öffentlichkeit sichtbare Hinweisschilder auf in der Nähe, sei es auch auf nicht dem Gemeingebrauch dienenden Grundstücken, aufgestellte Fahrzeuge und dergl. mehr." (Urteil des OLG Frankfurt a. M. vom 3. 6. 1958, PV 1960 S. 56).

b) Auch das Urteil des VGH Baden-Württemberg vom 29. 11. 1956 (1 S. 53/56) stellt weniger darauf ab, daß die Fahrzeuge „auf öffentlichen Straßen und Plätzen", als darauf, daß sie „an **Brennpunkten des Verkehrs"** bereitgestellt werden.

c) In der Tat kann ein gewerbliches Personenbeförderungsmittel auch in einem Hauseingang oder auf einem Trümmergrundstück oder auf einem freiliegenden Privatgrundstück derart zur Schau gestellt werden, daß es jedermann als für gewerbliche Personenbeförderung bereitstehend in die Augen fällt. Befindet sich ein **Fahrer** in nächster Nähe **in Bereitschaft,** so handelt es sich um ein „Bereitstellen auf öffentlichen Straßen oder Plätzen", selbst wenn das Fahrzeug nicht unmittelbar auf öffentlichem Verkehrsgrund steht.

Wenn andererseits ein Mietwagenbesitzer sein Fahrzeug auf einer öffentlichen Straße stehen läßt, um auf seinen Fahrgast, der ihn bestellt hat, zu warten, so ist das kein Bereitstellen auf öffentlichen Straßen im Sinne des Abs. 1.

d) Die Abgrenzung der Droschken gegenüber **Funkmietwagen** unterliegt keinen anderen Kriterien als die Abgrenzung gegenüber den übrigen Mietwagen (vgl. Erlaß des Senators für Häfen, Schiffahrt und Verkehr in Bremen vom 6. 9. 1960, PV 1960 S. 189).

4. Wer einen Personenkraftwagen ohne Genehmigung nach § 47 in der in Anm. 3 bezeichneten Art bereitstellt, wenn auch nur bei besonderen Gelegenheiten, macht sich einer (versuchten) Straftat nach § 60 schuldig (Urteil des OLG Hamm, abgedruckt in PV 1960 S. 102).

Zu Absatz 2:

5. Beim Linienverkehr ist die **örtliche Zuständigkeit** der Genehmigungsbehörde für den Fall, daß der Verkehr ausschließlich in ihrem Bezirk betrieben werden soll, in § 11 Abs. 2 Nr. 1, für den Fall, daß er sich über mehrere Bezirke erstreckt, in § 11 Abs. 3 geregelt. Für den Gelegenheitsverkehr fehlt eine entsprechende Doppelregelung der örtlichen Zuständigkeit. Daraus ist zu schließen, daß die für den Gelegenheitsberkehr örtlich zuständige Genehmigungsbehörde (§ 11 Abs. 2 Nr. 2 und 3) für jede Entfernung auch über ihren Bezirk hinaus zuständig ist. Es steht daher rechtlich nichts im Wege, einen Droschkenverkehr für das ganze Bundesgebiet zu genehmigen.

Eine Beförderungspflicht aber besteht nur für Fahrten innerhalb des Geltungsbereichs der nach § 51 Abs. 1 Satz 1 festgesetzten Beförderungsentgelte (Abs. 4).

6. Im Regierungsentwurf war im Abs. 2 noch ein Satz angefügt: „Ein regelmäßiger Verkehr i. S. des § 42 ist verboten." Das versteht sich jedoch von selbst und wurde daher mit Recht vom Bundestagsausschuß gestrichen.

Zu Absatz 3:

7. Das Erfordernis, daß Kraftdroschken nur in der Gemeinde des Betriebssitzes bereitgestellt werden dürfen, stellt keine Verletzung des Grundgesetzes dar (Urteil des BVG vom 11. 1. 1958, PV 1958 S. 109).

8. Der Droschkenunternehmer muß einen **Betriebssitz** haben, an dem er mit seinen Fahrern abrechnet, seine Bücher führt usw. Die Wahl des Betriebssitzes steht dem Unternehmer jedoch frei. Die Genehmigungsbehörde hat keine Möglichkeit, den Unternehmer an einen bestimmten Betriebssitz zu binden. Sie kann allenfalls prüfen, ob der Unternehmer an dem von ihm als Betriebssitz ausgegebenen Ort tatsächlich seine Geschäfte ausführt. Unzulässig aber ist eine Auflage, die dem Unternehmer für die Dauer der Genehmigung untersagt, seinen Betriebssitz zu ändern. Das Gesetz hat die Betriebssitzverlegung in § 26 Abs. 3 abschließend geregelt, nämlich das Erlöschen der Genehmigung an sie geknüpft.

9. Kraftdroschken dürfen nur an den behördlich zugelassenen Stellen bereitgestellt werden. Zwar gehört das Parken von Kraftfahrzeugen zum Gemeingebrauch. Den Droschken aber wird durch ein Parkverbot für andere Fahrzeuge eine Sondernutzung eingeräumt. Daher kann der Wegeeigentümer auch eine Sondernutzungsgebühr verlangen. Daß die Droschken diese Halteplätze kraft Gesetzes benützen **müssen,** schließt die Erhebung einer Sondernutzungsgebühr ebensowenig aus wie bei den Straßenbahnen (s. oben Anm. 6 zu § 32). Die Frage ist aber bestritten; wie hier Zeitler in DVBl. 1960 S. 90. Der BGH hat in seinem Urteil vom 18. 4. 1956 (PV 1956 S. 220) in einem Sonderfall die Eigenschaft des Bahnhofsvorplatzes in Kassel als rechtlich-öffentlicher Weg verneint; er hatte keinen Anlaß, in dem Urteil auf die Frage einzugehen, ob Droschkenhalteplätze auf rechtlich-öffentlichen Straßen eine Sondernutzung darstellen.

10. Früher wurden Droschkenordnungen nach § 76 BO-Kraft a. F. von den Polizeibehörden erlassen. Durch die Verordnung zur Änderung von Vorschriften des Straßenverkehrsrechts vom 7. 7. 1960 (BGBl. I S. 485) wurde diese Bestimmung, welche in der Neufassung nunmehr § 42 ist, wie folgt gefaßt: „Droschkenordnungen werden nach Landesrecht erlassen. Die Vorschriften der Straßenverkehrsordnung über die Kennzeichnung von Droschkenplätzen bleiben unberührt."

Nach der amtlichen Begründung zur Neufassung (VkBl. 1960 S. 455) war die Neufassung „durch die durch das Grundgesetz geänderte Rechtslage erforderlich".

Die Ordnung auf den Droschkenplätzen ist also der landesrechtlichen Regelung vorbehalten. Die Landesregierung setzt die Droschkenordnungen durch Rechtsverordnung fest. Sie kann diese Ermächtigung durch Rechtsverordnung auf die Genehmigungsbehörden, nicht dagegen auf die Gemeinden übertragen. Die Genehmigungsbehörde hat in diesem Fall lediglich den in § 51 Abs. 1 Satz 2 genannten Stellen, darunter der Gemeinde, Gelegenheit zur Stellungnahme zu geben. Vgl. auch Anm. 16.

11. Die **Droschkenordnung** kann insbesondere

a) die Benutzung der Halteplätze zur Pflicht machen,

b) das Bereitstellen an anderen Stellen verbieten,

c) die Reihenfolge der Auffahrt bestimmen,
d) vorschreiben, daß eine Droschke, bis ihr Platz am Halteplatz der Reihenfolge nach wieder frei ist, in der Nähe des Droschkenplatzes warten muß, dabei aber keine Fahrgäste aufnehmen darf (Urteil des BayObstLG vom 9. 7. 1959, PV 1960 S. 141).

12. An dem Droschkenhalteplatz kann sich auch ein Fernsprechapparat befinden, der von dem nächststehenden Fahrer bedient wird, der dann den telephonisch ankommenden Auftrag an das Fahrzeug, das an der Reihe ist, weitergibt. Es können aber auch **telephonische Fahrtenvermittlungen** eingerichtet werden. Das sind Einrichtungen, welche die Verbindung zwischen einer bestimmten Zahl von Verkehrsunternehmern und den Fahrtinteressenten herstellen. Eine solche Fahrtenvermittlung kann von einem einzelnen Unternehmer, der selbst nicht Verkehrsunternehmer ist, betrieben werden, aber auch von den Verkehrsunternehmern selbst in Form einer bürgerlich-rechtlichen Gesellschaft, eines Vereins oder einer Genossenschaft.

Die Telephonzentralen sind in der Auswahl der Verkehrsunternehmer, an die sie Fahrten vermitteln, im Rahmen des bürgerlichen Rechts unbeschränkt. Sie können also ihre Vermittlung insbesondere auf solche Unternehmer beschränken, die bestimmte Beiträge an die Telephonzentrale zahlen. Eine Vorschrift in einer Droschkenordnung, welche die Telephonzentrale verpflichten würde, die eingehenden Aufträge der Reihenfolge nach auf **alle** zugelassenen Droschkenunternehmer zu verteilen, wäre als Eingriff in die bürgerliche Rechtssphäre des Vermittlers rechtswidrig.

Den Fahrtenvermittlungen kann auch nicht verboten werden, Aufträge für Fahrten außer an Kraftdroschken auch an Mietwagenunternehmer zu vermitteln (a. A. Hebel „Bemerkungen zu den telephonischen Fahrtenvermittlungen", PV 1958 S. 226).

13. Gegen die Ausrüstung der Kraftdroschken mit **Funksprechgeräten** bestehen vom Standpunkt des PBefG keine rechtlichen Bedenken. Die technischen Überwachungsaufgaben der Bundesrepublik auf dem Gebiet des Funksprechverkehrs und insbesondere im Hinblick auf die Verteilung der zur Verfügung stehenden Frequenzen werden vom Fernmeldetechnischen Zentralamt in Darmstadt wahrgenommen. Dieses hat mit Schreiben vom 18. 2. 1960 (abgedruckt in PV 1960 S. 91) die maximale Sende-Leistung festgesetzt und deren nachträgliche Herabsetzung in Aussicht gestellt für den Fall, daß die Geräte zu Störungen Veranlassung geben.

Zu Absatz 4:

14. Die **Beförderungsentgelte** werden von der Landesregierung festgesetzt, soweit sie ihre Kompetenz nicht auf die Genehmigungsbehörden übertragen hat. Die Beförderungspflicht endigt im ersteren Fall an den Landesgrenzen, im letzteren an den Grenzen des Bezirks der Genehmigungsbehörde.

Zu Absatz 5:

15. Vergleiche Anm. 9 zu § 45. Wer eine Kraftdroschke an einen Selbstfahrer vermietet, macht sich einer Ordnungswidrigkeit schuldig (§ 61 Abs. 1 Nr. 3e).

16. Die Zuständigkeit zum Erlaß von Droschkenordnungen ist übertragen:

Baden-Württemberg:
den unteren Verwaltungsbehörden

Bayern:
den Genehmigungsbehörden

Freie Hansestadt Bremen:
dem Senator für Häfen, Schiffahrt und Verkehr

Freie und Hansestadt Hamburg:
Senat der Freien und Hansestadt Hamburg

Hessen:
den Genehmigungsbehörden

Nordrhein-Westfalen:
den unteren Verwaltungsbehörden

Rheinland-Pfalz:
den Genehmigungsbehörden

Saarland:
den unteren Verwaltungsbehörden

Schleswig-Holstein:
den Kreisen und kreisfreien Städten.

§ 48

Ausflugsfahrten

(1) Ausflugsfahrten sind Fahrten, die der Unternehmer mit Kraftomnibussen oder Personenkraftwagen nach einem bestimmten, von ihm aufgestellten Plan und zu einem für alle Teilnehmer gleichen und gemeinsam verfolgten Ausflugszweck anbietet und ausführt. Ein Wechsel der Fahrgäste (Unterwegsbedienung) ist unzulässig; jedoch kann die Genehmigungsbehörde für benachbarte Orte oder für Einzelfälle Ausnahmen zur Aufnahme von Fahrgästen gestatten. Die Fahrt muß wieder an den Ausgangsort zurückführen. Die Fahrgäste müssen im Besitz eines für die gesamte Fahrt gültigen Fahrscheins sein, der die Beförderungsstrecke und das Beförderungsentgelt ausweist. Bei Ausflugsfahrten, die als Pauschalfahrten ausgeführt werden, genügt im Fahrschein die Angabe des Gesamtentgelts an Stelle des Beförderungsentgelts.

(2) Die Vorschriften der §§ 21 und 22 sind auf Ausflugsfahrten nicht anzuwenden.

(3) Ausflugsfahrten dürfen nicht so ausgeführt werden, daß sie die öffentlichen Verkehrsinteressen beeinträchtigen; dies ist der Fall, wenn durch Ausflugsfahrten einem Schienen-, Obusverkehr oder Linienverkehr mit Kraftfahrzeugen in erheblichem Umfang Fahrgäste entzogen werden.

Zu Absatz 1:

1. Im bisherigen Recht fehlte es an einer Definition des Ausflugswagenverkehrs. Sie hat sich erst in der Praxis und der Rechtsprechung entwickelt und wurde in dieser Form in das neue Gesetz übernommen. Maßgebend ist der **Ausflugszweck.** Das Wort Ausflug bedeutet seit dem Anfang des 19. Jahrhunderts so viel wie „Vergnügungsfahrt mit Rückkehr zum Ausgangsort“ und ist in dieser Bedeutung zuerst in Campes Wörterbuch der deutschen Sprache (1807) verbucht (s. Kluge, Etymologisches Wörterbuch der deutschen Sprache). Es muß sich also immer um ein Vergnügen handeln, wenn es auch von der belehrenden Art sein kann. Auch die gemeinsame Rückkehr zum Ausgangsort (Abs. 1 Satz 3) ist schon in der Wortbedeutung enthalten.

Wesentlich für den Rechtsbegriff des Abs. 1 ist aber weiter, daß die Initiative zum Ausflug nicht von den Fahrgästen, sondern vom Unternehmer ausgeht; hierzu ist das französische Wort für Reisebüro (Syndicat d' initiative) zu vergleichen. Mietet sich eine Betriebsgemeinschaft einen Omnibus für einen Betriebsausflug, so ist das, weil die Initiative von der Betriebsgemeinschaft ausgeht, keine Ausflugsfahrt, sondern ein Verkehr nach § 49.

2. Werden Ausflugsfahrten in der Weise ausgeführt, daß die Fahrgäste den gemeinsamen Ausflugszweck nur als Vorwand gebrauchen, in Wirklichkeit aber am Zielort sich **verschiedenen** privaten oder geschäftlichen **Verrichtungen** zuwenden, so liegt keine Ausflugsfahrt vor. Daß der Unternehmer den Preis für das Vergnügen, z.B. das Eintrittsgeld für den zu besuchenden Zoo, in den Fahrpreis einrechnet, reicht nicht aus, um den Ausflugscharakter der Fahrt sicherzustellen, insbesondere dann nicht, wenn der Aufpreis so gering ist, daß er von den Fahrgästen nicht als Hinderung empfunden wird, sich gleichwohl am Zielort zu zerstreuen. Der Unternehmer kann sich auch nicht darauf berufen, daß er nicht die Macht habe, die Fahrgäste zusammenzuhalten. Vielmehr muß er Fahrten unterlassen, bei denen er im voraus annehmen muß, daß ein Teil der Gäste den Omnibus nicht um eines gemeinsamen Ausflugs willen, sondern zur Erreichung des Fahrzieles benutzt (Urteil des OLG Oldenburg vom 2. 5. 1956, besprochen von Klatt in PV 1957 Beilage „Der Reiseverkehr“ S. 2).

3. Der Beginn der Ausflugsfahrten ist nicht mehr, wie nach früherem Recht, an den Betriebssitz des Unternehmers gebunden. Die Ausflugsfahrt kann vielmehr **an jedem beliebigen Ort** begonnen werden.

4. Das Entgelt kann für die Fahrt einerseits, die Vergnügungen andererseits gesondert festgesetzt werden. Es kann aber auch ein Gesamtentgelt festgesetzt werden; dann ist die Fahrt eine **Pauschalfahrt.**

Wollte der Unternehmer der Vergnügungen, z.B. ein Kinobesitzer, die Fahrt gratis zur Kinokarte gewähren, so könnte darin ein Verstoß gegen die Zugabeverordnung liegen (Urteil des VGH Baden-Württemberg vom 28. 11. 1957, 1 S 18/57.

Zu Absatz 3:

5. Bei Ausflugsfahrten sind „keine objektiven Zulassungsvoraussetzungen, sondern lediglich **Ausübungsregeln** zulässig. Mit dem vom Ausschuß angefügten letzten Absatz werden solche Ausübungsregeln aufgestellt. Obwohl Abs. 1 bereits eine Umgrenzung der Ausflugsfahrten enthält, sind Ausübungsregeln notwendig, wenn im Einzelfall Ausflugsfahrten nachweisbar so durchgeführt werden, daß sie die öffentlichen Verkehrsinteressen beeinträchtigen“ (so BrückB zu § 48).

6. Zwar handelt nach § 61 Abs. 1 Nr. 3f ordnungswidrig, wer den Vorschriften des Gesetzes über Ausflugsfahrten zuwiderhandelt; dabei ist aber bei den Ausflugsfahrten in Klammern nur auf § 48 Abs. 1, nicht auf Abs. 3 verwiesen. Ein Verstoß gegen § 48 Abs. 3 kann also nicht im Bußgeldverfahren verfolgt werden.

7. Die Genehmigungsbehörde könnte versucht sein, den Inhalt des Abs. 3 als Auflage in die Genehmigungsurkunde aufzunehmen mit der Folge, daß bei Nichteinhaltung der Auflage die Genehmigung nach § 25 Abs. 2 Nr. 2 zurückzunehmen wäre. Dagegen dürften aber verfassungsrechtliche Bedenken bestehen. Es wären nämlich dann objektive Voraussetzungen zwar nicht für die Zulassung zu Ausflugsfahrten statuiert, ihr Vorliegen würde aber zur nachträglichen Eliminierung des Unternehmers aus dieser Verkehrsart führen.

8. Die Vorschrift des Abs. 3 ist im Wege der Aufsicht (§ 54), notfalls des Verwaltungszwangsverfahrens (§ 27) durchzusetzen.

9. Hinter der Vorschrift des Abs. 3 steht die Erkenntnis, daß der Verkehr eine Einheit ist. Das Bundesverfassungsgericht hat aber diese Tatsache nicht akzeptiert.

§ 49

Verkehr mit Mietomnibussen und mit Mietwagen

(1) Verkehr mit Mietomnibussen ist die Beförderung von Personen mit Kraftomnibussen, die nur im ganzen zur Beförderung angemietet werden und mit denen der Unternehmer Fahrten ausführt, deren Zweck, Ziel und Ablauf der Mieter bestimmt. Die Teilnehmer müssen ein zusammengehöriger Personenkreis und über Ziel und Ablauf der Fahrt einig sein.

(2) Die Voraussetzungen des Absatzes 1 Satz 1 sind nicht gegeben, wenn Fahrten unter Angabe des Fahrtziels vermittelt werden. Mietomnibusse dürfen nicht durch Bereitstellen auf öffentlichen Straßen oder Plätzen angeboten werden.

(3) Die Vorschriften der §§ 21 und 22 sind nicht anzuwenden.

(4) Auf die Beförderung mit gemieteten Personenkraftwagen (Mietwagen) sind die Vorschriften der Absätze 1 bis 3 entsprechend anzuwenden. Ein Bereitstellen von Mietwagen, durch das ein droschkenähnlicher Verkehr erreicht wird, ist verboten. Die Art der Werbung darf nicht zur Verwechslung mit dem Kraftdroschkenverkehr führen. Bei Leerfahrten dürfen Fahrgäste nicht aufgenommen werden, es sei denn, daß es sich um eine in der Wohnung oder in den Geschäftsräumen des Unternehmers eingegangene Bestellung auf Abholung von Fahrgästen handelt. Den Kraftdroschken vorbehaltene Zeichen und Merkmale dürfen nicht verwendet werden.

Zu Absatz 1:

1. Bei der Verkehrsart des § 49 handelt es sich darum, daß jemand mit einem Verkehrsunternehmer einen **Werkvertrag** im Sinne des § 631 BGB schließt, kraft dessen der Unternehmer verpflichtet wird, nach Weisung des Vertragspartners eine Fahrt auszuführen. Es wird nicht etwa das Fahrzeug als Sache an den Kunden vermietet; vielmehr stellt der Unternehmer den Fahrer mit Fahrzeug zur Ausführung einer werkvertraglichen Leistung (vgl. Heinze „Mietwagenkonzession und Dauerbeschäftigung“ in PV 1959 S. 232).

Trotzdem hat es der Gesetzgeber für richtig gehalten, an der herkömmlichen Terminologie festzuhalten und von einem „Mietomnibus", einem „Mieter" und einem „Anmieten zur Beförderung" zu sprechen. Man kann die Ausdrücke verwenden, wenn man sich klar bleibt, daß es sich nicht um eine „Miete" im Sinne des BGB handelt.

2. Der Mieter braucht nicht zu den Fahrgästen zu gehören; es kann auch ein Arbeitgeber einen Omnibus für seine Arbeitnehmer mieten. Die Teilnehmer an der Fahrt müssen aber ein **zusammengehöriger Personenkreis** sein (z.B. Verein, Sportklub, Betriebsgemeinschaft) (Urteil des Bayer. VGH vom 15. 5. 1952 Nr. 92 IV 52).

Voraussetzung ist, daß sich der Personenkreis nicht etwa nur zum Zwecke der Fahrt erst zusammengefunden hat, sondern daß er auch abgesehen von der Fahrt durch objektive Merkmale verbunden ist (Urteil des VG Kassel vom 11. 11. 1953, Nr. II 64/53).

Im Gegensatz dazu ist das Bayer. Oberste Landesgericht (Urteil vom 24. 6. 1959, NJW 1960 S. 111) der Meinung, Verkehr mit Mietwagen sei ein „Auffangtatbestand", der im Rahmen des Gelegenheitsverkehrs immer dann vorliege, wenn Verkehr mit Droschken oder Ausflugswagen nicht gegeben sei. Diese irrige Meinung mag durch die Unklarheit der damaligen Rechtslage verursacht gewesen sein; im PBefG 1961 findet sie jedenfalls keine Grundlage.

Stellen die Fahrtteilnehmer einen zusammengehörigen Personenkreis dar und sind sie sich über Ziel und Ablauf der Fahrt einig, so spielt es keine Rolle, ob der Fahrpreis von jedem Fahrgast einzeln oder aber gemeinsam in einer Summe gezahlt wird.

3. Nach dem bisherigen Recht war zum Begriff des Mietwagenverkehrs erfordert, daß **keine Unterwegsbedienung** stattfand (vgl. Oppelt a.a.O. S. 125). Dieses Merkmal ist im Wortlaut des § 49 nicht zum Ausdruck gekommen. Während nach § 48 der Ausflugszweck „gleich und gemeinsam" sein muß, ist in § 49 Abs. 1 Satz 2 nur verlangt, daß sich der Personenkreis über das Ziel der Fahrt einig sein muß, nicht aber, daß das Ziel ein gemeinsames sein müsse. Eine Gemeinschaft kann sich ja auch darüber einig sein, daß Sonderwünsche erfüllt werden.

Gleichwohl lehnt sich die Begriffsbestimmung so eng an den in der Rechtsprechung zum alten PBefG entwickelten Begriff des Mietwagenverkehrs an, daß man nicht annehmen kann, der Gesetzgeber habe absichtlich das Verbot der Unterwegsbedienung fallen gelassen. Dieses wird vielmehr nach wie vor als zusätzliches Merkmal des Mietwagenverkehrs aufrecht zu erhalten sein. Einen Hinweis gibt das Gesetz mit der Forderung, daß der Kraftomnibus nur „im ganzen" zur Beförderung angemietet werden kann. Das schließt nicht aus, daß die einzelnen Mitglieder des zusammengehörigen Personenkreises von ihren Wohnungen abgeholt und nach beendigter Fahrt wieder zu ihren Wohnungen zurückgebracht werden. Wenn sie aber beisammen sind, darf der Unternehmer nicht unterwegs weitere Personen, die nicht zu ihrem Personenkreis gehören, mitfahren lassen.

4. Das Gesetz enthält keine Bestimmungen darüber, ob das Vertragsverhältnis zwischen dem Unternehmer und dem Mieter auch ein dauerndes sein kann. Die Frage ist daher zu bejahen.

5. Die Bundesbahn überläßt manchmal die Bedienung einer Linie, für die sie eine Genehmigung hat, auf Grund eines **Beschäftigungsauftrages** einem Vertragsunternehmer. Ein solches Verhältnis hat nichts mit der Verkehrsart des § 49 gemeinsam. Denn die Verkehrsart des § 49 setzt, wie in Anm. 1 gezeigt, einen **Werk-**

vertrag zwischen dem Verkehrsunternehmer und dem Kunden voraus. Der Vertragsunternehmer steht aber zur Bundesbahn in einem dienstvertragsähnlichen Verhältnis; jedenfalls hat das Vertragsverhältnis nichts mit einem Werkvertrag gemein. Die Beurteilung des Verhältnisses richtet sich nach §§ 2, 3, nicht nach § 49 (vgl. Heinze, „Mietwagenkonzession und Dauerbeschäftigung" in PV 1959 S. 232 und Anm. 9 zu § 2). Die frühere Übung, einem Vertragsunternehmer der Bundesbahn eine Mietwagengenehmigung „nur zur Anmietung durch die Bundesbahn" zu erteilen, war schon nach altem Recht bedenklich und kann mit dem neuen Gesetz keinesfalls mehr in Einklang gebracht werden.

Zu Absatz 2:

6. Wenn ein Reisebüro eine Ausflugsfahrt veranstaltet, bedarf es dazu einer Genehmigung nach § 48. Wird die Ausflugsfahrt vom Verkehrsunternehmer veranstaltet, bedarf dieser der Genehmigung nach § 48. Diese in Anm. 2 zu § 3 näher dargestellte Rechtslage kann durch „Mietverträge" zwischen Reisebüros und Verkehrsunternehmern nicht verwischt werden. Das ist der Inhalt des Abs. 2 Satz 1.

7. Über das Bereitstellen auf öffentlichen Straßen und Plätzen vgl. Anm. 3 zu § 47.

8. Die Beschränkungen des Mietwagenverkehrs sind in Abs. 4 Satz 2—5 erschöpfend aufgezählt. Weitere Beschränkungen kennt das Gesetz nicht. Insbesondere ist es den Mietwagenunternehmern nicht verboten, als Mietwagenunternehmer durch Plakate, Handzettel oder in Telephonbüchern zu werben. Es darf nur keine Verwechslung mit dem Kraftdroschkengewerbe herbeigeführt werden. Es ist dem Mietwagenunternehmer nicht verboten, selbst ein **Telephon** zu haben, das Telephon eines Nachbarn oder Geschäftsfreundes mitzubenützen und dessen Nummer in seiner Werbung anzugeben oder auch sich mit anderen Mietwagenunternehmern zum Betrieb einer Telephonzentrale zusammenzuschließen. Das Gesetz setzt nicht voraus, daß der Mietwagenunternehmer zu seinen Fahrgästen in einem dauernden geschäftlichen Verhältnis stehen müsse (a.A. Hebel „Bemerkungen zu den telephonischen Fahrtenvermittlungen, PV 1958 S. 226). Eine Fahrtenvermittlung ist für Mietwagenunternehmer keineswegs wesensfremd.

9. Es ist dem Mietwagenunternehmer nicht verboten, Fahrtaufträge durch **Funk** entgegenzunehmen, wenn er sich dabei im Rahmen des Mietwagenverkehrs hält.

10. Der Mietwagenverkehr stand früher begrifflich immer in der Nähe des Berufsverkehrs. Das PBefG 1961 hat den Berufsverkehr als Sonderform des Linienverkehrs verselbständigt. Ist aber am 1. 1. 1961 ein Verkehr, den man heute als Berufsverkehr qualifizieren muß, mit einer Mietwagengenehmigung betrieben worden, so kann er bis zum Ablauf dieser Genehmigung als Verkehr nach § 49 weiter betrieben werden (§ 62 Abs. 1 Satz 2).

§ 50

Dauer der Genehmigung

Die Genehmigung für den Gelegenheitsverkehr ist für die Dauer von höchstens vier Jahren zu erteilen.

Eine zeitliche Beschränkung auf eine kürzere Dauer als vier Jahre kann durch die Umstände nicht nur zugelassen, sondern sogar notwendig werden. Das war bezüglich der Droschkengenehmigungen der Fall, die für den **Export-Taxi-Service** erteilt wurden. Diese Droschken dienten dem besonderen Verkehrsbedürfnis der amerikanischen Besatzungsmacht und wurden nicht mit Geld, sondern mit einem für diesen Dienst besonders eingeführten Zahlungsmittel vergütet. Die Genehmigungen waren auf die Zeit zu befristen, für welche die amerikanische Gesellschaft Amexco, welche die genannten Zahlungsmittel annahm, mit den örtlichen ET-Gesellschaften Lizenzverträge geschlossen hatte. Mit der Kündigung der Lizenzverträge zum 30. 11. 1953 erloschen die Genehmigungen nach dem PBefG, die in ihren „Bedingungen und Auflagen" die Dauer der Genehmigung von dem Bestehen des Lizenzvertrags abhängig gemacht hatten (Urteil des Hessischen VGH vom 17. 9. 1958, OS II 125/55).

§ 51

Beförderungsentgelte, Beförderungsbedingungen

(1) Für den Gelegenheitsverkehr mit Kraftdroschken setzt die Landesregierung Beförderungsentgelte und Beförderungsbedingungen durch Rechtsverordnung fest; sie kann diese Ermächtigung durch Rechtsverordnung auf die Genehmigungsbehörden übertragen. Ist die Genehmigungsbehörde ermächtigt, so hat sie vor der Festsetzung der Beförderungsentgelte der zuständigen Gemeindebehörde, den Fachverbänden des Verkehrsgewerbes und der zuständigen Industrie- und Handelskammer Gelegenheit zur Stellungnahme zu geben. Die Vorschriften über Beförderungsentgelte und Beförderungsbedingungen sind in jedem Kraftfahrzeug mitzuführen und dem Fahrgast auf Verlangen vorzulegen. § 39 Abs. 3 ist anzuwenden.

(2) Die Landesregierung kann für den Gelegenheitsverkehr mit Kraftomnibussen durch Rechtsverordnung Beförderungsentgelte und Beförderungsbedingungen festsetzen, soweit nicht Rahmenvorschriften für Beförderungsentgelte nach § 58 Abs. 1 Nr. 5 entgegenstehen oder Beförderungsbedingungen nach § 58 Abs. 1 Nr. 4 festgesetzt sind; Absatz 3 bleibt unberührt. Die Landesregierung kann diese Ermächtigung durch Rechtsverordnung auf die Genehmigungsbehörden übertragen. Ist die Genehmigungsbehörde ermächtigt, so hat sie vor der Festsetzung der Beförderungsentgelte den in Absatz 1 genannten Stellen sowie der zuständigen Oberpostdirektion und Bundesbahndirektion Gelegenheit zur Stellungnahme zu geben.

(3) Im Gelegenheitsverkehr der Deutschen Bundespost und der Deutschen Bundesbahn setzen diese die Beförderungsentgelte unter Beachtung der erlassenen Rahmenvorschriften und die Beförderungsbedingungen selbst fest. Auf Verlangen des Bundesministers für Verkehr ist zu der Festsetzung sein Einvernehmen einzuholen; er hat bei Festsetzung der Beförderungsentgelte den Bundesminister für Wirtschaft zu beteiligen.

1. Früher bestimmte § 32 G 1934, daß die Genehmigungsbehörde für den Droschken- und Ausflugswagenverkehr Beförderungsentgelte und Beförderungsbedingungen festsetze. Die festgesetzten Preise hatten Höchstpreischarakter, konnten also unterschritten werden.

Nach Art. 80 GG können aber nur die Bundesregierung, ein Bundesminister oder die Landesregierungen zum Erlaß von Rechtsverordnungen ermächtigt werden. Die Festsetzung von allgemein geltenden Beförderungsentgelten und Beförderungsbedingungen stellt eine Normsetzung dar, weil die festgesetzten Preise und Bedingungen Rechte und Pflichten für den Staatsbürger begründen (im Gegensatz zu bloßen Verwaltungsvorschriften; vgl. § 59). Die Aufzählung der Bundesregierung, Bundesminister und Landesregierungen ist erschöpfend. An andere Stellen, insbesondere an irgendwelche Landesbehörden, kann der Bundestag keine Rechtsetzungshoheit delegieren. Er kann aber die Landesregierungen ermächtigen, die ihnen übertragene Ermächtigung auf nachgeordnete Behörden weiter zu übertragen. Dies ist in § 51 geschehen. Die Übertragung auf nachgeordnete Behörden kann aber ihrerseits nur im Wege einer Landesverordnung geschehen (Art. 80 Abs. 1 Satz 4 GG).

Zu Absatz 1:

2. Nach § 58 Abs. 1 Nr. 4 kann der BMV mit Zustimmung des Bundesrats Rechtsverordnungen über einheitliche Allgemeine Beförderungsbedingungen für den Gelegenheitsverkehr mit Kraftfahrzeugen erlassen, allerdings „vorbehaltlich des § 51 Abs. 1 Satz 1". Beim Gelegenheitsverkehr mit Kraftfahrzeugen ist also die Landesregierung

a) zur Festsetzung von Beförderungsentgelten und Besonderen Beförderungsbedingungen ausschließlich,

b) zur Festsetzung von Allgemeinen Beförderungsbedingungen neben dem BMV ermächtigt.

3. Für Ausflugsfahrten mit Personenkraftwagen (§ 48) und für den Mietwagenverkehr (§ 49 Abs. 4) besteht keine gesetzliche Ermächtigung zur Festsetzung von Beförderungsentgelten und Beförderungsbedingungen. Auf die Entgelte dieser Beförderungsarten findet die Anordnung der Verwaltung für Wirtschaft Nr. PR 17/49 über Preise für die Beförderung von Personen in Personenkraftwagen vom 12. 3. 1949 (VkBl. 1949 S. 53) Anwendung. Die Anordnung enthält keine Festpreise, sondern Höchstpreise und zwar ist ein Normalpreis von 0,45 DM/km, für schwerere Fahrzeuge von 0,55 DM/km für die Beförderung von zwei Personen, für jede weitere Person ein Zuschlag von 0,05 DM/km zugelassen. Für die Nachtzeit kann ein Nachtzuschlag von 0,20 DM/km erhoben werden. Leerfahrten im Auftrag des Fahrgastes werden nach den ersten 2 km voll berechnet. Außerdem enthält die Anordnung (abgedruckt bei Oppelt a.a.O. S. 179) Bestimmungen über die Berechnung der Wartezeiten, der Vorausbestellung, der Gepäck- und Kleintierbeförderung und der Abwesenheit des Fahrzeugs vom Standort über Nacht.

Eine Übertragung der Ermächtigung auf die Genehmigungsbehörden gemäß Abs. 1 Satz 1, zweiter Halbsatz ist in Schleswig-Holstein vom Kabinett bereits gebilligt. Auch in Baden-Württemberg, Bayern und Hessen ist die Übertragung auf die Genehmigungsbehörden beabsichtigt.

Zu Absatz 2:

4. Nach § 58 Abs. 1 Nr. 4 kann der BMV einheitliche Allgemeine Beförderungsbedingungen für den Gelegenheitsverkehr mit Kraftfahrzeugen festsetzen. Für Beförderungsentgelte im Verkehr mit Kraftomnibussen kann er nach § 58 Abs. 1 Nr. 5 Rahmenvorschriften erlassen. Das Wort „Rahmenvorschriften" bedeutet, daß der

Bundesminister nicht die Entgelte selbst festsetzen, sondern daß er nur Richtlinien geben kann, innerhalb deren den Ländern genügend Spielraum für die ihren besonderen Verhältnissen entsprechenden Regelungen verbleiben muß.

Während die Ermächtigung der Landesregierung im Kraftdroschkenverkehr nach § 51 Abs. 1 Satz 1 der Ermächtigung des BMV nach § 58 Abs. 1 Nr. 4 vorgeht, ist es beim Omnibusverkehr gerade umgekehrt: Hier ist die Ermächtigung der Landesregierung nur subsidiär gegenüber der primären Ermächtigung des BMV nach § 58 Abs. 1 Nr. 4 und 5.

Eine Rechtsverordnung der Landesregierung zur Festsetzung von Beförderungsentgelten und Beförderungsbedingungen nach Abs. 2 Satz 1 ist bis jetzt nur in Hessen beabsichtigt.

Eine Übertragung der Ermächtigung auf die Genehmigungsbehörden gemäß Abs. 2 Satz 2 ist bis jetzt nur in Hessen beabsichtigt.

Zu Absatz 3:

5. Für die Festsetzung ihrer Beförderungsbedingungen sind Bahn und Post zunächst selbst zuständig. Sie unterliegen bezüglich der Beförderungsentgelte einer doppelten Einschränkung. Einmal nämlich müssen sie sich im Rahmen der gem. § 58 Abs. 1 Nr. 5 festgesetzten Rahmenvorschriften halten. Dann aber kann der BMV verlangen, daß sein Einvernehmen eingeholt wird und zwar nicht nur bezüglich der Entgelte, sondern auch bezüglich der Beförderungsbedingungen. „Einvernehmen" bedeutet, daß eine Preisfestsetzung durch Bahn und Post entgegen dem Willen des BMV nicht wirksam zustande kommen kann.

IV. Auslandsverkehr

Vorbemerkung vor § 52

Nach Art. 74 des Vertrages zur Gründung der Europäischen Wirtschaftsgemeinschaft (BGBl. II S. 766) verfolgen die Mitgliedstaaten des Vertrages die Vertragsziele im Rahmen einer **gemeinsamen Verkehrspolitik.** Der Gedanke einer arbeitsteiligen Wirtschaft innerhalb der Europäischen Wirtschaftsgemeinschaft soll neben dem freien Warenverkehr, der Freizügigkeit der Arbeitnehmer und dem freien Kapitalverkehr auch durch die anzustrebende Freiheit des Dienstleistungsverkehrs verwirklicht werden. Als zweiter Leitsatz neben der Freiheit des Dienstleistungsverkehrs ist für die Verkehrspolitik der Ausschluß der Diskriminierung aus Gründen der Staatsangehörigkeit von Bedeutung.

Der freie Dienstleistungsverkehr auf dem Gebiet des Verkehrs ist nach Maßgabe der Bestimmungen der Art. 74—76 des Vertrages zu verwirklichen.

Die **Niederlassungsfreiheit** sichert den Angehörigen der Mitgliedstaaten das Recht, sich in das Aufnahmeland zu begeben, dort ihren Wohnsitz zu nehmen und nach den Grundsätzen der Inländerbehandlung einen Gewerbebetrieb zu eröffnen und auszuüben. Alle dieser Freiheit entgegenstehenden Hindernisse haben die Mitgliedstaaten nach einem besonders ausgearbeiteten Zeitplan abzubauen.

Im Gegensatz zur Niederlassungsfreiheit besagt das Recht des **freien Dienstleistungsverkehrs,** daß der Unternehmer, der seine Niederlassung in seinem Herkunftsland oder in einem anderen Lande behält, seine Tätigkeit vorübergehend in einem dritten Land der Gemeinschaft ausüben darf.

Niederlassungsfreiheit besteht also, wenn ein Angehöriger des Landes X im Lande Y Sitz und Niederlassung seines Straßenverkehrsunternehmens unter den gleichen Bedingungen wie ein Angehöriger dieses Landes errichten und das Gewerbe unter diesen Bedingungen ausüben darf. Freier Dienstleistungsverkehr ist gewährt, wenn die Behörden des Landes Y einen Angehörigen des Landes X unter den gleichen Bedingungen wie einen Angehörigen ihres eigenen Landes zum grenzüberschreitenden Straßenverkehr nach dem oder durch das Land Y oder zum Binnenverkehr im Land Y zulassen, wenngleich der Unternehmer seinen Sitz im Land X behält.

Nach Art. 54 Abs. 1 des Vertrages hat die Kommission dem Rat der Europäischen Wirtschaftsgemeinschaft am 22. 3. 1960 den Entwurf eines allgemeinen Programms zur Aufhebung der Beschränkungen der Niederlassungsfreiheit vorgelegt. Dabei gewinnt die Frage der Bedürfnisprüfung auch vom Standpunkt des Niederlassungsrechts eine besondere Bedeutung. Einerseits muß nämlich vermieden werden, daß sich innerhalb der Gemeinschaft auf Grund des Niederlassungsrechts nur deshalb Sitzverlegungen ergeben, weil in dem einen Land eine Bedürfnisprüfung erfolgt, in dem anderen nicht. Andererseits muß aber auch verhindert werden, daß eine Bedürfnisprüfung im Einzelfall oder eine Kontingentierung die Niederlassungsfreiheit praktisch neutralisiert. Hier setzt für das Verkehrswesen die Aufgabe der Koordinierung der Rechtsvorschriften ein. Sie hat zur Voraussetzung, daß diese Rechtsvorschriften bekannt sind. Dem Bürger der Bundesrepublik, der sich mit den europäischen Zusammenhängen der Personenbeförderung zu Land vertraut machen will, muß daher ein Einblick in die nationalen Gesetzgebungswerke geboten werden. Diesem Zweck soll die nachfolgende Übersicht über den Rechtszustand in den Mitgliedstaaten der Europäischen Wirtschaftsgemeinschaft und in Österreich dienen.

A. Belgien

Der gewerbliche Personenverkehr mit Kraftfahrzeugen ist nach Maßgabe der Verordnung zur Prüfung und Koordinierung der Gesetzgebung für den gewerblichen Personenverkehr mit Kraftfahrzeugen vom 30. Dezember 1946 (VO) in der Fassung des Gesetzes über die Abgaben, die in Anwendung der Regelung für den Verkehr, das Gaststättenwesen, die entgeltliche Beförderung von Personen und Gütern mit Kraftfahrzeugen zu entrichten sind, vom 20. Dezember 1957 geregelt (Arrêté-loi portant révision et coordination de la législation relative au transport rémunéré de personnes par véhicules automobiles, modifié par la loi relative aux redevances à percevoir en application de la réglementation du roulage, de l'hôtellerie, du transport rémunéré de personnes et du transport de choses, par véhicules automobiles — Moniteur Belge vom 20./21. Januar 1947 und vom 10. Januar 1958 —). Ferner gelten die allgemeinen Bedingungen des Königlichen Erlasses vom 20. September 1947 über Omnibuslinien, zeitlich begrenzte Omnibusdienste, besondere Omnibusdienste und Omnibus-Gelegenheitsverkehr (Conditions générales relatives aux services publics d'autobus, aux services d'autobus temporaires, aux services spéciaux d'autobus et aux services d'autocars).

Diese Rechtsvorschriften unterscheiden zwischen

Omnibuslinien (services publics d'autobus),
Besonderen Omnibusdiensten (services spéciaux d'autobus),
Gelegenheitsverkehr mit Omnibussen (services d'autocars),
Taxi- und Mietwagenverkehr (services de taxis ou fiacres automobiles).

Omnibuslinienverkehr ist die regelmäßige Personenbeförderung, die auf einer festgelegten Strecke zwischen zwei Punkten oder als Rundfahrt jedermann zugänglich ist (Kapitel I, Art. 2 A, in Verbindung mit Kapitel II, Art. 3 VO).

Besonderer Omnibusdienst ist die gemeinsame Personenbeförderung mit den allgemeinen Merkmalen des Linienverkehrs, die jedoch ausschließlich bestimmten Gruppen von Personen vorbehalten ist, wie z.B. die Beförderung von Arbeitnehmern zwischen Wohnung und Arbeitsstätte, sofern die Arbeitnehmer die Beförderungskosten ganz oder zum Teil tragen (Kapitel III, Art. 11 VO und Art. 50—55 des Königlichen Erlasses).

Gelegenheitsverkehr mit Omnibussen sind Personenbeförderungen touristischen Charakters unter bestimmten Bedingungen sowie Orts- und Nachbarortsverkehr zu bestimmten Anlässen, die nicht länger als fünfzehn Tage dauern (Kapitel IV, Art. 14 VO und Art. 56 des Königlichen Erlasses).

Taxi- und Mietwagenverkehr sind Personenbeförderungen mit Kraftfahrzeugen, die zur Beförderung von höchstens sechs Personen (ohne Fahrer) bestimmt sind. Die Fahrzeuge müssen auf öffentlichen Wegen oder an anderer Stelle für die Öffentlichkeit bereitgehalten werden (Kapitel VII, Art. 23 VO).

Straßenpersonenverkehr mit Kraftfahrzeugen ist genehmigungspflichtig (Kapitel I, Art. 1 und 2 VO).

Keiner Genehmigung bedürfen besondere Arten des Mietwagenverkehrs, wie z.B. für Reisen, Hochzeiten, Begräbnisse. In diesem Fall dürfen jedoch die Fahrzeuge nicht auf öffentlichen Wegen oder Plätzen bereitgestellt werden (Kapitel VII, Art. 23 Ziff. 4 Abs. 2 und 3 VO).

Für die Erteilung der Genehmigung zum gewerblichen Personenverkehr mit Kraftfahrzeugen müssen folgende Voraussetzungen erfüllt sein:

Omnibuslinien

1. Es muß ein Bedürfnis für den beantragten Verkehr bestehen. In diesem Zusammenhang werden insbesondere auch der Reiseweg und die Tarife geprüft (Kapitel II, Art. 7 VO).

Dabei hat Vorrang
im Orts-, Vororts- und Nachbarortsverkehr der Unternehmer, der bereits den größten Teil der neu beantragten Linie bedient;
bei der Verlängerung der Geltungsdauer einer Genehmigung für eine bestehende Linie grundsätzlich der Unternehmer, der Inhaber der ablaufenden Genehmigung ist (Kapitel II, Art. 9 Ziff. 1—3 VO).

2. Der Antragsteller muß persönlich zuverlässig und wirtschaftlich leistungsfähig sein (Kapitel VI, Art. 21 Abs. 3 VO).

3. Die Fahrzeuge müssen bestimmten technischen Bedingungen genügen (Kapitel VIII, Art. 28 VO).

Besondere Omnibusdienste

1. Es muß ein Bedürfnis für den beantragten Verkehr bestehen. In diesem Zusammenhang erstreckt sich die Prüfung auf den Gesichtspunkt der Koordinierung der Verkehrsträger (Kapitel III, Art. 12 VO).

Dabei hat Vorrang
im Orts-, Vororts- und Nachbarortsverkehr der Unternehmer, der bereits den größten Teil der neu beantragten Linie bedient;

bei der Verlängerung der Geltungsdauer einer Genehmigung für eine bestehende Linie grundsätzlich der Unternehmer, der Inhaber der ablaufenden Genehmigung ist (Kapitel II, Art. 9 Ziff. 1—3 VO).

2. Der Antragsteller muß persönlich zuverlässig und wirtschaftlich leistungsfähig sein (Kapitel VI, Art. 21 Abs. 3 VO).

3. Die Fahrzeuge müssen bestimmten technischen Bedingungen genügen (Kapitel VIII, Art. 28 VO).

Gelegenheitsverkehr mit Omnibussen

1. Es muß ein Bedürfnis für den beantragten Verkehr bestehen (Kapitel IV, Art. 15 VO).

2. Der Antragsteller muß persönlich zuverlässig und wirtschaftlich leistungsfähig sein (Kapitel IV, Art. 15 VO).

3. Die Fahrzeuge müssen bestimmten technischen Bedingungen genügen (Kapitel VIII, Art. 28 VO).

Taxi- und Mietwagenverkehr

1. Für Taxi — nicht für Mietwagen — muß innerhalb der Gemeinde ein Bedürfnis für den beantragten Verkehr bestehen (Kapitel VII, Art. 25 VO).

2. Der Antragsteller muß persönlich zuverlässig und wirtschaftlich leistungsfähig sein (Kapitel VII, Art. 25 VO).

3. Die Fahrzeuge müssen bestimmten technischen Bedingungen genügen (Kapitel VIII, Art. 28 VO).

Das belgische Personenbeförderungsrecht unterscheidet für das Niederlassungsrecht weder bei der Genehmigung noch bei den Genehmigungsvoraussetzungen nach Inländern und Ausländern.

B. Frankreich

Der gewerbliche (öffentliche) Personenverkehr mit Kraftfahrzeugen ist nach Maßgabe des Art. 7 des Gesetzes über verschiedene wirtschaftliche und finanzielle Regelungen (Loi relative à diverses dispositions d'ordre économique et financier) vom 5. Juli 1949 (Journal Officiel vom 6. Juli 1949) und der Verordnung (VO) über die Koordinierung und Harmonisierung des Eisenbahn- und Straßenverkehrs (Décret relatif à la coordination et l'harmonisation des transports ferroviaires et routiers) vom 14. November 1949 (Journal Officiel vom 15. November 1949) geregelt. Diese Verordnung ist mehrfach geändert und ergänzt, für den gewerblichen Personenverkehr insbesondere durch die Verordnung vom 20. Mai 1960 (Journal Officiel vom 21. Mai 1960). Im übrigen gelten noch Vorschriften der Verordnung über die Koordinierung des Eisenbahn- und Straßenverkehrs (Décret relatif à la coordination des transports ferroviaires et routiers) vom 12. Januar 1939 (Journal Officiel vom 19. Januar 1939).

Die Rechtsvorschriften unterscheiden zwischen Linienverkehr (services réguliers) und Gelegenheitsverkehr (services occasionnels).

Linienverkehr ist die regelmäßige Beförderung von Personen auf einer bestimmten Strecke mit festgelegten Punkten zum Ein- und Aussteigen der Fahrgäste, die an bestimmten Tagen nach einem vorher veröffentlichten Fahrplan ausgeführt wird. Gewisse regelmäßige Beförderungen können auch besonderen Gruppen von Fahrgästen vorbehalten sein, wie z. B. Passagieren von Luftfahrtunternehmen auf dem Wege vom und zum Flugplatz, Schülern oder Arbeitnehmern (Art. 3 § 2a VO 1949).

Gelegenheitsverkehr ist die jedermann zugängliche Beförderung von Personen, die die Fahrgäste — vorbehaltlich besonderer Vorschriften des Verkehrsplans — an den Ausgangspunkt zurückführen. Gelegenheitsverkehr ist auch die einer bestimmten Person oder einer Gruppe von Personen ausschließlich zugängliche Beförderung (Art. 3 § 2b VO 1949).

Sammeltaxenverkehr (jedermann zugängliche Beförderung von Personen in Fahrzeugen mit höchstens sechs Sitzplätzen ausschließlich Führersitz) ist je nachdem, welche Merkmale gegeben sind, Linien- oder Gelegenheitsverkehr (Art. 3 § 2c VO 1949).

Linien- und Gelegenheitsverkehr darf nur betreiben, wer in dem im Verordnungswege aufgestellten Verkehrsplan des Departements aufgenommen ist (Art. 5 VO 1949).

Den innerstädtischen Verkehr genehmigen die Gemeinden.

In den Verkehrsplan müssen folgende Unternehmer als zum Verkehr berechtigt aufgenommen werden:

1. Die Unternehmer, die in Verkehrspläne eingetragen waren, welche vor dem 1. September 1939 vorgelegt waren (Art. 5 VO 1949);
2. die Unternehmer, die im Falle, daß ein Verkehrsplan noch nicht vorgelegt war, vor dem 1. September 1939 nach Maßgabe der damals geltenden Rechtsvorschriften Personenverkehr ausgeführt haben (Art. 5 VO 1949);
3. die Unternehmer, die nach dem 1. September 1939 eine Genehmigung für den Personenverkehr erhalten haben (Art. 5 VO 1949);
4. die Unternehmer, die Schienenersatzverkehr betreiben (Art. 5 VO 1949).

Andere Unternehmen können zum Verkehr nur zugelassen werden, wenn der Verkehrsplan für das Departement entsprechend dem Verkehrsbedürfnis im Verordnungswege erweitert wird (Art. 4 VO 1949).

Personen, die gewisse Vorstrafen erhalten haben, können von der Zulassung zum Verkehr ausgeschlossen werden (Gesetz vom 30. August 1947).

Unternehmen des öffentlichen Straßenpersonenverkehrs können nur von französischen Staatsangehörigen betrieben werden oder von Gesellschaften, die dem französischen Recht unterliegen und die in bezug auf ihren Sitz und die Staatsangehörigkeit der zur Geschäftsführung bestellten Personen französisch sind (Art. 148 VO 1939).

Ausnahmen von dieser Beschränkung können für Ausländer zugelassen werden, die bereits am 21. April 1934 in Frankreich öffentlichen Verkehr betrieben haben, soweit sie einem Staat angehören, der Gegenseitigkeit gewährt (Art. 148 VO 1939).

C. Italien

Der gewerbliche Personenverkehr mit Kraftfahrzeugen ist nach Maßgabe des Gesetzes Nr. 1822 über den Personenlinienverkehr (Legge autoservizi di linea per viaggiatori) vom 28. September 1939 und der Königlichen Verordnung Nr. 1740 (Testo Unico delle norme per la Tutela delle strade e per la circolazione — VO —) vom 8. Dezember 1933 geregelt. Dazu gilt auch die Verordnung des Präsidenten der Republik Nr. 771 vom 28. Juni 1955.

Die Rechtsvorschriften unterscheiden zwischen

Linienverkehr (autoservizio di linea),
Mietwagenverkehr (autoservizio da rimessa),
Taxenverkehr (autoservizio da piazza).

Linienverkehr ist die regelmäßige Beförderung von Personen mit Kraftfahrzeugen auf einer festgelegten Strecke (Art. 1 des Gesetzes).

Mietwagenverkehr ist die Beförderung von Personen mit Kraftfahrzeugen, die nicht auf öffentlichen Wegen und Plätzen zum Verkehr bereitgehalten werden (Art. 113 VO).

Taxenverkehr ist die Beförderung von Personen mit Kraftfahrzeugen, die auf öffentlichen Wegen und Plätzen zum Verkehr bereitgehalten werden (Art. 113 VO).

Gewerblicher Straßenpersonenverkehr ist genehmigungspflichtig (Art. 1 des Gesetzes, Art. 113 VO).

Für die Erteilung der Genehmigung zum Straßenpersonenverkehr mit Kraftfahrzeugen müssen folgende Voraussetzungen erfüllt sein:

Linienverkehr

1. Es haben Vorrang:

— ein anderes Unternehmen z. B. des Eisenbahn-, Straßenbahn- oder Schiffsverkehrs, wenn es vorher diese Verkehrsverbindung bedient hat;

— die benachbarten Unternehmen des Linienverkehrs.

2. Der Antragsteller muß persönlich zuverlässig sein (Art. 1 des Gesetzes).
3. Der Antragsteller muß fachlich geeignet sein (Art. 1 des Gesetzes).
4. Der Antragsteller muß finanziell leistungsfähig sein (Art. 1 des Gesetzes).

Mietwagenverkehr

1. Die von der Gemeindebehörde im Einvernehmen mit der Außenstelle des Verkehrsministeriums festgesetzte Höchstzahl der Kraftfahrzeuge des Mietwagenverkehrs darf nicht überschritten sein (Art. 113 VO).
2. Der Antragsteller muß persönlich zuverlässig sein (Ermächtigung: Art. 113 VO).
3. Der Antragsteller muß fachlich geeignet sein (Ermächtigung: Art. 113 VO).
4. Der Antragsteller muß finanziell leistungsfähig sein (Ermächtigung: Art. 113 VO).

Taxenverkehr

1. Die von der Gemeindebehörde im Einvernehmen mit der Außenstelle des Verkehrsministeriums festgesetzte Höchstzahl der Taxen darf nicht überschritten sein (Art. 113 VO).
2. Der Antragsteller muß persönlich zuverlässig sein (Ermächtigung: Art. 113 VO).
3. Der Antragsteller muß fachlich geeignet sein (Ermächtigung: Art. 113 VO).
4. Der Antragsteller muß finanziell leistungsfähig sein (Ermächtigung: Art. 113 VO).

Die Rechtsvorschriften unterscheiden für das Niederlassungsrecht weder bei der Genehmigung noch bei den Genehmigungsvoraussetzungen nach Inländern und Ausländern.

D. Luxemburg

Für den Omnibuslinienverkehr gilt die Königlich-Großherzogliche Verordnung über die Regelung der Dienste mit öffentlichen Straßenverkehrsmitteln (Arrêté portant règlement sur le service des moyens publics de transport par terre) vom 24. November 1829 (Journal Officiel du Royaume des Pays-Bas, Band 24, Nr. 73).

Auf den Gelegenheitsverkehr wird die Großherzogliche Verordnung über die gewerberechtliche Genehmigungspflicht für bestimmte Berufe (Arrêté grand-ducal soumettant l'exercice de certaines professions à une autorisation gouvernementale) vom 14. August 1934 angewandt.

Omnibuslinienverkehr ist die jedermann zugängliche Beförderung von Personen zwischen bestimmten Punkten, auf einer bestimmten Strecke nach einem Fahrplan und nach einem Festtarif (Art. II und VI der Verordnung von 1829).

Gelegenheitsverkehr ist die jedermann zugängliche Beförderung von Personen innerhalb einer Gemeinde oder zwischen Nachbarorten, zu bestimmten Anlässen und zu unregelmäßigen Zeiten (Art. III der Verordnung von 1829).

Der Omnibuslinienverkehr unterliegt einer besonderen verkehrsrechtlichen Genehmigungspflicht (Art. I der Verordnung von 1829).

Der Gelegenheitsverkehr ist nach allgemeinen gewerblichen Gesichtspunkten genehmigungspflichtig (Art. I der Verordnung von 1934).

Für die Erteilung der Genehmigung zum gewerblichen Personenverkehr mit Kraftfahrzeugen müssen folgende Voraussetzungen erfüllt sein:

Omnibuslinienverkehr

1. Es muß gewährleistet sein, daß das Unternehmen der öffentlichen Ordnung entspricht (Art. VII der Verordnung von 1829).
2. Die luxemburgischen Eisenbahnen (CFL) haben für die Omnibuslinie gegenüber jedem anderen Antragsteller Vorrang (Art. 4 des Pflichtenheftes der CFL zum Eisenbahngesetz vom 16. Juni 1947).

Gelegenheitsverkehr

Der Antragsteller muß persönlich und beruflich zuverlässig sein (Art. 4 Abs. 2 der Verordnung von 1934).

Die Rechtsvorschriften unterscheiden für das Niederlassungsrecht weder bei der Genehmigung noch bei den Genehmigungsvoraussetzungen nach Inländern und Ausländern. Allerdings sind Ausländer — mit Ausnahme belgischer Staatsangehöriger —, was die Geltungsdauer der Genehmigung angeht, gegenüber Luxemburgern benachteiligt. Für sie werden die Genehmigungen nur für die Dauer eines Jahres erteilt, während Luxemburger und Belgier Genehmigungen mit längerer Geltungsdauer erhalten können (Art. 6 in Verbindung mit Art. 5 und 7 der Verordnung von 1934).

E. Niederlande

Der gewerbliche Personenverkehr mit Kraftfahrzeugen ist nach Maßgabe des Gesetzes über den Personenverkehr mit Kraftfahrzeugen (Wet Autovervoer Personen — WAP) vom 24. Juni 1939 (Staatsblad S. 527) in der Fassung der Gesetze vom 24. November 1949 (Staatsblad S. Nr. J. 510) und vom 2. April 1958 (Staatsblad S. Nr. 226) sowie des Beschlusses über die Richtlinien für die Kommission für die Genehmigung des Personenverkehrs (Commissie Vergunningen Personenvervoer) vom 23. August 1950 (Staatsblad Nr. K. 373) und des Beschlusses zur Durchführung des Gesetzes für die Personenbeförderung (Besluit tot uitvoering van de Wet Autovervoer Personen — UAP —) vom 10. August 1939 (Staatsblad S. 564) in der Fassung vom 6. August 1947 (Staatsblad S. Nr. 297), 13. August 1949 (Staatsblad S. Nr. J. 391) und 1. März 1950 (Staatsblad S. Nr. K. 57) geregelt.

Das Gesetz über den Personenverkehr mit Kraftfahrzeugen unterscheidet zwischen

Omnibuslinienverkehr (autobusdiensten),
Gruppenbeförderungen (groepsvervoer),
Gelegenheitsverkehr (ongeregeld vervoer),
Touristenfahrten (tourwagenritten),
Mietwagenverkehr (huurauto's).

Omnibuslinienverkehr ist die nach einem Fahrplan ausgeführte entgeltliche Beförderung von Personen mit Omnibussen und Personenwagen, die weder Gruppenbeförderung noch Touristenfahrt ist (§ 1 Art. 1g WAP).

Gruppenbeförderung ist die Beförderung bestimmter Gruppen von Personen mit Omnibussen oder Personenwagen nach einem Fahrplan und gegen Entgelt, soweit dieser Verkehr keine „Touristenfahrt" ist (§ 1 Art. 1h WAP).

Gelegenheitsverkehr ist die nicht nach einem Fahrplan ausgeführte Beförderung von Personen mit Omnibussen, soweit dieser Verkehr keine „Touristenfahrt ist" (§ 1 Art. 1i WAP).

Touristenfahrten sind die mit oder ohne Fahrplan ausgeführten Fahrten, die gegen Entgelt mit Omnibussen — oder in Zusammenhang mit solchen Fahrten — mit Personenwagen ausgeführt werden und deren Zweck nicht in einer bloßen Personenbeförderung zwischen bestimmten Orten besteht (§ 1 Art. 1k WAP).

Mietwagenverkehr ist die Beförderung von Personen mit Personenwagen gegen Entgelt, die weder Linienverkehr, Gruppenbeförderung noch Touristenfahrt ist (§ 1 Art. 1l WAP).

Ein Personenwagen ist ein Kraftfahrzeug, das zur Beförderung von höchstens acht Personen (ausschließlich Fahrer) bestimmt ist (§ 1 Art. 1f WAP).

Ein Omnibus ist ein Kraftfahrzeug, das zur Beförderung von mehr als acht Personen (ausschließlich Fahrer) bestimmt ist (§ 1 Art. 1e WAP).

Gewerblicher Straßenpersonenverkehr ist genehmigungspflichtig (§ 1 Art. 4 WAP).

Die Genehmigung für den Linienverkehr und für die Gruppenbeförderung kann für ein bestimmtes Gebiet oder für bestimmte Linien, die Genehmigung für Gruppenbeförderung darüber hinaus auch für Fahrten für einen bestimmten Zweck erteilt werden (§ 3 Art. 13 Abs. 1a und b WAP und § 4 Art. 26 Abs. 2 WAP).

Im Gelegenheitsverkehr und bei Touristenfahrten ist neben der Genehmigung grundsätzlich für jede Beförderung eine behördliche Zustimmung erforderlich (§ 6 Art. 42 und 43 WAP).

Für die Erteilung der Genehmigung zum gewerblichen Personenverkehr mit Kraftfahrzeugen müssen folgende Voraussetzungen erfüllt sein:

Omnibusverkehr

Das geplante Unternehmen muß einer gleichmäßigen und angemessenen Befriedigung der Verkehrsnachfrage dienen (§ 3 Art. 12 Ziff. 7 — Art. 20 Abs. 1 WAP).

Gruppenbeförderungen

1. Das geplante Unternehmen darf den allgemeinen Verkehrsinteressen nicht zuwiderlaufen (§ 4 Art. 27 WAP).

2. Der beantragte Verkehr darf nicht parallel zu einem bestehenden Linienverkehr laufen; in diesem Falle hat der Unternehmer des Linienverkehrs den Vorrang (II C des Beschlusses über die Richtlinien für die Commissie Vergunningen Personenvervoer).

Gelegenheitsverkehr

Es muß ein Verkehrsbedürfnis bestehen, das ggf. statistisch zu ermitteln ist (II D des Beschlusses über die Richtlinien für die Commissie Vergunningen Personenvervoer).

Touristenfahrten

Es muß ein Verkehrsbedürfnis bestehen, das ggf. statistisch zu ermitteln ist (II D des Beschlusses über die Richtlinien für die Commissie Vergunningen Personenvervoer).

Mietwagenverkehr

Das Fahrzeug muß in ein Mietwagenregister der Gemeinde eingetragen sein (§ 7 Art. 48 WAP).

Das niederländische Personenbeförderungsrecht unterscheidet für das Niederlassungsrecht weder bei der Genehmigung noch bei den Genehmigungsvoraussetzungen nach Inländern und Ausländern.

F. Österreich

Der gewerbliche Personenverkehr mit Kraftfahrzeugen ist in Österrecich geregelt durch das Bundesgesetz vom 2. 4. 1952 betreffend die linienmäßige Beförderung von Personen zu Lande mit Kraftfahrzeugen (ÖKflG) und durch das Bundesgesetz vom gleichen Tage über die nichtlinienmäßige gewerbsmäßige Beförderung von Personen zu Lande (ÖGelVG).

Diese Rechtsvorschriften unterscheiden zwischen Kraftfahrlinien, Ausflugswagen-Gewerbe einschließlich Stadtrundfahrtengewerbe (mit Omnibussen), Mietwagen-Gewerbe mit Omnibussen, Personenkraftwagen oder Lastkraftwagen, Platzfuhrwerks-Gewerbe = Taxigewerbe (mit Personenkraftwagen), Hotelwagen-Gewerbe.

Der Betrieb einer Kraftfahrlinie ist die dem öffentlichen Verkehr dienende, planmäßige entgeltliche Beförderung von Personen mit Kraftfahrzeugen zwischen bestimmten Punkten (§ 1 ÖKflG). Ausflugswagen-Gewerbe ist die Personenbeförderung mit Omnibussen (Kraftstellwagen), die zu jedermanns Gebrauch unter Einzelvergebung der Sitzplätze an öffentlichen Orten bereitgehalten oder angeboten werden. Ein auf das Gebiet einer Gemeinde beschränktes Ausflugswagen-Gewerbe heißt Stadtrundfahrten-Gewerbe (§ 3 lit. a. ÖGelVG).

Mietwagen-Gewerbe ist die Beförderung eines geschlossenen Teilnehmerkreises mit Kraftfahrzeugen (Omnibussen, Personenkraftwagen oder Lastkraftwagen) unter Beistellung des Lenkers auf Grund besonderer Aufträge (Bestellungen) (§ 3 lit. b. ÖGelVG).

Platzfuhrwerks-Gewerbe (Taxi-Gewerbe) ist die Personenbeförderung mit Personenkraftwagen, die zu jedermanns Gebrauch an öffentlichen Orten bereitgehalten werden (§ 3 lit. c. ÖGelVG).

Hotelwagen-Gewerbe ist die Beförderung von Wohngästen (Pfleglingen) und der Bediensteten von Gaststätten mit Fremdenbeherbergung, Heilanstalten, Erholungsheimen und dergleichen durch Kraftfahrzeuge dieser Unternehmen vom eigenen Betrieb zu den nächsten in Betracht kommenden Aufnahmestellen des öffentlichen Verkehrs und umgekehrt.

Sowohl der Kraftfahrlinienverkehr wie die aufgeführten Arten des Gelegenheitsverkehrs sind konzessionspflichtig (§ 1 ÖKflG; § 2 ÖGelVG).

Keiner Konzession bedürfen besondere Arten des Linienverkehrs, nämlich

1. die Kraftfahreinrichtungen, die ein Unternehmer zur Beförderung lediglich der eigenen Angestellten und Arbeiter ausschließlich von oder zur Arbeitsstätte oder innerhalb dieser unterhält;

2. die Landkraftposten, das sind Kraftfahreinrichtungen der Post, die mit posteigenen Fahrzeugen und mit höchstens vier Sitzplätzen ausschließlich des Fahrersitzes betrieben werden und in planmäßig vorgesehenen Postkursen der Postbeförderung dienen.

Die Konzession für die Kraftfahrlinie kann erteilt werden, wenn

a) der Bewerber zuverlässig und geeignet ist und die Sicherheit des Betriebs und die Leistungsfähigkeit des Unternehmens gewährleistet sind;

b) der Bewerber die österreichische Staatsbürgerschaft besitzt oder im Falle einer juristischen Person seinen Sitz im Inland hat;

c) ein entsprechendes Verkehrsbedürfnis vorhanden ist;

d) die Art der Linienführung eine zweckmäßige und wirtschaftliche Befriedigung des in Betracht kommenden Verkehrsbedürfnisses gewährleistet und

e) das Unternehmen auch sonst öffentlichen Interessen nicht zuwiderläuft. Dieser Ausschließungsgrund liegt insbesondere dann vor, wenn

aa) die neue Kraftfahrlinie auf Straßen durchgeführt werden soll, die sich aus Gründen der Verkehrssicherheit oder wegen ihres Bauzustandes für diesen Verkehr nicht eignen, oder

bb) der beantragte Kraftfahrlinienverkehr die Erfüllung der Verkehrsaufgaben durch die Verkehrsunternehmer, in deren Verkehrsbereich die neue Linie ganz oder teilweise fällt, zu gefährden geeignet ist, oder

cc) der beantragte Kraftfahrlinienverkehr einer dem öffentlichen Bedürfnis mehr entsprechenden Ausgestaltung des Verkehrs durch die Verkehrsunternehmer, in deren Verkehrsbereich die neue Linie ganz oder teilweise fällt, vorgriffe und einer von diesen die notwendige Verbesserung der Verkehrsbedienung innerhalb einer von der Konzessionsbehörde festzusetzenden angemessenen Frist von höchstens sechs Monaten vornimmt.

Die Konzession für einen Gelegenheitsverkehr darf nur erteilt werden, wenn die Erfordernisse zum Antritt eines konzessionierten Gewerbes (§ 23 Abs. 1 ÖGewO) erfüllt und ein Bedarf nach der Gewerbeausübung sowie die Leistungsfähigkeit des Betriebs gegeben sind. Ein Bedarf nach der Ausübung des Ausflugswagengewerbes ist jedenfalls dann nicht gegeben, wenn die im näheren Umkreis des in Aussicht genommenen Standortes bestehenden Unternehmen zur Veranstaltung von Gesellschaftsfahrten durch Inanspruchnahme eines Mietwagen-Gewerbes den gegebenen Anforderungen nachkommen können. Mit dem Hinweis auf § 23 ÖGewO charakterisiert das Gesetz den Gelegenheitsverkehr mit Omnibussen als ein Gewerbe, zu dessen Beginn der Nachweis der Verläßlichkeit in bezug auf das Gewerbe erforderlich ist. Im Gegensatz zur Bundesrepublik ist das System der konzessionspflichtigen Gewerbe in Österreich kodifiziert (s. den „Spiegel der konzessionierten Gewerbe" bei Schwiedland a. a. O. S. 312).

§ 52

Grenzüberschreitender Verkehr

(1) Für die Beförderung von Personen im grenzüberschreitenden Verkehr mit Kraftfahrzeugen durch Unternehmer, die ihren Betriebssitz im Inland oder

Ausland haben, gelten, soweit nichts anderes bestimmt ist, die Vorschriften dieses Gesetzes und die hierzu erlassenen Rechtsverordnungen.

(2) Die nach diesem Gesetz erforderliche Genehmigung eines grenzüberschreitenden Linienverkehrs erteilt für die deutsche Teilstrecke der Bundesminister für Verkehr im Benehmen mit der von der Landesregierung bestimmten Behörde, für Anträge der Deutschen Bundespost auch im Benehmen mit dem Bundesminister für das Post- und Fernmeldewesen.

(3) Die von der Landesregierung bestimmte Behörde läßt das Anhörverfahren nach § 14 durchführen und leitet das Ergebnis mit ihrer Stellungnahme dem Bundesminister für Verkehr zu. In der Genehmigung ist die zuständige Aufsichtsbehörde zu bestimmen.

(4) Einer Genehmigung für den grenzüberschreitenden Gelegenheitsverkehr von Unternehmern, die ihren Betriebssitz im Ausland haben, bedarf es nicht, soweit entsprechende Übereinkommen mit dem Ausland bestehen. Besteht ein solches Übereinkommen nicht oder soll abweichend von den Bedingungen des Übereinkommens grenzüberschreitender Gelegenheitsverkehr ausgeführt werden, so kann der Bundesminister für Verkehr entsprechenden Anträgen stattgeben.

(5) Im kleinen Grenzverkehr (Zollgrenzbezirk) tritt an die Stelle des Bundesministers für Verkehr die von der Landesregierung bestimmte Behörde.

(6) Die Grenzzollstellen sind berechtigt, Kraftfahrzeuge, die im Ausland oder in den unter ausländischer Verwaltung stehenden Gebieten des Deutschen Reichs nach dem Stand vom 31. Dezember 1937 zugelassen sind, zurückzuweisen, wenn nicht die erforderliche Genehmigung, deren Mitführung vorgeschrieben ist, vorgelegt wird.

1. „Bei der Frage, wo die Grenze für die Liberalisierung des internationalen Straßenverkehrs liegt, muß man sich auch folgendes klar machen: Die Verkehrsunternehmungen und die Touristen gehen immer mehr dazu über, beim Fahren in fremde Länder den Treibstoff und die Nahrungsmittel aus dem eigenen Land mitzunehmen. Vielfach besuchen sie auf ihren Reisen auch keine Gasthäuser oder Hotels im fremden Staatsgebiet, sondern übernachten in mitgebrachten Zelten. Sie bringen also kaum Devisen in das besuchte Ausland und geben den Einwohnern dieses Gebietes auch sonst kaum die Möglichkeit, am internationalen Touristenverkehr zu verdienen. Auf der anderen Seite sehen es aber die Teilnehmer am internationalen Straßenverkehr als selbstverständlich an, daß der fremde Staat ihnen seine Straßen unentgeltlich zur Benützung bereitstellt und daß er sie auch für den internationalen Straßenverkehr mit unterhält und sichert. Die Staaten würden auf diese unerwünschten Erscheinungen keinen Wert legen, wenn sich der internationale Straßenverkehr gleichmäßig auf die einzelnen Staatsgebiete verteilen ließe. Das ist aber nicht der Fall." (Haustein a. a. O. S. 88).

2. Der Binnenverkehrsausschuß der Wirtschaftskommission für Europa (ECE) hat auf der Tagung vom 2. bis 5. 12. 1947 in Genf einen Beschluß gefaßt, der als „Vertrag über die Beseitigung der Beschränkungen in der Freiheit des Straßenverkehrs" bezeichnet wird, in Wirklichkeit aber aus mehreren Verträgen bestand, die inhaltlich keineswegs übereinstimmten, sondern teils nur den Personenverkehr,

teils nur den Güterverkehr, teils beide zusammen betrafen. Bezüglich des internationalen Fremdenverkehrs verpflichteten sich 14 Regierungen, ihm die **„Freiheit der Straße“** — unter diesem Schlagwort ist das Abkommen seither bekannt — einzuräumen. Danach dürfen Touristenfahrten auf der Straße ohne besondere Genehmigung des anderen Staates durchgeführt werden unter der Voraussetzung,

a) daß die gleichen Personen im gleichen Kraftfahrzeug während der ganzen Reise, die im gleichen Land beginnen und enden muß, befördert werden, oder

b) daß die gleichen Personen im gleichen Kraftfahrzeug befördert werden und die Reise in einem See- oder Lufthafen eines Landes beginnt und in einem anderen derartigen Hafen in einem anderen Land endet und das Kraftfahrzeug leer an den Ausgangsort zurückkehrt.

Das Abkommen „Freiheit der Straße“ wurde am 10. 12. 1947 abgeschlossen und ist seit 1949 unbefristet in Kraft. Die Bundesrepublik ist ihm am 1. 1. 1951 als vollberechtigtes Mitglied beigetreten.

3. Durch § 58 Abs. 1 Nr. 3 ist der Bundesminister für Verkehr ermächtigt, mit Zustimmung des Bundesrates Rechtsverordnungen zu erlassen, durch die der grenzüberschreitende Verkehr abweichend von den Vorschriften des PBefG geregelt wird, soweit dies zur Durchführung internationaler Übereinkommen erforderlich ist.

Zu Absatz 1:

4. Grundsatz ist, daß im grenzüberschreitenden Verkehr sowohl die Beförderung von Personen durch einen ausländischen Unternehmer wie durch einen inländischen Unternehmer der Genehmigung nach dem PBefG bedarf und zwar der Genehmigung für die jeweilige Verkehrsart. Auch die Vorschriften über die Gewerbeausübung der Verkehrsunternehmer gelten sowohl für ausländische wie für inländische Unternehmer. Die Zulassung zum grenzüberschreitenden Linienverkehr ist in Abs. 2 und 3, die zum grenzüberschreitenden Gelegenheitsverkehr in Abs. 4 und 5 geregelt.

Zu Absatz 2:

5. Für die deutsche Teilstrecke eines grenzüberschreitenden Linienverkehrs, sei es ein inländischer oder ein ausländischer Unternehmer, erteilt der Bundesminister für Verkehr die Genehmigung nach dem PBefG. Dies steht im Einklang mit den bestehenden internationalen Verträgen. Sie sind in ihrer vereinbarten Fassung im VkBl. 1955 S. 588ff. abgedruckt. Die Verträge wurden nur kurzfristig geschlossen und werden immer wieder verlängert. Sie sind mit Ausnahme der Vereinbarungen mit Belgien heute noch gültig. Die zur Zeit gültigen Vereinbarungen mit Belgien sind im Bundesanzeiger 1960 Nr. 80 veröffentlicht. Nachfolgend wird als Hauptbeispiel der Vertrag mit Österreich vom 27. 6. 1951 herangezogen, weil er zur Zeit des Manuskriptabschlusses wenigstens bis 31. 1. 1962 verlängert war. § 1 des Vertrages bestimmt:

„(1) Im grenzüberschreitenden Linienverkehr bedürfen Unternehmer der nach den gesetzlichen Bestimmungen jedes der beiden Staaten erforderlichen Berechtigung (Genehmigung, Konzession) durch die zuständigen Behörden.

(2) Die Berechtigung (Genehmigung, Konzession) soll erst erteilt werden, wenn über die Notwendigkeit und Zweckmäßigkeit einer Linie Einverständnis zwischen den Vertragschließenden besteht und wenn die Gegenseitigkeit gewahrt ist. In entsprechender Weise ist zu verfahren, wenn eine bestehende Linie eingestellt wird. Bei Wahrung der Gegenseitigkeit ist der gesamte grenzüber-

schreitende Linienverkehr zwischen den Vertragschließenden zu berücksichtigen.

(3) Anträge auf Einrichtung eines Linienverkehrs für die Teilstrecke in dem anderen Staate sind bei der zuständigen Behörde als Heimatstaat einzureichen; die Anträge sind alsdann mit einer Stellungnahme der Obersten Verkehrsbehörde des Heimatstaates dem anderen Vertragschließenden unmittelbar zu übersenden."

6. Der Bundesminister für Verkehr entscheidet nicht „im Einvernehmen", sondern nur „im Benehmen" mit der von der Landesregierung bestimmten Behörde, bei Anträgen der Bundespost mit dem Bundespostminister. Der Bundesverkehrsminister ist an das Votum der Stellen, mit denen er das Benehmen herzustellen hat, nicht gebunden.

7. Von der Landesregierung bestimmte Behörden:

Baden-Württemberg:
Abs. 2 und 3: Innenministerium
Abs. 5: Regierungspräsidium

Bayern:
Abs. 2 und 3: Staatsministerium für Wirtschaft und Verkehr
Abs. 5: Regierung

Freie Hansestadt Bremen:
Senator für Häfen, Schiffahrt und Verkehr

Freie und Hansestadt Hamburg:
Behörde für Wirtschaft und Verkehr

Hessen:
Ministerium für Wirtschaft und Verkehr

Niedersachsen:
Abs. 2: Minister für Wirtschaft und Verkehr
Abs. 3: Regierungspräsident/Verwaltungspräsident
Abs. 5: Genehmigungsbehörden

Nordrhein-Westfalen:
Abs. 2 und 3: Minister für Wirtschaft, Mittelstand und Verkehr
Abs. 5: Regierungspräsident

Rheinland-Pfalz:
Abs. 2 und 3: Ministerium für Wirtschaft und Verkehr
Abs. 5: Bezirksregierungen

Saarland:
Ministerium für Wirtschaft, Verkehr und Landwirtschaft

Schleswig-Holstein:
Minister für Wirtschaft und Verkehr

Zu Absatz 3:

8. In dem Anhörverfahren sind die in § 14 Abs. 1 Nr. 2 genannten Stellen zu hören. Soweit sie nach § 15 Abs. 1 Satz 3 zustellungsberechtigt sind, ist ihnen die Entscheidung des Bundesministers für Verkehr zuzustellen. Gegen die Entscheidung ist die Anfechtungsklage zum Verwaltungsgericht Köln gegeben (§ 52 Nr. 2 VwGO). Ein Widerspruchsverfahren findet nicht statt (§ 68 Abs. 1 VwGO).

Zu Absatz 4:

9. Für einen grenzüberschreitenden Gelegenheitsverkehr nach dem Ausland bedarf der inländische Unternehmer der Genehmigung nach dem PBefG (Abs. 1). Die in Abs. 4 erwähnten Übereinkommen mit dem Ausland haben nur Bedeutung für die ausländischen Verkehrsunternehmer, welche im Inland Gelegenheitsverkehr betreiben, ferner für den ausländischen Fahrtteil des Gelegenheitsverkehrs inländischer Unternehmer.

10. Von den Übereinkommen mit dem Ausland kommt zunächst das Abkommen „Freiheit der Straße" (oben Anm. 2) in Betracht, soweit es von dem einzelnen Staat unterzeichnet ist. Spanien ist dem Abkommen „Freiheit der Straße" nicht beigetreten. Im Verhältnis zu Großbritannien dagegen stellt dieses Abkommen die einzige zwischenstaatliche Grundlage für den gewerblichen grenzüberschreitenden Straßenpersonenverkehr dar.

11. Im übrigen sind die bilateralen Verträge mit den einzelnen Staaten zu vergleichen. Der Vertrag mit Österreich bestimmt:

„(1) Die im Heimatstaate zur Durchführung von Gelegenheitsverkehr mit Kraftfahrzeugen befugten Unternehmer bedürfen für Gelegenheitsfahrten in das Gebiet und durch das Gebiet des anderen Staates keiner weiteren Berechtigung (Genehmigung, Konzession, Bewilligung). Neue Fahrgäste dürfen im Vertragsstaat nicht aufgenommen werden; Ausnahmen bedürfen der Genehmigung (Bewilligung) dieses Staates.

(2) Anträge auf Ausnahmegenehmigungen nach Abs. 1, insbesondere für Abholfahrten (Einfahrten zur Aufnahme von neuen Fahrgästen im Vertragsstaat), sind von den Unternehmern nach dem Muster der Anlage in zweifacher Ausfertigung bei der zuständigen Behörde des Heimatstaates einzureichen.

(3) Bei Fahrten in das Gebiet oder durch das Gebiet des anderen Staates sind die Berechtigungsurkunde (Genehmigungsurkunde) des Heimatstaates oder eine weitere Ausfertigung sowie eine Liste nach Abs. 4 mitzuführen; diese Belege sind auf Verlangen den zuständigen Kontrollorganen vorzuzeigen.

(4) Die Liste muß enthalten:
Name und Sitz des Unternehmens,
Beginn und Ende der Fahrt,
den Reiseweg einschließlich der Grenzübergänge,
die Namen der Fahrgäste.

Jeder der vertragschließenden Teile kann verlangen, daß eine Ausfertigung dieser Liste seiner Eingangsgrenzstelle zur Abstempelung vorgelegt und bei seiner Ausgangsgrenzstelle — im Transitverkehr bei der letzten Ausgangsgrenzstelle — abgegeben wird.

(5) Die Bestimmungen dieses Übereinkommens gelten nicht für den Gelegenheitsverkehr der österreichischen Bahn- und Postverwaltung mit Kraftfahrzeugen des Linienverkehrs."

12. Die bilateralen Verträge mit den übrigen Staaten sind im VkBl. 1955 S. 588ff. abgedruckt. Sie unterscheiden durchwegs zwischen Touristenfahrten, Kraftdroschkenverkehr und sonstigem Gelegenheitsverkehr. Wegen der Verlängerungen und (meist geringfügigen) Änderungen der Vereinbarungen ist das VkBl. zu vergleichen; auch wird im PV regelmäßig auf Änderungen hingewiesen.

Zu Absatz 5:

13. Nach § 4 des Zollgesetzes vom 20. 3. 1939 (RGBl. I S. 529) liegt längs der Zollgrenze der Zollgrenzbezirk. Er wird vom Zollbinnenland durrch die Zollbinnenlinie getrennt. Den Verlauf der Zollbinnenlinie bestimmt der Oberfinanzpräsident durch Rechtsverordnung. Sie verläuft in der Bundesrepublik durchschnittlich in 15 km Abstand zur Zollgrenze; vgl. jetzt Zollgesetz vom 14. 6. 1961 (BGBl. I S. 737).

Ein Verkehrsunternehmer des Linien- oder Gelegenheitsverkehrs, der innerhalb des deutschen Zollgrenzbezirks den Ausgangspunkt seiner Linie oder seines Gelegenheitsverkehrs hat, unterliegt grundsätzlich dem PBefG wie jeder andere Unternehmer. Für grenzüberschreitende Fahrten eines solchen Unternehmers ist aber nicht der Bundesminister für Verkehr, sondern die landesrechtlich bestimmte Behörde zuständig, sofern sich der Verkehr als „kleiner Grenzverkehr" abspielt. „Kleiner Grenzverkehr" bedeutet, daß die Fahrt entweder im deutschen Zollgrenzbezirk beginnt und im ausländischen Zollgrenzbezirk endigt oder aber im ausländischen Zollgrenzbezirk beginnt und im deutschen Zollgrenzbezirk endigt. Zum Begriff des „kleinen Grenzverkehrs"gehört also, daß der Verkehr auch auf der gegenüberliegenden Seite der Grenze nicht über den Zollgrenzbezirk hinausgeht. Diese Fixierung des Begriffs entspricht seiner Bedeutung im Paß- und Zollwesen.

Zu Absatz 6:

14. Absatz 6 ist im Zusammenhang mit § 12 Abs. 2 der Verordnung über internationalen Kraftfahrzeugverkehr (VInt.) vom 12. 11. 1934 (RGBl. I S. 1137) i. d. F. vom 18. 4. 1934 (RGBl. I S. 1137) und vom 18. 4. 1940 (RGBl. I S. 662) zu lesen. Die VInt. regelt das internationale Kraftfahrzeug-Zulassungs- und Führerscheinwesen. In § 12 Abs. 1 bestimmt sie, daß Kraftfahrzeuge zum vorübergehenden Verkehr im Bundesgebiet nur auf einer Zollstraße hereinkommen dürfen und daß sie unverzüglich dem nächsten Grenzzollamt zur Prüfung vorzuführen sind. Abs. 2 fährt dann fort: „Im Zollgrenzbezirk haben die Beamten der Grenzzollverwaltung dieselben Befugnisse wie die Polizeibeamten über alle auf öffentlichen Straßen verkehrenden Kraftfahrzeuge und ihre Fahrer, gleichviel, ob sie dem internationalen Verkehr dienen oder nicht."

An diesem Nebeneinander in der Zuständigkeit von Grenzzollbeamten und Grenzpolizeibeamten soll durch das PBefG nichts geändert werden. Die Grenzzollstellen werden angesichts der Fülle der ihnen obliegenden spezifisch zollrechtlichen Aufgaben nicht immer in der Lage sein, auch die Einhaltung der verkehrsrechtlichen Vorschriften ausreichend zu überwachen. Daher sind verkehrspolizeiliche Kontrollen der Grenzpolizei nicht auf bestimmte Beförderungsarten beschränkt. Andererseits sind auch die Grenzzollstellen gehalten, die Verkehrsgenehmigungen für den internationalen gewerblichen Straßengüter- und Personenverkehr zu prüfen, soweit es sich nicht um im Inland zugelassene Kraftfahrzeuge handelt. Doppelkontrollen lassen sich daher nicht ganz vermeiden.

15. Das Bayer. Staatsministerium des Innern hat mit ME vom 6. 7. 1960 (I C 1 — 230 3/3 — 77) eine Geschäftsverteilung in der Weise verfügt, daß die aus verkehrspolizeilichen Gründen veranlaßten Kontrollen (StVZO, VInt.) von den Grenzpolizeidienststellen wahrgenommen werden, dagegen die Überprüfung der Genehmigungen nach dem PBefG und den internationalen Verwaltungsvereinbarungen über die gewerbliche Personenbeförderung den Grenzzollstellen. Dabei wurde aber hervorgehoben, daß eine scharfe Trennung der Zuständigkeiten weder rechtlich begründet noch praktisch durchführbar wäre. Dies gilt ebenso in den Bundesländern, in denen der Grenzpolizeidienst von Beamten der allgemeinen Polizei wahrgenommen wird. Wo an Grenzübergängen ins Bundesgebiet überhaupt keine Polizei stationiert ist, fällt die Aufgabe nach Abs. 6 ganz von selbst allein den Grenzzollstellen zu.

16. Die Grenzzollstellen sind nach Abs. 6 nicht verpflichtet, sondern nur berechtigt, die beanstandeten Kraftfahrzeuge zurückzuweisen. Die Rücksicht auf die Interessen der Fahrgäste kann unter Umständen Anlaß sein, von der Möglichkeit der Zurückweisung keinen Gebrauch zu machen.

§ 53

Transit-(Durchgangs-)Verkehr

(1) Für die Beförderung von Personen im Transit-(Durchgangs-)Verkehr mit Kraftfahrzeugen, der das Gebiet des Geltungsbereichs dieses Gesetzes unter Ausschluß innerdeutschen Zwischenverkehrs berührt, gelten, soweit nichts anderes bestimmt ist, die Vorschriften dieses Gesetzes und die hierzu erlassenen Rechtsverordnungen.

(2) Die Genehmigung erteilt der Bundesminister für Verkehr im Benehmen mit den von den beteiligten Landesregierungen bestimmten Behörden, für Anträge der Deutschen Bundespost auch im Benehmen mit dem Bundesminister für das Post- und Fernmeldewesen.

(3) § 14 ist nicht anzuwenden. In der Genehmigung ist die zuständige Aufsichtsbehörde zu bestimmen.

(4) § 52 Abs. 4 ist auf den Gelegenheitsverkehr vom Ausland durch das Gebiet des Geltungsbereichs dieses Gesetzes entsprechend anzuwenden. § 52 Abs. 6 gilt entsprechend.

1. Die bestehenden Vereinbarungen mit dem Ausland beziehen den Transit-Gelegenheitsverkehr durchweg in Bestimmungen über den grenzüberschreitenden Gelegenheitsverkehr mit ein; z. B. § 4 der Vereinbarung mit Österreich vom 27. 6. 1951 (VkBl. 1955 S. 591): „Gelegenheitsfahrten in das Gebiet und durch das Gebiet des anderen Staates". Dagegen enthalten sie eigene Bestimmungen über den Transitlinienverkehr; z. B. § 2 der Vereinbarung mit Österreich:

„(1) Als Transitlinienverkehr im Sinne dieses Abkommens gilt der Verkehr von einem der beiden Staaten durch einen anderen Staat in einen dritten Staat, ohne daß in dem durchfahrenen Staat eine Unterwegsbedienung (Aufnahme oder Absetzen von Fahrgästen) stattfindet.

(2) Für die Erteilung der Berechtigung (Genehmigung, Konzession) eines solchen Transitlinienverkehrs gelten die nationalen Gesetze des durchfahrenen Staates. Anträge sind bei der zuständigen Behörde des Heimatstaates einzureichen; die Anträge sind alsdann mit einer Stellungnahme der obersten Ver-

kehrsbehörde des Heimatstaates dem anderen Vertragschließenden unmittelbar zu übersenden.“
Entsprechende Bestimmungen über den Transitverkehr enthalten auch die Vereinbarungen mit Belgien, Luxemburg, der Schweiz, den skandinavischen Staaten, den Niederlanden, Frankreich und Italien (VkBl. 1955 S. 588ff.).

2. Grundsätzlich ist auch für den Transitverkehr wie für den grenzüberschreitenden Verkehr eine Genehmigung nach dem PBefG erforderlich. Die Genehmigung wird vom BMV, jedoch ohne vorausgehendes Anhörverfahren, erteilt. Die Vereinbarungen mit dem Ausland gehen aber vor (Abs. 4) und zwar sowohl die Vereinbarungen bezüglich des Transitgelegenheitsverkehrs (vgl. Anm. 11 zu § 52) wie bezüglich des Transitlinienverkehrs (oben Anm. 1).

3. Unter **Interzonenverkehr** versteht man den Verkehr, der zwischen der Bundesrepublik und der sowjetischen Besatzungszone wie auch zwischen der Bundesrepublik und Westberlin stattfindet. Rechtsgrundlage für diesen Verkehr ist das PBefG.

a) Für Linien, die in der Bundesrepublik oder in Westberlin beginnen, gilt das PBefG 1961. Daneben sind noch weiter die Richtlinien der Verwaltung für Verkehr des Vereinigten Wirtschaftsgebiets (VfV) vom 20. 6. 1949 (VkBl. S. 66) anzuwenden, wonach die Genehmigungsbehörde (§ 11) die Genehmigung erst dann erteilen darf, wenn die zuständige Sowjetzonenbehörde zugestimmt hat; das ist zur Zeit das Staatssekretariat für Kraftverkehr und Straßenwesen (SKS).

b) Für Linien, die in der sowjetischen Besatzungszone beginnen und in der Bundesrepublik oder in Westberlin enden, ist für die Erteilung der Genehmigung das sowjetzonale Staatssekretariat für Kraftverkehr und Straßenwesen (SKS) zuständig. Die Durchführung des Anhörverfahrens im Bundesgebiet obliegt in diesem Falle derjenigen Genehmigungsbehörde, in deren Bezirk die Fahrten enden. Sie trifft ihre Entscheidung im Einvernehmen mit den an der Linienführung weiter beteiligten Genehmigungsbehörden der Bundesrepublik (entsprechend § 11 Abs. 3). Die Genehmigungsbehörde teilt ihre Ansicht dem Bundesverkehrsministerium mit, das dann die Zustimmung gegenüber dem SKS gibt bzw. versagt.

c) In dem sog. Helmstedter Abkommen zwischen der VfV und der Sowjetzone vom 4. 10. 1949 wurde festgestellt, daß eine grundsätzliche Gleichstellung der Tarife auf der Schiene und auf der Straße erforderlich sei. Die beiderseitigen Genehmigungsbehörden sollten daher entsprechende Auflagen für die Beförderungsentgelte bei der Konzessionserteilung machen.

d) Die Genehmigungen für den Interzonenverkehr werden beiderseits von den Kontrollorganen nur anerkannt, wenn die Urkunde bei bundesdeutschen und Westberliner Unternehmern den Zustimmungsvermerk des BMV, bei ostzonalen Unternehmern den Zustimmungsvermerk des SKS trägt.

e) Im Helmstedter Abkommen vom 4. 10. 1949 wurde der Gelegenheitsverkehr über die Zonengrenze als „grandsätzlich nicht erwünscht“ bezeichnet. Soweit in Einzelfällen eine Notwendigkeit für einen Mietautoverkehr mit Omnibussen besteht, ist die Erlaubnis hierzu für bundesdeutsche und Westberliner Unternehmer vom BMV, für ostzonale Unternehmer vom SKS für jede einzelne Fahrt besonders unter Festlegung der Fahrtroute und Fahrtdauer zu erteilen. Die Erlaubnis soll nur an solche Unternehmer erteilt werden, die bereits eine Genehmigung zum Linien- oder Gelegenheitsverkehr haben.

Ausflugsfahrten haben bis auf weiteres zu unterbleiben, ebenso der Verkehr mit Droschken und gemieteten Personenkraftwagen.

4. Für den Interzonen-Omnibuslinienverkehr hat der BMV am 27. 7. 1955 (VkBl. S. 398) besondere Beförderungsbedingungen bekanntgegeben. Die Genehmigungsbehörden haben darauf zu achten, daß die von den Antragstellern vorgelegten Beförderungsbedingungen mit den bekanntgegebenen übereinstimmen.

5. Über die Straßenbenutzungsgebühren in der sowjetischen Besatzungszone vgl. Oppelt a. a. O. S. 165.

6. Nach Abs. 2 von den Landesregierungen bestimmte Behörden:

Baden-Württemberg:
Innenministerium

Bayern:
Staatsministerium für Wirtschaft und Verkehr

Freie Hansestadt Bremen:
Senator für Häfen, Schiffahrt und Verkehr

Freie und Hansestadt Hamburg:
Behörde für Wirtschaft und Verkehr

Hessen:
Ministerium für Wirtschaft und Verkehr

Niedersachsen:
Minister für Wirtschaft und Verkehr

Rheinland-Pfalz:
Ministerium für Wirtschaft und Verkehr

Schleswig-Holstein:
Minister für Wirtschaft und Verkehr

V. Aufsicht

§ 54

(1) Der Unternehmer unterliegt hinsichtlich der Erfüllung der Vorschriften dieses Gesetzes sowie der hierzu erlassenen Rechtsverordnungen und der Einhaltung der durch die Genehmigung auferlegten Verpflichtungen (Bedingungen, Auflagen) der Aufsicht der Genehmigungsbehörde. Die von der Landesregierung bestimmte Behörde kann die Genehmigungsbehörde ermächtigen, die Aufsicht über den Linien- und Gelegenheitsverkehr mit Kraftfahrzeugen auf nachgeordnete Behörden zu übertragen. Die technische Aufsicht über Straßenbahnen und Obusunternehmen wird von der von der Landesregierung bestimmten Behörde ausgeübt.

(2) Die Aufsichtsbehörde kann sich über alle ihrer Zuständigkeit unterliegenden Einrichtungen und Maßnahmen des Unternehmers unterrichten. Der Unternehmer hat der Aufsichtsbehörde alle wesentlichen Veränderungen ohne Aufforderung unverzüglich anzuzeigen.

(3) Die Deutsche Bundespost und die Deutsche Bundesbahn sind für die Erfüllung der technischen Vorschriften dieses Gesetzes und der hierzu erlassenen Rechtsverordnungen für ihre Kraftfahrbetriebe selbst verantwortlich.

(4) Die Aufsichtsbehörde kann Unternehmen, die einen Omnibusbahnhof betreiben, anhalten, die Benutzung durch den Linien- und Gelegenheitsverkehr mit Kraftfahrzeugen und den Betrieb so zu regeln, daß der Verkehr ordnungsgemäß abgewickelt und den Pflichten nach § 39 Abs. 7 und § 40 Abs. 4 genügt werden kann.

Zu Absatz 1:

1. Man muß zwischen Gesetzesdurchführung und Gesetzesüberwachung unterscheiden:

a) Die Behörden müssen die im Gesetz angeordneten Maßnahmen durchführen und zwar durch Einzelverfügungen (z. B. Genehmigungen, Feststellungsbescheide), ferner durch Erlaß von Allgemeinverfügungen und generellen Rechtsnormen im Rahmen einer gesetzlichen Ermächtigung.

b) Die Behörden müssen aber außerdem die Befolgung der in Gesetzen, Verordnungen und Verfügungen an den Einzelnen ergangenen Befehle überwachen.

Bei der Vorschrift des § 54 handelt es sich primär nicht um Gesetzesdurchführung gemäß a), sondern um Gesetzesüberwachung gemäß b); vgl. aber auch Anm. 3a).

2. Die Aufsichtsbefugnis schließt das Recht und die Pflicht der Aufsichtsbehörden zu Weisungen an den Unternehmer ein (A. B. zu § 55). Solche Weisungen müssen nicht, können aber selbständige Amtshandlungen sein, die eine Kostenpflicht nach den landesrechtlichen Kostengesetzen (später nach einer Rechtsverordnung des BMV gemäß § 58 Abs. 1 Nr. 6) nach sich ziehen, je nach ihrem Inhalt auch als selbständig anfechtbare Verwaltungsakte gewertet werden können.

3. Bei der Aufsicht ist zu unterscheiden zwischen Verwaltungsaufsicht (Satz 1 und 2) und technischer Aufsicht (Satz 3).

a) Die Verwaltungsaufsicht erstreckt sich auf die Überwachung aller nichttechnischen Obliegenheiten, z. B. Einhaltung des Fahrplans und der Beförderungsentgelte, Beachtung der allgemeinen und der besonderen Beförderungsbedingungen. Sie umfaßt die Überwachung der Leistungsfähigkeit des Betriebs (z. B. ausreichender Einsatz von Fahrzeugen) sowie der Erfüllung der Betriebs- und Beförderungspflicht und der Pflichten aus der BO-Strab und der BO-Kraft, soweit sie nicht rein technischer Natur sind.

Dabei kann eine Maßnahme der Gesetzesüberwachung nach Anm. 1b) zu einer Maßnahme der Gesetzesdurchführung gemäß Anm. 1a) hinlenken, wenn z. B. die Überwachung eines Unternehmers mit mehr als 15 Fahrzeugen zu dem Ergebnis führt, daß ihm gemäß § 4 Abs. 1 Satz 2 BO-Kraft die Bestellung eines Betriebsleiters aufzuerlegen ist.

b) Die technische Übersicht erstreckt sich auf die Überwachung der Sicherheit des Betriebs, insbesondere auf die betriebssichere Unterhaltung der Betriebsmittel (Fahrzeuge, Werkstätten, Unterstellraum u. dgl.) sowie auf die technische Befähigung und Zuverlässigkeit des Betriebspersonals. Im übrigen richtet sich die technische Übersicht nach § 3 BO-Strab und für Omnibusunternehmen nach den technischen Bestimmungen der BO-Kraft.

4. Zur Ermächtigung der Genehmigungsbehörde nach Abs. 1 Satz 2 sind die obersten Landesverkehrsbehörden bestimmt worden.

5. Die technische Aufsicht wird von folgenden Behörden ausgeübt:

Baden-Württemberg:
Innenministerium

Bayern:
Staatsministerium für Wirtschaft und Verkehr

Freie Hansestadt Bremen:
Senator für Häfen, Schiffahrt und Verkehr

Freie und Hansestadt Hamburg:
Baubehörde als Technische Aufsichtsbehörde

Hessen:
Ministerium für Wirtschaft und Verkehr

Niedersachsen:
Minister für Wirtschaft und Verkehr

Nordrhein-Westfalen:
Minister für Wirtschaft, Mittelstand und Verkehr

Rheinland-Pfalz:
Ministerium für Wirtschaft und Verkehr

Saarland:
Ministerium für Wirtschaft, Verkehr und Landwirtschaft

Schleswig-Holstein:
Minister für Wirtschaft und Verkehr

6. Bei der technischen Aufsicht kann sich die zuständige Behörde eines amtlich anerkannten Sachverständigen nach der Verordnung über amtlich anerkannte Sachverständige und amtlich anerkannte Prüfer für den Kraftfahrzeugverkehr vom 10. 11. 1956 (BGBl. I S. 855) bedienen. Nach § 11 der Verordnung ist der amtlich anerkannte Sachverständige Angehöriger einer Technischen Prüfstelle und diese ist Bestandteil eines Technischen Überwachungsvereins. Das sind Vereine des bürgerlichen Rechts, die innerhalb der Straßenverkehrsgesetzgebung Hilfsfunktionen, aber nicht behördlicher Art, haben.

Dieselben technischen Überwachungsvereine sind, soweit sie zur Überwachung der Dampfkesselanlagen nach § 24 GewO berufen sind, als „beliehene Unternehmer“ mit hoheitlichen Verwaltungsaufgaben zu betrachten (s. Eyermann-Fröhler a. a. O.

RNr. 68 zu § 42 VwGO). Auf dem Gebiete der Straßenverkehrsgesetzgebung dagegen sind sie weder selbst Behörde noch behördliches Hilfsorgan der Aufsichtsbehörde. Die dem amtlich anerkannten Sachverständigen zugewiesene Tätigkeit besteht im Begutachten, nicht im Entscheiden (vgl. Müller a. a. O. S. 1245).

Zu Absatz 2:

7. Normen über Auskunftspflicht sollten erkennen lassen
   a) die auskunftsberechtigten Stellen;
   b) die Adressaten des Auskunftsverlangens;
   c) die Auskunftsthemen;
   d) die Mittel der Auskunftseinholung;
   e) die Geheimhaltungspflicht der auskunftsberechtigten Stellen;
   f) die Befugnis zur Auskunftsverweigerung.

Auskunftsberechtigte Stellen sind die in Anm. 4 und 5 genannten Behörden. Adressat des Auskunftsverlangens ist der Unternehmer, nicht seine Arbeitnehmer und nicht dritte Personen. Auskunftsthemen sind alle Einrichtungen und Maßnahmen des Unternehmers, auch solche, die keine bauliche Änderung des Unternehmens nach § 2 Abs. 2 darstellen.

Unter den Mitteln der Auskunftseinholung stehen dem Gesetzgeber grundsätzlich sowohl individuelle Mittel wie auch als generelles Mittel die Betriebsprüfung zur Verfügung. Das PBefG macht von letzterem Mittel der Auskunftseinholung keinen Gebrauch. Vielmehr beschränkt es sich auf individuelle Mittel und zwar sowohl in der Form des Fragerechts wie in der Form der Anzeigepflicht. Auf Grund des Fragerechts der Behörde können sowohl schriftliche wie auch mündliche Auskünfte angefordert werden. Die Fragestellung kann durch öffentliche Bekanntmachung, wenn es sich um einen größeren Kreis von Unternehmern handelt, oder durch spezielle Anfrage, diese schriftlich oder mündlich, geschehen. Ein Editionsrecht, d. h. ein Recht der Behörde auf Aushändigung von Schriftstücken, die sich im Eigentum des Unternehmers befinden, räumt das PBefG nicht ein. Ebenso sind Durchsuchung und Beschlagnahme nicht als gesetzliche Mittel der Auskunftseinholung vorgesehen.

Im Gegensatz zum Steuerrecht (§ 22 AO) ist dem PBefG ein spezieller Geheimnisschutz oder auch nur eine ausdrückliche Geheimhaltungspflicht der Aufsichtsbehörde unbekannt. Es besteht daher keine Möglichkeit zu verhindern, daß die Aufsichtsbehörde ihre gewonnenen Kenntnisse etwa an die Steuerbehörde, eine Strafverfolgungsbehörde oder ein statistisches Amt weitergibt. Dagegen ist eine Weitergabe an Privatpersonen durch die allgemeine beamtenrechtliche Pflicht zur Geheimhaltung (§ 39 des Beamtenrechts-Rahmengesetzes vom 1. 7. 1957, BGBl. I S. 66) bzw. die entsprechende Pflicht öffentlicher Angestellter und Arbeiter ausgeschlossen.

Was endlich die Befugnis zur Auskunftsverweigerung betrifft, so besteht eine solche im Verwaltungsverfahren nach dem PBefG nicht. Erst im Strafverfahren nach der StPO oder im Verfahren nach dem OWiG hat der Beschädigte ein Recht zur Aussageverweigerung. Der praktische Wert dieses Rechts ist aber dadurch beschränkt, daß der Zeitpunkt, wann das reine Aufsichtsverfahren endigt und das Ermittlungsverfahren beginnt, nicht immer klar zu erkennen ist. Auch können Aufsichtsverfahren und Ermittlungsverfahren parallel nebeneinanderlaufen. Endlich können die im Aufsichtsverfahren erteilten Auskünfte im Ermittlungsverfahren verwertet werden.

Zu Absatz 3:

8. Durch Absatz 3 werden Bundespost und Bundesbahn nur von der technischen Aufsicht (Anm. 3b), nicht von der Verwaltungsaufsicht (Anm. 3a) befreit. Im übrigen wird § 46 BO-Kraft durch Absatz 3 nicht berührt (A. B. zu § 55).

Zu Absatz 4:

9. Zu unterscheiden ist zunächst das „Einrichten" und das „Betreiben" eines **Omnibusbahnhofs.** Das Einrichten eines Omnibusbahnhofs beschreibt der BGH in seinem Urteil vom 19. 10. 1960 (VIII ZR 21/60) wie folgt:

„Die Stadt N hat auf dem ihr gehörigen Marktplatz, wo sich bis dahin eine schlichte Omnibushaltestelle befunden hatte, einen Omnibusbahnhof mit Fahrbahnen für die Omnibusse und Bahnsteigen für die Fahrgäste eingerichtet. Durch Verkehrsschilder ist das Fahren und Parken im Omnibusbahnhof nur Omnibussen gestattet." Der BGH zieht aus diesem Sachverhalt die zivilrechtliche Konsequenz: „Richtet eine Stadt auf einem im Gemeingebrauch stehenden Platze, auf dem laut polizeilicher Anordnung nur Omnibusse fahren und parken dürfen, einen Omnibusbahnhof ein, so kann sie mit den Omnibusunternehmern einen privatrechtlichen Vertrag schließen, wonach ihnen die Benutzung des Bahnhofs nur gegen Entgelt gestattet ist." Der Sachverhalt läßt gleichzeitig die sachlichen Mindestanforderungen an einen Omnibusbahnhof erkennen: Fahrbahnen für die Omnibusse, Bahnsteige für die Fahrgäste, Fahren und Parken nur Omnibussen gestattet.

10. Von wem und wie wird der Omnibusbahnhof **„betrieben"**?

Der Omnibusbahnhof wird im Normalfall von den Verkehrsunternehmern, deren Omnibusse dort einfahren, betrieben. Das Betreiben im Sinne des Absatzes 4 ist in diesen Fällen nichts anderes als die Benutzung für Busse des Linien- und Gelegenheitsverkehrs. Die Aufsichtsbehörde kann die Verkehrsunternehmer — das Gesetz spricht von der Mehrzahl! — zur Beachtung aller verkehrlichen und betrieblichen Notwendigkeiten anhalten, die zur ordnungsmäßigen Abwicklung des Verkehrs im Bereich des Omnibusbahnhofs erforderlich sind. Hierzu gehört die Planung und Regelung des Betriebs ebenso wie Planung und Bau der Anlagen, z. B. der Bahnsteige für die Fahrgäste, nach den Anforderungen der Verkehrssicherheit.

Daraus ist ersichtlich, daß für das „Betreiben" eines Omnibusbahnhofes nicht ausschlaggebend ist, in wessen Eigentum die Grundfläche des Bahnhofs steht. „Unternehmen" i. S. des Abs. 4 sind in diesen Fällen die Verkehrsunternehmer.

11. Der Unternehmer, der nach Abs. 4 zur Regelung der Benutzung angehalten werden kann, kann aber auch ein eigener **Bahnhofsunternehmer** sein. So wird der Omnibusbahnhof in Hamburg von einem eigenen Bahnhofsunternehmer, der Zentral-Omnibus-Bahnhof „ZOB" GmbH, betrieben. Der Omnibusbahnhof besteht dort nicht nur aus Bahnsteiganlagen, sondern auch aus einem Gebäudekomplex, in dem Abfertigungsräume, z. B. eine Fahrkartenausgabe und Gepäckaufbewahrungsschränke, ferner eine Gaststätte, ein Postamt, Büroräume und Läden enthalten sind. Die Omnibusunternehmer zahlen an den Bahnhofsunternehmer Gebühren, die sich nach der Zahl der Abfahrten und der Länge der betriebenen Omnibuslinien richten. Diese Gebühren können dadurch niedrig gehalten werden, daß die Haupteinnahmen durch die Vermietung der Räume erzielt werden. Die ZOB GmbH hat eine Benutzungs-Ordnung erlassen, die von der Genehmigungsbehörde genehmigt worden ist. Auch die Gebührenordnung ist von der Genehmigungsbehörde gebilligt

worden. Die ZOB GmbH beschäftigt Personal, das für Ordnung und reibungslosen Ablauf des Verkehrs auf dem Bahnhof sorgt. Sie unterhält einen Kundendienst für die Fahrgäste, z. B. durch Herausgabe von Fahrplanheften. Zu dem Omnibusbahnhof gehört ein Abstellplatz, den die Omnibusunternehmer ebenfalls benutzen können.

VI. Rechtsmittelverfahren

§ 55

Vorverfahren bei der Anfechtung von Verwaltungsakten

Bei der Anfechtung von Verwaltungsakten, die von der obersten Landesverkehrsbehörde selbst erlassen worden sind, ist das Vorverfahren der Verwaltungsgerichtsordnung durchzuführen.

Nach § 68 VwGO hat der Anfechtungsklage grundsätzlich ein Vorverfahren (Widerspruchsverfahren) vorauszugehen, in dem nicht nur die Rechtmäßigkeit sondern auch die Zweckmäßigkeit des angefochtenen Verwaltungsakts nachgeprüft wird. Einer Nachprüfung in einem Vorverfahren bedarf es nicht, wenn der Verwaltungsakt von einer obersten Landesbehörde erlassen wurde, außer wenn ein Spezialgesetz die Nachprüfung besonders vorschreibt. Ein solches Spezialgesetz ist § 55. Über den Widerspruch entscheidet die oberste Landesbehörde selbst.

§ 56

Verfahren in besonderen Fällen

Werden die Interessen der Deutschen Bundespost oder der Deutschen Bundesbahn in erheblichem Umfang betroffen und kommt vor der Genehmigungsbehörde keine Einigung zustande, so soll auf Antrag der Deutschen Bundespost oder der Deutschen Bundesbahn die Genehmigungsbehörde die Stellungnahme des Bundesministers für Verkehr einholen und bei ihrer Entscheidung verwerten.

„Den Genehmigungsbehörden soll dargelegt werden, wie vom Standpunkt des Bundes die Aufgabe der überregionalen Verkehrsbedienung durch die beiden Bundesverkehrsanstalten im Einzelfall mit dem Gesamtverkehr in Einklang zu bringen ist“ (A. B. zu § 57).

Die Stellungnahme des Bundesministers ist für die Genehmigungsbehörde nicht bindend. Sie hat sich aber mit seinem Votum und seinen Argumenten eingehend auseinanderzusetzen.

In Berlin tritt an die Stelle der Oberpostdirektion die Landespostdirektion Berlin. Soweit sich § 56 auf die Bundesbahn bezieht, gilt er in Berlin überhaupt nicht (§ 66 Abs. 2).

VII. Erlaß von Rechtsverordnungen und Allgemeinen Verwaltungsvorschriften

§ 57

Bau- und Betriebsvorschriften

(1) Der Bundesminister für Verkehr erläßt mit Zustimmung des Bundesrates die erforderlichen Rechtsverordnungen

1. über den Bau und Betrieb von Straßenbahnen und Obussen, welche

a) die Anforderungen an Bau, Einrichtungen und Betriebsweise der Anlagen und Fahrzeuge nach dem jeweiligen Stand der Technik und nach den internationalen Abmachungen einheitlich regeln,

b) die notwendigen Vorschriften zum Schutz der Anlagen und des Betriebs der Straßenbahnen und Obusse gegen Schäden und Störungen enthalten;

2. über den Betrieb von Kraftfahrunternehmen im Personenverkehr, welche

a) die Anforderungen an den Bau und die Einrichtungen der in diesen Unternehmen verwendeten Kraftfahrzeuge nach dem jeweiligen Stand der Technik und nach den internationalen Abmachungen einheitlich regeln,

b) die notwendigen Vorschriften über die Sicherheit und Ordnung des Betriebs enthalten.

(2) Soweit es die öffentliche Sicherheit erfordert, können einzelne Vorschriften der nach Absatz 1 Nr. 2 erlassenen Rechtsverordnungen auf Beförderungen ausgedehnt werden, die nach § 2 von der Genehmigungspflicht befreit sind oder für die nach § 58 Abs. 1 Nr. 1 Befreiung erteilt wird.

(3) Rechtsverordnungen zur Durchführung der Vorschriften nach Absatz 1 Nr. 1 und 2 bedürfen nicht der Zustimmung des Bundesrates. Der Bundesminister für Verkehr hat vor dem Erlaß der Rechtsverordnungen die von den Landesregierungen bestimmten Behörden zu hören.

Zu Absatz 1:

1. Die Ermächtigungen des Absatz 1 dürften für absehbare Zeit von theoretischer Bedeutung sein, da BO-Strab und BO-Kraft ohnedies erst kürzlich neu gefaßt wurden (s. Anhang).

Zu Absatz 2:

2. In Absatz 2 ist daran gedacht, im Interesse der Verkehrssicherheit einzelne Bestimmungen der BO-Kraft auf die dem Gesetz nicht unterliegenden oder von der Genehmigungspflicht freigestellten Beförderungen auszudehnen. Diese Ermächtigung hat ihr akutes Interesse verloren, indem die Bestimmungen der alten BO-Kraft über die „Fahrerlaubnis zur Fahrgastbeförderung" in die neue StVZO vom 6. 12. 1960 (BGBl. I S. 897) übernommen wurden (vgl. Anhang und Anm. 2 zu § 64).

Zu Absatz 3:

3. Um dem raschen Gang der technischen Entwicklung folgen zu können, muß der BMV die Bau- und Betriebsvorschriften ohne Mitwirkung des Bundesrats ergänzen und ändern können. Im einzelnen handelt es sich um Vorschriften über die Beschaffenheit und Prüfung von Fahrzeugteilen, insbesondere des Antriebs, der Brems- und Beleuchtungseinrichtungen von Straßenbahnen, Obussen und Omnibussen (A. B. zu § 58 des Entwurfs).

Als Behörden, die zu hören sind, sind die obersten Landesverkehrsbehörden bestimmt worden.

§ 58

Sonstige Rechtsverordnungen

(1) Der Bundesminister für Verkehr kann mit Zustimmung des Bundesrates Rechtsverordnungen erlassen,

1. durch die für bestimmte, im Rahmen des Gesamtverkehrs nicht besonders ins Gewicht fallende Beförderungsfälle allgemein Befreiung von den Vorschriften dieses Gesetzes erteilt wird,

2. durch die der Gelegenheitsverkehr zum Zwecke des Krankentransports, insbesondere die Anwendung der §§ 4, 13, 14, 21, 22 und 49 auf diesen Verkehr sowie die Voraussetzungen für die erforderliche Fachkunde und die Bereitstellung ausreichenden und geschulten Personals geregelt werden,

3. durch die der grenzüberschreitende (§ 52) und der Transit-(Durchgangs-)Verkehr (§ 53), soweit dies zur Durchführung internationaler Übereinkommen erforderlich ist, abweichend von den Vorschriften dieses Gesetzes geregelt werden,

4. über einheitliche Allgemeine Beförderungsbedingungen für den Straßenbahn- und Obusverkehr sowie für den Linienverkehr mit Kraftfahrzeugen und, vorbehaltlich des § 51 Abs. 1, für den Gelegenheitsverkehr mit Kraftfahrzeugen, insbesondere für Ausflugsfahrten (§ 48),

5. über Rahmenvorschriften für Beförderungsentgelte im Verkehr mit Kraftomnibussen,

6. über Gebühren für behördliche oder amtlich angeordnete Maßnahmen bei der Genehmigung und Beaufsichtigung der Verkehrsunternehmen.

(2) In den Fällen des Absatzes 1 Nr. 5 und 6 ergehen die Rechtsverordnungen im Einvernehmen mit dem Bundesminister für Wirtschaft.

Vgl. zu Absatz 1

Nr. 1: Anm. 5c) zu § 1;
Nr. 2: Anm. 3d) zu § 42;
Nr. 3: Anmerkungen zu §§ 52, 53
Nr. 4: § 39 Abs. 6;
Nr. 5: § 51 Abs. 2;
Nr. 6: Anmerkung zu § 59.

§ 59

Allgemeine Verwaltungsvorschriften

Die zur Durchführung dieses Gesetzes erforderlichen allgemeinen Verwaltungsvorschriften erläßt der Bundesminister für Verkehr mit Zustimmung des Bundesrates.

1. Die Länder führen das PBefG wie alle anderen Bundesgesetze als eigene Angelegenheit aus. Sie regeln die Einrichtung der Behörden und das Verwaltungsverfahren, soweit es nicht durch das PBefG bereits zwingend vorgezeichnet ist (Art. 84 Abs. 1 GG). Die Bundesregierung kann aber nach Art. 84 Abs. 2 GG mit Zustimmung des Bundesrats allgemeine Verwaltungsvorschriften erlassen. Unter der Bundesregierung ist dabei nicht nur das Kollegium als ganzes, sondern auch der betreffende Bundesminister zu verstehen, auf dessen Ressort sich die zu erlassenden Verwaltungsvorschriften beziehen (so Mangoldt, Das Bonner Grundgesetz, Anm. 3 zu Art. 84 GG).

Das Grundgesetz unterscheidet scharf zwischen Rechtsverordnungen und allgemeinen Verwaltungsvorschriften. Die letzteren wenden sich nur instruktionell an die Behörden und Beamten, nicht als Rechtssätze an die Staatsbürger. Das Wort „allgemein" soll zum Ausdruck bringen, daß es sich bei den Vorschriften um generelle oder abstrakte Anordnungen handeln muß. Anweisungen für den Einzelfall fallen nicht unter den Begriff der allgemeinen Verwaltungsvorschriften.

2. Der BMV kann die ihm in § 59 übertragenen Ermächtigungen nicht auf andere Stellen weiterübertragen.

3. Die allgemeinen Verwaltungsvorschriften bedürfen keiner Publikation, sondern nur der Zustellung an die, die es angeht.

4. Soweit der BMV von seiner Zuständigkeit nach § 59 keinen Gebrauch macht, können die Länder selbst die notwendigen allgemeinen Verwaltungsvorschriften für den Vollzug des PBefG erlassen.

VIII. Straf- und Bußgeldvorschriften

§ 60

Straftaten

(1) Wer vorsätzlich oder fahrlässig Personen mit Straßenbahnen, Obussen oder Kraftfahrzeugen ohne die nach diesem Gesetz erforderliche Genehmigung oder einstweilige Erlaubnis befördert, wird mit Geldstrafe oder mit Gefängnis bis zu sechs Monaten bestraft. Neben Gefängnis kann auf Geldstrafe erkannt werden.

(2) Hängt die Entscheidung davon ab, ob eine Beförderung den Vorschriften dieses Gesetzes unterliegt, und ist eine endgültige Entscheidung nach § 10 nicht ergangen, so kann das Verfahren ausgesetzt werden, bis über diese Frage endgültig entschieden ist.

Zu Absatz 1:

1. Strafbar handelt, wer den objektiven Tatbestand einer Strafbestimmung erfüllt und dabei rechtswidrig und schuldhaft handelt. Der objektive Tatbestand

des Abs. 1 besteht in der Beförderung von Personen mit den näher bezeichneten Fahrzeugen ohne die erforderliche Genehmigung oder einstweilige Erlaubnis.

Zweifelhaft kann die Frage sein, ob es zum objektiven Tatbestand des Abs. 1 gehört, daß der Täter die Beförderung im eigenen Namen, unter eigener Verantwortung und auf eigene Rechnung betrieben hat. Zu dieser Frage vgl. Anm. 2 zu § 2.

2. Strafbar ist nur die Beförderung ohne die für die betreffende Beförderungsart notwendige Genehmigung. Dagegen ist die Verwendung von Personenkraftwagen des Linienverkehrs im Gelegenheitsverkehr, die durch § 45 Abs. 6 verboten ist, oder die Vermietung von Kraftdroschken an Selbstfahrer (§ 47 Abs. 5) keine Straftat, sondern eine Ordnungswidrigkeit (§ 60 Abs. 1 Nr. 3e).

Strafbar ist auch die Beförderung von Personen nach Ablauf der Genehmigung (§ 16 Abs. 2) und mit nicht nach dem PBefG für die Verkehrsart zugelassenen Fahrzeugen (§ 9 Abs. 1).

3. Die Rechtswidrigkeit ist damit, daß der Tatbestand unter Strafe gestellt ist, grundsätzlich bereits gegeben. Sie kann aber dadurch ausgeschlossen sein, daß der Täter in Notwehr, d. h. zur Abwehr eines gegenwärtigen, rechtswidrigen Anfgriffs von sich oder einem anderen gehandelt hat. Nicht rechtswidrig ist also (abgesehen von dem Merkmal der Geschäftsmäßigkeit) die Beförderung eines von Verbrechern Verfolgten. Ferner entfällt die Rechtswidrigkeit bei Vorliegen von Notstand; der Notstand muß nach § 54 StGB unverschuldet und auf andere Weise nicht zu beseitigen und zur Rettung aus einer gegenwärtigen Gefahr für Leib oder Leben des Täters oder eines Angehörigen begangen worden sein.

Einen übergesetzlichen Notstand hat die Rechtsprechung in den Fällen anerkannt, in denen jemand in die Lage kommt, zwischen der Verletzung eines höherwertigen und eines minderwertigen Gutes zu wählen; er soll dann berechtigt sein, das hochwertige Gut durch Verletzung des minderwertigen zu retten, falls dies das einzige Mittel zum Schutz des Rechtsguts ist (Prinzip der Güter- und Pflichtenabwägung). So kann bei einer Naturkatastrophe die geschäftsmäßige Beförderung von Menschen ohne Genehmigung gerechtfertigt sein.

Der Wunsch von Fahrgästen, befördert zu werden, schließt für sich allein die Rechtswidrigkeit und Strafbarkeit der Beförderung nicht aus.

4. Strafbar ist sowohl die vorsätzliche wie die fahrlässige Begehung. Vorsätzlich handelt, wer die Tatumstände kannte, fahrlässig, wer sie zwar nicht kannte, aber nach seiner Ausbildung und den Umständen des Falles kennen mußte.

Zu Absatz 2:

5. Über die Aussetzung nach Abs. 2 vgl. Anm. 5 zu § 10.

§ 61

Ordnungswidrigkeiten

(1) Ordnungswidrig handelt, wer vorsätzlich oder fahrlässig

1. den Bedingungen oder Auflagen der Genehmigung zuwiderhandelt;

2. einen Verkehr mit Straßenbahnen, Obussen oder einen Kraftfahrlinienverkehr betreibt, ohne daß die nach diesem Gesetz vorgeschriebene Zustimmung zu den Beförderungsentgelten oder Fahrplänen durch die Genehmigungsbehörde erteilt ist;

3. den Vorschriften dieses Gesetzes über

a) die Mitteilungspflicht bei Betriebsstörungen im Verkehr, die den vorübergehenden Einsatz von Kraftfahrzeugen zur Folge haben (§ 2 Abs. 4 Satz 2),

b) das Mitführen und Vorzeigen von Urkunden (§ 17 Abs. 6, § 20 Abs. 3 Satz 3),

c) die Einhaltung der Beförderungsentgelte (§ 39 Abs. 3, § 41 Abs. 3, § 45 Abs. 3, § 51),

d) die Bekanntmachung der Beförderungsentgelte, der Besonderen Beförderungsbedingungen und der gültigen Fahrpläne (§ 39 Abs. 7, § 40 Abs. 4, § 41 Abs. 3, § 45 Abs. 3, § 51 Abs. 1 Satz 3),

e) die ausschließliche Verwendung von Kraftfahrzeugen im Linien- oder Kraftdroschkenverkehr (§ 45 Abs. 6, § 47 Abs. 5),

f) Ferienziel-Reisen oder Ausflugsfahrten (§ 43 Abs. 2, § 48 Abs. 1) oder

g) den Verkehr mit Mietomnibussen und Mietwagen (§ 49 Abs. 2 Satz 2 und Abs. 4)

zuwiderhandelt;

4. einer Rechtsvorschrift oder schriftlichen Verfügung zuwiderhandelt, die auf Grund dieses Gesetzes oder auf Grund von Rechtsvorschriften, die auf diesem Gesetz beruhen, erlassen worden ist, soweit die Rechtsvorschrift oder die Rechtsvorschrift und die schriftliche Verfügung ausdrücklich auf diese Vorschrift verweisen oder

5. den Vorschriften der Verordnung über den Bau und Betrieb von Straßenbahnen (BOStrab) vom 13. November 1937 (Reichsgesetzbl. I S. 1247) in der Fassung vom 14. August 1953 (Bundesgesetzbl. I S. 974), der Verordnung über den Betrieb von Kraftfahrunternehmen im Personenverkehr (BOKraft) vom 13. Februar 1939 (Reichsgesetzbl. I S. 231) in der Fassung vom 7. Juli 1960 (Bundesgesetzbl. I S. 553) oder den auf Grund dieser Verordnungen erlassenen schriftlichen Verfügungen, soweit diese ausdrücklich auf diese Vorschriften verweisen, zuwiderhandelt.

(2) Die Ordnungswidrigkeit kann, wenn sie vorsätzlich begangen ist, mit einer Geldbuße bis zu 10000 Deutsche Mark, wenn sie fahrlässig begangen ist, mit einer Geldbuße bis zu 5000 Deutsche Mark geahndet werden.

(3) Verwaltungsbehörde im Sinne des § 73 des Gesetzes über Ordnungswidrigkeiten ist die Genehmigungsbehörde; sie nimmt auch die Befugnisse der obersten Verwaltungsbehörde im Sinne des § 66 Abs. 2 des Gesetzes über Ordnungswidrigkeiten wahr.

1. Eine Straftat ist die Verletzung einer staatlichen Norm, die einen ethischen Grundwert zu schützen bestimmt ist (z. B. Bestimmungen zum Schutz von Leib und Leben). Eine **Ordnungswidrigkeit** dagegen ist ein Verstoß gegen ein verwaltungsrechtliches Verbot; ihrem inneren Wesen nach ist sie die Verletzung einer aus Zweck-

mäßigkeitsgründen erlassenen, ethisch indifferenten Ordnungsvorschrift, also Verwaltungsunrecht im Gegensatz zum kriminellen Unrecht.

2. Das Verfahren zur Verfolgung von Ordnungswidrigkeiten, das sogenannte **Bußgeldverfahren,** ist durch das Gesetz über Ordnungswidrigkeiten vom 25. 3. 1952 (BGBl. I S. 177) geregelt. Danach beträgt das Mindestmaß der Geldbuße 2,— DM; das Höchstmaß, das nach dem OWiG 1000,— DM betragen würde, ist durch § 61 Abs. 2 PBefG auf 10000,— DM für vorsätzliche und auf 5000,— DM für fahrlässige Verstöße erhöht.

3. Um die Bemessung der Geldbuße innerhalb des weit gespannten Rahmens (2,— DM bis 10000,— DM) zu erleichtern, bestimmt § 6 OWiG, daß die Geldbuße das Entgelt, das der Täter für die Ordnungswidrigkeit empfangen, und den Gewinn, den er aus der Ordnungswidrigkeit gezogen hat, übersteigen soll. Reicht das gesetzliche Höchstmaß von 10000,— DM hierzu nicht aus, so kann es überschritten werden. Es kommt also nicht nur auf den Gewinn an, sondern auch auf das Bruttoentgelt. Wer also eine Straßenbahn oder eine Kraftfahrlinie betreibt, ohne daß die Genehmigungsbehörde ihre Zustimmung zu den Beförderungsentgelten erteilt hat, kann mit einer Geldbuße belegt werden, welche die Summe aller während der unerlaubten Beförderungszeit vereinnahmten Entgelte erreicht.

4. Hat der Betroffene durch ein und dieselbe Handlung sowohl eine Straftat wie eine Ordnungswidrigkeit begangen, z. B. Personen ohne Genehmigung oder einstweilige Erlaubnis (§ 60 Abs. 1) und ohne Zustimmung der Genehmigungsbehörde zu den Beförderungsentgelten (§ 61 Abs. 1 Nr. 2) befördert **(Tateinheit),** so kann die Verwaltungsbehörde keinen Bußgeldbescheid erlassen. Vielmehr ist die gesamte Handlung als Straftat zu würdigen (Urteil des OLG Bremen in NJW 1954 S. 1213).

Wenn sich dagegen bei Handlungen, die zusammen dem Strafgericht unterbreitet werden, herausstellt, daß ein Teil der in **Tatmehrheit** stehenden Handlungen Ordnungswidrigkeiten darstellt, so hat das Strafgericht bezüglich dieses Teils das Verfahren durch Urteil einzustellen (Urteil des BGH vom 12. 7. 1955, Deutsches Devisenrecht 1955 S. 194).

5. Wird der Täter gleich bei Beginn der Beförderung von der Polizei an der Ausführung der Beförderung verhindert, so liegt nur ein **Versuch** vor. Der Versuch ist nicht zu ahnden, weil das PBefG es nicht besonders vorsieht (§ 9 OWiG).

6. Im Gegensatz zum OWiG, das nur vorsätzliches Handeln erfaßt, bedroht das PBefG auch **Fahrlässigkeit** mit Geldbuße. Vorsatz bedeutet, daß der Täter sich aller Tatumstände bewußt ist. Fahrlässigkeit bedeutet, daß er sich dessen zwar nicht bewußt ist, daß ihm aber gerade dieser Mangel an Einsicht vorzuwerfen ist, weil er bei genügender Anspannung seiner Aufmerksamkeit die Überschreitung hätte erkennen müssen.

Im Gegensatz zum allgemeinen Strafrecht berücksichtigt das OWiG (§ 12) auch den **Verbotsirrtum:** „Wer in unverschuldetem Irrtum über das Bestehen oder die Anwendbarkeit einer rechtlichen Vorschrift die Handlung für erlaubt gehalten hat, bleibt von Geldbuße frei.“ Dabei ist zu beachten, daß für jeden Staatsbürger eine nach der Art seiner Tätigkeit und Vorbildung abgestufte Unterrichtungspflicht besteht (so Rotberg a. a. O. Anm. 9 zu § 12 OWiG). Einem gewerblichen Personenbeförderer kann man zumuten, daß er die grundsätzlichen Bestimmungen des PBefG kennt. Wenn er sie nicht kennt, muß er sich im Zweifel bei der Genehmigungsbehörde erkundigen.

Bei einem Nichtfachmann braucht der Umstand, daß er sich nicht über die Rechtslage erkundigt hat, dann nicht zur Vorwerfbarkeit des Verbotsirrtums zu führen, wenn Bildungsgrad und Sachlage ihn nicht zu Zweifeln anzuregen brauchten (vgl. Urteil des Bayer. Obersten Landesgerichts in NJW 1954 S. 811).

Die ausdrückliche Zustimmung einer Behörde der allgemeinen inneren Verwaltung zu einer Handlung, die objektiv eine Ordnungswidrigkeit darstellt, rechtfertigt in der Regel die Annahme eines unverschuldeten Verbotsirrtums (Urteil des OLG Neustadt im „Betriebsberater" 1951 S. 1010). Dagegen ist die durch keinen äußeren Anlaß gerechtfertigte Meinung, das Verhalten des Täters werde von den Behörden stillschweigend geduldet, kein entschuldbarer Verbotsirrtum (Urteil des Bayer. Obersten Landesgerichts vom 1. 12. 1950, III 69/50).

7. Das Bußgeldverfahren wird von den Verwaltungsbehörden durchgeführt. Die Geldbuße wird in Form eines Bußgeldbescheids festgesetzt, der zu begründen und dem Betroffenen zuzustellen ist. Gegen den Bußgeldbescheid ist aber nicht der Verwaltungsrechtsweg eröffnet. Vielmehr kann der Betroffene nur **Antrag auf gerichtliche Entscheidung** stellen. Der Antrag ist binnen zwei Wochen nach Zustellung des Bußgeldbescheides bei der Verwaltungsbehörde, die den Bescheid erlassen hat, zu stellen. Zur Wahrung der Frist genügt es auch, wenn der Antrag rechtzeitig beim zuständigen Gericht eingeht. Für die Entscheidung ist das Amtsgericht zuständig. Die Entscheidung trifft der Amtsrichter als Einzelrichter. Örtlich zuständig ist das Amtsgericht, in dessen Bezirk die Verwaltungsbehörde ihren Sitz hat. Es kann eine mündliche Verhandlung stattfinden. Die Vernehmung des Betroffenen im Beisein seines Verteidigers und der Verwaltungsbehörde ersetzt nicht die mündliche Verhandlung (Urteil des OLG Hamm in der Monatsschrift für Deutsches Recht 1953 S. 504).

Der Amtsrichter entscheidet durch Beschluß, ob der Bußgeldbescheid aufrecht erhalten, geändert oder aufgehoben wird. Er kann aber den Bußgeldbescheid nicht etwa zum Nachteil des Betroffenen ändern.

Gegen die Entscheidung des Amtsrichters kann sowohl der Betroffene wie die Verwaltungsbehörde binnen zwei Wochen **Rechtsbeschwerde** zum Oberlandesgericht einlegen. Die Rechtsbeschwerde kann nur darauf gestützt werden, daß die Entscheidung auf einer Verletzung des Gesetzes beruhe. Der Betroffene kann also in der Rechtsbeschwerde nicht vorbringen, die tatsächlichen Umstände, von denen der Amtsrichter ausgegangen sei, hätten sich anders abgespielt oder der Amtsrichter hätte die Geldbuße niedriger festsetzen sollen. Die Entscheidung des Oberlandesgerichts ist endgültig.

Ein Unterwerfungsverfahren (§ 67 OWiG) ist im PBefG nicht vorgesehen.

Zu Absatz 1:

8. Bei den Bedingungen und Auflagen (Abs. 1 Nr. 1) muß es sich um echte sachliche Beschränkungen der Genehmigung nach § 16 Abs. 1 handeln, nicht um bloße Hinweise auf gesetzliche Bestimmungen, mögen diese auch unter der Überschrift „Bedingungen und Auflagen" in der Genehmigungsurkunde aufgeführt sein.

9. Der Unternehmer handelt nicht ordnungswidrig, wenn die Genehmigungsbehörde ihre Zustimmung (Abs. 1 Nr. 2) nach § 39 Abs. 1 erteilt hat, selbst wenn eine damals noch gleichzeitig notwendige Ausnahme vom Preiserhöhungsverbot der Preisstopverordnung nicht vorlag.

10. Die Pflichten der Nr. 1a bis e) hat der Unternehmer zu erfüllen, die Pflicht nach Nr. 3b) außerdem auch der Omnibusfahrer. Die Pflichten nach Nr. 3f) und g) hat ebenfalls der Unternehmer zu erfüllen. Er verletzt sie, wenn er die genannten Verkehrsarten ausübt, ohne die zur Konstituierung der Begriffsmerkmale erforderlichen Voraussetzungen oder die vom Gesetz zusätzlich an die Verkehrsart geknüpften Pflichten (z. B. die Zurückbeförderung der Ferienziel-Reisenden zum Ausgangspunkt) zu erfüllen.

11. Abs. 1 Nr. 4 läßt zwar zu, daß eine schriftliche Verfügung ausdrücklich auf „diese Vorschrift" Bezug nimmt und damit das beanstandete Verhalten zu einer Ordnungswidrigkeit macht. Diese Möglichkeit wird dadurch beschränkt, daß in den Fällen, wo sich die schriftliche Verfügung nicht unmittelbar auf das PBefG, sondern auf eine Rechtsvorschrift auf Grund des PBefG stützt, auch diese Rechtsvorschrift den Hinweis auf § 61 Abs. 1 Nr. 4 enthalten muß. Daraus kann nicht etwa geschlossen werden, daß bei einer Verfügung, die sich unmittelbar auf das PBefG stützt, die gesetzliche Bestimmung nicht bewehrt sein müßte. Wollte man annehmen, daß eine Verfügung, die sich unmittelbar auf das PBefG stützt, eine beanstandete Handlung durch Hinweis auf § 61 Abs. 1 Nr. 4 zu einer Ordnungswidrigkeit stempeln könnte, so wären die Bestimmungen des § 61 Abs. 1—3 nur noch für den ersten Begehungsfall von praktischer Bedeutung.

12. BO-Strab und BO-Kraft sind im Anhang abgedruckt.

Zu Absatz 2:

13. Vergleiche oben Anmerkung 2.

Zu Absatz 3:

14. Absatz 3 bezeichnet die Genehmigungsbehörde als zuständige Behörde zum Erlaß von Bußgeldbescheiden.

15. Werden nach Eintritt der Rechtskraft eines Bußgeldbescheides nachträglich noch Tatsachen bekannt, die geeignet sind, eine für den Betroffenen günstigere Entscheidung zu rechtfertigen, so kann der Bußgeldbescheid abgeändert oder aufgehoben werden. Ist der Bußgeldbescheid bereits durch ein Gericht nachgeprüft worden, so entscheidet über die nachträgliche Abänderung oder Aufhebung das Amtsgericht (§ 66 Abs. 2 OWiG).

Ist dagegen der Bußgeldbescheid noch nicht durch ein Gericht nachgeprüft worden, so entscheidet gemäß Abs. 3, 2. Halbsatz, die Genehmigungsbehörde über die nachträgliche Abänderung oder Aufhebung.

IX. Übergangs- und Schlußbestimmungen

§ 62

Frühere Genehmigungen

(1) Die auf Grund des bisherigen Rechts erteilten Genehmigungen für Straßenbahnen, Obusverkehr und Linienverkehr mit Kraftfahrzeugen sowie für den Gelegenheitsverkehr mit Kraftfahrzeugen behalten ihre Gültigkeit bis zum Ablauf der Dauer der Genehmigung; dabei gelten die für den bisherigen Gelegenheitsverkehr mit Ausflugswagen erteilten Genehmigungen als Genehmigungen für Ausflugsfahrten nach § 48 dieses Gesetzes und, soweit sie zur

Ausführung von Ferienziel-Reisen berechtigten, als Genehmigungen für Ferienziel-Reisen nach § 43 Abs. 2 dieses Gesetzes. Berufsverkehr (§ 43 Abs. 1 Nr. 1), der nachweisbar am 1. Januar 1961 mit Mietwagen betrieben wurde, gilt bis zum Ablauf der Mietwagengenehmigungen als Verkehr mit Mietomnibussen (§ 49).

(2) Für Linien, die von der Deutschen Bundespost und der Deutschen Bundesbahn bei Inkrafttreten dieses Gesetzes betrieben werden, haben die Genehmigungsbehörden Genehmigungen (Sammelgenehmigungen) mit mindestens fünf- und höchstens achtjähriger Gültigkeit, gerechnet vom Zeitpunkt des Inkrafttretens dieses Gesetzes, auszustellen. Die Deutsche Bundespost und die Deutsche Bundesbahn werden bei Inkrafttreten dieses Gesetzes den zuständigen Genehmigungsbehörden die für die Ausfertigungen dieser Genehmigungen erforderlichen Angaben unaufgefordert mitteilen. Der Durchführung eines besonderen Anhörverfahrens nach § 14 dieses Gesetzes bedarf es in diesen Fällen nicht.

(3) Nach Ablauf der Gültigkeitsdauer der nach Absatz 2 erteilten Genehmigungen gelten für die Fortführung dieser Linien ausschließlich die Bestimmungen dieses Gesetzes.

Zu Absatz 1:

1. Mit dem Inkrafttreten des PBefG konnten nur noch Genehmigungen, wie sie nach diesem Gesetz zulässig sind, erteilt werden. Das hatte aber zur praktischen Voraussetzung, daß das diesen Genehmigungen vorausgehende Verfahren sich schon vor Inkrafttreten des Gesetzes dem Gesetz anpaßte. So kann seit dem 1. 6. 1961 eine Genehmigung für den Berufsverkehr nur mehr als Liniengenehmigung (§ 43 Abs. 1) nach Durchführung des hierfür vorgesehenen Anhörverfahrens erteilt werden. In den Fällen, in denen die vorhandenen Mietwagengenehmigungen für Berufsverkehr am 30. 5. 1961 (24 Uhr) ausliefen, war rechtzeitig vorher das für einen Linienverkehr vorgeschriebene Anhörverfahren durchzuführen. Konnte die Genehmigung nicht rechtzeitig zum 1. 6. 1961 erteilt werden, war mit einstweiligen Erlaubnissen (§ 20) zu helfen.

Im Gelegenheitsverkehr allerdings versagt dieses Hilfsmittel. Hier konnten bei Inkrafttreten des Gesetzes genehmigungslose und damit für die Verkehrsbedienung ausfallende Übergangszeiten eintreten, wenn der Unternehmer nicht die frühzeitige Veröffentlichung des Gesetzes im Bundesgesetzblatt zum Anlaß genommen hatte, seinen Verlängerungsantrag zum 1. 6. 1961 früher als sonst zu stellen.

Zu Absatz 2:

2. Nach § 14 PBefG 1934 bedurften Bundespost und Bundesbahn zur Einrichtung von Linienverkehr und für den Gelegenheitsverkehr, soweit er mit Fahrzeugen des Linienverkehrs ausgeführt wurde, keiner Genehmigung. Dafür war beiden Verkehrsträgern die Ausführung von Gelegenheitsverkehr mit Fahrzeugen, die ausschließlich für diesen Verkehr bestimmt waren, und die Ausführung von Ortsverkehr ohne Zustimmung der Gemeinde überhaupt verboten. Vier Wochen vor Einrichtung eines Linienverkehrs hatten Post und Bahn der höheren Verwaltungsbehörde, deren Gebiet berührt wurde, und sich gegenseitig Anzeige zu erstatten (§ 27 Abs. 2 Satz 1 G 1934). Widersprach binnen vier Wochen die höhere Verwal-

tungsbehörde oder der andere der beiden öffentlichen Verkehrsträger, so entschied nach § 27 Abs. 2 Satz 2 in der ursprünglichen Fassung der Reichsverkehrsminister, nach Inkrafttreten des Grundgesetzes der zuständige Landesverkehrsminister.

3. Nach Kriegsende hatten die Besatzungsmächte die Gewerbezulassung für den Straßenverkehr im wesentlichen an sich gezogen. Nach ihrer Politik sollte der Omnibuslinienverkehr von Bahn und Post zugunsten privater Unternehmer ausgeschaltet werden. Die Vorschriften des PBefG über die Beteiligung von Bahn und Post am Personenverkehr auf der Straße durften auf Weisung der Besatzungsmächte nicht mehr angewandt werden. Als dann das gewerbliche Zulassungswesen wieder in die Hand der deutschen Behörden überging und bei zunehmender Normalisierung der Verkehrsverhältnisse die Wiedereingliederung von Post und Bahn in den Omnibuslinienverkehr unerläßlich war, wurde zur Überbrückung der Übergangszeit zwischen den Verwaltungen für Verkehr und für Post- und Fernmeldewesen des Vereinigten Wirtschaftsgebiets einerseits, den Länderverkehrsministern andererseits die Vereinbarung vom 15. 6. 1948 (VkBl. 1948 S. 35 und 1949 S. 1) über den Omnibusverkehr der deutschen Post geschlossen. Am 10. 12. 1948 (VkBl. 1949 S. 3) wurde eine entsprechende Vereinbarung über die Reichsbahn geschlossen.

Post und Bahn verpflichteten sich, entgegen ihrer Freistellung von der Genehmigungspflicht nach § 14 G 1934 keinen Omnibusverkehr einzurichten oder zu ändern, ohne das Einvernehmen mit dem Landesverkehrsminister (nicht mit der Genehmigungsbehörde) herzustellen. Wenn das Einvernehmen nicht herzustellen war, sollte die Entscheidung durch ein „Schiedsgericht" getroffen werden, dem die beteiligten Direktoren der Verwaltungen des Vereinigten Wirtschaftsgebiets und die beteiligten Verkehrsminister der Länder angehörten.

4. Das Bundesverwaltungsgericht sprach mit Urteil vom 4. 12. 1959 (DVBl. 1960 S. 172) aus: „Die Vereinbarung über den Omnibusverkehr der Deutschen Post vom 15. 6. 1948 ist nach Wegfall der besatzungsrechtlichen Beschränkungen dieses Verkehrs nicht mehr anzuwenden. Die Bundespost hat über die von ihr beabsichtigten Omnibuslinien nur die Anzeige gemäß § 27 PBefG 1934 zu erstatten. In § 27 ist an die Stelle des Reichsverkehrsministers der jeweilige Landesverkehrsminister getreten." In den Gründen wurde ausgeführt: „Da Post und Bahn ohne weiteres als Verkehrsunternehmer geeignet und zu jeder Verkehrsbedienung in der Lage sind, genügt es, die an den von ihnen beabsichtigten Omnibuslinien interessierten Stellen lediglich anzuhören und den Verkehrsbehörden die Entschließung in einem einfacheren Verfahren ohne förmliche Entscheidung auf Widersprüche von Anhörberechtigten zu ermöglichen. Dadurch wird weder der Gleichheitsgrundsatz des Art. 3 Abs. 1 GG verletzt noch das Recht des einzelnen auf einen möglichst ungehinderten Zugang zum Beruf des Verkehrsunternehmers (Art. 12 Abs. 1 GG) angetastet. ... Daß die Vorschriften des PBefG durch die Postvereinbarung nicht geändert oder gar aufgehoben werden konnten, bedarf keiner weiteren Begründung. Fraglich kann nur sein, ob das in der Vereinbarung geregelte „Einvernehmen" noch neben der gesetzlich vorgesehenen Anzeige herzustellen war. Dies bezweifelt die Revision mit Recht. Ob die Postvereinbarung im Jahre 1948 rechtswirksam zustandegekommen ist, kann dahingestellt bleiben; sie ist jedenfalls nicht mehr gültig, seitdem das PBefG wieder anzuwenden ist."

Was das Bundesverwaltungsgericht über die Postvereinbarung vom 15. 6. 1948 ausgesprochen hat, ist ohne weiteres auch auf die Bahnvereinbarung vom 10. 12. 1948 anwendbar.

5. Die Übergangsregelung des Absatz 2 gilt für die am 1. 6. 1961 tatsächlich betriebenen Linien der Bundespost und Bundesbahn, gleichgültig ob sie von einem der Verkehrsträger allein oder von beiden gemeinsam betrieben werden. Mit einem Abkommen über die Zusammenarbeit auf dem Gebiet des Kraftomnibusverkehrs vom 31. 10. 1955 (Bahn/Postabkommen 1955), das am 1. 1. 1956 in Kraft trat, haben sich Bundespost und Bundesbahn auf eine gegenseitige Konsultation bei Einrichtung und Übernahme von Linien geeinigt. Das Abkommen (abgedruckt bei Oppelt a. a. O. S. 155) ist ein Internum der beiden Verwaltungen und für das gesetzliche Zulassungsverfahren ohne rechtliche Bedeutung. Auf Grund des Abkommens sind 37 Kraftpostlinien in den Gemeinschaftsbesitz von Bahn und Post übergegangen. Über sie und die bisher schon vorhandenen Gemeinschaftsverkehre von Bahn und Post wurden gemeinsame Richtlinien herausgegeben (abgedruckt bei Oppelt a. a. O. S. 159). Auch sie stellen nur Verwaltungsinterna dar.

6. Da nach bisherigem Recht Bahn und Post keiner Genehmigung bedurften, müßten ohne die Vorschrift des Abs. 2 für alle Straßenverkehre von Bahn und Post Genehmigungsverfahren eingeleitet werden. Stattdessen sieht Abs. 2 die Ausstellung von Genehmigungen vor, die lediglich zur Voraussetzung haben, daß die Verkehrsträger der Genehmigungsbehörde die erforderlichen Angaben machen; diese sind aus § 12 zu entnehmen. Eine Prüfung der Voraussetzungen des § 13 ist weder vorgeschrieben noch zulässig.

7. Gegen eine Genehmigung nach § 62 Abs. 2 kann von dem Empfänger der Genehmigung Widerspruch erhoben werden, wenn er durch die sachlichen oder zeitlichen Beschränkungen der Genehmigung in seinen Rechten verletzt wird. Von einem Dritten kann gegen die Genehmigung Widerspruch erhoben werden, wenn der Verkehr, den die Genehmigung bestätigen will, am 1. 6. 1961 tatsächlich gar nicht betrieben wurde oder wenn die Genehmigungsbehörde der Genehmigung eine längere Laufzeit verliehen hat, als es bei Anwendung fehlerfreien Ermessens richtig gewesen wäre. Es kann aber gegen die Genehmigung nicht eingewendet werden, daß die Voraussetzungen für den Verkehr nach § 13 nicht vorlägen; denn diese Voraussetzungen sind gar nicht zu prüfen.

8. Die Genehmigungen können auch als Sammelgenehmigungen, d. h. in einer gemeinsamen Verfügung für mehrere Linien, ausgestellt werden. Mit der Zulassung von Sammelgenehmigungen hat das Gesetz zugleich zum Ausdruck gebracht, daß die Ausstellung einer Genehmigungsurkunde und eine Bekanntmachung im Verkündigungsblatt der Genehmigungsbehörde nicht erforderlich ist.

§ 63

Ruhende Genehmigungen

Die nach dem Runderlaß des Reichsverkehrsministers vom 11. Dezember 1939 — K 2/1.13 573 — (Reichsverkehrsblatt Ausgabe B S. 393) für „ruhend“ erklärten Genehmigungen für den Linien- und Gelegenheitsverkehr, die

1. inzwischen durch Zeitablauf erloschen sind, aber nach dem Runderlaß des Reichsverkehrsministers vom 15. Januar 1944 — K 11.21069/43 — (Reichsverkehrsblatt Ausgabe B S. 7) ihre rechtliche Gültigkeit bis auf weiteres beibehalten haben,

2. durch Zeitablauf noch nicht erloschen sind, auf Grund deren Berechtigung aber der Betrieb noch nicht wieder aufgenommen ist,
werden mit dem Inkrafttreten dieses Gesetzes ungültig.

Zu Beginn des Krieges wurden viele Omnibusbetriebe stillgelegt und die bisher verwendeten Fahrzeuge auf Grund des Reichsleistungsgesetzes für Zwecke der Wehrmacht beordert. Die Genehmigung ruhte, ohne daß sie in ihrem rechtlichen Bestand berührt wurde (RdErl. des RVM vom 11. 12. 1939). Das hinderte zunächst noch nicht ihr Erlöschen durch Zeitablauf. Erst mit RdErl. des RVM vom 15. 1. 1944 wurde die zeitliche Dauer solcher ruhenden Genehmigungen, auch soweit sie inzwischen durch Zeitablauf erloschen waren, allgemein bis auf weiteres verlängert. Der RVM behielt sich vor, zu gegebener Zeit zu bestimmen, wie die Anträge auf Erneuerung solcher Genehmigungen zu behandeln sein würden.

Den weitaus meisten Inhabern solcher ruhenden Genehmigungen wurden auf Grund der ruhenden Genehmigungen inzwischen neue Genehmigungen erteilt. Die Länderverkehrsministerien versuchten im Jahre 1951 einen Schlußstrich zu ziehen und Unternehmer, die bis dahin von ihrer ruhenden Genehmigung keinen Gebrauch gemacht hatten, dieser Rechtsposition für verlustig zu erklären. Der Bayer. VGH hat aber mit Urteil vom 10. 4. 1952 (Nr. 95 IV 51) eine entsprechende Entschließung des Bayerischen Staatsministeriums für Verkehrsangelegenheiten vom 27. 4. 1951 für ungültig und die ruhenden Genehmigungen auch weiterhin als weiterbestehend erklärt.

Im Jahre 1961 kann es nur noch verschwindend wenige Inhaber einer ruhenden Genehmigung geben. Bei ihnen ist ohne weiteres anzunehmen, daß sie von ihrer Rechtsposition keinen Gebrauch mehr machen werden. Das PBefG 1961 hat daher noch bestehende ruhende Genehmigungen für ungültig erklärt, ohne daß es sich um eine entschädigungspflichtige Enteignungsmaßnahme handelt.

§ 64

Andere Gesetze

(1) Durch dieses Gesetz werden die Vorschriften

1. des Straßenverkehrsgesetzes vom 19. Dezember 1952 (Bundesgesetzbl. I S. 837) sowie die auf Grund dieses Gesetzes erlassenen Vorschriften,

2. des Gesetzes betreffend die Verbindlichkeit zum Schadenersatz für die bei dem Betriebe von Eisenbahnen, Bergwerken usw. herbeigeführten Tötungen und Körperverletzungen vom 7. Juni 1871 (Reichsgesetzbl. S. 207) in der Fassung des Gesetzes zur Änderung des Reichshaftpflichtgesetzes vom 15. August 1943 (Reichsgesetzbl. I S. 489),

3. des Gesetzes über die Haftpflicht der Eisenbahnen und Straßenbahnen für Sachschäden vom 29. August 1940 (Reichsgesetzbl. I S. 691),

4. des Gesetzes über die Einführung der Pflichtversicherung für Kraftfahrzeughalter und zur Änderung des Gesetzes über den Verkehr mit Kraftfahrzeugen sowie des Gesetzes über den Versicherungsvertrag vom 7. November 1939 (Reichsgesetzblatt I S. 2223) und

5. des Gesetzes über die Haftpflichtversicherung für ausländische Kraftfahrzeuge und Kraftfahrzeuganhänger vom 24. Juli 1956 Bundesgesetzbl. I S. 667)

nicht berührt, soweit sich nicht aus § 23 Abs. 1 etwas anderes ergibt.

(2) Die Vorschriften des Gesetzes über Maßnahmen zur Aufrechterhaltung des Betriebs von Bahnunternehmen des öffentlichen Verkehrs vom 7. März 1934 (Reichsgesetzbl. II S. 91) in der Fassung des § 9 Abs. 4 des Allgemeinen Eisenbahngesetzes vom 29. März 1951 (Bundesgesetzbl. I S. 225) sind auf Straßenbahnen und auf Obusunternehmen mit der Maßgabe entsprechend anzuwenden, daß zuständige Aufsichtsbehörde im Sinne des vorgenannten Gesetzes die von der Landesregierung bestimmte Genehmigungsbehörde ist, und daß, wenn eine Straßenbahn oder ein Obusunternehmen das Gebiet mehrerer Länder berührt, die von der Landesregierung bestimmte Genehmigungsbehörde ihre Entscheidung im Einvernehmen mit der von der Landesregierung des mitbeteiligten Landes bestimmten Genehmigungsbehörde trifft.

(3) Für die Begriffe „Obus“ (§ 4 Abs. 3), „Personenkraftwagen“, „Kraftomnibus“ (§ 4 Abs. 4) und „Nachbarortslinienverkehr“ (§ 13 Abs. 2 Nr. 2 Buchstabe c) gilt nicht § 2 des Gesetzes zur Wiedererhebung der Beförderungssteuer im Möbelfernverkehr und im Werkfernverkehr und zur Änderung von Beförderungsteuersätzen vom 2. März 1951 (Bundesgesetzbl. I S. 159). Die in § 43 Abs. 1 Nr. 2 bis 4 und Abs. 2 genannten Verkehrsformen sind nicht Linienverkehr im Sinne des Beförderungsteuerrechts.

(4) Der Titel VII der Gewerbeordnung sowie die auf Grund dieses Titels erlassenen Vorschriften gelten auch für Straßenbahnbetriebe.

(5) In § 38 des Bundesbaugesetzes vom 23. Juni 1960 (Bundesgesetzbl. I S.341) werden die Worte „Gesetzes über die Beförderung von Personen zu Lande in der Fassung vom 6. Dezember 1937 (Reichsgesetzbl. I S. 1319)“ ersetzt durch die Worte „Personenbeförderungsgesetzes vom 21. März 1961 (Bundesgesetzbl. I S. 241)“.

Zu Absatz 1:

1. Abs. 1 Nr. 3 enthält einen Schreibfehler; das Gesetz über die Haftpflicht der Eisenbahnen und Straßenbahnen für Sachschäden ist nicht vom 29. August, sondern vom 29. April 1940. In Nr. 4 hätte das Gesetz vom 7. 11. 1939 in der Fassung vom 16. 7. 1957 (BGBl. I S. 710) zitiert werden können.

2. Neben dem PBefG und der BO-Kraft fordert die auf Grund des Straßenverkehrsgesetzes ergangene und am 6. 12. 1960 neu gefaßte StVZO (BGBl. S. 897) besondere Beachtung. Auszug aus der StVZO s. Anhang.

3. Im übrigen vgl. zu Absatz 1
Nr. 2: Anm. 1 zu § 23;
Nr. 3: Anm. 4 und 5 zu § 23;
Nr. 4: Anm. 7 und 8 zu § 23.

Zu Absatz 2/3/5:

4. Zu Abs. 2 vgl. Anm. 4 zu § 21, zu Abs. 3 vgl. die Vorbemerkung vor § 1, zu Abs. 5 vgl. die Vorbemerkung vor § 28.

Zu Absatz 4:

5. Die Gewerbeordnung findet nach ihrem § 6 auf Eisenbahnunternehmungen, wozu auch Straßenbahnen gehören, keine Anwendung. Es lag aber in der Linie der allgemienen Entwicklung des Arbeitsschutzes, seine Rechtsgrundlagen im VII. Teil der Gewerbeordnung auch auf Straßenbahnbetriebe zu erstrecken (A. B. zu § 65 des Entwurfs).

Auf Omnibusbetriebe sind die genannten Bestimmungen ohnedies anzuwenden, allerdings vorbehaltlich des in Anm. 6 Gesagten.

6. Der VII. Teil der Gewerbeordnung befaßt sich in §§ 105a ff. mit dem Beschäftigungsverbot an Sonn- und Feiertagen. Diese Bestimmungen finden aber gem. § 105i GewO auf das Verkehrsgewerbe keine Anwendung. Es kann nicht der Sinn des § 64 Abs. 4 PBefG sein, das Beschäftigungsverbot an Sonn- und Feiertagen mit seinen Einschränkungen für Straßenbahnen einzuführen.

7. Nach § 120e GewO können durch Beschluß der Bundesregierung mit Zustimmung des Bundesrats (Art. 129, 80 GG) Vorschriften darüber erlassen werden, welchen Anforderungen in bestimmten Arten von Anlagen zu genügen ist, damit die Grundsätze der Gewerbeordnung über Betriebssicherheit sowie über Sitte und Anstand im Betrieb realisiert werden. Der Regierungsentwurf des PBefG sah vor, daß solche Vorschriften bezüglich der Straßenbahn-, Obus- und Omnibusbetriebe vom Bundesminister für Verkehr gemeinsam mit dem Bundesminister für Arbeit und soziale Ordnung erlassen werden sollten. Auf den Änderungswunsch des Bundesrats hin beließ es der Bundestagsausschuß bei der Zuständigkeitsregelung des § 120e GewO.

8. Der Regierungsentwurf des PBefG wollte die Aufsicht über den Vollzug des Abs. 4 den Aufsichtsbehörden nach § 54 und den Gewerbeaufsichtsbehörden gemeinsam übertragen. Es war beabsichtigt, letztere auf die Aufsicht in Werkstätten und Verwaltungsgebäuden zu beschränken.

Die Entwurfsbestimmung stieß auf den Widerstand des Bundesrats. Er wollte es bei der allgemeinen Regelung des § 139b GewO belassen, wonach für die Aufsicht über die Ausführung der Arbeitsschutzbestimmungen ausschließlich die Gewerbeaufsichtsbehörden zuständig seien. Diese ausschließliche Zuständigkeit — neben der parallel laufenden Tätigkeit der Berufsgenossenschaften im Unfallschutz — habe sich durchaus bewährt; es erscheine daher bedenklich, anderen Behörden Aufsichtszuständigkeiten auf dem Gebiete des Arbeitsschutzes einzuräumen. Um eine Einengung der Zuständigkeiten der Gewerbeaufsicht zu verhindern, wurde die Entwurfsbestimmung im Bundestagsausschuß gestrichen.

9. Es sind daher für die Überwachung der Arbeitsschutzbestimmungen auch im Verkehrsgewerbe und in Straßenbahnbetrieben nur die Gewerbeaufsichtsbehörden zuständig. Eine Übersicht über die landesrechtlich sehr verschiedene Organisation der Gewerbeaufsichtsämter in den einzelnen Bundesländern, ihre fachlichen, personellen und haushaltmäßigen Unterstellungsverhältnisse und ihre Differenzierungen in den einzelnen Landesteilen ist gegeben bei Sigl, Ladenschlußgesetz, Stuttgart 1960, S. 26ff.

§ 65

Inkrafttreten, Aufhebung von Rechtsvorschriften

(1) Dieses Gesetz tritt am ersten Tage des auf die Verkündung folgenden dritten Kalendermonats in Kraft.

(2) Am gleichen Tage treten den Bestimmungen dieses Gesetzes widersprechende oder den gleichen Gegenstand regelnde Vorschriften außer Kraft. Hierzu gehören insbesondere

1. **das Gesetz über die Beförderung von Personen zu Lande vom 4. Dezember 1934 (Reichsgesetzbl. I S. 1217) in der Fassung des Gesetzes vom 6. Dezember 1937 (Reichsgesetzbl. I S. 1319),**
2. **das Gesetz über das Inkrafttreten von Vorschriften des Gesetzes über die Beförderung von Personen zu Lande vom 16. Januar 1952 (Bundesgesetzbl. I S. 21),**
3. **das Gesetz zur Änderung des Gesetzes über die Beförderung von Personen zu Lande vom 12. September 1955 (Bundesgesetzbl. I S. 573),**
4. **die Verordnung zur Durchführung des Gesetzes über die Beförderung von Personen zu Lande vom 26. März 1935 (Reichsgesetzbl. I S. 473),**
5. **Artikel 5 Abs. 1 des Gesetzes zur Sicherung des Straßenverkehrs vom 19. Dezember 1952 (Bundesgesetzbl. I S. 832),**
6. **Die „Erste Anordnung zum Gesetz zur Änderung des Gesetzes über die Beförderung von Personen zu Lande“ vom 6. Dezember 1937 (Reichsverkehrsblatt Ausgabe B S. 150),**
7. **die Anordnung über „Geltungsbereich der Genehmigung für den Droschken- und Mietwagenverkehr“ vom 17. Mai 1935 (Reichsverkehrsblatt Ausgabe B S. 65),**
8. **die Anordnung über „Genehmigungen für den Gelgenheitsverkehr“ vom 26. Juni 1935 (Reichsverkehrsblatt Ausgabe B S. 87),**
9. **die Anordnung über „Reisebüros als Unternehmer von Gelegenheitsverkehr“ vom 16. November 1935 (Reichsverkehrsblatt Ausgabe B S. 176),**
10. **die Anordnung über „Bereithalten von Ausflugswagen“ vom 16. November 1935 (Reichsverkehrsblatt Ausgabe B S. 183),**
11. **die Anordnung über „Verwendung von Linienfahrzeugen im Gelegenheitsverkehr“ vom 15. Februar 1936 (Reichsverkehrsblatt Ausgabe B S. 33),**
12. **die Anordnung über Erteilung einer „Einstweiligen Erlaubnis“ für den Linien- und Gelegenheitsverkehr vom 27. August 1937 (Reichsverkehrsblatt Ausgabe B S. 92),**
13. **die Anordnung über „Gelegenheitsverkehr mit Kraftfahrzeugen vom Auslande her“ vom 19. Januar 1937 (Reichsverkehrsblatt Ausgabe B S. 8),**
14. **die Anordnung über „Anzeigen der Deutschen Reichspost und Deutschen Reichsbahn wegen Einrichtung von Linienverkehr“ vom 22. April 1941 (Reichsverkehrsblatt Ausgabe B S. 63),**
15. **die Anordnung über „Übertragung der aus der Genehmigung erwachsenden Rechte und Pflichten des Unternehmers auf einen anderen“ vom 5. Januar 1942 (Reichsverkehrsblatt Ausgabe B S. 1),**

16. **die Anordnung über „Vorschriften über die Beförderung von Personen zu Lande“ vom 28. Februar 1942 (Reichsverkehrsblatt Ausgabe B S. 33),**
17. **die Anordnung über „Verinfachung des Anhörungsverfahrens nach § 9 DV PBefG“ vom 12. Dezember 1942 (Reichsverkehrsblatt Ausgabe B S. 192),**
18. **die Verordnung PR Nr. 45/52 über Fahrpreise für die Beförderung von Personen mit Straßenbahnen und im Linienverkehr mit Landfahrzeugen vom 16. Juni 1952 (Bundesanzeiger Nr. 118 vom 21. Juni 1952 S. 1).**

(3) Als Rechtsverordnungen gelten bis auf weiteres fort, soweit sie diesem Gesetz nicht widersprechen,

1. **die Verordnung über den Bau und Betrieb der Straßenbahnen (BOStrab vom 13. November 1937 (Reichsgesetzbl. I S. 1247) in der Fassung vom 14. August 1953 (Bundesgesetzbl. I S. 974),**
2. **die Verordnung über die Bestätigung und Prüfung der Betriebsleiter von Straßenbahnbetrieben vom 23. Dezember 1953 (Bundesgesetzbl. I S. 1590),**
3. **die Signalordnung für Straßenbahnen vom 14. Juni 1958 (Bundesgesetzbl. I S. 397),**
4. **die Verordnung zur Durchführung der Straßenbahn-Bau- und Betriebsordnung vom 29. März 1956 (Bundesgesetzbl. I S. 250),**
5. **die Verordnung über den Betrieb von Kraftfahrunternehmen im Personenverkehr (BOKraft) vom 13. Februar 1939 (Reichsgesetzbl. I S. 231) in der Fassung vom 7. Juli 1960 (Bundesgesetzbl. I S. 553),**
6. **die Vorläufige Gebührenordnung für den Gelegenheitsverkehr vom 27. November 1936 (Reichsgesetzbl. I S. 996),**
7. **die Verordnung über Einführung einheitlicher Haltestellenzeichen für Straßenbahnen und Kraftfahrlinien vom 19. Juli 1939 (Deutscher Reichsanzeiger und Preußischer Staatsanzeiger Nr. 172 vom 28. Juli 1939).**

Zu Absatz 1:

1. Das Gesetz ist am 27. 3. 1961 im Bundesgesetzblatt veröffentlicht worden, trat daher am 1. 6. 1961 in Kraft.

Zu Absatz 2:

2. Die in Abs. 2 Nr. 1—18 aufgezählten Bestimmungen sind nur als Beispiele, wenn auch besonders wichtige, anzusehen. Sie schließen nicht aus, daß auch sonstige Vorschriften außer Kraft traten, die dem neuen Gesetz widersprechen oder den gleichen Gegenstand behandeln.

Zu ihnen ist nach Ansicht der überwiegenden Zahl der obersten Preisbehörden der Länder auch die Verordnung über das Verbot von Preiserhöhungen (Preisstop-Verordnung) vom 26. 11. 1936 (RGBl. I S. 955) zu rechnen, soweit sie sich auf Entgelte für Leistungen der gewerblichen Personenbeförderung zu Lande bezieht. Die

Preisstop-Verordnung war durch § 4 Nr. 1 der Preisfreigabe-Anordnung vom 25. 6. 1948 (WiGBl. S. 61) nur für diejenigen Güter und Leistungen außer Kraft gesetzt worden, die in §§ 1—3 der Anordnung nicht ausdrücklich genannt waren. In § 1 Nr. 9 der Anordnungen war aber die Beförderung mit Fahrzeugen aller Art als weiterhin preisgebunden aufgeführt.

Für eine Erhöhung von Beförderungsentgelten war daher bis zum 1. 6. 1961 neben der Zustimmung der Genehmigungsbehörde nach dem PBefG 1934 auch noch eine Ausnahme nach § 3 der Preisstop-Verordnung erforderlich. Heute wird überwiegend angenommen, daß die Zustimmung der Genehmigungsbehörde nach dem PBefG allein für die rechtswirksame Festsetzung der Beförderungsentgelte ausreicht. Die gleiche Rechtsauffassung wurde auch vertreten, als die Marktordnungsgesetze und die Wohnungsbaugesetze Preisgenehmigungen einführten; auch bei diesen Gesetzen wurde eine Weitergeltung der Preisstop-Verordnung neben den spezialgesetzlichen Preisbestimmungen verneint.

Zu Absatz 3:

3. Die Weitergeltung als Rechtsverordnungen bedeutet, daß sie auch wieder durch Rechtsverordnungen nach §§ 57, 58 geändert werden können.

§ 66

Geltung im Land Berlin

(1) Dieses Gesetz gilt nach Maßgabe des § 13 Abs. 1 des Dritten Überleitungsgesetzes vom 4. Januar 1952 (Bundesgesetzbl. I S. 1) auch im Land Berlin. Rechtsverordnungen, die auf Grund dieses Gesetzes erlassen werden, gelten im Land Berlin nach § 14 des Dritten Überleitungsgesetzes.

(2) An Stelle der Deutschen Bundespost oder einer zuständigen Oberpostdirektion tritt in Berlin die Landespostdirektion Berlin. Die Vorschriften des § 14 Abs. 1 Nr. 1 Buchstabe c, Nr. 2 Buchstabe b, Nr. 4, des § 51 Abs. 2 und des § 56 gelten, soweit sie sich auf die Deutsche Bundesbahn beziehen, nicht in Berlin.

Zu Absatz 1:

1. Die Verfassung von Groß-Berlin vom 1. 9. 1950 beansprucht auch Geltung im sowjetisch besetzten Sektor, kann aber praktisch dort nicht vollzogen werden. Das Grundgesetz sagt zwar in Art. 23, daß es auch im Gebiet des Landes Groß-Berlin gelte. Doch ist diese Bestimmung tatsächlich nicht geltendes Recht. Denn das Grundgesetz bedurfte nach der Rechtslage bei seinem Inkrafttreten der Zustimmung der Besatzungsmächte; diese wurde aber dem Art. 23, soweit er sich auf Groß-Berlin bezieht, versagt.

2. Das PBefG tritt in Berlin nach Maßgabe des § 13 Abs. 1 des Dritten Überleitungsgesetzes in Kraft, welcher bestimmt: „Bundesrecht, das für den übrigen Geltungsbereich des Grundgesetzes nach dem Inkrafttreten dieses Gesetzes verkündet wird und dessen Geltung im Gebiet des Landes Berlin ausdrücklich bestimmt ist, wird im Lande Berlin binnen eines Monats nach seiner Verkündung im Bundesgesetzblatt oder im Bundesanzeiger gemäß Art. 87 Abs. 2 der Verfassung von Berlin in Kraft gesetzt." Die Verfassung von Berlin vom 1. 9. 1950 bestimmt

in Art. 87: „Art. 1 Abs. 2 und 3 der Verfassung treten in Kraft, sobald die Anwendung des Grundgesetzes für die Bundesrepublik Deutschland in Berlin keinen Beschränkungen unterliegt. In der Übergangszeit kann das Abgeordnetenhaus durch Gesetz feststellen, daß ein Gesetz der Bundesrepublik Deutschland unverändert auch in Berlin Anwendung findet."

3. Bezüglich der Rechtsverordnungen bestimmt § 14 des Dritten Überleitungsgesetzes: „Ist im Bundesrecht, das als solches im Land Berlin in Kraft tritt, die Ermächtigung zum Erlaß von Durchführungsverordnungen vorgesehen, so gelten die auf Grund dieser Ermächtigung erlassenen Durchführungsverordnungen im Land Berlin von dem Zeitpunkt ab, zu dem die Ermächtigungsvorschrift im Land Berlin als Bundesrecht in Kraft tritt. Treten die Durchführungsverordnungen im übrigen Geltungsbereich des Grundgesetzes zu einem späteren Zeitpunkt in Kraft, so gelten sie im Land Berlin von diesem Zeitpunkt ab."

Zu Absatz 2:

4. § 1 Abs. 3 des Postverwaltungsgesetzes vom 24. 7. 1953 (BGBl. I S. 676) bestimmt: „Das Post- und Fernmeldewesen in Berlin wird von dem Präsidenten der Landespostdirektion Berlin nach den Weisungen des Bundesministers für das Post- und Fernmeldewesen verwaltet."

5. Die Deutsche Reichsbahn war nach dem Gesetz zur Neuregelung der Verhältnisse der Reichsbahn vom 10. 2. 1937 (RGBl. II S. 47) Trägerin eines im Reichseisenbahnvermögen verkörperten Sondervermögens des Reiches. Diese Rechtsstellung, die durch das Gesetz über die Deutsche Reichsbahn vom 4. 7. 1939 näher umrissen wurde, hat sich durch die Kapitulation von 1945 nur insofern geändert, als die Teilung des Reiches in verschiedene Besatzungszonen auch zu einer tatsächlichen Aufspaltung des Sondervermögens führte (so Urteil des BGH vom 11. 1. 1951, NJW 1951 S. 188).

Die Vermögensrechte des Reiches, die zum bisherigen Sondervermögen „Deutsche Reichsbahn" gehörten, sind mit Wirkung vom 24. 5. 1949 als Sondervermögen „Deutsche Bundesbahn" Vermögen des Bundes geworden (§ 1 des Gesetzes über die vermögensrechtlichen Verhältnisse der Deutschen Bundesbahn vom 2. 3. 1951, BGBl. I S. 155). Das Gesetz vom 2. 3. 1951 stellt eine Realisierung des in Art. 134 GG normierten Prinzips dar, daß das Vermögen des Reiches grundsätzlich Bundesvermögen wird. „Geltung beanspruchen kann diese Regel zur Zeit nur, soweit sich die Vermögensstücke des Reiches im Machtbereich des Bundes, insbesondere im Bundesgebiet des Art. 23, befinden" (Mangoldt, Das Bonner Grundgesetz, Anm. 2 zu Art. 134 GG).

Die volle Geltendmachung der Rechte und Zuständigkeiten der Bundesbahn scheitert also zur Zeit noch an der tatsächlichen Aufspaltung des Sondervermögens.

Anhang

A

Verordnung über den Bau und Betrieb der Straßenbahnen
(Straßenbahn-Bau- und Betriebsordnung — BO Strab —).
Vom 13. November 1937 (RGBl. I S. 1247) i. d. Fassung der Verordnung vom 14. 8. 1953 (BGBl. I S. 974)

Inhaltsübersicht

Auf Grund des § 39 des Gesetzes über die Beförderung von Personen zu Lande vom 4. Dezember 1934 (Reichsgesetzbl. I S. 1217) — im folgenden Gesetz genannt — wird verordnet:

I. Allgemeine Vorschriften

§ 1
Grundforderung

(1) Die Straßenbahnen müssen den Anforderungen entsprechen, die an ein dem öffentlichen Verkehr dienendes Unternehmen zu stellen sind.

(2) Für die Herstellung und Unterhaltung von Bahnanlagen und Fahrzeugen und für den Betrieb der Straßenbahnen sind Sicherheit und Ordnung oberster Grundsatz.

(3) Die Zulassung von Bahnanlagen, Einrichtungen und Fahrzeugen inländischer Herstellung kann von der Anwendung Deutscher Normen oder solcher Normen und Regeln, die von den Fachverbänden der Straßenbahnen vorgeschlagen werden, abhängig gemacht werden.

§ 2
Straßenbahnen besonderer Bauart

Bei Hoch- und Untergrundbahnen, Schwebebahnen, Zahnradbahnen oder Seilbahnen, die nach dem Gesetz über die Beförderung von Personen zu Lande genehmigt sind oder genehmigt werden, kann die oberste Landesverkehrsbehörde der Eigenart dieser Betriebe entsprechende Auflagen machen oder in Einzelfällen Ausnahmen von den Vorschriften dieser Verordnung zulassen, in Fällen von grundsätzlicher Bedeutung im Benehmen mit dem Bundesminister für Verkehr.

§ 3
Aufsicht

Die Aufsicht über den Bau und Betrieb der Straßenbahnen wird von der zuständigen Technischen Aufsichtsbehörde (TAB) des Landes ausgeübt. Hierdurch wird die Verantwortung des Unternehmers für die ordnungsmäßige Betriebsführung nach den gesetzlichen Vorschriften nicht berührt.

II. Bahnanlagen

§ 4
Linienführung

(1) Es ist eine für den Bahnbetrieb und den Straßenverkehr günstige Linienführung anzustreben.

(2) Straßenbahnlinien, die innerhalb des Verkehrsraums einer öffentlichen Straße neu angelegt oder verlegt werden, sind in bebauten Ortsteilen im allgemeinen in der Straßenmitte anzuordnen. Soweit hiervon abgewichen werden muß, darf der Verlauf innerhalb der Fahrbahn von einer Seite nach der anderen hin nur gewechselt werden, wenn es nach den Umständen unvermeidbar ist.

(3) Außerhalb der Ortslage dürfen Straßenbahnen im Straßenkörper von Bundesstraßen und Landstraßen erster Ordnung nur dort neu angelegt werden, wo eine andere Linienführung nicht möglich ist.

§ 5
Spurweite

(1) Für jede Straßenbahn ist bei der Genehmigung ein Grundmaß der Spurweite festzulegen. Die Spurweite ist das lichte Maß zwischen den Schienenköpfen, 9 Millimeter unter der Schienenoberkante und senkrecht zur Gleisachse gemessen.

(2) Für Spurweiterungen in Gleisbögen oder als Folge des Betriebs und für Spurverengungen sind Grenzmaße von der Technischen Aufsichtsbehörde festzusetzen. Dabei ist die Bauart der Fahrzeuge zu berücksichtigen.

§ 6
Gleisanlage

(1) Gleise, die jedermann zugänglich sind, müssen so verlegt sein, daß die am weitesten ausladenden Teile der Fahrzeuge

a) von allen festen Gegenständen und

b) von den am weitesten ausladenden Teilen von Fahrzeugen, die sich auf einem Nachbargleis befinden,

einen Mindestabstand haben, der auch beim Absetzen oder Stapeln von Gegenständen neben den Gleisen einzuhalten ist. Der Mindestabstand ist für neue und bestehende Anlagen auch in den verschiedenen Höhenbereichen festzusetzen.

(2) Für alle übrigen Gleise können die Mindestabstände nach Abs. 1 bei entsprechenden Sicherheitsmaßnahmen unterschritten werden.

(3) Für Schienen, die in die Fahrbahnen von Straßen eingebettet werden, ist eine obere Grenze für die Rillenbreite festzulegen.

§ 7
Gleisneigung und Gleisbögen

Unter Berücksichtigung der Bauart der Fahrzeuge und der Betriebsverhältnisse sind

a) die stärkste zulässige Längsneigung der Gleise,

b) der kleinste zulässige Halbmesser der Gleisbögen,

c) das Maß der Überhöhung des äußeren Schienenstranges eines Gleisbogens gegenüber dem inneren

auf Vorschlag des Betriebsleiters von der Technischen Aufsichtsbehörde festzulegen. Das Maß der Überhöhung darf nur unterschritten werden, wenn es die örtlichen Straßenverhältnisse erfordern. Das Längs- und Querprofil der Straße darf durch eine Überhöhung nicht unzulässig verändert werden.

§ 8
Signale, Kennzeichen und Nachrichtenmittel

(1) Die Signale und Kennzeichen für den Straßenbahnbetrieb werden in einer vom Bundesminister für Verkehr zu erlassenden Signalordnung festgelegt.

(2) Für die Ausführung der Haltestellenzeichen gilt die Verordnung über die Einführung einheitlicher Haltestellenzeichen für die Straßenbahnen und Kraftfahrlinien vom 19. Juli 1939 (Deutscher Reichsanzeiger und Preußischer Staatsanzeiger Nr. 172 vom 28. Juli 1939). Für die Aufstellung der vorgeschriebenen Haltestellenzeichen können die Aufsichtsbehörden mit Zustimmung der Straßenverkehrsbehörden eine Frist bis zum 1. September 1955 gewähren.

(3) Im ganzen Streckennetz eines Straßenbahnbetriebes muß ausreichende Möglichkeit gegeben sein, daß die Betriebsbediensteten sich durch Fernsprecher oder andere Nachrichtenmittel mit der Betriebsleitung, den Betriebshöfen oder anderen Betriebsstellen verständigen können.

§ 9

Haltestellen

Haltestellen für den öffentlichen Verkehr sollen, soweit es die verkehrlichen Rücksichten gestatten, betrieblich und wirtschaftlich günstig angelegt werden. Sie werden im Einvernehmen mit den Straßenverkehrsbehörden festgelegt. In Zweifelsfällen entscheidet die oberste Landesverkehrsbehörde.

§ 10

Kreuzungen mit Bahnen

(1) Höhengleiche Kreuzungen mit Gleisen der Deutschen Bundesbahn sind nur mit Genehmigung des Bundesministers für Verkehr und solche mit Gleisen anderer Bahnen oder mit Oberleitungsomnibuslinien nur mit Genehmigung der obersten Landesverkehrsbehörde zulässig.

(2) Auf höhengleiche Kreuzungen mit Eisenbahnen finden die Bestimmungen der Eisenbahn-Bau- und Betriebsordnung über die Kreuzung mit Bahnen Anwendung.

§ 11

Bahnübergänge

Anordnungen über die Aufstellung von Warnkreuzen nach den Vorschriften der §§ 3 und 3a der Straßenverkehrs-Ordnung treffen die Straßenverkehrsbehörden mit Zustimmung der beteiligten obersten Landesbehörden. Die Technischen Aufsichtsbehörden können nach Lage der örtlichen Verhältnisse von dem Unternehmer weitergehende Sicherheitsmaßnahmen verlangen.

§ 12

Oberbau

Die Tragfähigkeit des Oberbaues muß stets den größten Beanspruchungen genügen, die sich aus Raddruck und Fahrgeschwindigkeit ergeben.

§ 13

Brücken

(1) Die Tragfähigkeit der Brücken muß den größten auf der Bahn vorkommenden Verkehrslasten entsprechen.

(2) Die bahneigenen Brücken sind in angemessenen Zeiträumen eingehend zu prüfen. Für die Prüfungen sind Fristen festzusetzen.

(3) Der Unternehmer hat für die bahneigenen Brücken Brückenbücher zu führen, die Angaben über Art, Baujahr und Ortsbezeichnung der Brücke sowie das Prüfungsergebnis enthalten müssen.

§ 14

Stromerzeugungs-, Stromverteilungs-, Werkstätten- und Leitungsanlagen

(1) Für die Stromerzeugungs-, Stromverteilungs-, Werkstätten- und Leistungsanlagen sind die Vorschriften des Verbandes Deutscher Elektrotechniker maßgebend, soweit der Bundesminister für Verkehr für Straßenbahnen nichts anderes bestimmt. Sie gelten auch, wenn eigene und fremde Leitungsanlagen sich kreuzen oder einander nähern.

(2) Die elektrische Arbeit darf von bahnfremden Kraftwerken bezogen werden, wenn die liefernden Kraftwerke

a) den Anforderungen des Bahnbetriebs dauernd mit der nötigen Sicherheit entsprechen können und

b) sich verpflichten, jederzeit Besichtigungen der der Bahnstromversorgung dienenden Energieanlagen durch den Unternehmer oder die Aufsichtsbehörde zuzulassen.

III. Fahrzeuge

§ 15

Räder und Radstand

(1) Die Räder müssen Spurkränze haben. Ausnahmen bedürfen der Zustimmung der Aufsichtsbehörde.

(2) Die Räder sind so anzuordnen und zu lagern, daß alle Gleisbögen sicher durchfahren werden können.

§ 16

Federung

Die dem öffentlichen Verkehr dienenden Fahrzeuge sind gut abzufedern.

§ 17

Bahnräumer und Fangschutzvorrichtungen

An den Untergestellen der Fahrzeuge sind dicht vor den Rädern sicher wirkende Bahnräumer oder Fangschutzvorrichtungen anzubringen. Sie sollen möglichst weit herabreichen und dürfen durch andere Fahrzeugteile in ihrer betriebssicheren Wirkung nicht beeinträchtigt werden.

§ 18

Bremsen

(1) Alle Fahrzeuge, die für eine Geschwindigkeit von mehr als 25 Kilometer je Stunde zugelassen werden, müssen

a) zwei voneinander unabhängige Betriebsbremsen,

b) eine Feststellbremse

haben. Eine der Betriebsbremsen muß von der Haftreibung zwischen Rad und Schiene unabhängig sein. Bei Zügen, die aus mehreren Fahrzeugen bestehen, müssen die Betriebsbremsen aller Fahrzeuge vom Fahrerstand des ersten Fahrzeuges aus betätigt werden können.

(2) Mit den Betriebsbremsen muß eine mittlere Bremsverzögerung erreicht werden von 1,8 m/sek² bei vierachsigen und 1,6 m/sek² bei drei- und zweiachsigen Fahrzeugen, bei einer Ausgangsgeschwindigkeit von 25 Kilometer je Stunde, 2,3 m/sek² bei vierachsigen und 2,0 m/sek² bei drei- und zweiachsigen Fahrzeugen bei Ausgangsgeschwindigkeiten von 40 Kilometern je Stunde und darüber.

Die Verzögerungen müssen bei ordnungsmäßiger Bremsung vom Beginn der Bremsbetätigung bis zum Stillstand auf trockenen Schienen, auf gerader ebener Fahrbahn ohne Sandung mit unbeladenen Fahrzeugen erreicht werden. Das Meßverfahren zur Feststellung der vorgeschriebenen Bremsverzögerungen legt der Bundesminister für Verkehr fest. Zur Berechnung der mittleren Verzögerung ist die Formel

$$b = \frac{v^2}{2s}$$

anzuwenden.

b = Bremsverzögerung in m/sek²,
v = Geschwindigkeit in m/sek,
s = Bremsweg in m.

Für Beiwagen, bei denen das Leergewicht im Verhältnis zum zulässigen Gesamtgewicht besonders niedrig ist, kann die Technische Aufsichtsbehörde besondere Maßnahmen fordern.

(3) Für Fahrzeuge, die für Geschwindigkeiten bis zu 25 Kilometern je Stunde zugelassen werden, genügt eine Betriebsbremse und eine Feststellbremse. Mit der Betriebsbremse muß bei einer Ausgangsgeschwindigkeit von 15 Kilometern je Stunde eine mittlere Bremsverzögerung von 1,0 m/sek² erreicht werden.

(4) Die Feststellbremse muß ausschließlich durch mechanische Mittel das beladene Fahrzeug auf der größten im Streckennetz vorkommenden Steigung am Abrollen hindern können und gegen Nachlassen der Bremskraft gesichert sein. Für die Feststellbremse dürfen die Bremsflächen und die mechanischen Übertragungseinrichtungen einer Betriebsbremse mit benutzt werden.

(5) Die Technische Aufsichtsbehörde kann bei besonderen Betriebsverhältnissen Auflagen machen.

(6) Bisher zugelassene Fahrzeuge, die diesen Vorschriften nicht genügen, müssen bis spätestens 1. Januar 1960 vorschriftsmäßig umgebaut sein.

§ 19
Sandstreuung

Triebwagen müssen sicher wirkende Sandstreuvorrichtungen haben, die von dem jeweils vorderen Fahrerstand aus bedienbar und so eingerichtet sind, daß der Sand auf beide Schienen vor die ersten gebremsten Räder fällt.

§ 20
Fahrzeugaufbauten

(1) Für die Beförderung von Personen bestimmte Fahrzeuge dürfen ab 1. September 1953 nur zugelassen werden, wenn der tragende Teil des Aufbaues in Ganzmetallbauweise so ausgeführt ist, daß der nach dem jeweiligen Stand der Technik erreichbare Schutz für die Insassen gewährleistet ist. An Stelle von Metallen können auch andere, schwer entflammbare und splitterfreie Baustoffe verwendet werden.

(2) Sämtliche Scheiben müssen aus Sicherheitsglas bestehen.

(3) Die Plattformen müssen Abschlußvorrichtungen haben.

(4) Der Fahrerstand muß mit Scheibenwischer ausgerüstet und so ausgebildet sein, daß der Fahrer bei Ausübung seines Dienstes nicht behindert werden kann. Ferner muß der Fahrer gegen Witterungseinflüsse sowie gegen Blendung von außen und aus dem Wageninnern geschützt sein.

(5) Bisher zugelassene Fahrzeuge, die den Vorschriften nach den Absätzen 3 und 4 nicht genügen, müssen bis spätestens 1. Januar 1960 vorschriftsmäßig umgebaut oder ausgerüstet sein. In den Fahrzeugen müssen die Scheiben, die quer zur Fahrtrichtung liegen, bis spätestens 1. Januar 1955 und die übrigen Scheiben bis spätestens 1. Januar 1958 aus Sicherheitsglas bestehen.

§ 21

Ausrüstung mit Warnungs- und Verständigungseinrichtungen

(1) Auf jedem Fahrerstand müssen die zur Warnung von Teilnehmern am Straßenverkehr erforderlichen Vorrichtungen vorhanden sein. Die Stärke ihrer Wirkung hat sich nach den örtlichen Verhältnissen zu richten. Der Fahrer muß Richtungsänderungen durch besondere Einrichtungen anzeigen können, die auch bei Tageslicht voll wirksam sind.

(2) Alle Fahrzeuge müssen mit Einrichtungen versehen sein, die es den Bediensteten ermöglichen, sich untereinander zu verständigen.

§ 22

Beschriftung der Fahrzeuge

(1) An den Fahrzeugen sind anzuschreiben:

1. Die Bezeichnung des Unternehmens,
2. die Wagennummer,
3. das Eigengewicht,
4. das Ladegewicht bei Wagen, die nicht der Personenbeförderung dienen,
5. der Zeitpunkt der letzten Hauptuntersuchung,
6. die Anzahl der Sitz- und Stehplätze.

(2) Diese Anschriften müssen eindeutig und gut sichtbar sein. Ihre Wirkung darf durch andere Aufschriften und dergleichen, auch durch Außenwerbung nicht beeinträchtigt werden.

§ 23

Zulassung und Untersuchung

(1) Neue oder umgebaute Fahrzeuge dürfen erst in Betrieb genommen werden, nachdem sie zugelassen worden sind.

(2) Alle Fahrzeuge, die für Geschwindigkeiten von mehr als 25 Kilometern je Stunde zugelassen sind, müssen,

a) wenn sie vor dem 1. Januar 1927 erstmals zugelassen worden sind, nach Zurücklegung von 200000 Kilometern, mindestens aber alle vier Jahre,
b) wenn sie nach dem 31. Dezember 1926 erstmals zugelassen worden sind, nach Zurücklegung von 250000 Kilometern, mindestens aber alle fünf Jahre

einer eingehenden Untersuchung (Hauptuntersuchung) unterzogen werden. Alle

Fahrzeuge, die für Geschwindigkeiten von weniger als 25 Kilometern je Stunde zugelassen sind, müssen mindestens alle fünf Jahre eingehend untersucht werden.

(3) Für Dampffahrzeuge und Fahrzeuge außergewöhnlicher Bauart, Antriebsweise oder Zweckbestimmung sind Bau, Abnahme und Untersuchung besonders zu regeln.

(4) Für abgestellte Fahrzeuge kann die Technische Aufsichtsbehörde auf Antrag des Betriebsleiters die Untersuchungsfrist verlängern.

§ 24

Betriebsleitung

(1) Der Unternehmer hat unbeschadet seiner eigenen Verantwortlichkeit einen Betriebsleiter zu bestellen, der für die sichere und ordnungsmäßige Betriebsführung und für die Einhaltung der für den Bau und Betrieb geltenden Vorschriften verantwortlich ist. Für den Betriebsleiter ist ein Stellvertreter zu bestellen.

(2) Betriebsleiter und Stellvertreter bedürfen der Bestätigung durch die Technische Aufsichtsbehörde im Benehmen mit der Genehmigungsbehörde. Die Bestätigung darf nur erteilt werden, wenn persönliche und fachliche Eignung sowie Betriebserfahrung nachgewiesen sind. Ab 1. Januar 1954 muß der Nachweis durch eine Prüfung erbracht werden. Bei Übergang eines Betriebsleiters oder Stellvertreters in einen anderen Betrieb kann die Technische Aufsichtsbehörde von einer Wiederholung der Prüfung absehen. Die Technische Aufsichtsbehörde kann die Bestätigung aus wichtigen Gründen widerrufen.

§ 25

Betriebsbedienstete

(1) Für die Verwendung im äußeren Betriebsdienst müssen die Bediensteten tauglich, ausgebildet, geprüft, mindestens 21 Jahre alt und zuverlässig sein. Bei einfachen Betriebsverhältnissen kann eine Herabsetzung des Alters auf 18 Jahre genehmigt werden. Dies gilt nicht für die Fahrer von Triebfahrzeugen und für Bedienstete mit den Befugnissen eines Hilfspolizeibeamten.

(2) Über jeden Betriebsbediensteten sind Personalakten zu führen.

(3) Den Betriebsbediensteten sind nach Bedarf für die Ausübung ihres Dienstes Dienstanweisungen zu geben.

§ 26

IV. Unterhaltung

Untersuchung und Bewachung der Bahn

(1) Die Bahn ist so zu unterhalten, daß jede Strecke ohne Gefahr mit der größten für sie zulässigen Geschwindigkeit befahren werden kann.

(2) Die Bahn muß regelmäßig auf ihren ordnungsmäßigen Zustand untersucht werden.

(3) Die Technische Aufsichtsbehörde legt fest, welche Wegübergänge oder anderen Teile der Bahnanlagen der Unternehmer zu bewachen oder zu sichern hat.

§ 27

Zugbildung

(1) Züge können aus einem Triebwagen, aus mehreren Triebwagen oder aus Triebwagen mit Beiwagen bestehen.

(2) Züge, die ausschließlich der Personenbeförderung dienen, dürfen nur Beiwagen mit durchgehender Bremse oder mit Feststellbremsen führen. Ausnahmen sind zulässig bei Zügen mit nur einem Beiwagen, wenn dieser durch den Triebwagen sicher mit abgebremst werden kann.

(3) Den Zügen für den öffentlichen Personenverkehr dürfen Wagen, die nicht der Personenbeförderung dienen, nur am Schluß und nur dann beigestellt werden, wenn sie eine durchgehende Bremse oder Feststellbremsen haben.

§ 28

Beleuchtung des Zuges

(1) Jeder Zug muß an der Stirnseite mit mindestens einem abblendbaren Scheinwerfer ausgerüstet sein, dessen untere Spiegelkante nicht höher als 1 Meter über Schienenoberkante liegen darf. Mit dem Scheinwerfer muß die Gleiszone so ausgeleuchtet werden, daß auf die Länge des Bremsweges aus der zugelassenen Höchstgeschwindigkeit Menschen oder Gegenstände in der Gleiszone noch deutlich erkennbar sind.

(2) An der höchsten Stelle der Stirnseite muß in der Mitte eine Stirnleuchte, die auch die Linienbezeichnung enthalten kann, angebracht sein.

(3) Jeder Zug muß an der Rückseite mit mindestens einer Schlußleuchte für rotes Licht und mit zwei roten Rückstrahlern gekennzeichnet sein. Die Unterkanten der Schlußleuchten dürfen nicht höher als 1,25 Meter über Schienenoberkante und die der Rückstrahler nicht höher als 1 Meter über Schienenoberkante liegen. Rückstrahler können auch zugleich als Schlußleuchten ausgebildet sein. Ab 1. Januar 1960 muß das letzte Fahrzeug eines jeden Zuges mit einer oder zwei Bremsleuchten ausgestattet sein, deren Unterkanten höchstens 0,30 Meter über den Unterkanten der Schlußleuchten liegen dürfen.

(4) Alle der Personenbeförderung dienenden Fahrzeuge müssen mit einer möglichst blendungsfreien Innenbeleuchtungsanlage versehen sein.

(5) Bisher zugelassene Fahrzeuge, die diesen Vorschriften nicht entsprechen, können bis auf weiteres in Betrieb bleiben, soweit die Technische Aufsichtsbehörde nichts anderes bestimmt.

§ 29

Zugpersonal

(1) Das Zugpersonal besteht aus Fahrern und Schaffnern.

(2) Das Zugpersonal ist während des Fahrdienstes (Fahrt und Aufenthalt) nur einem Bediensteten zu unterstellen.

(3) Jeder Zug muß mit einem Fahrer und jeder den Fahrgästen zugängliche Wagen eines Zuges mit einem Schaffner besetzt sein. Abweichend versieht bei Zügen, die als Einmannwagen gefahren werden, der Fahrer zugleich den Dienst des Schaffners.

§ 30

Bremsprobe und Bremsbedienung

(1) Die Bremseinrichtungen sind vor jedem Betriebsbeginn zu prüfen. Für Strecken mit starken Neigungen sind Sonderbestimmungen über Bremsproben zu treffen.

(2) Für die sichere Abbremsung des Zuges ist der Fahrer verantwortlich. Wenn die Wirkung der vom Fahrer bedienten Bremsen nicht ausreicht, sind die Handbremsen der angehängten Wagen von den Schaffnern zu bedienen. Dies gilt besonders bei Störungen der durchgehenden Bremse.

§ 31

Signale des Zugpersonals

(1) Der Fahrer muß folgende Signale geben:
a) Warnsignal bei Gefährdungen,
b) Signal für die Richtungsänderung, soweit der Straßenverkehr berührt wird.

(2) Zur Verständigung zwischen Schaffner und Fahrern sind folgende Signale zu geben:
a) Abfahren,
b) Halten (Betriebsbremsung),
c) Notsignal (Schnellbremsung).

§ 32

Zielschilder

Das erste Fahrzeug eines fahrplanmäßigen Zuges muß mindestens vorn ein Zielschild tragen, das auch bei Dunkelheit gut sichtbar ist.

§ 33

Besetzung der Wagen

Die Wagen dürfen im allgemeinen nicht über die Zahl der angeschriebenen Sitz- und Stehplätze hinaus besetzt sein. Wenn aus Verkehrsgründen vorübergehend eine stärkere Besetzung unvermeidbar ist, so darf hierdurch das Zugpersonal nicht gehindert sein, neben seinen Dienstverrichtungen noch für die Sicherheit der Fahrgäste zu sorgen.

§ 34

Zugfolge

Ein Zug darf einem anderen nur in einem solchen Abstand folgen, daß er, selbst bei unvermutetem Halten des vorausfahrenden Zuges, auch bei ungünstigen Strecken-, Sicht- und Witterungsverhältnissen durch Betriebsbremsung rechtzeitig zum Halten gebracht werden kann. Darüber hinaus können im Bedarfsfall Sondermaßnahmen zur Regelung der Zugfolge angeordnet werden.

§ 35

Fahrgeschwindigkeit

Die Höchstgeschwindigkeit für das Streckennetz oder für Teile des Netzes wird von der Technischen Aufsichtsbehörde auf Vorschlag des Betriebsleiters festgesetzt.

§ 36

Befahren von Bahnkreuzungen

(1) Für das Befahren höhengleicher Kreuzungen mit Eisenbahnen, die der Eisenbahn-Bau- und Betriebsordnung unterstehen, gelten die Bestimmungen der Eisenbahn-Bau- und Betriebsordnung.

(2) Über das Vorrecht an höhengleichen Kreuzungen von

a) Straßenbahnen untereinander, von denen mindestens eine außerhalb des Verkehrsraums einer öffentlichen Straße liegt,

b) Straßenbahnen mit anderen Schienenbahnen, die der Eisenbahn-Bau- und Betriebsordnung nicht unterstehen,

entscheiden die Aufsichtsbehörden der kreuzenden Bahnen.

(3) Ob und welche Sicherheitsmaßnahmen an den Kreuzungen nach Abs. 2 notwendig sind, richtet sich nach der Verkehrsart und der Verkehrsdichte an der Bahnkreuzung.

§ 37

Schieben der Züge

Züge dürfen nur dann geschoben werden, wenn die vordere Plattform mit einem Betriebsbediensteten besetzt ist, der von dort aus die Fahr- und Warnsignale geben und die Bremse bedienen kann.

§ 38

Stillstehende Fahrzeuge

Stillstehende Fahrzeuge sind gegen unbeabsichtigtes Abrollen oder unbefugtes Ingangsetzen den örtlichen Verhältnissen entsprechend wirksam zu sichern. Auf öffentlichen Straßen stillstehende Fahrzeuge müssen außerdem von einem Bahnbediensteten beaufsichtigt oder abgeschlossen werden und vom Hereinbrechen der Dunkelheit an, oder wenn die Witterung es erfordert, von innen oder außen beleuchtet sein.

§ 39

Güterzüge

Für Züge, die ausschließlich der Güterbeförderung dienen (Güterzüge), sind die Zugbildung und die Durchführung der Züge durch ergänzende Bestimmungen von der Technischen Aufsichtsbehörde zu regeln.

§ 40

Betriebsunfälle und Störungen

(1) Es ist Vorsorge zu treffen, daß bei Unfällen schnell Hilfe geleistet wird.

(2) Der Betriebsleiter muß alle Betriebsunfälle und -störungen unverzüglich untersuchen und mit Angabe von Zeit, Ort, Hergang sowie des Untersuchungsergebnisses und der erstatteten Meldungen in ein Verzeichnis eintragen lassen.

(3) Der Betriebsleiter hat sofort Unfallmeldung zu erstatten:

a) an den Bundesminister für Verkehr über Vorkommnisse, die ein besonderes öffentliches Aufsehen erregen,

b) an die Staatsanwaltschaft und die Ortspolizeibehörde über Unfälle, bei denen
   1. ein Mensch getötet oder schwer verletzt worden ist,
   2. der Verdacht einer strafbaren Handlung vorliegt,

c) an die Aufsichtsbehörden
   1. über Unfälle, bei denen ein Mensch getötet oder schwer verletzt oder die Bahnanlagen oder Bahnfahrzeuge erheblich beschädigt worden sind,

2. über Betriebsstörungen von längerer Dauer als 24 Stunden,
3. über Vorkommnisse, die öffentliches Aufsehen erregen, ohne Rücksicht darauf, ob Folgen der unter Nr. 1 und Nr. 2 bezeichneten Art eingetreten sind.

V. Bestimmungen über das Betreten und die Benutzung der Bahn

§ 41

Benutzen und Betreten der Bahnanlagen

(1) Gleisanlagen, die nicht zugleich dem öffentlichen Straßenverkehr dienen, dürfen nur an den dafür vorgesehenen Stellen betreten oder überquert werden. Die Vorschriften des § 8 Abs. 6 der Straßenverkehrs-Ordnung bleiben unberührt.

(2) Vertreter der Aufsichtsbehörden und sonstige Beamte, die staatliche Hoheitsrechte ausüben, insbesondere Beamte der Staatsanwaltschaft, der Gerichte, des Forstschutzes und der Polizei sind zum Betreten der Bahnanlagen berechtigt, wenn es zur Ausübung der hoheitsrechtlichen Befugnisse notwendig ist. Das gleiche gilt für Vertreter der Feuerwehr, des Zollgrenzdienstes, der Zollfahndung und des Bundesgrenzschutzes. Sie müssen sich, falls sie nicht durch Dienstkleidung erkennbar sind, entsprechend ausweisen können.

(3) Abgesehen von den Fällen des Absatzes 2 dürfen die nicht dem öffentlichen Verkehr dienenden Teile der Bahnanlagen nur mit besonderem Berechtigungsausweis betreten werden.

§ 42

Verhalten an Übergängen und Kreuzungen

(1) Für das Verhalten an Übergängen und Kreuzungen gelten mit Wirkung vom 1. Oktober 1953 die Vorschriften der §§ 3a und 13 der Straßenverkehrs-Ordnung.

(2) Privatübergänge dürfen nur von den Berechtigten benutzt werden.

§ 43

Verhalten der Fahrgäste

(1) Die Fahrgäste haben sich bei Benutzung der Bahnanlagen und der Fahrzeuge so zu verhalten, wie es die Sicherheit und Ordnung des Bahnbetriebs und die Rücksicht auf andere gebietet.

(2) Den allgemeinen Anordnungen der Aufsichtsbehörden und den von ihnen genehmigten Anordnungen des Unternehmers ist Folge zu leisten. Das gleiche gilt für die zur Aufrechterhaltung von Sicherheit und Ordnung des Bahnbetriebs ergehenden Anordnungen der zu Hilfspolizeibeamten bestellten Bahnbediensteten.

§ 44

Ausschluß von der Beförderung

(1) Personen, Tiere und Sachen dürfen nur dann befördert werden, wenn sie die Mitfahrenden oder die Sicherheit und Ordnung des Betriebs nicht gefährden.

(2) Von der Beförderung sind insbesondere ausgeschlossen:

a) Betrunkene und Personen mit ekelerregenden oder ansteckenden Krankheiten,

b) explosionsfähige, leicht entzündliche oder ätzende Stoffe.

(3) Schußbereite Waffen dürfen nur von Personen mitgeführt werden, die amtlich zur Führung einer Schußwaffe befugt sind.

§ 45

Zuwiderhandlungen

Zuwiderhandlungen gegen die Bestimmungen der §§ 41—44 werden nach § 41 des Gesetzes bestraft, soweit nicht nach anderen Vorschriften eine schwerere Strafe verwirkt ist.

VI. Schlußbestimmungen

§ 46

Anordnungen

Anordnungen auf Grund dieser Verordnung treffen, soweit keine andere Stelle ausdrücklich erwähnt ist und soweit sie nicht durch die Ausführungsbestimmungen (§ 48) getroffen werden, die Aufsichtsbehörden.

§ 47

Hilfspolizeibeamte

Bahnbedienstete können nach Prüfung ihrer Eignung für den Bereich ihrer Dienstgeschäfte und für die Dauer der Tätigkeit im äußeren Betriebsdienst von den hierfür zuständigen Landesbehörden zu Hilfspolizeibeamten ernannt werden. Die Ernennung bedarf der Zustimmung der Bahnaufsichtsbehörden und ist jederzeit widerruflich.

§ 49

Ausnahmen

Die Technische Aufsichtsbehörde kann von allen Vorschriften dieser Verordnung Ausnahmen für bestimmte Einzelfälle genehmigen; erstrecken sich die Auswirkungen der Ausnahmen auf mehr als ein Land und kommt ein Einvernehmen zwischen den beteiligten obersten Landesverkehrsbehörden nicht zustande, so genehmigt der Bundesminister für Verkehr die Ausnahmen. § 2 bleibt unberührt.

§ 50

Inkrafttreten

Die Verordnung tritt am 1. April 1938 in Kraft.

B

Verordnung über den Betrieb von Kraftfahrunternehmen im Personenverkehr (BOKraft) in der Fassung vom 7. Juli 1960

Inhaltsübersicht

1. Allgemeine Vorschriften

§ 1

Geltungsbereich

Die Verordnung gilt für Kraftfahrunternehmen, die den Vorschriften des Gesetzes über die Beförderung von Personen zu Lande unterliegen; hierzu gehören auch Unternehmen, die Kraftfahrzeuge mit elektromotorischem Antrieb verwenden. Sie gilt nicht für den Betrieb von Fahrzeugen, die mit tierischer Kraft fortbewegt werden.

§ 2

Grundforderung

(1) Kraftfahrbetriebe müssen den Anforderungen entsprechen, die an ein dem öffentlichen Verkehr dienendes Unternehmen zu stellen sind.

(2) Für den Betrieb des Unternehmens sowie für Ausrüstung und Beschaffenheit der Fahrzeuge sind Sicherheit und Ordnung oberster Grundsatz.

2. Vorschriften über den Betrieb

A. Betriebsleitung

§ 3

Verantwortlichkeit des Unternehmers

(1) Der Unternehmer ist für die Erfüllung der Vorschriften dieser Verordnung verantwortlich. Er hat für ordnungsmäßige Betriebsführung sowie dafür zu sorgen, daß sich die im Betrieb verwendeten Fahrzeuge stets in verkehrs- und betriebssicherem Zustand befinden. Er ist verpflichtet, bei der Auswahl der Betriebsbediensteten die nötige Sorgfalt anzuwenden, und hat darauf zu sehen, daß die bei ihm beschäftigten Personen die für den Betrieb des Unternehmens sowie die für die Beschaffenheit und Ausrüstung der Fahrzeuge geltenden Vorschriften beachten.

(2) In gleicher Weise ist der Unternehmer für die Befolgung der von der Genehmigungsbehörde erlassenen allgemeinen oder besonderen Anordnungen verantwortlich.

(3) Soweit es nach den Größenverhältnissen des Unternehmens erforderlich ist, soll der Unternehmer für die Handhabung des Dienstes eine Dienstanweisung erlassen. Eine Dienstanweisung muß erlassen werden, wenn ein Betriebsleiter bestellt wird.

§ 4

Betriebsleiter

(1) Zur Wahrnehmung der in § 3 bezeichneten Aufgaben kann der Unternehmer unbeschadet seiner eigenen Verantwortlichkeit einen Betriebsleiter bestellen. Die Genehmigungsbehörde kann die Bestellung eines Betriebsleiters verlangen; dies soll insbesondere bei Unternehmen geschehen, in denen regelmäßig mehr als 15 Fahrzeuge verwendet werden, oder wenn Bedenken bestehen, dem Unternehmer die alleinige Leitung des Betriebs zu überlassen.

(2) Bei großen Unternehmen können mehrere für einzelne Betriebszweige oder Betriebsstellen verantwortliche Betriebsleiter bestellt werden.

(3) Der Betriebsleiter soll einen Stellvertreter haben.

(4) Betriebleiter und Stellvertreter bedürfen der Bestätigung durch die Genehmigungsbehörde. Die Bestätigung ist zu versagen, wenn die persönliche Eignung sowie die für die Verwaltung und technische Leitung des Betriebs erforderlichen Kenntnisse und Erfahrungen fehlen. Die Genehmigungsbehörde kann die Bestätigung aus wichtigen Gründen widerrufen.

§ 5

Auswärtige Unternehmer

Hat ein Unternehmer seinen Wohnsitz nicht am Orte des Betriebssitzes, so kann die Genehmigungsbehörde verlangen, daß er einen am Orte des Betriebssitzes ansässigen geeigneten Vertreter benennt, der der Genehmigungsbehörde gegenüber für die dem Unternehmer obliegenden Pflichten verantwortlich ist. Die Verantwortlichkeit des Unternehmers nach § 3 wird durch die Bestellung eines Vertreters nicht berührt.

§ 6

Meldepflicht

(1) Der Unternehmer oder der Betriebsleiter hat der Genehmigungsbehörde sofort Meldung zu erstatten

1. über Vorkommnisse, die ein besonderes öffentliches Aufsehen erregen,
2. über Unfälle, bei denen ein Mensch getötet oder schwer verletzt worden ist,
3. beim Linienverkehr über Betriebsstörungen von längerer Dauer als 24 Stunden.

(2) Die Genehmigungsbehörde kann von der nach Absatz 1 Nr. 3 bestehenden Meldepflicht Ausnahmen zulassen.

§ 7

Besitz der Vorschriften

Jeder Unternehmer und Betriebsleiter muß einen Abdruck des Gesetzes, der Verordnung zur Durchführung des Gesetzes — im folgenden Durchführungsverordnung genannt — und dieser Verordnung sowie etwaiger von der Genehmigungsbehörde erlassener Vorschriften besitzen.

B. Fahrdienst

§ 8

Grundsatz

(1) Der Fahrer hat bei der Führung und Bedienung des Fahrzeugs die besondere Sorgfalt anzuwenden, die sich daraus ergibt, daß ihm beruflich andere Personen zur sicheren Beförderung anvertraut werden.

(2) Hinsichtlich der Höchstdauer der täglichen Lenkung von Kraftfahrzeugen wird auf § 15a der Straßenverkehrs-Zulassungs-Ordnung, hinsichtlich der Arbeitszeit der Fahrer auf die Arbeitszeitverordnung und die hierzu ergangenen Ausführungsvorschriften verwiesen.

§ 9

Verhalten im Fahrdienst

(1) Das Fahrpersonal hat sich während des Dienstes rücksichtsvoll, besonnen und höflich zu verhalten.

(2) Dem Fahrer ist untersagt,

1. während des Dienstes und der Dienstbereitschaft geistige Getränke oder andere berauschende Mittel zu sich zu nehmen; er darf bei Antritt der Fahrt nicht unter Wirkung von geistigen Getränken oder von anderen berauschenden Mitteln stehen,
2. sich während des Fahrens mit den Fahrgästen zu unterhalten oder Mikrophone von Übertragungsanlagen zu besprechen; er darf, auch bei Verwendung von Übertragungsanlagen, lediglich die Haltestellen ansagen und betriebliche Hinweise geben und empfangen,
3. Fahrten auszuführen, solange er oder ein Mitglied seiner häuslichen Gemeinschaft an einer anzeigepflichtigen Krankheit (Verordnung zur Bekämpfung übertragbarer Krankheiten vom 1. Dezember 1938 — Reichsgesetzbl. I, S. 1721) leidet, es sei denn, daß er durch ärztliches Zeugnis nachweist, daß keine Gefahr einer Übertragung der Krankheit besteht,
4. während der Beförderung von Fahrgästen zu rauchen.

(3) Wird ein Fahrer von Krankheiten betroffen, die seine Eignung als Kraftfahrzeugführer beeinträchtigen, so darf er bis zu ihrer Behebung keine Fahrten ausführen. Derartige Erkrankungen sind dem Unternehmer unverzüglich zu melden.

§ 10

Fundsachen

Nach Beendigung der Fahrt haben Fahrer oder Schaffner festzustellen, ob Gegenstände zurückgeblieben sind. Fundstücke sind, soweit nicht der Verlierer alsbald ermittelt werden kann, binnen 24 Stunden an die Ortspolizeibehörde abzugeben. Für größere Linienunternehmen kann die Genehmigungsbehörde eine andere Regelung treffen.

§ 11

Dienstkleidung

Die Genehmigungsbehörde kann einheitliche Dienstkleidung für das Fahrpersonal vorschreiben.

C. Benutzung der Fahrzeuge

§ 12

Von der Beförderung ausgeschlossene Personen

Personen, welche die Sicherheit und Ordnung des Betriebs oder die Mitfahrenden gefährden, dürfen nicht befördert werden. Das gilt insbesondere für

1. Betrunkene und Personen mit ekelerregenden oder ansteckenden Krankheiten,
2. Personen, die explosionsfähige, leicht entzündliche oder ätzende Stoffe mit sich führen,
3. Personen mit geladenen Schußwaffen, soweit sie zur Mitführung solcher Waffen nicht amtlich befugt sind.

§ 13

Verhalten der Fahrgäste

(1) Die Fahrgäste haben sich bei der Benutzung der Fahrzeuge, Wartehallen und anderer Betriebseinrichtungen so zu verhalten, wie es die Sicherheit und Ordnung des Betriebs und die Rücksicht auf andere gebieten.

(2) Den Fahrgästen ist insbesondere untersagt,
1. sich mit dem Fahrer während des Fahrens zu unterhalten,
2. die Türen während des Fahrens eigenmächtig zu öffnen,
3. während des Fahrens auf- und abzuspringen,
4. ein vom Fahrpersonal als besetzt bezeichnetes Fahrzeug zu betreten.

(3) Den allgemeinen Anordnungen der Genehmigungsbehörde und den von ihr genehmigten Anordnungen des Unternehmers ist Folge zu leisten. Das gleiche gilt für die zur Aufrechterhaltung von Sicherheit und Ordnung ergehenden Anordnungen des Fahrpersonals.

(4) Die Genehmigungsbehörde kann anordnen, daß die in den Absätzen 2 und 3 bezeichneten Verbote und Anordnungen in den Fahrzeugen ausgehängt werden.

§ 14

Beförderung von Gepäck und Tieren

(1) Durch die Beförderung von Gepäck oder Tieren dürfen Verkehr und Betrieb nicht gefährdet oder behindert werden. Insbesondere darf die Benutzung der Durchgänge sowie das Ein- und Aussteigen nicht erschwert werden.

(2) Tiere dürfen auf Sitzplätzen nicht untergebracht werden.

§ 15

Leichenbeförderung

Die Beförderung von Leichen in Fahrzeugen, die zur Beförderung von Personen bestimmt sind, ist verboten.

D. Tarife und Fahrpläne, Wegstreckenzähler

§ 16

Tarife und Fahrpläne

Behördlich festgesetzte oder genehmigte Tarife (Beförderungspreise und Beförderungsbedingungen) und Fahrpläne sind in den Fahrzeugen mitzuführen und den Fahrgästen auf Verlangen vorzulegen.

§ 17

Wegstreckenzähler

Kraftfahrzeuge, die im Mietwagenverkehr verwendet werden, müssen mit einem geeichten Wegstreckenzähler ausgerüstet sein. Wegstreckenzähler müssen im Fahrzeug so angebracht sein, daß ihre Anzeige leicht ablesbar ist.

3. Ausrüstung und Beschaffenheit der Fahrzeuge

A. Bestimmungen für alle Fahrzeuge

§ 18

Grundregel

Für die dieser Verordnung unterliegenden Fahrzeuge gelten neben den allgemeinen Vorschriften über Bau und Ausrüstung die nachfolgenden besonderen Bestimmungen.

§ 19

Zulässige Fahrzeuge

(1) Die der Personenbeförderung dienenden Fahrzeuge müssen mindestens zwei Achsen und vier Räder haben.

(2) Droschken müssen auf jeder Längsseite zwei Türen haben.

§ 20

Beschriftung

(1) Bei Omnibussen sind auf beiden Seiten des Fahrzeugs Namen und Betriebssitz des Unternehmers anzuschreiben.

(2) Bei Droschken sind die gleichen Angaben sowie das amtliche Kennzeichen des Fahrzeugs im Wageninnern an einer für den Fahrgast gut sichtbaren Stelle anzuschreiben.

(3) Die Angaben müssen eindeutig und gut lesbar sein. Ihre Wirkung darf durch andere Aufschriften und dergleichen, auch durch Reklame, nicht beeinträchtigt werden.

(4) Die Außenflächen von Personenwagen dürfen für Reklamezwecke nicht verwendet werden.

§ 21

Anhänger

Die Beförderung von Personen mit Anhängern, die von Personenwagen gezogen werden, ist verboten.

B. Sondervorschriften

1. Omnibusse

§ 22

Stehplätze

Stehplätze sind nur bei im Linienverkehr verwendeten Fahrzeugen zulässig.

§ 23

Sitze im Gang

Sitze im Gang sind nur zulässig im Berufsverkehr, wenn ein Fahrgastwechsel nicht stattfindet.

§ 24

Höhenmaße

(1) Bei den im Linienverkehr verwendeten Fahrzeugen mit mehr als 14 Fahrgastsitzplätzen und in Fahrzeugen mit Stehplätzen (§ 22) muß die Höhe des Innenraumes für Durchgänge und Stehplätze mindestens 1800 Millimeter, für Plattformen mindestens 1900 Millimeter über dem Fußboden betragen.

(2) Für Doppeldeckomnibusse kann die Genehmigungsbehörde geringere Maße zulassen.

§ 25

Hilfsgerät

Bei der Ausrüstung der Fahrzeuge mit Hilfsgerät ist auf Geländeschwierigkeiten, auf die Straßenverhältnisse, ferner auf die Jahreszeit und die Wetterlage Rücksicht zu nehmen. Insbesondere sind, wenn es die Umstände angezeigt erscheinen lassen, Schneeketten, Spaten und Hacke sowie ein Abschleppseil mitzuführen.

§ 26

Verständigung mit dem Fahrzeugführer

Vom Schaffner oder Begleiter zum Fahrzeugführer muß eine sichere Verständigung möglich sein.

§ 27

Elektrische Anlagen

(1) Elektrische Anlagen für elektrisch angetriebene Omnibusse müssen so beschaffen sein, daß bei bestimmungsgemäßem Betrieb weder Personen verletzt noch Sachen beschädigt werden können.

(2) Die elektrische Arbeit kann von Kraftwerken, die dem Unternehmer nicht gehören, bezogen werden, wenn die Kraftwerke

1. den Anforderungen des Betriebs von Oberleitungsomnibussen dauernd mit der nötigen Sicherheit entsprechen können.
2. sich verpflichten, jederzeit Besichtigungen der für den Betrieb der Oberleitungsomnibusse wichtigen Energieanilagen durch den Unternehmer oder die Aufsichtsbehörde zuzulassen.

(3) Für das Anbringen oder Errichten von Haltevorrichtungen für die Oberleitung gelten die Bestimmungen über die Duldung öffentlicher Vorrichtungen auf Grundstücken und an Baulichkeiten in § 3 der Straßenverkehrs-Ordnung sinngemäß.

2. Omnibusanhänger und Lastwagen

§ 28

(1) Auf Omnibusanhänger sind die nachstehend bezeichneten Vorschriften entsprechend anzuwenden:

§ 22 (Stehplätze)
§ 23 (Sitze im Gang)
§ 24 (Höhenmaße)
§ 25 (Hilfsgerät)
§ 60 (Rauchen).
§ 61 Straßenverkehrs-Zulassungs-Ordnung bleibt unberührt.

(2) Auf Lastwagen sind die nachstehend bezeichneten Vorschriften entsprechend anzuwenden:

§ 20 (Beschriftung)
§ 23 (Sitze im Gang)
§ 24 (Höhenmaße)
§ 25 (Hilfsgerät).
§ 34 der Straßenverkehrs-Ordnung bleibt unberührt.

4. Sondervorschriften für Linien- und Droschkenverkehr

A. Gemeinsame Vorschrift

§ 29

Beförderungspflicht

(1) Im Linien- und Droschkenverkehr ist der Unternehmer zur Beförderung verpflichtet, wenn

1. den geltenden Beförderungsbedingungen und den behördlichen oder behördlich genehmigten Anordnungen entsprochen wird;
2. die Beförderung mit den regelmäßigen Beförderungsmitteln möglich ist und
3. die Beförderung nicht durch Umstände verhindert wird, die der Unternehmer nicht abwenden konnte und denen er auch nicht abzuhelfen vermochte.

(2) Im Droschkenverkehr besteht die Beförderungspflicht nur für Fahrten innerhalb des Geltungsbereichs der behördlich festgesetzten Beförderungspreise.

B. Linienverkehr

§ 30

Rauchen

In Omnibussen darf nur in den besonders gekennzeichneten Wagen oder Wagenteilen geraucht werden.

§ 31

Hinweisschilder für Schwerbeschädigte

Für Schwerbeschädigte sind Sitzplätze durch Schilder mit schwarzer Schrift auf gelbem Grund kenntlich zu machen.

§ 32

Haltestellen

(1) Die Straßenverkehrsbehörde setzt die Lage der Haltestellen nach Maßgabe des genehmigten Fahrplans entsprechend den Erfordernissen des Betriebs und des Verkehrs fest; Polizei und Straßenbaubehörde sind vorher zu hören. Der Unternehmer hat die Haltestellen durch die vorgeschriebenen Haltestellenzeichen kenntlich zu machen.

(2) An verkehrsreichen Haltestellen im innerstädtischen Verkehr sind Behälter zum Abwerfen benutzter Fahrscheine anzubringen.

§ 33

Kennzeichnung

(1) Farbiges Licht darf als Unterscheidungszeichen für Linien nicht verwendet werden.

(2) Jedes Fahrzeug oder jeder Zug miteinander verbundener Fahrzeuge muß vorn ein Zielschild tragen. Das Zielschild ist auch an der rechten Längsseite und an der Rückseite des Fahrzeugs zu führen; an der Rückseite genügt auch die Führung der Liniennummer. Bei Zügen entfällt die Kennzeichnung an der Rückseite des

ziehenden Fahrzeugs und an der Stirnseite des Anhängers. Die Kennzeichungen müssen auch bei Dunkelheit erkennbar sein. Die Genehmigungsbehörde oder die von ihr bestimmte Behörde kann in Einzelfällen Ausnahmen zulassen.

C. Droschkenverkehr

§ 34

Droschkentarif

Die behördlich festgesetzten Beförderungspreise (Tarife) gelten für Fahrten innerhalb des Bezirks der Genehmigungsbehörde. Die Genehmigungsbehörde kann Vorschriften darüber erlassen, welche Beförderungspreise für Fahrten über die Grenzen ihres Bezirks gelten.

§ 35

Fahrpreisanzeiger

(1) Droschken sind mit geeichten Fahrpreisanzeigern (Taxameteruhren) auszurüsten, welche die nach § 32 des Gesetzes festgelegten Beförderungspreise für die zurückgelegte Fahrstrecke anzeigen. Der Fahrpreisanzeiger kann mit einem Quittungsdrucker verbunden sein. Bei Fahrzeugen, die zum Droschken- und Mietwagenverkehr zugelassen sind, kann die Genehmigungsbehörde die Verwendung eines Wegstreckenzählers an Stelle des Fahrpreisanzeigers gestatten, wenn das Fahrzeug nur in geringem Umfang für Droschkenverkehr verwendet wird. Ausschließlich zum Mietwagenverkehr zugelassene Fahrzeuge dürfen nicht mit einem Fahrpreisanzeiger ausgerüstet sein.

(2) Der Fahrpreisanzeiger muß anzeigen:

1. den behördlich festgesetzten Beförderungspreis,
2. die Tarifstufe,
3. etwaige Zuschläge.

(3) Ein anderer als der behördlich festgesetzte und vom Fahrpreisanzeiger angezeigte Beförderungspreis darf nicht gefordert werden.

(4) Der Fahrgast muß die Angaben des Fahrpreisanzeigers jederzeit leicht ablesen können. Bei Dunkelheit ist der Fahrpreisanzeiger zu beleuchten.

(5) Bei Versagen des Fahrpreisanzeigers wird der tarifmäßige Beförderungspreis nach der durchfahrenen Strecke berechnet.

(6) Fahrpreisanzeiger müssen so beschaffen und angeordnet sein, daß sie Fahrgäste nicht behindern oder gefährden.

§ 36

Pflichten des Fahrers gegenüber dem Fahrgast

(1) Droschkenfahrer sollen den Fahrgästen beim Auf- und Abladen des Gepäcks behilflich sein. Auf Verlangen sind die Fenster und, soweit dies nach der Bauart des Fahrzeugs möglich ist, das Verdeck zu öffnen oder zu schließen.

(2) Der Fahrgast kann eine Quittung über den Beförderungspreis verlangen.

§ 37

Fahrweg

Der Droschkenfahrer hat den kürzesten Weg zum Fahrziel zu wählen, wenn nicht der Fahrgast etwas anderes bestimmt.

§ 38

Anlocken von Fahrgästen

Das Anlocken von Fahrgästen ist verboten.

§ 39

Kenntlichmachung als Droschke

(1) Droschken müssen kenntlich gemacht sein

1. durch einen Anstrich in schwarzer Farbe;
2. durch ein auf dem Dach der Droschke fest angebrachtes, nach vorn und hinten wirkendes, bei Dunkelheit zu beleuchtendes Schild mit der in gelber Farbe auf schwarzem Grund versehenen Aufschrift „TAXI". In der Aufschrift müssen betragen

   die Buchstabenhöhe mindestens 50 Millimeter bis höchstens 70 Millimeter;

   die Strichstärke mindestens 10 Millimeter bis höchstens 14 Millimeter.

(2) Fahrzeuge, die außer für den Droschkenverkehr auch für den Mietwagenverkehr genehmigt sind, unterliegen den Vorschriften des Absatzes 1 nicht, wenn sie nur in geringem Umfang für den Droschkenverkehr verwendet werden.

§ 40

Freizeichen

(1) Nicht besetzte Droschken sind durch die Bezeichnung „FREI" kenntlich zu machen; sie ist im Bereich der Windschutzscheibe anzubringen und bei Dunkelheit zu beleuchten.

(2) Freizeichen müssen so beschaffen und angeordnet sein, daß sie Fahrgäste nicht behindern oder gefährden.

(3) Fahrzeuge, die außer für den Droschkenverkehr auch für den Mietwagenverkehr genehmigt sind, brauchen kein Freizeichen zu führen, wenn sie nur in geringem Umfang für den Droschkenverkehr verwendet werden.

§ 41

Gepäckbeförderung

Droschken müssen bis zu 50 kg Gepäck mitnehmen können.

§ 42

Droschkenordnungen und Droschkenplätze

Droschkenordnungen werden nach Landesrecht erlassen. Die Vorschriften der Straßenverkehrsordnung über die Kennzeichnung von Droschkenplätzen bleiben unberührt.

5. Sondervorschriften über die Untersuchungen der Fahrzeuge

§ 43

Hauptuntersuchungen

(1) Bei den Hauptuntersuchungen der Fahrzeuge nach § 29 der Straßenverkehrs-Zulassungs-Ordnung ist auch festzustellen, ob das Fahrzeug den Vorschriften dieser Verordnung entspricht.

(2) Nach den Untersuchungen hat der Unternehmer das Prüfbuch unverzüglich der Genehmigungsbehörde zur Kenntnisnahme vorzulegen.

§ 44

Außerordentliche Hauptuntersuchungen

(1) Vor der ersten Inbetriebnahme in einem Unternehmen hat der Unternehmer auf seine Kosten eine außerordentliche Hauptuntersuchung des Fahrzeugs zu veranlassen.

(2) Besteht für ein fabrikneues Fahrzeug eine Allgemeine Betriebserlaubnis, so kann die außerordentliche Hauptuntersuchung darauf beschränkt werden, ob die Vorschriften dieser Verordnung erfüllt sind. Ist die Übereinstimmung mit dieser Verordnung bei Erteilung der Allgemeinen Betriebserlaubnis festgestellt worden und bestätigt deren Inhaber dies durch Vermerk im Prüfbuch, so kann die Untersuchung unterbleiben.

6. Schluß- und Übergangsvorschriften

§ 45

Ausnahmen

Ausnahmen können genehmigen

1. die zuständigen obersten Landesbehörden oder von ihnen bestimmte Stellen von allen Vorschriften dieser Verordnung in bestimmten Einzelfällen oder allgemein für bestimmte einzelne Antragsteller, es sei denn, daß die Auswirkungen sich nicht auf das Gebiet des Landes beschränken und eine einheitliche Entscheidung erforderlich ist;
2. der Bundesminister für Verkehr von allen Vorschriften dieser Verordnung, sofern nicht die Landesbehörden nach Nummer 1 zuständig sind, allgemeine Ausnahmen bestimmt er durch Rechtsverordnung ohne Zustimmung des Bundesrates nach Anhören der zuständigen obersten Landesbehörden.

§ 46

Bundesbahn und Bundespost

(1) Für die Kraftomnibusse der Deutschen Bundesbahn und der Deutschen Bundespost gelten nur die Vorschriften der §§ 17 und 31 sowie die Vorschriften des 3. Abschnitts dieser Verordnung mit Ausnahme des § 20 und mit der Maßgabe, daß die den Genehmigungsbehörden in § 24 Abs. 2 übertragene Befugnis von der Deutschen Bundesbahn und der Deutschen Bundespost ausgeübt wird.

(2) Für Haltestellen gilt § 32 Abs. 1.

(3) Im übrigen erlassen die Deutsche Bundesbahn und die Deutsche Bundespost die für die Durchführung ihrer Personenkraftverkehrsdienste erforderlichen Vorschriften selbst.

§ 47

Zuwiderhandlungen

Zuwiderhandlungen gegen die Bestimmungen dieser Verordnung oder gegen die auf Grund dieser Verordnung erlassenen Vorschriften und Anordnungen werden nach § 41 des Gesetzes bestraft, soweit nicht nach anderen Vorschriften eine schwerere Strafe verwirkt ist.

§ 48

Inkrafttreten

(1) Die Verordnung tritt am 1. April 1939[1]) in Kraft.

(2) Nachstehend bezeichnete Vorschriften treten erst in folgenden Zeitpunkten in Kraft:

§ 17 am 1. Juli 1961,

§ 19 Abs. 2 für Fahrzeuge, die am 1. August 1960 als Droschken eingesetzt waren, am 1. Juli 1964,

§ 31 am 1. Oktober 1960 mit der Maßgabe, daß vorhandene Schilder mit schwarzer Schrift auf weißem Grund weiter verwendet werden dürfen,

§ 33 Abs. 2 Satz 2 am 1. Januar 1961,

§ 39 am 1. Juli 1961.

C

Auszug aus der Straßenverkehrs-Zulassungs-Ordnung (StVZO) vom 6. 12. 1960 (BGBl. S. 897)

§ 15a

Höchstdauer der täglichen Lenkung

(1) Von demselben Kraftfahrzeugführer dürfen in einer Arbeitsschicht nicht länger als neun Stunden gelenkt werden

1. Kraftfahrzeuge mit einem zulässigen Gesamtgewicht von 7,5 t und darüber,
2. Zugmaschinen mit einer Motorleistung von 55 PS und darüber,
3. zur Beförderung von Personen bestimmte Kraftfahrzeuge mit mehr als acht Fahrgastplätzen.

Dies gilt nicht für Kraftfahrzeuge mit einer durch die Bauart bestimmten Höchstgeschwindigkeit von nicht mehr als 40 km/h.

(2) Die Zeit der Lenkung darf in den Fällen des Absatzes 1 Satz 1 bei besonderem Anlaß in zwei Arbeitsschichten der Woche bis zu zehn Stunden ausgedehnt werden, jedoch in der Kalenderwoche 54 Stunden nicht überschreiten. Bei den von den öffentlichen Verwaltungen oder in deren Auftrag verwendeten Fahrzeugen des Straßenwinterdienstes darf die Zeit der Lenkung die in Absatz 1 angegebene Grenze überschreiten, soweit die Überschreitung zur Aufrechterhaltung und Sicherung des Straßenverkehrs, insbesondere bei plötzlichem Witterungswechsel, unerläßlich ist.

(2a) Der Halter eines Fahrzeugs darf das nach den Absätzen 1 und 2 unzulässige Lenken des Fahrzeugs nicht anordnen oder zulassen.

(3) Hat ein Kraftfahrzeugführer ein Fahrzeug, für das die Beschränkungen der Absätze 1 und 2 gelten, ununterbrochen viereinhalb Stunden lang gelenkt, so hat er vor der weiteren Lenkung eine Pause von mindestens einer halben Stunde einzulegen; die Lenkungszeit gilt als ununterbrochen, wenn sie nicht wenigstens eine

[1]) Datum des Inkrafttretens der Verordnung in der ursprünglichen Fassung vom 13. Februar 1939 (Reichsgesetzbl. I, S. 231).

zusammenhängende halbe Stunde lang unterbrochen worden ist. Unbeschadet dieser Pflicht sind Pausen von solcher Dauer einzulegen, daß die zur Erhaltung der Fahrsicherheit erforderliche Erholung gewährleistet ist.

(4) Die Führer der in Absatz 1 Satz 1 genannten Kraftfahrzeuge haben die Zeit der Lenkung und die Pausen jeweils bei Beginn und am Ende in einen auf ihren Namen lautenden Fahrtennachweis einzutragen, aus dem das amtliche Kennzeichen des Fahrzeugs ersichtlich sein muß, das während der eingetragenen Zeit benutzt worden ist. Für jeden Kalendertag darf nur ein Fahrtennachweis geführt werden. Als Fahrtennachweis können entsprechende Aufzeichnungen verwendet werden, die durch andere Bestimmungen vorgeschrieben sind. Bei der Lenkung des Fahrzeugs sind die Fahrtennachweise der Kalenderwoche und am Tage der ersten Arbeitsschicht der Kalenderwoche die Fahrtennachweise der Vorwoche mitzuführen und zuständigen Personen auf Verlangen zur Prüfung auszuhändigen; als erster Tag der Kalenderwoche ist der Sonntag anzusehen. Die Fahrtennachweise sind ein Jahr lang zur Verfügung der zuständigen Behörde zu halten; verantwortlich ist bei Arbeitnehmern der Arbeitgeber, sonst der Kraftfahrzeugführer. Kraftfahrzeugführer, die im Dienst der in § 14 Abs. 1 genannten Verwaltungen stehen oder die nach § 8 der Verordnung über Schichtenbücher für Kraftfahrer und Beifahrer vom 8. Februar 1956 (Bundesgesetzbl. I S. 65) keine Arbeitszeitnachweise zu führen haben, sowie Kraftfahrzeugführer, für die § 8 der erwähnten Verordnung nur deshalb nicht gilt, weil sie in keinem unter den Geltungsbereich der Arbeitszeitordnung fallenden Arbeitsverhältnis stehen, sind von den Vorschriften über Fahrtennachweise befreit.

(5) Weitergehende arbeitsrechtliche Beschränkungen und Pflichten zugunsten der Arbeitnehmer sind zulässig.

(6) Hinsichtlich der Dauer der Ruhezeit zwischen zwei Arbeitsschichten sind die für Kraftfahrer geltenden arbeitsrechtlichen und tarifrechtlichen Vorschriften entsprechend auf Kraftfahrzeugführer anzuwenden, die nicht in einem Arbeitsverhältnis stehen. Kommen am Wohnort oder am Sitz des Gewerbebetriebes unterschiedliche Regelungen in Betracht oder ist die Regelung am Wohnort anders als am Sitz des Betriebes, so gilt in diesen Fällen die Regelung, die die kürzeste Ruhezeit vorschreibt.

(7) Unberührt bleibt die Pflicht der Kraftfahrzeugführer, das Fahrzeug nur zu lenken, solange sie in der Lage sind, es sicher zu führen.

III. Beförderung von Fahrgästen mit Kraftfahrzeugen

§ 15d

Erlaubnispflicht und Ausweispflicht

(1) Wer

1. einen Kraftomnibus (ein nach Bauart und Einrichtung zur Beförderung von Personen bestimmtes Kraftfahrzeug mit mehr als 8 Fahrgastplätzen) führt oder
2. eine Kraftdroschke führt oder
3. hinter einem Kraftfahrzeug einen Omnibusanhänger (einen nach Bauart und Einrichtung zur Beförderung von Personen bestimmten Anhänger mit mehr als 8 Fahrgastplätzen) mitführt,

bedarf einer zusätzlichen Erlaubnis der Verwaltungsbehörde, wenn in diesen Fahrzeugen ein Fahrgast oder mehrere Fahrgäste befördert werden (Fahrerlaubnis zur

Fahrgastbeförderung). Dies gilt nicht für Dienstfahrzeuge der Bundeswehr, des Bundesgrenzschutzes, der Polizei, des Zollgrenzdienstes und der Zollfahndung.

(2) Die Erlaubnis ist durch einen Führerschein nach Muster 1 c dieser Verordnung (Führerschein zur Fahrgastbeförderung) nachzuweisen. Der Ausweis ist bei der Fahrgastbeförderung neben dem nach den §§ 4 bis 15 erteilten Führerschein mitzuführen; zuständigen Personen ist er auf Verlangen jederzeit zur Prüfung auszuhändigen.

(3) Der Halter eines Fahrzeugs darf die Fahrgastbeförderung nicht anordnen oder zulassen, wenn der Führer des Fahrzeugs oder Zuges die erforderliche Fahrerlaubnis zur Fahrgastbeförderung nicht besitzt.

(4) Über die ausgehändigten Führerscheine zur Fahrgastbeförderung hat die Verwaltungsbehörde ein Verzeichnis zu führen.

§ 15e

Voraussetzungen für die Erteilung der Fahrerlaubnis zur Fahrgastbeförderung

(1) Die Fahrerlaubnis zur Fahrgastbeförderung ist zu erteilen, wenn gegen die persönliche Zuverlässigkeit des Bewerbers keine Bedenken bestehen und der Bewerber

1. die nach den §§ 4 bis 15 erforderliche Fahrerlaubnis besitzt,
2. das 23. — bei Beschränkung des Ausweises auf Kraftdroschken das 21. — Lebensjahr vollendet hat,
3. seine geistige und körperliche Eignung durch ein amtsärztliches Zeugnis oder das Zeugnis eines hauptamtlich angestellten Betriebsarztes oder auf Verlangen der Behörde durch ein fachärztliches Zeugnis oder das Gutachten einer amtlich anerkannten medizinisch-psychologischen Untersuchungsstelle nachweist,
4. nachweist, daß er
   a) innerhalb der letzten fünf Jahre zwei Jahre lang ein Fahrzeug der Klasse 2 oder — falls die Fahrerlaubnis nur für Fahrzeuge mit nicht mehr als 14 Fahrgastplätzen erteilt werden soll — der Klasse 3 geführt hat oder
   b) für die betreffende Art der Fahrgastbeförderung mindestens drei Monate lang bei der Deutschen Bundesbahn oder der Deutschen Bundespost oder in einem Betrieb ausgebildet worden ist, dessen Eignung für solche Ausbildung von der zuständigen obersten Landesbehörde oder einer von ihr beauftragten Behörde anerkannt worden ist,
5. in einer Prüfung durch einen amtlich anerkannten Sachverständigen oder Prüfer für den Kraftfahrzeugverkehr nachweist, daß er die Verkehrsvorschriften beherrscht, hinreichende Fahrfertigkeit besitzt und — falls die Erlaubnis für andere Fahrzeuge als Kraftdroschken gelten soll — über die nötigen Kenntnisse und Handfertigkeiten zur Beseitigung einfacher Störungen verfügt,
6. — falls die Erlaubnis für andere Fahrzeuge als Kraftdroschken gelten soll — durch ein Zeugnis über die erfolgreiche Teilnehme an einem Lehrgang des Deutschen Roten Kreuzes oder eines anderen Verbandes oder auf andere Art nachweist, daß er bei Verkehrsunfällen Erste Hilfe leisten kann,

7. — falls die Erlaubnis für Kraftdroschken gelten soll — nachweist, daß er die erforderlichen Ortskenntnisse besitzt.

Die Anerkennung im Sinne des Absatzes 1 Nr. 4 Buchstabe b ist Betrieben, denen geeignetes Ausbildungspersonal sowie ausreichende Unterrichtsräume und Lehrmittel zur Verfügung stehen, bezüglich der Fahrzeugarten zu erteilen, die sie zur Fahrgastbeförderung verwenden.

(2) Liegen keine Tatsachen vor, die befürchten lassen, daß dem Bewerber die erforderlichen Kenntnisse der Verkehrsvorschriften oder die hinreichende Fahrfertigkeit fehlen, so unterbleibt die Prüfung durch den amtlich anerkannten Sachverständigen oder Prüfer für den Kraftfahrzeugverkehr,

1. wenn der Bewerber während der letzten fünf Jahre vor der Stellung des Antrags eine entsprechende deutsche Erlaubnis oder eine von der Bundeswehr erteilte Fahrerlaubnis der Klasse D besessen hat oder
2. wenn die Erlaubnis auf Kraftdroschken beschränkt werden soll.

(3) Hat der Bewerber nur die Befähigung zur Leistung Erster Hilfe nicht nachgewiesen, so darf die Fahrerlaubnis zur Vermeidung von Härten für eine Dauer von nicht mehr als drei Monaten erteilt werden.

§ 15f

Geltungsdauer der Fahrerlaubnis zur Fahrgastbeförderung

(1) Die Fahrerlaubnis zur Fahrgastbeförderung wird für eine Dauer von nicht mehr als drei Jahren erteilt.

(2) Die Geltungsdauer der Erlaubnis wird auf Antrag des Inhabers jeweils bis zu drei Jahren verlängert, wenn kein Anlaß zur Annahme besteht, daß eine der aus § 15e Abs. 1 Nr. 1 bis 3 und 5 bis 7 ersichtlichen Voraussetzungen fehlt; bei Erlaubnissen, die nach § 15e Abs. 3 befristet worden sind, wird sie nur verlängert, wenn die Befähigung zur Leistung Erster Hilfe nachgewiesen ist. Gilt die Erlaubnis für andere Fahrzeuge als Kraftdroschken, so hat der Inhaber seine geistige und körperliche Eignung vor jeder Verlängerung durch ein amtsärztliches Zeugnis oder durch das Zeugnis eines hauptamtlich angestellten Betriebsarztes oder auf Verlangen der Behörde durch ein fachärztliches Zeugnis oder das Gutachten einer amtlich anerkannten medizinisch-psychologischen Untersuchungsstelle nachzuweisen.

(3) Ausweise, die auf Grund der §§ 9 bis 19 der Verordnung über den Betrieb von Kraftfahrunternehmen im Personenverkehr vom 13. Februar 1939 (Reichsgesetzbl. I S. 231) erteilt worden sind, gelten als Führerscheine über Fahrerlaubnisse im Sinne des § 15d. Bei Verlängerung der Geltungsdauer ist ein Führerschein nach Muster 1c auszufertigen; der bisherige Ausweis ist einzuziehen.

§ 15g

Meldung der Einstellung von Kraftdroschkenfahrern

Wer zum Führen einer Kraftdroschke einen Kraftfahrer einstellt, hat dies der Verwaltungsbehörde zu melden. Bei der Meldung sind Vorname, Name, und Geburtsort des Kraftfahrers sowie das Datum seines Führerscheins zur Fahrgastbeförderung und die ausstellende Behörde anzugeben.

§ 15h

Prüfung der Ortskenntnisse beim Wechsel des Beschäftigungsorts

Kraftdroschkenführer müssen beim Wechsel des Beschäftigungsorts der Verwaltungsbehörde nachweisen, daß sie die erforderlichen Ortskenntnisse besitzen.

§ 15i

Überwachung der Inhaber von Fahrerlaubnissen zur Fahrgastbeförderung

Auf Verlangen der Verwaltungsbehörde hat sich der Inhaber der Erlaubnis einer Nachprüfung der Kenntnisse und Fähigkeiten, die von ihm nach § 15e Abs. 1 Nr. 5 gefordert werden können, zu unterziehen, wenn Tatsachen vorliegen, die befürchten lassen, daß er diese Kenntnisse und Fähigkeiten nicht besitzt. Besteht Anlaß, seine geistige oder körperliche Eignung zu bezweifeln, so kann die Verwaltungsbehörde die Beibringung eines amts- oder fachärztlichen Zeugnisses oder des Gutachtens einer amtlich anerkannten medizinisch-psychologischen Untersuchungsstelle fordern.

§ 15k

Entziehung und Erlöschen der Fahrerlaubnis zur Fahrgastbeförderung

(1) Die Erlaubnis ist von der Verwaltungsbehörde zu entziehen, wenn sich herausstellt, daß eine der aus § 15e Abs. 1 bis 3 und 5 bis 7 ersichtlichen Voraussetzungen fehlt. Sie erlischt mit ihrer Entziehung sowie mit der Entziehung der nach den §§ 4 bis 15 erteilten Fahrerlaubnis.

(2) § 15b Abs. 2 bis 6 gilt entsprechend.

§ 15l

Sondervorschrift über die örtliche Zuständigkeit der Verwaltungsbehörden

Abweichend von § 68 Abs. 2 Satz 1 ist bei Kraftfahrzeugführern, die im Rahmen eines gewerblichen Unternehmens oder eines sonstigen Betriebes Fahrgäste befördern oder befördern wollen, die Behörde des Betriebssitzes oder Ortes der beteiligten Niederlassung für Entscheidungen nach den §§ 15d bis 15k örtlich zuständig.

§ 29

Überwachung der Kraftfahrzeuge und Anhänger

(1) Die Halter von zulassungspflichtigen oder nach § 18 Abs. 2 zulassungsfreien Fahrzeugen haben auf ihre Kosten in regelmäßigen Zeitabständen feststellen zu lassen, ob die Fahrzeuge den Vorschriften dieser Verordnung entsprechen; dies gilt nicht in den Fällen des § 18 Abs. 3 Nr. 1 bis 5. Die Fahrzeuge sind hierzu nach Maßgabe der Vorschriften der Anlage VIII dem amtlich anerkannten Sachverständigen oder Prüfer für den Kraftfahrzeugverkehr vorzuführen; er bestimmt Ort und Zeit der Vorführung.

(2) Die Untersuchungen der Fahrzeuge sind nach Anlage VIII durchzuführen.

(3) Wird bei der Untersuchung festgestellt, daß das Fahrzeug verkehrsunsicher ist, so darf es vor Beseitigung der Mängel nicht im Straßenverkehr verwendet werden.

(4) Der Monat, in dem das Fahrzeug zur nächsten Hauptuntersuchung spätestens vorgeführt werden muß, ist durch eine Plakette nach Anlage IX nachzuweisen. Die Plakette wird von der Zulassungsstelle oder vom amtlich anerkannten Sachverständigen oder Prüfer zugeteilt, wenn die bei der letzten Hauptuntersuchung festgestellten Mängel beseitigt worden sind und keine Bedenken gegen die Verkehrssicherheit des Fahrzeugs bestehen. Inhaber von Betrieben, denen die Eigenüberwachung gestattet worden ist, und Überwachungsorganisationen sowie amtlich anerkannte Werkstätten dürfen mit Zustimmung der zuständigen obersten Landesbehörde oder der von ihr beauftragten Behörde Plaketten anbringen, die nicht von den in Satz 2 genannten Stellen zugeteilt worden sind. Die Plakette muß am hinteren Kennzeichen des Fahrzeugs möglichst oberhalb des Dienststempels angebracht und so befestigt sein, daß sie sich nicht drehen läßt und beim Ablösen in jedem Fall zerstört wird; bei Fahrzeugen, die rote Kennzeichen (§ 28) führen, ist keine Plakette erforderlich. An Fahrzeugen ohne eigenes amtliches Kennzeichen muß die Plakette auf einem etwa 4 cm × 6 cm großen Schild angebracht sein, das an zugänglicher Stelle am vorderen Teil der rechten Seite des Fahrzeugs dauerhaft befestigt ist und gut lesbar den Hersteller des Fahrzeugs sowie die Fahrgestellnummer angibt. Die Plaketten und die für sie vorgesehenen Schilder dürfen weder verdeckt noch verschmutzt sein.

(5) Monat und Jahr des Ablaufs der Frist für die Vorführung zur nächsten Hauptuntersuchung müssen von demjenigen, der die Plakette nach Absatz 4 Satz 2 zugeteilt oder nach Absatz 4 Satz 3 angebracht hat, vermerkt werden

1. bei den im übrigen Zulassungsverfahren behandelten Fahrzeugen im Kraftfahrzeug- oder Anhängerschein und in den etwa ausgestellten Anhängerverzeichnissen,
2. bei anderen Fahrzeugen auf dem nach § 18 Abs. 5 oder 6 mitzuführenden oder aufzubewahrenden Nachweis.

(6) Befindet sich an einem Fahrzeug, das mit einer Plakette versehen sein muß, eine solche Plakette nicht oder ist die auf ihr angezeigte Frist verstrichen, so kann die Zulassungsstelle für die Zeit bis zur Anbringung der erforderlichen Plakette den Betrieb des Fahrzeugs im öffentlichen Verkehr untersagen oder beschränken. Der Betroffene hat das Verbot oder die Beschränkung zu beachten; § 17 Abs. 2 gilt entsprechend.

(7) Einrichtungen aller Art, die zu Verwechslungen mit der in Anlage IX beschriebenen Plakette Anlaß geben können, dürfen an Kraftfahrzeugen und ihren Anhängern nicht angebracht sein.

Aus Anlage VIII zur StVZO:

B. Hauptuntersuchungen

4. Zeit und Gegenstand der Hauptuntersuchungen

(1) Die Fahrzeuge sind, sofern sich aus Absatz 2 und aus Ziffer 7 nichts anderes ergibt, mindestens in folgenden Zeitabständen einer Hauptuntersuchung zu unterziehen:

1. Fahrzeuge, die der Personenbeförderung dienen, mit mehr als 8 Fahrgastplätzen — 1 Jahr
2. Personenkraftwagen und Krafträder zur gewerbsmäßigen Vermietung an Selbstfahrer — 1 Jahr

3. Kraftdroschken und Mietwagen sowie Krankenwagen 1 Jahr
4. Lastkraftwagen und zulassungspflichtige Anhänger 1 Jahr
5. zulassungspflichtige Zugmaschinen mit einer durch die Bauart bestimmten Höchstgeschwindigkeit von mehr als 20 km/h 1 Jahr
6. Personenkraftwagen, Kombinationskraftwagen, Krafträder und sonstige Fahrzeuge, die nicht von den Nummern 1 bis 5 erfaßt werden 2 Jahre.

(2) Bei
1. Kraftdroschken und Mietwagen sowie Krankenwagen,
2. Lastkraftwagen und zulassungspflichtigen Anhängern, wenn das zulässige Gesamtgewicht weniger als 9 t beträgt,
3. zulassungspflichtigen Zugmaschinen mit einer Motorleistung bis 55 PS oder einer durch die Bauart bestimmten Höchstgeschwindigkeit von nicht mehr als 40 km/h,
4. anderen Personenkraftwagen, Kombinationskraftwagen, Krafträdern und sonstigen Fahrzeugen, die nicht von Absatz 1 Nr. 1 bis 5 erfaßt werden,

verdoppelt sich die Frist für die Hauptuntersuchung, wenn der Halter sein Fahrzeug in höchstens halbjährlichen — in den Fällen der Nummer 4 in höchstens jährlichen — Abständen in amtlich anerkannten Werkstätten Untersuchungen mindestens im Umfang der Zwischenuntersuchungen unterziehen und festgestellte Mängel beseitigen läßt. Über die Untersuchung und die Beseitigung der Mängel ist von der amtlich anerkannten Werkstatt dem Halter eine Bescheinigung auszustellen.

(3) Die zuständige Behörde kann in besonders gelagerten Einzelfällen die Frist für die Hauptuntersuchung um höchstens zwei Monate verlängern.

(4) Ohne Rücksicht auf die in Absatz 1 genannten Zeitabstände hat der Halter Hauptuntersuchungen durchführen zu lassen

1. bei vorübergehend stillgelegten (§ 29b Abs. 4) Fahrzeugen der unter Ziffer 2 Abs. 1 Nr. 1 bis 5 genannten Arten vor ihrer Wiederinbetriebnahme — die Dauer der Stillegung ist in den Prüfbüchern zu vermerken — und
2. bei veräußerten (§ 27 Abs. 3) Kraftomnibussen und Omnibusanhängern vor Erteilung neuer Kraftfahrzeug- oder Anhängerscheine,

wenn die letzte Hauptuntersuchung länger als ein halbes Jahr zurückliegt.

(5) Bei der Hauptuntersuchung ist festzustellen, ob das Fahrzeug den Vorschriften dieser Verordnung entspricht.

§ 34a
Besetzung von Kraftomnibussen

(1) In Kraftomnibussen dürfen nicht mehr Personen befördert werden, als nach den Angaben im Kraftfahrzeugschein Plätze zulässig sind.

(2) Die Zahl der zulässigen Plätze ergibt sich aus dem zulässigen Gesamtgewicht des Fahrzeugs und einem Durchschnittsgewicht von 65 kg — bei Kraftomnibussen im Gelegenheitsverkehr von 75 kg — für jede erwachsene Person. Für Kinder bis zum vollendeten 14. Lebensjahr ist ein Durchschnittsgewicht von 50 kg zugrunde zu legen. Auf Antrag des Verfügungsberechtigten, oder wenn die Ausstattung des Fahrzeugs dies erfordert, ist eine niedrigere Zahl von Plätzen festzulegen. Durch

bauliche Maßnahmen muß sichergestellt sein, daß das zulässige Gesamtgewicht durch eine Überbesetzung des Fahrzeugs nicht überschritten werden kann; dies gilt nicht, wenn das Fahrzeug ausschließlich für Fahrten verwendet wird, bei denen Stehplätze unzulässig sind.

(3) Je zwei nebeneinanderliegende Plätze dürfen im Rahmen des zulässigen Gesamtgewichts des Fahrzeugs mit drei Kindern bis zum vollendeten 14. Lebensjahr besetzt werden.

(4) Für Stehplätze müssen geeignete Haltevorrichtungen vorhanden sein.

(5) Glasscheiben, die unmittelbar an Stehplätze angrenzen, müssen mit Schutzstangen versehen sein, wenn der untere Rand der Scheibe weniger als 1400 mm über dem Fußboden liegt und die Scheibe nicht aus vorgespanntem Glas besteht.

(6) Die Zahl der zugelassenen Sitz- und Stehplätze ist an gut sichtbarer Stelle in gut lesbarer Schrift anzuschreiben.

Sachregister

Die fetten Zahlen bedeuten die §§ des PBefG, die mageren Zahlen die Anmerkungen. Einl = Einleitung; Vorb = Vorbemerkung vor.

C

D

FSC
www.fsc.org
MIX
Papier | Fördert gute Waldnutzung
FSC® C083411

Kolibri 360 GmbH
Ferdinand-Jühlke-Straße 7
99095 Erfurt, Deutschland
produktsicherheit@kolibri360.de